国家出版基金项目
NATIONAL PUBLICATION FOUNDATION

大中华文库

سلسلة كنوز التراث الصيني

大中华文库

汉阿对照

سلسلة كنوز التراث الصيني

الصينية – العربية

尚　书

شانغشو

王世舜　王翠叶　今译

王　复　〔埃及〕侯赛因·伊斯梅尔　阿译

النقل إلى اللغة الصينية المعاصرة: وانغ شي شون، وانغ تسوي يه

الترجمة العربية: فريدة وانغ فو، حسين إسماعيل

华文出版社

دار هوا ون للنشر

الطبعة الأولى عام٢٠٢١.

ISBN 978-7-5360-5507-3

الناشر:

دار جونغ خوا للنشر

المبنى ٢ القسم ٨ رقم ٣٠٥ شارع قوانغ آن مون حي شيتشنغ ،

بكين ، الصين

طبع في جمهورية الصين الشعبية

总　序

杨牧之

《大中华文库》终于出版了。我们为之高兴，为之鼓舞，但也倍感压力。

当此之际，我们愿将郁积在我们心底的话，向读者倾诉。

一

中华民族有着悠久的历史和灿烂的文化，系统、准确地将中华民族的文化经典翻译成外文，编辑出版，介绍给全世界，是几代中国人的愿望。早在几十年前，西方一位学者翻译《红楼梦》，将书名译成《一个红楼上的梦》，将林黛玉译为“黑色的玉”。我们一方面对外国学者将中国的名著介绍到世界上去表示由衷的感谢，一方面为祖国的名著还不被完全认识，甚至受到曲解，而感到深深的遗憾。还有西方学者翻译《金瓶梅》，专门摘选其中自然主义描述最为突出的篇章加以译介。一时间，西方学者好像发现了奇迹，掀起了《金瓶梅》热，说中国是“性开放的源头”，公开地在报刊上鼓吹中国要“发扬开放之传统”。还有许多资深、友善的汉学家译介中国古代的哲学著作，在把中华民族文化介绍给全世界的工作方面做出了重大贡献，但或囿于理解有误，或缘于对中国文字认识的局限，质量上乘的并不多，常常是隔靴搔痒，说不到点子上。大哲学家黑格尔曾经说过：中国有最完备的国史。但他认为中国古代没有真正意义上的哲学，还处在哲学史前状态。这么了不起的哲学家竟然做出这样大失水准的评论，何其不幸。正如任何哲学家都要受时间、地点、条件的制约一样，黑格尔也离不开这一规律。当时他也只能从上述水平的汉学家译过去的文字去分析、理解，所以，黑格尔先生对中国古代社会的认识水平是什么状态，也就不难想象了。

中国离不开世界，世界也缺少不了中国。中国文化摄取外域的新成分，丰富了自己，又以自己的新成就输送给别人，贡献于世界。从公元5世纪开始到公元15世纪，大约有一千多年，中国走在世界的前列。在这一千多年的时间里，她的光辉照耀全世界。人类要前进，怎么能不全面认识中国，怎么能不认真研究中国的历史呢?

二

中华民族是伟大的，曾经辉煌过，蓝天、白云、阳光灿烂，和平而兴旺；也有过黑暗的、想起来就让人战栗的日子，但中华民族从来是充满理想，不断追求，不断学习，渴望和平与友谊的。

中国古代伟大的思想家孔子曾经说过：“三人行，必有我师焉。择其善者而从之，其不善者而改之。”孔子的话就是要人们向别人学习。这段话正是概括了整个中华民族与人交往的原则。人与人之间交往如此，在与周边的国家交往中也是如此。

秦始皇第一个统一了中国，可惜在位只有十几年，来不及做更多的事情。汉朝继秦而继续强大，便开始走出去，了解自己周边的世界。公元前139年，汉武帝派张骞出使西域。他带着一万头牛羊，总值一万万钱的金帛货物，作为礼物，开始西行，最远到过“安息”（即波斯）。公元73年，班超又率36人出使西域。36个人按今天的话说，也只有一个排的人数，显然是为了拜访未曾见过面的邻居，是去交朋友。到了西域，班超派遣甘英作为使者继续西行，往更远处的大秦国（即罗马）去访问，“乃抵条支而历安息，临西海以望大秦”（《后汉书·西域传》）。“条支”在“安息”以西，即今天的伊拉克、叙利亚一带，“西海”应是今天的地中海。也就是说甘英已经到达地中海边上，与罗马帝国隔海相望，“临大海欲渡”，却被人劝阻而未成行，这在历史上留下了遗恨。可以想见班超、甘英沟通友谊的无比勇气和强烈愿望。接下来是唐代的玄奘，历经千难万险，到“西天”印度取经，带回了南亚国家的古老文化。归国后，他把带回的佛教经典组织人翻译，到后来很多经典印度失传了，但中国却保存完好，以至于今天，没有玄奘的《大唐西域记》，印度人很难完整地编写印度古代史。明代郑和“七下西洋”，把中华文化传到东南亚一带。鸦片战争以后，一代又一代先进的中国人，为了振兴中华，又前赴后继，向西方国家学习先进的科学思想和文明成果。这中间有我们的国家领导人朱德、周恩来、邓小平；有许许多多大文学家、科学家、艺术家，如郭沫若、李四光、钱学森、冼星海、徐悲鸿等。他们的追求、奋斗，他们的博大胸怀，兼收并蓄的精神，为人类社会增添了光彩。

中国文化的形成和发展过程，就是一个以众为师、以各国人民为师，不断学习和创造的过程。中华民族曾经向周边国家和民族学习过许多东西，假如没有这些学习，中华民族绝不可能创造出昔日的辉煌。回顾历史，我们怎么能够不对伟大的古埃及文明、古希腊文明、古印度文明满怀深深的感激？怎么能够不对伟大的欧洲文明、非洲文明、美洲文明、大洋洲文明，以及中国周围的亚洲文明充满温情与敬意?

中华民族为人类社会曾经做出过独特的贡献。在15世纪以前，中国的科学技术一直处于世界遥遥领先的地位。英国科学家李约瑟说：“中国在公元3世纪到13世纪之间，保持着一个西方所望尘莫及的科学知识水平。”美国耶鲁大学教授、《大国的兴衰》的作者保罗·肯尼迪坦言：“在近代以前时期的所有文明中，没有一个国家的文明比中国更发达，更先进。”

世界各国的有识之士千里迢迢来中国观光、学习。在这个过程中，中国唐朝的长安城渐渐发展成为国际大都市。西方的波斯、东罗马，东亚的高丽、新罗、百济，南亚的南天竺、北天竺，频繁前来。外国的王侯、留学生，在长安供职的外国官员，商贾、乐工和舞士，总有几十个国家，几万人之多。日本派出的“遣唐使”更是一批接一批。传为美谈的日本人阿部仲麻吕（晁衡）在长安留学的故事，很能说明外国人与中国的交往。晁衡学成仕于唐朝，前后历时五十余年。晁衡与中国的知识分子结下了深厚的友情。他归国时，传说在海中遇难身亡。大诗人李白作诗哭悼：“日本晁卿辞帝都，征帆一片绕蓬壶。明月不归沉碧海，白云愁色满苍梧。”晁衡遇险是误传，但由此可见中外学者之间在中国长安交往的情谊。

后来，不断有外国人到中国来探寻秘密，所见所闻，常常让他们目瞪口呆。《希腊纪事》（希腊人波桑尼阿著）记载公元2世纪时，希腊人在中国的见闻。书中写道：“赛里斯人用小米和青芦喂一种类似蜘蛛的昆虫，喂到第五年，虫肚子胀裂开，便从里面取出丝来。”从这段对中国古代养蚕技术的描述，可见当时欧洲人与中国人的差距。公元9世纪中叶，阿拉伯人来到中国。一位阿拉伯作家在他所著的《中国印度闻见录》中记载了曾旅居中国的阿拉伯商人的见闻：

——一天，一个外商去拜见驻守广州的中国官吏。会见时，外商总盯着官吏的胸部，官吏很奇怪，便问："你好像总盯着我的胸，这是怎么回事?"那位外商回答说："透过你穿的丝绸衣服，我隐约看到你胸口上长着一个黑痣，这是什么丝绸，我感到十分惊奇。"官吏听后，失声大笑，伸出胳膊，说："请你数数吧，看我穿了几件衣服。"那商人数过，竟然穿了五件之多，黑痣正是透过这五层丝绸衣服显现出来的。外商惊得目瞪口呆，官吏说："我穿的丝绸还不算是最好的，总督穿的要更精美。"

——书中关于茶（他们叫干草叶子）的记载，可见阿拉伯国家当时还没有喝茶的习惯。书中记述："中国国王本人的收入主要靠盐税和泡开水喝的一种干草税。在各个城市里，这种干草叶售价都很高，中国人称这种草叶叫'茶'，这种干草叶比苜蓿的叶子还多，也略比它香，稍有苦味，用开水冲喝，治百病。"

——他们对中国的医疗条件十分羡慕，书中记载道："中国人医疗条件很好，穷人可以从国库中得到药费。"还说："城市里，很多地方立一石碑，高10肘，上面刻有各种疾病和药物，写明某种病用某种药医治。"

——关于当时中国的京城，书中作了生动的描述：中国的京城很大，人口众多，一条宽阔的长街把全城分为两半，大街右边的东区，住着皇帝、宰相、禁军及皇家的总管、奴婢。在这个区域，沿街开凿了小河，流水潺潺；路旁，葱茏的树木整然有序，一幢幢宅邸鳞次栉比。大街左边的西区，住着庶民和商人。这里有货栈和商店，每当清晨，人们可以看到，皇室的总管、宫廷的仆役，或骑马或步行，到这里来采购。

此后的史籍对西人来华的记载，渐渐多了起来。13世纪意大利旅行家马可·波罗，尽管有人对他是否真的到过中国持怀疑态度，但他留下一部记述元代事件的《马可·波罗游记》却是确凿无疑的。这部游记中的一些关于当时中国的描述使得西方人认为是“天方夜谭”。总之，从中西文化交流史来说，这以前的时期还是一个想象和臆测的时代，相互之间充满了好奇与幻想。

从16世纪末开始，由于航海技术的发展，东西方航路的开通，随着一批批传教士来华，中国与西方开始了直接的交流。沟通中西的使命在意大利传教士利玛窦那里有了充分的体现。利玛窦于1582年来华，1610年病逝于北京，在华二十余年。他把科学作为传教的工具，激起中国一些读书人对西方科学的兴趣。除了传教以外，他还做了两件具有历史象征意义的事，一是1594年前后在韶州用拉丁文翻译《四书》，并作了注释；二是与明代学者徐光启合作，用中文翻译了《几何原本》。

西方传教士对《四书》等中国经典的粗略翻译，以及杜赫德的《中华帝国志》等书对中国的介绍，在西方读者的眼前展现了一个异域文明，在当时及稍后一段时期引起了一场“中国热”，许多西方大思想家都曾注目于中国文化。有的推崇中华文明，如莱布尼兹、伏尔泰、魁奈等，有的对中华文明持批评态度，如孟德斯鸠、黑格尔等。莱布尼兹认识到中国文化的某些思想与他的观念相近，如周易的卦象与他发明的二进制相契合，对中国文化给予了热情的礼赞；黑格尔则从他整个哲学体系的推演出发，认为中国没有真正意义上的哲学，还处在哲学史前的状态。但是，不论是推崇还是批评，是吸纳还是排斥，都对中西文化的交流产生了巨大的影响。随着先进的中国科学技术的西传，特别是中国的造纸、火药、印刷术和指南针四大发明的问世，大大改变了世界的面貌。马克思说：“中国的火药把骑士阶层炸得粉碎，指南针打开了世界市场并建立了殖民地，而印刷术则变成了新教的工具，变成对精神发展创造必要前提的最强大的杠杆。”英国的哲学家培根说：中国的四大发明“改变了全世界的面貌和一切事物的状态”。

三

大千世界，潮起潮落。云散云聚，万象更新。中国古代产生了无数伟大的科学家：祖冲之、李时珍、孙思邈、张衡、沈括、毕昇……产生了无数科技成果：《齐民要术》《九章算术》《伤寒杂病论》《本草纲目》……以及保存至今的世界奇迹：浑天仪、地动仪、都江堰、敦煌石窟、大运河、万里长城……但从15世纪下半叶起，风水似乎从东方转到了西方，落后的欧洲只经过400年便成为世界瞩目的文明中心。英国的牛顿、波兰的哥白尼、德国的伦琴、法国的居里、德国的爱因斯坦、意大利的伽利略、俄国的门捷列夫、美国的费米和爱迪生……光芒四射，令人敬仰。

中华民族开始思考了。潮起潮落究竟是什么原因？中国人发明的火药，传到欧洲，转眼之间反成为欧洲列强轰击中国大门的炮弹，又是因为什么？

鸦片战争终于催醒了中国人沉睡的迷梦，最先“睁眼看世界”的一代精英林则徐、魏源迈出了威武雄壮的一步。曾国藩、李鸿章搞起了洋务运动。中国的知识分子喊出“民主与科学”的口号。中国是落后了，中国的志士仁人在苦苦探索。但落后中饱含着变革的动力，探索中孕育着崛起的希望。“向科学进军”，中华民族终于又迎来了科学的春天。

今天，世界已经跨入21世纪。分散隔绝的世界，逐渐变成联系为一体的世界。现在，经济全球化趋势日益明显，一个民族、一个国家的历史也就在愈来愈大的程度上成为全世界的历史。当今，任何一种文化的发展都离不开对其它优秀文化的汲取，都以其它优秀文化的发展为前提。在近现代，西方文化汲取中国文化，不仅是中国文化的传播，更是西方文化自身的创新和发展；正如中国文化对西方文化的汲取一样，既是西方文化在中国的传播，同时也是中国文化在近代的转型和发展。地球上所有的人类文化，都是我们共同的宝贵遗产。既然我们生活的各个大陆，在地球史上曾经是连成一气的“泛大陆”，或者说是一个完整的“地球村”，那么，我们同样可以在这个以知识和学习为特征的网络时代，走上相互学习、共同发展的大路，建设和开拓我们人类崭新的“地球村”。

西学仍在东渐，中学也将西传。各国人民的优秀文化正日益迅速地为中国文化所汲取，而无论西方和东方，也都需要从中国文化中汲取养分。正是基于这一认识，我们组织出版汉英对照版《大中华文库》，全面系统地翻译介绍中国传统文化典籍。我们试图通过《大中华文库》，向全世界展示，中华民族五千年的追求，五千年的梦想，正在新的历史时期重放光芒。中国人民就像火后的凤凰，万众一心，迎接新世纪文明的太阳。

1999年8月 北京

سلسلة كنوز التراث الصيني

تصدير

يانغ مو تشي

إن صدور «سلسلة كنوز التراث الصيني» لأمر يبعث فرحنا وسرورنا، وهو في الوقت نفسه، يولد في أنفسنا شعورًا قويًا بالمسؤولية.

وأود أن أنتهز مناسبة صدور هذه السلسلة؛ لأفصح لقرائنا عن نياتنا وأغراضنا في نشر هذا المشروع الثقافي الكبير.

١

إن الأمة الصينية أمة ذات تاريخ عريق وحضارة باهرة، وإنها لأمنية راودت أجيالًا من الصينيين، أن تنقَل أمهات الثقافة الصينية إلى اللغات الأجنبية، وتقدَّم إلى العالم بصورة منهجية وصحيحة. وقد ظهرت في الماضي، أي قبل عشرات السنين، ترجمات لهذه الكتب تمت معظمها على أيدي مترجمين أجانب، فقد ترجم مثلا عالم في الغرب رواية «حلم المقصورة الحمراء»، ولكنه حول الآنسة لين داي يوي، الشخصية البطلة في الرواية، إلى «اليشم الأسود» في ترجمته! ففي حين أننا نشكر من أعماق قلوبنا هؤلاء العلماء الأجانب على جهودهم الكبيرة في تعريف العالم بالكلاسيكيات الثقافية الصينية، نشعر في الوقت نفسه بالأسف الشديد لسوء الفهم، بل التشويه في بعض الأحيان، الذي تعرضت له هذه الكلاسيكيات. وأذكر أيضا أن بعض العلماء الغربيين كانوا يتحمسون لترجمة الأوصاف الجنسية في رواية «جين بينغ مي» (أو «برقوق في الزهرية الذهبية»)، مما أثار في الغرب زوبعة كبيرة حول الرواية، حتى زعم البعض أن الصين كانت منبع الإباحية الجنسية، وأن الصين الجديدة ترغب في إحياء هذه التقاليد الإباحية. لم يفتنا أن هناك عددا كبيرا من علماء ذوي خبرات وافرة ونيات حسنة، كرسوا حياتهم في ترجمة وتعريف المؤلفات الفلسفية الصينية القديمة وساهموا مساهمة كبيرة في تقديم الثقافة الصينية إلى العالم، ولكن أعمال بعضهم تفتقر إلى الإتقان والجودة والآراء الثاقبة نتيجة لسوء الفهم أحيانًا، ولقصر باعهم في اللغة الصينية أحيانًا أخرى. وقد قال الفيلسوف الألماني الكبير هيجل: «إن الصين القديمة تمتلك أكمل تاريخ مدون في العالم، ولكنها تفتقر إلى فلسفات بمفهومها

الدقيق، فهي في مرحلة ما قبل التاريخ فلسفيًا.» إنه لشيء مؤسف حقا أن يدلي فيلسوف عظيم كهيجل، بهذا التصريح المغاير للحقيقة تماما. والسبب في ذلك أن أي فيلسوف، ولو كان هيجل العظيم، يبقى أسيرا لزمانه ومكانه وظروفه، إذ إن معارفه، عن التراث الصيني مثلا، مبنية على أساس ترجمات علماء الصينيات. وإذا كانت هذه الترجمات لم تبلغ المستوى المرجو، فليس من الغريب أن يقع هيجل وأمثاله في الخطأ عندما يحكمون على الحضارة الصينية القديمة.

لا يمكن للصين أن تستغني عن العالم، كما أن العالم لا يمكنه أن يهمل الصين. لقد أخذت الصين القديمة من الحضارات الأخرى مقومات ثمينة لتغذي نفسها، كما ساهمت في تقدم البشرية بالعطاء الحضاري الخاص بها. وكانت الصين تسير في مقدمة الموكب الحضاري الإنساني، تشرق شمسها على العالم لمدة أكثر من ألف سنة، ابتداءً من القرن الخامس، وحتى القرن الخامس عشر. فكيف يمكن للعالم في مسيرته إلى الأمام أن يتغافل عن معرفة الصين ومعرفة تاريخها؟

٢

إن الأمة الصينية أمة عظيمة، على الرغم من أنها شهدت في مسيرتها التاريخية أدوارًا من المد والجزر، من الصعود والهبوط، ولكنها تظل أمة تجري وراء المثل العليا، راغبة في العلم والمعرفة، حريصة على السلام والصداقة.

لقد قال المفكر الصيني العظيم كونفوشيوس: «كلما سرتُ مع رجلين، وجدتُ لنفسي أستاذين. من له فضائل فهو قدوتي، ومن له رذائل فهو عبرتي». وهذا القول السائر إنما يلخص مبدأ تعامل الأمة الصينية مع غيرها من الأمم، أي التعلم من الغير، وهو مبدأ يطبق في التعامل بين الناس كما يطبق في التعامل بين الأمم.

كان الإمبراطور تشين شي هوانغ، مؤسس أسرة تشين الحاكمة، أول من وحد الصين، ولكنه لم ينجز الكثير؛ لأنه بقي في عرشه لبضع عشرة سنة فقط. وفي أسرة هان التي تلت تشين، حافظت الصين على زخم نموها واتجهت إلى الخارج لمعرفة العالم. ففي عام ١٣٩ قبل الميلاد، سافر تشانغ تشيان مبعوثًا من الإمبراطور وودي إلى المناطق الواقعة في غربي الصين. وسافر على رأس قافلة تضم عشرة آلاف من البقر والخِراف، إضافة إلى كمية هائلة من الذهب والحرير، كهدايا إلى رؤساء المناطق والبلدان التي قصدها، وقيل إنه قد وصل إلى بلاد الفرس غربًا. وفي عام ٧٣ ميلادية، سافر مبعوث آخر يدعى بان

تشاو إلى آسيا الوسطى على رأس وفد يضم ٣٦ عضوًا لزيارة البلدان المجاورة للصين وإقامة الصداقات معها. ومن آسيا الوسطى أرسل بان تشاو زميله قان ينغ لمواصلة مشواره إلى الغرب، وعرفنا من سجلات تاريخية ترجع إلى ذلك العصر، أن الرحالة قان ينغ «وصل إلى أرض العراق وسوريا مرورًا ببلاد الفرس؛ حتى يحط رحاله في شاطئ البحر المتوسط ويسرّح نظره في بلاد الروم». وكان يرغب في عبور البحر، إلا أن زملاءه أصروا على ثنيه عن ذلك. مما يدل على أن للرحالتين بان تشاو وقان ينغ، جرأة ليس لها مثيل، ورغبة شديدة في التصادق والتبادل مع البلدان الأجنبية. أما في أسرة تانغ الحاكمة فقد قام الراهب شيوان تزانغ برحلة إلى الهند؛ لطلب العلوم البوذية مجتازًا كل أنواع المتاعب والمشقات، وبعد عودته إلى الصين نظم جماعة من المترجمين؛ لترجمة الأسفار البوذية التي حملها إلى الصين من الهند. وقد تعرض في فترات لاحقة، كثير من المخطوطات الدينية للاندثار في الهند، ولكنها حُفظت في حالة سليمة في الصين. وكدليل على ذلك، أصبح من الصعب على أهل الهند اليوم، كتابة تاريخهم القديم دون الرجوع إلى «سجلات عن الأقاليم الغربية في أسرة تانغ العظيمة» التي ألفها شيوان تزانغ. وفي أسرة مينغ الحاكمة، قام البحار تشنغ خه بسبع رحلات بحرية إلى جنوب شرقي آسيا ونقل إليها الثقافة الصينية. أما تاريخ الصين الحديث الذي بدأ اعتبارًا من حرب الأفيون عام ١٨٤٠، فقد شهد دفعات من الصينيين الذين سافروا إلى الغرب لتحصيل الأفكار والعلوم المتقدمة في الغرب بغية استغلالها لتحقيق النهضة في وطنهم الأم. وكان من بين هؤلاء زعماء الصين الجديدة أمثال تشوده وشو آن لاي ودنغ شياو بينغ، وكبار العلماء والأدباء والفنانين أمثال الأديب كوه موجو، والجيولوجي لي سي قوانغ، والفيزيائي تشيان شيوه سن، والموسيقار شيان شينغ هاي، والرسام شيوي بي هونغ وغيرهم. وهؤلاء الشخصيات المرموقون بما تميزوا من التطلعات والرؤى وما حققوا من إنجازات، يمثلون مفاخر البشرية بأكملها.

إن مسيرة الثقافة الصينية في تشكلها وتطورها هي مسيرة التعلم من الشعب والشعوب الأخرى ومسيرة الإبداع المستمر، ولو لم تتعلم الأمة الصينية من البلدان والأمم المجاورة، العلوم والخبرات، لما استطاعت أن تخلق ماضيها المجيد. فما أجدر بنا أن ننحني شاكرين للحضارات القديمة العظيمة في مصر واليونان والهند! وما أجدر بنا أن نحيي ونحترم الحضارات الباهرة في أوروبا وإفريقيا وأمريكا وأوقيانوسيا وآسيا!

لقد أسهمت الأمة الصينية إسهامات فريدة في المجتمع الإنساني، وكانت الصين تتصدر العالم في العلوم والتكنولوجيا قبل القرن الخامس عشر، وقال في ذلك العالم البريطاني جوزيف نيدهام، إن الصين «كانت تسبق الغرب كثيرًا في المستوى العلمي والمعرفي في الفترة ما بين القرن الثالث والقرن الثالث عشر». كما قال البروفيسور الأمريكي بول كينيدي من جامعة ييل ومؤلف «الصعود والهبوط للقوى العظمى»: «من بين جميع حضارات العالم في عصور سابقة على العصر الحديث ليس هناك حضارة أكثر تقدمًا وتطورًا من الحضارة الصينية».

كان الأجانب من مختلف أنحاء العالم يقصدون الصين للزيارة أو طلب العلم. فتطورت مدينة تشانغآن عاصمة أسرة تانغ إلى مدينة دولية كبرى تدريجيًا، وجذبت عشرات الآلاف ممن أتوا من بلاد الفرس والروم وكوريا والهند وغيرها، منهم الأمراء والموظفون والطلاب الوافدون والتجار والموسيقيون والراقصون. وأذكر على وجه الخصوص أن اليابان أرسلت دفعات متتالية من «مرسلين إلى أسرة تانغ»، كان أشهرهم المرسل الذي اتخذ لنفسه اسمًا صينيًا «تشاو هنغ»، والذي درس في مدينة تشانغآن وشغل منصبًا حكوميًا فيها وبقي في الصين لمدة طويلة تتجاوز خمسين عامًا، حيث توطدت الصداقة بينه وبين العديد من المثقفين الصينيين. وقيل إنه توفي في حادثة بحرية في طريق عودته إلى اليابان، ولما بلغ الخبر إلى الشاعر الصيني العظيم لي باي، كتب له قصيدة بكائية مشهورة جدًا. وعلى الرغم من أن خبر وفاة تشاو هنغ كان خطأ، فإن هذه الحكاية كانت خير دليل على الصداقة القائمة بين المثقفين الصينيين ونظرائهم الأجانب.

وكان الأجانب الذين يزورون الصين يندهشون دائما بمشاهداتهم في هذه البلاد المتحضرة. فقد سجل باوسانياس في كتابه الشهير «وصف اليونان» مشاهدات يوناني في الصين في القرن الثاني: «يطعم الصينيون حشرة تشبه العنكبوت بحبات الدخن وأوراق القصب حتى يتشقق بطن الحشرة بعد خمس سنوات فيخرج منه الحرير». من هنا نعرف أن الصين آنذاك قد عرفت تربية دودة القز لاستخراج الحرير، مما يشير إلى الفجوة بين الصينيين والأوروبيين حينذاك. وفي منتصف القرن التاسع الميلادي وصل العرب إلى الصين وسجل أحدهم «التاجر سليمان» في كتابه المعنون «سلسلة التواريخ» مشاهدات تجار عرب في الصين أقتبس هنا منها هذه الفقرات:

«ذات يوم، زار رجل من وجوه التجار الأجانب موظفًا حكوميًا كان الملك أرسله إلى

مدينة قوانغتشو، فرأى على صدره خالًا يشف من تحت ثياب حرير كانت عليه، فقدر أنه قد ضاعف بين ثوبين منها، فلما ألح في النظر قال له الموظف: «أراك تديم النظر إلى صدري فلم ذلك؟» فقال له الرجل: «عجبت من خالٍ يشف من تحت هذه الثياب». فضحك الموظف ثم طرح كُم قميصه إلى الرجل وقال له: «عُد ما عليّ منها؟» فوجدها خمسة أقبية بعضها فوق بعض والخال يشف من تحتها. والذي هذه صفته من الحرير خام فقط، والذي يلبسه كبار الموظفين أرفع من هذا وأعجب».

ويحكي عن الشاي، وهو ما يدل على أن العرب حينها لم يعرفوا الشاي بعد، حيث يقول «وما يختص الملك من الضرائب جاءت من الملح وحشيش يشربونه بالماء الحار ويباع منه في كل مدينة بمال عظيم ويقال له الشاي، وهو أكثر ورقًا من البرسيم وأطيب قليلًا، وفيه مرارة فيغلي الماء ويذر عليه فهو ينفع كل عامة الناس».

«ولهم حجر منصوب وطوله عشر أذرع، مكتوبة فيه شروع في الحجر، ذكرت الأدوية والأدواء–داء كذا دواؤه كذا– فإذا كان الرجل فقيرا أعطي ثمن الدواء من الحكومة».

«فسألناه عن المدينة التي بها الملك. وصفها فذكر سعة البلد وكثرة أهله وأنه مقسوم على قسمين يفصل بينهما شارع طويل عريض، فالملك ووزيره وجنوده وقاضي القضاة وخصيان الملك وجميع الخدم في الجانب الأيمن منه وما يلي المشرق لا يخالطهم أحد من العامة ولا فيه شيء إلا جدول وأشجار منتظمة ومنازل فسيحة. وفي الجانب الأيسر مما يلي المغرب الرعية والتجار والمتاجر والأسواق. وإذا وضح النهار رأيت قهارمة الملك وغلمان داره من بين راكب وراجل قد دخل إلى الجانب الذي فيه الأسواق والتجار، فأخذوا حوائجهم».

وقد كثرت أخبار الغربيين الذين زاروا الصين في الكتب التاريخية في الفترات اللاحقة، ومن المعروف أن الرحالة الإيطالي ماركو بولو ألف كتابا مهمّا تحت عنوان «رحلات ماركو بولو» في القرن الثالث عشر، حيث روى فيه أحوال الصين في أسرة يوان الحاكمة، رغم أن بعض الناس يشكون فيما إذا وصل حقا إلى الصين، إذ إن بعض رواياته عن الصين كانت أقرب إلى خيالات أسطورية في نظر الغربيين. وهو أمر إن دل على شيء فإنما يدل على أن بدايات الاحتكاك الصيني الغربي كانت مقرونة بالأوهام والخيالات والاستغراب المتبادل.

ومنذ أواخر القرن السادس عشر، بدأت التبادلات المباشرة بين الصين والغرب،

عندما تدفق إلى الصين مبشرون مسيحيون بعد أن تقدمت التكنولوجيا الملاحية وفُتحت طرق بحرية تربط بين الشرق والغرب. وكان أشهرهم الإيطالي ماتيو ريتشي الذي وصل إلى الصين عام ١٥٨٢ وتوفي في بكين عام ١٦١٠، وطوال فترة إقامته في الصين التي تمتد لأكثر من ٢٠ سنة، لعب دورًا كبيرًا في تعزيز التبادل بين الشرق والغرب. وبالإضافة إلى عمله مبشرًا، أنجز مشروعين ذَوِيْ مغزى رمزي تاريخي: أحدهما ترجمة الكتب الأربعة، في أمهات التراث الصيني إلى اللغة اللاتينية ووضع شروحات عليها في عام ١٥٩٤، والآخر ترجم للصينية كتاب «العناصر» للرياضي اليوناني إقليدس بالتعاون مع شيوي قوانغ تشي العالم الصيني من فترة أسرة مينغ.

إن الترجمات الأولية لأمهات التراث الصيني مثل «الكتب الأربعة» التي تمت على أيدي المبشرين والمؤلفات التي ألفها بعض العلماء الغربيين عن الصين مثل «تاريخ الإمبراطورية الصينية» لباري دو هالد، كشفت للغربيين حضارة غريبة عليهم، وأوجدت في الغرب «حمى الصين»، الأمر الذي لفت أنظار مفكريه الكبار. ومنهم من يقدر الحضارة الصينية مثل لايبنتز وفولتير وكيوسناي، ومنهم من يقف من الحضارة الصينية موقفًا سلبيًا مثل مونتيسكيو وهيجل. لقد وجد لايبنتز في الحضارة الصينية ما يدعم بعض أطروحاته، إذ رأى أن الرموز المستخدمة في «كتاب التغيرات» في أسرة تشو تشبه إلى حد ما، نظام الأرقام الثنائية الذي ابتكره. أما هيجل فكما ذكرنا في البداية، كان يحط من شأن الفلسفة الصينية استدلالًا على حكمه بنظامه الفلسفي. ولكن، سواء أكان موقف الغربيين من الحضارة الصينية إيجابيًا أم سلبيًا، بالقبول أم بالرفض، فإن التبادلات الثقافية بين الصين والغرب تركت آثارا بالغة الأهمية. ومع انتقال العلوم والتكنولوجيا الصينية إلى الغرب وخاصة المخترعات الصينية الأربعة (صناعة الورق والبارود وفن الطباعة والبوصلة)، تغيرت مسيرة تاريخ العالم تغيرًا كبيرًا. ويقول في ذلك كارل ماركس: «إن البارود قد مزق الطبقة الفروسية إربًا إربًا والبوصلة فتحت أبواب الأسواق العالمية وساعدت على إحداث المستعمرات، بينما أصبح فن الطباعة أداة لنشر البروتستانتية، ويمكن القول على الوجه الأعم إنها أصبحت وسيلة للنهضة العلمية، وأقوى رافعة لتوفير شروط إنماء الروح الخلاقة»، ويقول الفيلسوف البريطاني فرانسس بيكون إن المخترعات الصينية الأربعة «غيّرت وجه العالم بأكمله كما غيّرت أحوال وظروف كل شيء».

أنجبت الصين القديمة للبشرية عددًا كبيرًا من العلماء العظماء، أمثال الرياضي تسو تشونغ تشي، الصيدلي لي شي تشن، الطبيب سون سي مياو، الفلكي تشانغ هنغ، العالم الموسوعي شن كوه، ومخترع فن الطباعة بالمقاطع المتحركة بي شنغ وغيرهم، وأبدعت عددًا لا يحصى من النتائج العلمية والتكنولوجية مثل «مبادئ هامة لرفاهية الشعب»، و«الفصول التسعة لفنون الرياضيات»، و«الحميات والأمراض الأخرى»، و«الخلاصة الوافية في العقاقير الشافية» وغيرها، كما أن من مفاخرها تلك العجائب التي لا تزال تبقى على أراضيها لتبهر العالم: المحلقة الفلكية، ومرسمة الزلازل، ومشروع دوجيانغيان المائي، والكهوف الحجرية في دونغهوانغ، والقناة المائية الكبرى، وسور الصين العظيم... ولكن تصاريف الزمان تتقلب إلى أن أفل نجم الشرق وبزغت شمس الغرب في أواخر القرن الخامس عشر، ولم تمض إلا أربعة قرون على ذلك حتى تحولت أوروبا المتخلفة إلى المركز الثقافي للعالم، وتفتخر بكل جدارة بعمالقة العلم أمثال البريطاني نيوتن، والبولندي كوبرنيكوس، والألمانيين رونتجن وآينشتان، والفرنسية ماري كوري، والإيطالي غاليليو، والروسي مندلييف، إضافة إلى أديسون وفيرمي وغيرهما من الولايات المتحدة وغير هؤلاء ممن حظوا بمحبة واحترام لدى شعوب العالم.

وبدأ الصينيون يتساءلون: ما الأسباب الكامنة وراء صعود وهبوط الأمم؟ ولماذا تعرضت الصين لغزوات أوروبية بالقنابل التي صنعت من البارود، أحد المخترعات الصينية!؟

هكذا أيقظت حرب الأفيون الصينيين من سباتهم، فنادى نخبة من الصينيين مثل لين تسه شيوي ووي يوان بـ «فتح العيون لمعاينة العالم»، وقاد آخرون مثل تسنغ قوه فان ولي هونغ تشانغ «حركة التغريب». ورفع المثقفون شعار «الديمقراطية والعلم» آملين اللحاق بركب العالم المتقدم. لقد أدرك الصينيون ذوو النفوس الكبيرة أن الصين متخلفة حقًا، ولكنهم وجدوا في التخلف دوافع للتغيير والإصلاح، متطلعين إلى إيجاد سبل تحقيق نهضة جديدة للبلاد. وأخيرًا، توجت جهودهم بحلول عصر جديد يشهد النهضة الصينية مرة أخرى ويتّحد فيه الشعب الصيني تحت شعار «المسيرة قدمًا نحو العلم».

في القرن الحادي والعشرين لم يعد العالم أجزاءً متفرقة كما كان عليه في الماضي، بل أصبح قرية كونية يرتبط كل جزء فيها بجزء آخر ارتباطًا وثيقًا. ويتضح اتجاه العولمة الاقتصادية يومًا بعد يوم. وتدريجيا أصبح تاريخ أمة أو دولة بدرجة كبيرة، جزءًا من

تاريخ العالم أجمع. فلن يتحقق تقدم أي ثقافة في عصر اليوم لو لم تؤخذ المقومات الثمينة من الثقافات الأخرى. إن عملية استمداد الغرب من الثقافة الصينية أغذية مفيدة له في العصر الحديث لا تدل على انتشار الثقافة الصينية في الغرب فحسب، بل تدل على قدرة الغرب على الإبداع والنمو أيضا. كذلك، فإن عملية امتصاص الثقافة الصينية من الثقافة الغربية أغذية مفيدة لها، لا تعني انتشار الثقافة الغربية في الصين فقط، بل تعني في الوقت نفسه تحول الثقافة الصينية وتطورها في العصر الجديد. إن ثقافات كل الشعوب على هذه الأرض هي إرث ثمين نتقاسمه جميعا كبشر. وإذا صح القول إن قارات العالم كانت في الماضي السحيق في تاريخ الكرة الأرضية قارة كبرى مترابطة الأجزاء أو قرية كونية متكاملة، فعلينا في عصر الإنترنت، عصر التراكم المعرفي والتحصيل العلمي، أن نبني القرية الكونية الجديدة للبشرية عبر التعلم المتبادل والتنمية المشتركة.

إن الصين تأخذ بسرعة متزايدة، المقومات المفيدة من الثقافات الأخرى، كما أن ثقافات العالم، غربية كانت أم شرقية، تحتاج إلى إثراء نفسها بالأغذية الخاصة بالثقافة الصينية. وانطلاقا من هذا الإدراك، نظمنا نشر «سلسلة كنوز التراث الصيني» ثنائية اللغة الصينية والإنجليزية أو الفرنسية أو الإسبانية أو الروسية أو العربية أو الألمانية أو اليابانية أو الكورية أي بتسع لغات من العالم، حتى نعطي لقرائنا الأجانب صورة متكاملة عن أمهات الثقافة الصينية التقليدية. ونحن نبغي من خلال نشر هذه الأعمال استعراض النتاج الفكري للأمة الصينية طوال الخمسة آلاف سنة الماضية، كما ننوي نقل رسالة إلى العالم مفادها أن الشعب الصيني كمثل عنقاء تنبعث من تحت الرماد لتطير نحو شمس القرن الجديد.

أغسطس ١٩٩٩، بكين

“一带一路”沿线国家语言对照版
序　言

杨牧之

时间如飞，各位读者打开的这批书，已经是《大中华文库》的第三批书了。

一

从1994年《大中华文库》经新闻出版署立项开始，到今天，2019年10月，已经过去25年。这25年，《大中华文库》的出版经历了三个阶段：

从1994年到2016年，我们用20多年的时间完成了“汉英对照版”，总计110种图书的译介出版。这是我们国家首次全面、系统地向世界推介中国文化典籍，弘扬中华民族优秀传统文化的国家重大出版工程。这是第一阶段。

第二阶段从2009年开始。为了进一步扩大国际影响和受众覆盖面，我们又着手启动“多语种项目”，继续把中文典籍翻译成联合国使用的另外4种官方语言，即法、俄、西、阿语，再加上另外3种重要语言德、日、韩语，这样，总计就是7种语言。我们从汉英对照版110种典籍中，选出常用且必备的25种典籍，用上述7种语言和中文对照出版，总计175个品种，目前也已全部完成。

现在这一批书，应该是第三个阶段了。这一阶段主要是配合中央“一带一路”倡议，开展“一带一路”沿线国家语言对照版的翻译工作。第一批涉及29种语言（乌克兰语、柬埔寨语、老挝语、马来语、缅甸语、泰语、印尼语、越南语、孟加拉语、乌尔都语、印地语、哈萨克语、吉尔吉斯语、波斯语、土耳其语、希伯来语、斯瓦希里语、捷克语、匈牙利语、保加利亚语、罗马尼亚语、马其顿语、塞尔维亚语、葡萄牙语、阿拉伯语、法语、俄语、西班牙语、德语等），84种典籍。

千百年来，中华民族从陆上、从海上开拓了举世闻名的丝绸之路。那是一条和平之路，一条与世界交往、广交朋友之路。沿着古老的丝绸之路，中华民族走向世界，创造了举世无双、持续不断的灿烂文明。今天，我们继承这份辉煌的遗产，开始了“一带一路”新的征程。“一带一路”上，国家林立，语言丰富，文化多彩，我们要把《大中华文库》送过去，把他们的灿烂文化学过来。

二

《大中华文库》启动伊始，在封面设计上，我们突出了三个标志性的图案。这三个图案，便是我们编辑这套大书、进行这项工程的志向。

一个是中国传统建筑大门上的“门环”，以此作为本书的标志。门环图案是复制的故宫大门上的“门环”，象征着去叩开中华民族文化的宝库。

二是封面上汹涌澎湃的黄河壶口瀑布。黄河是中华民族的摇篮，源远流长，奔腾向前，最具中国特色。

三是书脊下方的长城垛口图案。当整套书摆在一起的时候，书脊上的长城垛口连接起来，便构成连绵不断的万里长城，象征中国文化如万里长城般巍峨挺立，悠久绵长。

为了不辜负这三个标志，我们制定了编辑《大中华文库》“三个精”的原则，以求达到国家出版水平的高标准。大家从这三个方面保证质量：一是精选书目，二是精细翻译，三是精心印制。

“精选书目”是根本。中国古代典籍约有20多万种，从中选出能代表中华民族传统文化的精华是搞好这套《文库》的根本。工作委员会、编辑委员会三次座谈、两次发调查表，征求北大、清华等全国著名高校和中科院、社科院、军科院以及国家图书馆专家的意见，反复论证，最终确定了110种典籍。这110种典籍，上自先秦，下至近代，内容涵盖哲学、宗教、政治、经济、军事、历史、文学以及科技等各个方面。既有已广为国外所了解的《老子》《论语》《孙子兵法》等经典书目，更多的则是目前没有译本，或没有完整译本，很少为国外所知的经典图书。我们担心优秀的图书漏掉，《文库》全部选题落实后，再一次征求各学科有代表性的专家意见。专家们一致表示，选题涵盖很全面，一流的中国古代典籍基本都入选了。

这110种典籍，也是第二期“多语种”工程和第三期“一带一路”工程选题的基础。

“精细翻译”，质量第一。2001年朱镕基总理、李岚清副总理视察新闻出版总署，听我们汇报这套书时，镕基总理说：“这套书不错，应该很有读者，很有市场啊。”岚清副总理说：“关键是要搞好翻译，保证翻译质量。”他们的意见是很中肯的。我们把他们的意见，作为我们编译工作的指导思想。

《文库》把保证翻译质量作为首要任务，组织中外专家进行翻译审校，中文原文版本也都经过了精心选择、认真校对。一开始是几家做过类似图书的出版社参加，逐渐有近30家出版社加入进来。实施大工程，组织工作是关键。我们设有两个委员会：工作委员会和编辑委员会。工作委员会负责出版社的遴选，签订出版合同，制订出版计划等组织协调工作，从而保证《文库》工作有计划稳步进行；编辑委员会负责版本选择、译者确定、内容审查。在翻译质量上，出版社进行一、二、三审，编辑委员会进行四审和五审。四审主要请外文局的一大批外文专家以及学术界的中文专家论证审稿，五审由编辑委员会总编辑和副总编辑进行，如果不合格就要退回去重新做编辑加工，以确保质量。此外，《文库》约请专家撰写“导言”，编制词目索引，满足海内外读者阅读需要。

“精心印制”，要体现中国出版风格和水平。因为这项工程先后有30余家出版社共同参与，而且图书品种、印制数量庞大，不可能一次印制完成。为了保证全书质量、外观的一致性，保证多批印制纸张颜色、质量的一致性，在工作委员会下设印制小组，主要工作是统一版式、统一纸张、统一印刷、统一装帧，达到四个统一。《文库》是个大工程，由于坚持了质量第一，坚持了四个统一，保证了工程的整体质量。

1999年8月，《大中华文库》汉英对照版第一批15种正式出版。

第一回合的胜利，一批带有故宫门环图标、黄河壶口瀑布图像、连绵不断的长城垛口图案的精美图书摆在我们面前，大大鼓舞了参与工作的全体同志。第一批《文库》图书出版后，先后获得了国家图书奖最高奖“国家图书奖荣誉奖”、全国古籍整理优秀图书一等奖。2011年12月，经中央批准，《大中华文库》出版工程获新闻出版总署表彰。

《大中华文库》以其深厚的文化内涵、优异的出版质量，已成为名副其实的国家名片。2006年4月，胡锦涛主席访问美国，将《大中华文库》作为国礼赠送给美国耶鲁大学；2009年1月温家宝总理访问西班牙，向马德里塞万提斯学院赠送了《大中华文库》；2011年10月李克强同志访问朝鲜，向金日成综合大学赠送了《大中华文库》；2012年4月伦敦书展期间，李长春同志向英国伦敦南岸大学孔子学院赠送了《大中华文库》，并且在他出访印尼、澳大利亚、韩国、新加坡等国时，都选择了将《大中华文库》作为礼物；刘延东同志出访美国赠书，以及在2012年4月的伦敦书展开幕式上，向大英图书馆赠送的也是《大中华文库》。

特别是2014年9月，习近平主席向斯里兰卡政府赠送《大中华文库》汉英对照版图书100种188册。2015年5月，国务院总理李克强出访南美四国，向哥伦比亚总统赠送了《大中华文库》西班牙语系列全套图书，进一步推动了《大中华文库》走向世界的成功实践。

三

回忆25年历程，总结我们的体会，是为了在过去的基础上，把《大中华文库》第三期工程即“一带一路”项目做得更好。

如果说汉英对照版是《大中华文库》的第一个高峰，多语种对照版是《大中华文库》的第二个高峰，那么，这“一带一路”沿线国家语言对照版便是《大中华文库》的第三个高峰。目前已有30余家出版社投入到这个项目中来。

任重而道远，继续向《大中华文库》第三个高峰前进的脚步已经迈出。文化是民族的血脉，是人民的精神家园。文化的软实力集中体现了一个国家基于文化而具有的凝聚力和生命力，以及由此而产生的吸引力和影响力。今天我们继承古代中国丝绸之路精神，将其发扬光大，把我国的发展同“一带一路”沿线国家的发展结合起来，文明互鉴，民心相通，赋予古代的丝绸之路以新的时代内涵。在这个大形势下，实施“一带一路”沿线国家语种的翻译出版，是《大中华文库》在新时代的一次历史性选择，是我们为提升中华文化软实力应做的贡献。如今《大中华文库》“一带一路”工程已被确定为2019年国家出版基金资助项目。我们要发扬精心设计、精心施工的优良传统，牢记使命，不辜负前辈的嘱托，不辜负广大读者的期望，一定要“以伟大的爱国热忱，宽广的世界眼光和严谨的科学态度”，锲而不舍地把这项光辉的事业进行到底。

2019年10月1日　北京

الإصدارات ثنائية اللغة بلغات الدول الواقعة على طول «الحزام والطريق»

مقدمة

يانغ مو تشي

يمضي الوقت سريعًا، والكتب التي بين أيدي القراء الآن، هي بالفعل الدفعة الثالثة من «سلسلة كنوز التراث الصيني».

١

مرت خمسة وعشرون عامًا منذ دشنت الهيئة العامة للإعلام عام ١٩٩٤ مشروع «سلسلة كنوز التراث الصيني». وخلال هذه السنوات الخمس والعشرين الماضية، مر إصدار «سلسلة كنوز التراث الصيني» بثلاث مراحل:

منذ عام ١٩٩٤ وحتى عام ٢٠١٦، استغرقنا أكثر من عشرين عامًا للانتهاء من «الإصدارات الصينية-الإنجليزية»، وأتممنا ترجمة ونشر ما مجموعه ١١٠ أنواع من المؤلفات. ويعد هذا هو أول مشروع نشر وطني كبير للترويج المنهجي الشامل للكلاسيكيات الثقافية الصينية عالميا، ونشر الثقافة التقليدية المتميزة للأمة الصينية، وكانت هذه هي المرحلة الأولى.

أما المرحلة الثانية فقد بدأت عام ٢٠٠٩. فمن أجل زيادة توسيع التأثير الدولي والوصول إلى عدد أكبر من القراء، بدأنا أيضا «مشروع اللغات المتعددة» وتابعنا ترجمة الكلاسيكيات الصينية إلى اللغات الأربع الأخرى من اللغات الرسمية الست للأمم المتحدة، وهي الفرنسية والروسية والإسبانية والعربية، بالإضافة إلى ثلاث لغات أخرى على قدر كبير من الأهمية وهي الألمانية واليابانية والكورية، بإجمالي ٧ لغات، حيث وقع اختيارنا على٢٥ كتابا كلاسيكيًا مهما ومشهورا من بين ١١٠ مؤلَّفات نشرت باللغتين «الصينية-الإنجليزية» وأتممنا نشرها باللغات السبع المذكورة أعلاه بالإضافة إلى اللغة الصينية، وبلغ إجمالي ما تم إنجازه ١٧٥ كتابا.

وأما المرحلة الثالثة فهي تلك الكتب التي بين أيدينا الآن. وتسعى هذه المرحلة بشكل أساسي إلى الاندماج مع أهداف مبادرة «الحزام والطريق»، لإصدار ترجمات ثنائية

اللغة بلغات الدول على طول «الحزام والطريق». وتشمل الدفعة الأولى منها، الترجمة إلى ٢٩ لغة (هي الأوكرانية، الكمبودية، اللاوية، الملايو، البورمية، التايلاندية، الإندونيسية، الفيتنامية، البنغالية، الأردية، الهندية، الكازاخستانية، القرغيزية، الفارسية، التركية، العبرية، السواحلية، التشيكية، المجرية، البلغارية، الرومانية، المقدونية، الصربية، البرتغالية، العربية، الفرنسية، الروسية، الإسبانية، الألمانية، وغيرها)، بإجمالي ٨٤ كتابا كلاسيكيّا.

ومنذ آلاف السنين، شقت الأمة الصينية، الطريقين البري والبحري لطريق الحرير الذائع الصيت عالميا. إنه طريق للسلام، طريق للتواصل مع العالم، طريق لتكوين الصداقات. وعلى طول امتداد طريق الحرير القديم، سارت الأمة الصينية نحو العالم وخلقت حضارة رائعة ممتدة لا مثيل لها. اليوم نتوارث هذا الإرث المجيد، وبدأنا مسيرة جديدة من مبادرة «الحزام والطريق»، حيث هناك الكثير من الدول واللغات الغنية والثقافات المتنوعة على طول طريق «الحزام والطريق»، ونحن نهدف إلى تقديم «سلسلة كنوز التراث الصيني» إلى شعوب هذه الدول، والتعلم من ثقافاتهم الباهرة

٢

في بداية إطلاق «سلسلة كنوز التراث الصيني» سلطنا الضوء على ثلاث صور أيقونية في تصميم أغلفة الكتب. وهذه الصور الثلاث تعكس طموحنا من تحرير هذه السلسلة الكبيرة وتنفيذ هذا المشروع.

الصورة الأولى هي «حلقة الباب»، تلك التي على الأبواب الكبيرة في العمارة الصينية التقليدية، وتعد رمزا لهذه السلسلة. وصورة حلقة الباب هي نسخة من «حلقة الباب» المعروفة على البوابات الكبرى للمدينة المحرّمة، وترمز إلى فتح باب «كنوز التراث الصيني» على مصراعيه.

والصورة الثانية لشلال هوكو الشهير المتدفق على النهر الأصفر. والنهر الأصفر هو مهد الأمة الصينية، وله تاريخ عريق، ويتدفق دائما نحو الأمام، ويتميز بسمات صينية فريدة.

أما الصورة الثالثة، فهي صورة بارزة لجزء من سور الصين العظيم، وضعت أسفل كعب الكتب، وعندما تصطف كتب السلسلة معا، تجتمع أجزاء الصور لتشكل صورة مكتملة

لسور الصين العظيم الممتد، والذي يرمز إلى أن الثقافة الصينية شامخة وممتدة تماما مثل سور الصين العظيم.

ومن أجل الارتقاء بمستوى هذه الصور الثلاث، فقد اعتمدنا مبدأ «الجواهر الثلاث» خلال تحرير «سلسلة كنوز التراث الصيني»؛ لتحقيق أعلى جودة ممكنة تتوافق مع معايير النشر الوطنية. ولضمان هذه الجودة، التزمنا بثلاثة معايير: الأول هو انتقاء كتب مختارة، والثاني هو الترجمة الدقيقة، والثالث هو الطباعة الأنيقة.

كان معيار «الكتب المختارة» هو الأساس. فهناك حوالي مائتي ألف من الكلاسيكيات الصينية القديمة، وانتقاء الكتب التي تمثل الثقافة الصينية التقليدية هو أساس وجوهر هذه «السلسلة». حيث عقدت لجنة العمل ولجنة التحرير ثلاث جلسات وأصدرت استبيانين، واستطلعت آراء جامعات ومعاهد مشهورة، مثل جامعتي بكين وتشينغهوا، وكذلك خبراء من الأكاديمية الصينية للعلوم، وأكاديمية العلوم الاجتماعية، وأكاديمية العلوم العسكرية، والمكتبة الوطنية، وبعد استطلاع كل الآراء، وقع الاختيار النهائي على ١١٠ كتب من الكلاسيكيات. حيث تغطي هذه الكلاسيكيات البالغ عددها ١١٠ حقبا زمنية تبدأ من فترة ما قبل أسرة تشين ٢٢١ – ٢٠٧ ق م إلى العصر الحديث، وتشمل محتوياتها جميع الجوانب الفلسفية والدينية والسياسية والاقتصادية والعسكرية والتاريخية والأدبية والعلمية. منها كتب كلاسيكية معروفة على نطاق واسع خارج الصين، مثل «لاوتسي»، و«كتاب الحوار»، و«فن الحرب لسون تسي»، وغيرها، ومعظمها لم تصدر له نسخ مترجمة حتى الآن، أو لم تصدر له ترجمات كاملة، أو ما هو غير معروف خارج الصين. لقد ساورنا القلق إذا ما كنا قد أهملنا اختيار بعض الكتب الممتازة، ولذلك، فبعد اختيار كل موضوعات «السلسلة»، استطلعنا آراء الخبراء من مختلف التخصصات مرة أخرى، فأجمعوا أن اختيارنا للموضوعات يغطي نطاقا شاملا، وأنه قد تم بالفعل اختيار الكلاسيكيات الصينية القديمة المتميزة بشكل أساسي.

هذه الكلاسيكيات الـ ١١٠ هي أيضا أساس اختيار موضوعات المرحلة الثانية من مشروع «اللغات المتعددة»، والمرحلة الثالثة من مشروع «الحزام والطريق».

«الترجمة الدقيقة»، والجودة أولا. ففي عام ٢٠٠١، تفقَّد كل من رئيس مجلس الدولة تشو رونغ جي ونائب رئيس مجلس الدولة لي لان تشينغ، الهيئة العامة للإعلام والنشر. وعندما قدمنا تقريرا حول هذه المجموعة من الكتب، قال رئيس مجلس الدولة تشو رونغ

جي: «هذه المجموعة من الكتب ممتازة، ومن المتوقَّع أن تستقطب كثيرا من القراء وتلقى رواجا في الأسواق». أما نائب رئيس مجلس الدولة لي لان تشينغ فقال: «الأهم هو القيام بعمل جيد في الترجمة وضمان جودتها». لقد أصابت آراؤهما كبد الحقيقة، ونحن نأخذ بآرائهما على أنها الأيديولوجية التي ننتهجها خلال أعمال الترجمة والتحرير.

تتخذ هذه «السلسلة» ضمان جودة الترجمة، مهمة أساسية لها، حيث حشدت الخبراء الصينيين والأجانب لإجراء مراجعات للترجمة، كما تم اختيار النسخ الصينية الأصلية بعناية ومراجعتها بدقة. ففي البداية، شارك بضعة من الناشرين الذين أعدوا كتبا مماثلة، وانضم إليهم تدريجيًّا ما يقرب من ٣٠ ناشرا. ونحن نعي أن التنظيم هو مفتاح تنفيذ المشاريع الكبرى. وقد شكلنا لجنتين: لجنة للعمل، ولجنة للتحرير. لجنة العمل مسؤولة عن اختيار دور النشر، وتوقيع عقود النشر، وصياغة خطط النشر لضمان تنفيذ «السلسلة» بخطط ثابتة ومستقرة؛ ولجنة التحرير مسؤولة عن اختيار النسخ، وتحديد المترجمين، ومراجعة المحتوى. وفيما يخص جودة الترجمة، تجري دار النشر، المراجعات الأولى والثانية والثالثة، وتجري هيئة التحرير، المراجعتين الرابعة والخامسة. وخلال المراجعة الرابعة يتم استقدام عدد كبير من خبراء اللغات الأجنبية من المصلحة الصينية للنشر والتوزيع باللغات الأجنبية، وخبراء أكاديميين في مجال اللغة بشكل أساسي للتحقق من الترجمة ومراجعتها. ويتم إجراء المراجعة الخامسة من قبل رئيس التحرير ونائب الرئيس لهيئة التحرير. وفي حالة عدم قبولها، تُعاد للتحرير مرة أخرى لضمان الجودة. بالإضافة إلى ذلك، تدعو «السلسلة» الخبراء لكتابة «مقدمة» وتجميع فهرس للكلمات؛ لتلبية متطلبات القراءة لدى القراء في الداخل والخارج.

إن «الطباعة الأنيقة» يجب أن تعكس طابع ومستوى النشر في الصين. فنظرًا لأن هناك أكثر من ثلاثين دار نشر قد شاركت في هذا المشروع، ولتنوع الكتب وكثافة أعداد الطباعة، كان من المستحيل إتمام الطباعة في وقت واحد. ومن أجل ضمان تناسق وجودة ومظهر الكتب، وتوحيد لون وجودة الطبعات المختلفة من الورق المطبوع، تم تشكيل لجنة مختصة بالطباعة متفرعة من لجنة العمل، تمثلت مهامها الرئيسية في توحيد النسق، والورق، والطباعة، والتجليد. إن هذه «السلسلة» مشروع ضخم، ولأنها التزمت بمفهوم الجودة أولًا، وتوحيد كل الخطوات، تم ضمان الجودة الشاملة للمشروع بأكمله.

وفي أغسطس عام ١٩٩٩، صدرت رسميًّا، الدفعة الأولى المكونة من ١٥ مؤلَّفا

باللغتين «الصينية-الإنجليزية» من «سلسلة كنوز التراث الصيني».

لقد حققنا انتصارا في الجولة الأولى، وها هي أمامنا مجموعة من الكتب الرائعة تزينها صور حلقة بوابة المدينة المحرمة، وشلال هوكو المتدفق على النهر الأصفر، والأجزاء البارزة المتصلة لسور الصين العظيم، الأمر الذي شجَّع جميع المشاركين في العمل. وبعد نشر الدفعة الأولى من هذه «السلسلة»، فزنا تباعًا بـ «جائزة الشرف الوطنية للكتاب»، وهي أعلى جائزة وطنية في مجال الكتب، والجائزة الأولى لتجهيز الكتب الكلاسيكية الممتازة على مستوى الدولة. وفي ديسمبر عام ٢٠١١، حاز مشروع «سلسلة كنوز التراث الصيني» على تكريم من الهيئة الوطنية العامة للإعلام والنشر بعد موافقة الحكومة المركزية.

لقد أصبحت «سلسلة كنوز التراث الصيني» علامة وطنية حقيقية لما لها من دلالات ثقافية عميقة وجودة فائقة في عملية النشر. ففي إبريل عام ٢٠٠٦، زار رئيس الصين هو جين تاو، الولايات المتحدة الأمريكية، وقدَّم «سلسلة كنوز التراث الصيني» هديةً وطنيةً لجامعة ييل؛ كما زار رئيس مجلس الدولة ون جيا باو إسبانيا في يناير عام ٢٠٠٩ وأهدى «سلسلة كنوز التراث الصيني» إلى معهد سرفانتس بمدريد؛ وفي أكتوبر عام ٢٠١١، زار الرفيق لي كه تشيانغ، جمهورية كوريا الديموقراطية الشعبية وأهدى «سلسلة كنوز التراث الصيني» إلى جامعة كيم إيل سونغ؛ وخلال معرض لندن للكتاب في إبريل ٢٠١٢، أهدى الرفيق لي تشانغ تشون «سلسلة كنوز التراث الصيني» إلى معهد كونفوشيوس في جامعة ساوث بانك بلندن، كما قدَّم «سلسلة كنوز التراث الصيني» هديةً خلال زياراته إلى إندونيسيا وأستراليا وجمهورية كوريا وسنغافورة وغيرها من الدول؛ وكانت هذه السلسلة هي الهدية التي أهدتها الرفيقة ليو يان دونغ خلال زيارتها إلى الولايات المتحدة الأمريكية، وأيضا هديتها إلى المكتبة البريطانية أثناء حفل افتتاح معرض لندن للكتاب في إبريل عام ٢٠١٢.

وفي سبتمبر عام ٢٠١٤، أهدى الرئيس شي جين بينغ ١٨٨ مجلدًا من ١٠٠ مؤلَّف باللغتين «الصينية-الإنجليزية» ضمن «سلسلة كنوز التراث الصيني» إلى الحكومة السريلانكية. وفي مايو ٢٠١٥، زار رئيس مجلس الدولة لي كه تشيانغ أربع دول في أمريكا الجنوبية وأهدى مجموعة كاملة للنسخة الإسبانية من «سلسلة كنوز التراث الصيني» إلى رئيس كولومبيا، وهو ما زاد من تعزيز الممارسة الناجحة لنشر «سلسلة كنوز التراث الصيني» عالميًا.

٣

إن السبب في استعراض خمسة وعشرين عاما مضت، وتلخيص تجاربنا، هو تنفيذ المرحلة الثالثة من «سلسلة كنوز التراث الصيني»، ومشروع «الحزام والطريق» بشكل أفضل، استنادًا إلى نجاحات الماضي.

ولو قلنا إن النسخة «الصينية-الإنجليزية» هي الذروة الأولى لمشروع «سلسلة كنوز التراث الصيني»، وإن النسخة المتعددة اللغات هي الذروة الثانية لهذا المشروع، فإن النسخة القائمة على لغات الدول الواقعة على طول «الحزام والطريق» هي الذروة الثالثة لمشروع «سلسلة كنوز التراث الصيني». وقد انضمت أكثر من ٣٠ دار نشر إلى هذا المشروع في الوقت الحالي.

لا يزال الطريق أمامنا طويلا، وقد خطونا بالفعل خطوات نحو تحقيق الذروة الثالثة لمشروع «سلسلة كنوز التراث الصيني».

إن الثقافة هي شرايين الأمة، والوطن الروحي للشعب. وتجسد القوة الناعمة للثقافة، تماسك الدولة وحيويتها على أساس الثقافة، فضلاً عن الجاذبية والتأثير الناتج عنها. واليوم نتوارث روح طريق الحرير الصيني القديم، ونمضي به نحو الأمام، وندمج تنمية بلادنا مع تنمية الدول الواقعة على طول «الحزام والطريق». والحضارات تتعلم من بعضها البعض وتتلاقى قلوب الشعوب، مما يمنح طريق الحرير القديم دلالات عصرية جديدة. وفي ظل هذا الوضع العام، يعد تنفيذ مشروع الترجمة والنشر بلغات الدول الواقعة على طول طريق «الحزام والطريق» خيارًا تاريخيًا لمشروع «سلسلة كنوز التراث الصيني» في العصر الجديد، ومساهمة يتعين علينا تقديمها في سبيل تعزيز القوة الناعمة للثقافة الصينية. واليوم، تم تحديد مشروع «الحزام والطريق» ضمن «سلسلة كنوز التراث الصيني» كمشروع ممول من الصندوق الوطني للنشر في عام ٢٠١٩. علينا أن نمضي قدمًا في تقاليدنا المتميزة المتمثلة في التصميم المتقن و التنفيذ الدقيق، وأن نضع رسالتنا نصب أعيننا، وألا نخذل آمال أسلافنا، وأن نرتقي إلى مستوى توقعات القراء. وعلينا أيضا أن «نتحلى بحماس وطني كبير، ورؤية عالمية واسعة، وموقف علمي صارم»، لنكمل هذا العمل المجيد حتى النهاية بجد ومثابرة.

الأول من أكتوبر ٢٠١٩، بكين

前　言

一　《尚书》产生的过程及其流传

《尚书》各篇，最早当成于史官之手，并作为档案被各代政府保存下来。《墨子·贵义》：“昔者周公旦朝读书百篇。”足见周代之前，夏、商两代政府档案积存的数量已经相当可观。周公是一位极为重视总结历史经验的政治家，受周公的影响，有周一代的政府档案积存的数量恐怕比夏、殷两代还要多。正因为如此，在周代便已经设立了保存这类档案及书籍的机构叫“守藏室”，并为这个机构设立长官叫“守藏室之史”，著名哲学家老子就曾经担任过这样的长官。

史官在远古时代有过一段显赫的历史。《尚书·皋陶谟》：“钦四邻。”《尚书大传·皋陶谟》：“古者天子必有四邻，前曰疑，后曰丞，左曰辅，右曰弼。天子有问，无以对，责之疑；可志而不志，责之丞；可正而不正，责之辅；可扬而不扬，责之弼。其爵视卿，其禄视次国之君也。”丞，就是史官。《大戴礼记·保傅》：“及太子既冠成人，免于保傅之严，则有司过之史，有亏膳之宰。太子有过，史必书之。史之义，不得不书过，不书过则死。过书，而宰彻去膳。夫膳宰之义，不得不彻膳，不彻膳则死。于是有进膳之旍，有诽谤之木，有敢谏之鼓，鼓史诵诗，工诵正谏，士传民语；习与智长，故切而不攘；化与心成，故中道若性；是殷、周所以长有道也。”四邻又称四圣，“其爵视卿，其禄视次国之君也”，地位之高、权力之大，可以想见。《大戴礼记·保傅》所记是周初的历史，史的地位虽较远古有所下降，但权力依然很大。随着集权于中央的帝制日趋巩固以及君主与权臣权力的无限膨胀，史官的地位日趋下降。到了春秋时代下降的趋势更加严重，深受后人崇敬的齐大史兄弟二人因直书“崔杼弑其君”而付出了生命的代价。另外，史籍的保存也成了严重问题。《孟子·万章下》：“诸侯恶其害己也，而皆去其籍。”这些史籍因“恶其害己”而遭到诸侯的销毁。这种情况当然不会自孟子时始，恐怕在春秋时代就已经存在了。面对这种情况，史籍的散佚就更加不可避免。《墨子·贵义》：“子墨子南游使卫，关中载书甚多。”《庄子·天下》：“惠施多方，其书五车。”墨子和惠子能够拥有那么多的书，当然与史籍的散佚有关。

古代的史官制度造就了史官这一特殊的文化团体。而这一文化团体随着社会变迁也在不断地沉浮变迁。在这种沉浮变迁中造就了一批优秀的史官，《尚书》各篇就是在这批优秀史官手中被保存下来，而且经过他们一代又一代人的加工、润色、整理，使之日臻完美。

《尚书》的编纂并非自孔子始，早在孔子之前就已经有人编纂了。《左传·僖公二十七年》：“于是乎蒐于被庐，作三军。谋元帅。赵衰曰：‘郤縠可。臣亟闻其言矣，说礼乐而敦《诗》、《书》。《诗》、《书》，义之府也。礼乐，德之则也。德义，利之本也。《夏书》曰：‘赋纳以言，明试以功，车服以庸。’君其试之。”僖公二十七年为公元前633年，赵衰以郤縠“说礼乐而敦《诗》、《书》”为由推荐他为三军元帅，并明确指出“《诗》、《书》，义之府也”，可见在此之前《诗》、《书》早就已经编纂成书了，早于孔子至少在一百年以上。其具体内容虽不可确考，既然这部《书》被赵衰称之为“义之府”，所引《夏书》文字又见于今文《尚书·皋陶谟》，可以推断，其中当有不少篇章也被孔子收入所编纂的《书》之中。

孔子是一位首开私人讲学之风的教育家，大约在三十岁左右就已经开始授徒讲学。既要讲学，就必须要有教材。可以想见，孔子为了教学的需要不断搜集资料，这些教材是在教学中根据搜集来的资料经过不断地补充修订逐渐完备的。《史记·孔子世家》：“阳虎由此益轻季氏。季氏亦僭于公室，陪臣执国政，是以鲁自大夫以下皆僭离于正道。故孔子不仕，退而修诗书礼乐，弟子弥众，至自远方，莫不受业焉。”据此，孔子正式而系统地编纂《尚书》当在四十余岁之后。

《尚书》孔安国《序》说：“先君孔子……讨论坟典，断自唐虞以下讫于周。芟夷烦乱，剪截浮辞，举其宏纲，撮其机要，足以垂世立教，典、谟、训、诰、誓、命之文，凡百篇。”这段话大体上是符合《尚书》实际情况的。“芟夷烦乱，剪截浮辞”说明孔子在编纂《尚书》时，对《尚书》各篇又做了润色和修改。“垂世立教”说明编纂《尚书》不但是为了教学，更是为了总结历史经验以教育后人。

《尚书》在流传中，经历了秦始皇“焚书坑儒”的浩劫，今天我们所能见到的只是残本而非全貌了。这个残本得以流传至今，其功首推伏生、孔安国二人，其次则是孔颖达。两汉时代虽有多种《尚书》版本流传，但流传至今的却只有伏生所传今文二十八篇，孔安国所传古文二十五篇。今文二十八篇在西汉时代立于学官，受官方支持公开传授，古文二十五篇未立于学官，加上其内容为官方所忌,只能私下传授。东晋时为豫章内史梅赜所献的《尚书》为今、古文合编本，唐代初年孔颖达奉唐太宗之命修《五经正义》，于《尚书》所使用的就是梅赜所献的本子。《汉书·艺文志》著录《尚书古文经》四十六卷为五十七篇（实为五十八篇，见颜师古注），为了凑够五十八篇之数，梅本从今文《尧典》中分出《舜典》、从《皋陶谟》中分出《益稷》、从《顾命》中分出《康王之诰》，又将《盘庚》分作上、中、下三篇，这样一来，今文《尚书》便从二十八篇变成三十三篇，与古文《尚书》二十五篇合在一起恰好为五十八篇。其实即便五十八篇也是残本，并非先秦的旧本，何况将汉代公开传授的只有今文《尚书》二十八篇，割裂为三十三篇已非汉本之旧，实在没有必要。为了尊重事实，不如仍将今、古文分开为妥。故本书恢复汉代今文《尚书》的旧本二十八篇，并与古文《尚书》二十五篇分开处理。

二 《尚书》的内容

首先谈今文《尚书》的内容。今文《尚书》虽只有二十八篇，但内容却十分丰富，本次出版，限于篇幅只涉及思想，文学方面从略。就思想方面而言，只谈到“敬天保民”。这的确是今文《尚书》思想内容十分突出、十分重要的一点；但仅限于这一点是不够的，借此次出版机会补充三点：

一、“知稼穑之艰难”，“知小人之依”。这是周公在《无逸》篇中告诫成王的两句话。这两句话有其内在联系：只有了解稼穑的艰难，才能了解老百姓的疾苦。在周公看来这是圣明君主所必须具备的品德，并以此谆谆告诫成王；同时还要特别注意以宽广的襟怀和同情人民疾苦的心态了解民意民情以察知执政得失。值得细加体味的是最后一段话，兹将这段话的译文引述于下：

周公说："唉！从殷王中宗，到高宗，到祖甲，到我们的周文王，这四人是圣明的君主。有人告诉他们说：'小人在怨你骂你。'他们便更加恭敬地按照规矩办事。他们有了过错，便毫不掩饰地说：'这是我的过错。'实在是这样，他们不但不敢含怒，而且很愿意听到这样的话，以便察知自己政治上的得失。不听这些话，人们之中有的就会互相欺骗诈惑。如果有人告诉你：'小人在怨你骂你。'你应当认真考虑这些话。可是，如果你却这样执政：不把法度放在心里，不宽绰自己的胸怀，乱罚那些无罪的人，妄杀那些无辜的人。这样，必然会民心同怨，人们便会把愤怒的情绪聚集在你的身上。"周公说："唉！王啊，你可要以这些作为鉴戒啊！"

多么令人深思！从《无逸》全篇来看，此篇较之周公其他各篇诰文更为深刻。

二、礼让。这也是圣明君主所必须具备的品德。《尧典》："允恭克让。"这是说尧所具备的品德。不但尧具有这种品德，在《尧典》、《皋陶谟》中我们可以看到当尧禅位于舜，舜禅位于禹时，尧、舜、禹均表现出真诚的"礼让"。在尧、舜任命大臣的时候，大臣们也都表现出这种真诚的"礼让"。而这种"礼让"说明这些人都没有把"权位"看成是个人私产！这种崇高品质可以永远垂范后世，也是古人留给后世的最有价值的精神遗产！

三、知过而能改。从政者在执政过程中出现错误是不可避免的，问题在于出现错误之后是文过饰非，还是知过而能改，这是对执政者一个非常重要的考验。今文《尚书》最后一篇《秦誓》所写的秦穆公便是一个知过而能改的典型。秦穆公对所犯错误怀着极其沉痛的心情作了诚恳的检讨而且深刻地总结经验教训。特别是最后一句话："邦之杌陧，曰由一人；邦之荣怀，亦尚一人之庆。"作为国君位高而权重，他与一般人不同，其错误所影响的是一个国家的安危，远非一般人可比。秦穆公能够认识到这一点，的确值得肯定。孔子将此篇作为末篇收入《尚书》，其用意之深远也是显而易见的。

其次谈古文《尚书》的内容。古文《尚书》的内容同样十分丰富，这里也仅从思想角度来谈。古文《尚书》第一篇是《大禹谟》，此篇是记录舜禅位于禹一事的重要文献。舜在禅位于禹时说了这样的四句话："人心惟危，道心惟微，惟精惟一，允执厥中。"对这四句话在此篇"题解"中已作简要分析，需要指出的是：自宋、明以后对这四句话，相当多的学者提出质疑，认为这是古文《尚书》的伪造者拼凑而成。这种见解，笔者不敢苟同。笔者认为《尧典》所载"蛮夷猾夏，寇贼奸宄"，便是"人心惟危"的写照。《皋陶谟》所说的"九德"以及《大禹谟》所说"德惟善政，政在养民"就是"道心"。尧、舜、禹执政的实践和体验，正是对"道心惟微，惟精惟一，允执厥中"最为扼要的总结。就思想角度而言，这四句话正是古文《尚书》的总纲和精要所在。所谓社会，就政体而言无非由君、臣、民三种人组成。什么样的人可以为君，什么样的人可以为臣，君和臣各以什么样的理由和地位存在着，与君、臣相对应的民应当具有什么样的地位。这些问题，古文《尚书》各篇从不同方面做了回答。

首先谈“君”。“惟天生民有欲，无主乃乱”（《仲虺之诰》），这句话肯定了“君”存在的理由及必要性。“一人元良，万邦以贞。君罔以辩言乱旧政，臣罔以宠利居成功，邦其永孚于休”（《太甲下》），“一人”指君而言，就是说只有好的（“元良”）国君才能导致国家永远美好。这样的国君是怎样产生的呢？“天佑下民，作之君，作之师，惟其克相上帝，宠绥四方”（《泰誓上》），就是说天为了佑民而“作之君”，这个说法表面看来似乎虚无缥缈，其实不然。“天矜于民，民之所欲，天必从之”（同上），在这里“天意”与“民欲”完全统一了起来。“天意”即“民欲”，“民欲”即“天意”。而且“皇天无亲，惟德是辅。民心无常，惟惠之怀”（《蔡仲之命》），“天意”与“民心”无亲无常而是“惟德是辅”、“惟惠之怀”。就是说君的资格是由“民意”、“民心”决定的。孟子说：“桀纣之失天下也，失其民也。失其民者，失其心也。得天下有道：得其民，斯得天下矣。得其民有道：得其心，斯得民矣。得其心有道：所欲与之聚之，所恶勿施尔也。”（《孟子·离娄上》）这个说法就是从古文《尚书》发展而来。在《伊训》、《周官》等篇中提出君（也包括臣）应当遵守的规范，就是据此制定的。

其次谈“臣”。这是古文《尚书》最具特色一面。古文《尚书》中的《商书》共十篇，其中五篇是伊尹的诰文或训文，三篇是关于傅说的命文。分量之重以伊尹为最，其次为傅说。就身份而言，二人均为大臣；就出仕的情况来看，也有共同点：均是由君主主动“求”来的。当然，“求”的方式各有不同。对于伊尹，按汤的说法是“聿求元圣”（《汤诰》），就是说商汤以大圣人的规格将伊尹"求"来的。至于"求"的具体情况，古文《尚书》没有具体说明，而墨子与孟子则有所补充。先看墨子的补充："昔者汤将往见伊尹，令彭氏之子御，彭氏之子半道而问曰：'君将何之？'汤曰：'将往见伊尹。'彭氏之子曰：'伊尹，天下之贱人也。若君欲见之，亦令召问焉，彼受赐矣。'汤曰：'非女所知也。今有药此，食之则耳加聪，目加明，则吾必说而强食之。今夫伊尹之于我国也，譬之良医善药也。而子不欲我见伊尹，是子不欲吾善也。'因下彭氏之子，不使御。"（《墨子·贵义》）再看孟子的补充："伊尹耕于有莘之野，而乐尧、舜之道焉。非其义也，非其道也，禄之以天下弗顾也，系马千驷弗视也。非其义也，非其道也。一介不以与人，一介不以取诸人。汤使人以币聘之，嚣嚣然曰：'我何以汤之聘币为哉？我岂若处畎亩之中，由是以乐尧、舜之道哉？'汤三使往聘之，既而幡然改曰：'与我处畎亩之中，由是以乐尧、舜之道，吾岂若使是君为尧、舜之君哉？吾岂若使是民为尧、舜之民哉？吾岂若于吾身亲见之哉？天之生此民也，使先知觉后觉也。予，天民之先觉者也，予将以斯道觉斯民也，非予觉之而谁也？'思天下之民，匹夫匹妇有不被尧、舜之泽者，若己推而内之沟中，其自任以天下之重如此，故就汤而说之以伐夏救民。"（《孟子·万章上》）按孟子的说法"伊尹耕于有莘之野"，按《墨子》的记载"伊尹，天下之贱人也"。"耕于有莘之野"说明伊尹的身份原本就是农民，墨子的御者称之为"贱人"，两处记载大体相同。至于傅说原本是筑于傅岩的"胥靡"（刑徒），地位更低，然而在高宗的心目中却是"良弼"且"良臣惟圣"（参见《说命》三篇及其"题解"），并且是使"百工营求之野""求"来的。在平民、"胥靡"中出现"圣人"，这是古文《尚书》给我们提供的一个亮点。尤其值得注意的是伊尹、傅说在与各自君主的交往中所体现出的君臣关系。伊尹和君主的关系主要体现在伊尹和太甲二人身上。太甲是商汤的长孙，继位为王之后，不遵其祖成汤之法，肆意妄为。伊尹在屡谏不听的情况下，采取断然措施，将太甲流放于桐宫，使其悔过自新。这期间伊尹代行天子职权，三年之后，太甲诚心悔过，伊尹又还政于太甲。孟子对伊尹的作为给予极高的评价，赞誉为“圣之任者也”（《孟子·万章下》）不为过誉。再者伊尹还政于太甲时，竟然互行“稽首拜手”之礼，可见在古文《尚书》中君与臣的关系是对等的。这一点在傅说与高宗的关系中也清楚地表现出来。高宗不仅把傅说当作可以完全信赖的大臣看待，更把傅说当作老师看待，对傅说的恭敬简直到了无以复加的程度！这是古文《尚书》给我们提供的又一个更为突出的亮点。

最后谈“民”。“民惟邦本，本固邦宁”（《五子之歌》），“民”是国家的根本，这是古文《尚书》对“民”的定位。随着定位而来的便是对“民”的态度。“民可近，不可下”（同上），就是说对“民”的态度只能是亲爱而不能轻视疏远。这比今文《尚书》“敬天保民”的思想似乎又进了一步，同时还规定了了解民意的方法和渠道：“每岁孟春，遒人以木铎徇于路，官师相规，工执艺事以谏，其或不恭，邦有常刑。”（《胤征》）

由以上可以看出古文《尚书》针对君、臣、民组成的社会架构提出了完整的施政方针和具体措施。这些方针和措施包含着系统而又深邃的政治理念，它应该不是靠简单的拼凑便可以伪造出来的。它是中华民族的祖先留给我们的珍贵文化遗产，我们应当倍加珍惜，似不可弃之如敝屣！

《尚书》所涉及的问题错综复杂，绝非一篇短文能够说清楚。本书“前言”仅就编纂流传、思想内容两个方面的要点如此概述。

本书以《十三经注疏》（中华书局影印本）为底本而略有改动。首先，无论今文或古文仍按底本分为《虞书》、《夏书》、《商书》、《周书》四部分。今文篇目则按本书体例将《尧典》、《舜典》合为一篇，篇名为《尧典》，并将《舜典》前多出的二十八字删去；《顾命》、《康王之诰》合为一篇，篇名为《顾命》；《盘庚》虽分作上、中、下，但仍为一篇不作三篇。今文、古文分开后，各篇仍以底本顺序排列，仅存篇名而无正文者则不再列出篇名。其次，今文二十八篇既为伏生所传，各篇之前的《孔序》则应予删除。古文二十五篇为孔安国所传，各篇前的《孔序》在“题解”中列出，并列出《史记》中相关记载以供参考。最后，无论今文、古文各篇正文均以底本为据，不过有些地方也酌取古、今学者的校勘成果，对此相关注释中均有说明，请读者注意参阅。

疏漏之处在所难免，祈予鉴谅并指正！

王世舜

2011年7月

于京郊守拙斋

مقدمة

كانت المؤلفات الكونفوشية الكلاسيكية الستة تسمى اختصارا، شي (كتاب الشعر)، شو (كتاب الوثائق)، لي (كتاب الطقوس)، يي (كتاب التغيرات/ التنجيم)، تشونتشيو (حوليات فترة الربيع والخريف)، ويويه (كتاب الموسيقى). وفي فترة أسرة هان (٢٠٦ق.م –٢٢٠م)، اعتُبر كتاب ((شو)) الأكثر أهمية من بين تلك المؤلفات الكلاسيكية، وصار يسمى بـ«شانغشو» أي «تاريخ الأجيال القديمة»، وهو مجموعة من الوثائق التاريخية الصينية في الأزمنة القديمة والسجلات الخاصة ببعض الأحداث في تلك الفترة.

محتويات كتاب «شانغتشو» الأولى عبارة عن مقالات كتبها مسؤولون حكوميون، وقد احتفظت بها الحكومات المتعاقبة كملفات. وقد جاء في كتاب ((موه تسي)) أن «تشو قونغ، الأمير دان، كان يقرأ مائة مقالة كل صباح.» (موه تسي «نحو ٤٧٦ – ٣٩٠ ق.م» ، هو مؤسس مدرسة فكرية تسمى الموية «المدرسة الشرائعية»، التي رأت أن سبب الاضطرابات الاجتماعية هو انعدام المحبة بين الناس، ومن ثم فقد تبنت هذه المدرسة منهجا سلميا خيريا دعا إلى الحب بين الناس ونبذ الخلافات وعدم الاعتداء على الغير، كما دعت إلى الحياة المتقشفة ونبذ الإسراف وإلى وضع الفرد المناسب في المكان المناسب). وهذا دليل على أنه حتى قبل فترة أسرة تشو (١٠٤٦– ٢٥٦ ق.م)، كان في الصين كمية ضخمة من السجلات والمحفوظات الحكومية في فترة أسرتي شيا (نحو القرن ٢١– القرن ١٦ ق.م) وشانغ (نحو القرن ١٦– القرن ١١ ق.م). والجدير بالذكر هنا أن تشو قونغ كان سياسيا أولى اهتماما كبيرا لتلخيص التجارب التاريخية، وبتأثير منه، من المعقول تماما أن المحفوظات الحكومية في فترة أسرة تشو كانت أكثر من المحفوظات الحكومية في فترة أسرتي شيا وشانغ. ولهذا السبب، تم إنشاء مؤسسة للحفاظ على هذه المحفوظات والكتب باسم «شوتسانغشي» في أسرة تشو، كان المسؤول عنها يسمى بـ «المسؤول عن شوتسانغشي». وقد تولى الفيلسوف الشهير لاو تسي هذا المنصب في فترة من الفترات.

قبل كونفوشيوس (٥٥١– ٤٧٩ ق.م)، جمع بعض المثقفين والمعنيين مقالات وكتابات في عمل أطلق عليه كتاب «شانغشو». كان كونفوشيوس تربويا ومعلما، ويعد رائدا للتعليم الخاص، وقد بدأ يلقي الدروس على تلاميذه وهو في سن الثلاثين تقريبا. ومن الطبيعي أن إلقاء الدروس يحتاج إلى معلومات ومواد تعليمية، ومن ثم فإن كونفوشيوس اجتهد في جمع تلك المواد والمعلومات، وأثناء ممارسته للعملية التعليمية قام باستكمالها وتنقيحها تدريجيا. وعندما جاوز عمره الأربعين سنة، شرع كونفوشيوس في جمع المعلومات رسميا وبطريقة منهجية لإعداد «شانغشو». ويقال إن كونفوشيوس، وهو يجمع المادة العلمية لكتاب «شانغشو»، قام بمراجعة وتنقيح كل مقالة فيه، وهذا دليل على أنه لم يجمع هذا الكتاب لغرض التعليم فحسب، وإنما أيضا لتلخيص التجارب التاريخية لتثقيف الأجيال اللاحقة.

غير أن مصير كتاب «شانغشو» وانتشاره تعرض لكارثة عندما أمر تشين شي هوانغ الإمبراطور الأول لأسرة تشين (٢٢١–٢٠٧ ق.م) بـ «حرق الكتب الكونفوشية». وعليه، فإن كتاب «شانغشو» الذي بين أيدينا اليوم ليس الكتاب الأصلي كاملا وإنما ما بقي من ذلك الكتاب.

الكتاب مرتب ترتيبا زمنيا لفترة تمتد ١٥٠٠ سنة، من الأباطرة الأسطوريين «ياو» و«شون» و«يوي» حتى فترة أسرة تشو الشرقية.

إن ما يشتمل عليه الكتاب من الأفكار السياسية والفلسفية والسجلات التاريخية والمعلومات الأخرى لها تأثير بعيد المدى على تطور تاريخ وثقافة الصين وعلى تكوين الفكر والشخصية. وقد ألهمت القضايا التي يثيرها هذا الكتاب العلماء عبر القرون للبحث المتعمق فيها، إذ يشتمل «شانغشو» على وفرة من الموضوعات، وإلى جانب احترام الطبيعة وحماية أبناء الشعب، تركز أفكار الكتاب على النقاط الثلاث التالية:

أولا، فهم صعوبة الزراعة، وفهم الحياة الشاقة لأبناء الشعب. والرسالة هنا هي أن فهم معاناة عامة الناس مشروط بفهم صعوبة أعمال المزارعين، وتلك هي الشخصية الأخلاقية التي يجب أن يتحلى بها الحكماء. وفي الوقت نفسه، يجب على الحاكم أن يولي اهتماما خاصا لفهم الرأي العام للشعب بصدر واسع وأن يبدي تعاطفا مع معاناة الناس، هكذا يمكنه أن يفهم مكاسب وخسائر الحكم.

ثانيا، التواضع، هذا هو أيضا الطابع الذي يجب أن يتحلى به الحاكم الفاضل. في

الكتاب نجد التواضع الصادق عندما تخلى كل من الأباطرة «ياو» و«شون» و«يوي» عن عرشه، وكذلك عند تعيين الوزراء. يدل هذا «التواضع» على أن هؤلاء الناس لم يعتبروا «السلطة» ملكية شخصية. يمكن لهذه الأخلاق النبيلة أن تكون نموذجا دائما للأجيال اللاحقة، كما أنها أيضا التراث الأكثر قيمة الذي تركه القدماء للأجيال اللاحقة.

ثالثا، يمكن تصويب الخطأ متى اكتشف. لا مفر من أن يرتكب أصحاب السلطة أخطاء في ممارسة الحكم. المهم هو تصحيح الأخطاء وعدم إخفاء الذنوب وتغطية العيوب.

يطرح كتاب «شانغشو» سياسات كاملة وإجراءات محددة للهيكل الاجتماعي المكون من الحكماء والمسؤولين الحكوميين وأبناء الشعب. تحتوي هذه السياسات والإجراءات على مفاهيم سياسية منهجية وعميقة. إنه تراث ثقافي ثمين خلفه لنا أسلاف الأمة الصينية. يجب أن نعتز به أيما اعتزاز.

目　录

الفهرس

古文尚书

虞　书

夏　书

商　书

شانغتشو

كتب يوي

كتب شيا

كتب شانغ

周 书

كتب تشو

今文尚书

شانغشو

虞　书

尧　典

曰若稽古，帝尧曰放勋。钦明文思安安，允恭克让，光被四表，格于上下。克明俊德，以亲九族。九族既睦，平章百姓。百姓昭明，协和万邦。黎民于变时雍。

【译文】

考察古时传说，帝尧的名字叫做放勋。他恭敬地处理政务并注意节约，明察是非，态度温和，诚实恭谨，能够推贤让能，因此他的光辉照耀四海，以至于上天下地。他能够举用同族中德才兼备的人，使族人都亲密地团结起来；族人和睦团结了，便又考察百官中有善行者，加以表彰，以资鼓励。百官中的事务处理得妥善了，又努力使各个邦族之间都能做到团结无间，亲如一家。天下臣民在尧的教育下，也都和睦相处起来。

乃命羲和，钦若昊天，历象日月星辰，敬授民时。分命羲仲，宅嵎夷，曰旸谷。寅宾出日，平秩东作。日中，星鸟，以殷仲春。厥民析，鸟兽孳尾。申命羲叔，宅南交，曰明都。平秩南讹，敬致。日永，星火，以正仲夏。厥民因，鸟兽希革。分命和仲，宅西，曰昧谷。寅饯纳日，平秩西成。宵中，星虚，以殷仲秋。厥民夷，鸟兽毛毨。申命和叔，宅朔方，曰幽都。平在朔

كتب يوي ((سجلات يوي))

شريعة الإمبراطور ياو

من خلال دراسة العصور القديمة، نجد أن الإمبراطور «ياو» كان يدعى «فانغ شيون». وكان وقورا حصيفا، وبارعا رصينا، وثاقب النظر وماهرا في حكومة بلاده. كان سخيا مخلصا ولديه القدرة على الوقوف إلى جانب الشخص الأكثر موهبة. كان تأثير تلك المزايا محسوسا في الاتجاهات الأربعة للأرض والسماء. لقد جعل القادر والفاضل مبجلين، ومن ثم انتقل إلى حب كل من في عشيرته، التي أصبحت بالتالي متناغمة. كما أنه أيضا ثابت النظر في اكتشاف ومراقبة وتشجيع الموظفين الأكفاء والمتألقين في الأخلاق في نطاق حكمه، وماهرا في تنسيق العلاقات مع مختلف دويلات الأمراء، ومن ثم تم تحويل الناس إلى أصحاب الود الذين يعمهم الانسجام الشامل.

أمر الإمبراطور ياو آل شي وآل خه بأن يتأملوا السماء الواسعة بوقار، لحساب وتحديد حركات وهيئات الشمس والقمر والنجوم ومسافات الأبراج، ومن ثم علّموا الناس يقيدون بالمواسم في العمل والإنتاج محترمين. ثم أصدر أوامر بشكل منفصل بأن يقيم «شي تشونغ» في ما كان يسمى بالوادي الساطع (وادي يانغقو) بالشرق، ليستقبل هناك شروق الشمس باحترام، ويراقب وقت طلوع الشمس في الشرق.

易。日短，星昴，以正仲冬。厥民隩，鸟兽氄毛。帝曰："咨！汝羲暨和。期三百有六旬有六日，以闰月定四时，成岁。允厘百工，庶绩咸熙。"

【译文】

于是便命令羲和，恭谨地遵循上天的意旨行事，根据日月星辰的运行情况来制定历法，以教导人们按时令节气从事生产活动。又命令羲仲，住在东方海滨，名叫旸谷的地方。恭敬地等待着日出，并通过观察来辨别不同时期日出之特点。以昼夜平分的那天作为春分，并以鸟星见于南方正中之时作为考定仲春的依据。这时人们分散在田野里劳作，鸟兽也顺时生育繁殖起来。又命令羲叔，住在太阳由北向南转移的地方，这地方叫做明都。在这里观察太阳向南移动之次第，以规定夏天所应该从事的工作，并恭敬地等待着太阳的到来。以白昼时间最长的那天为夏至，并以这天火星见于南方正中之时，作为考定仲夏的依据。这时人们住在高处，鸟兽的毛也都稀疏起来。又命令和仲，住在西方名叫昧谷的地方，以测定日落之处，恭敬地给太阳送行，并观察太阳入山时的次第，以规定秋季收获庄稼的工作。以秋分这天昼夜交替的时候和虚星见于南方正中的时候，作为考定仲秋的依据。这时，人们离开高地而住在平原，从事收获庄稼的劳动，这时鸟兽毛盛，可以选用。又命令和叔，居住在北方叫做幽都的地方，以观察太阳从南向北运行的情况。以白昼最短的那天作为冬至，并以昴星见于南方正中的时候，作为考定仲冬的依据。这时，人们都住在室内取暖，鸟兽为了御冬，毛长得特别细密丰盛。尧说："唉！羲与和啊！望你们以三百六十六日为一周期，剩下的天数，每三年置一闰月，以推定春夏秋冬四时而成岁。由此规定百官的职务，这样许多事情便可以顺利进行了。"

وقال له: «عندما يساوي وقت الليل-وقت النهار، ويظهر نجم الطيور في الجنوب عند الغسق، حيث يتم تحديد موسم منتصف الربيع، في هذا الوقت، يكون الناس منتشرين في الحقول، والطيور والبهائم تتكاثر وتتسافد.» هو أمر كذلك شي شو بالإقامة في جياوتشي بالجنوب لتعديل وترتيب تحولات الصيف، وليراقب حركة الشمس باتجاه الجنوب باحترام لتحديد أن منتصف الصيف في أطول يوم نهارا، ويظهر المريخ في السماء الجنوبية عند الغسق، في هذا الوقت، الناس يقيمون في أماكن مرتفعة، والطيور والبهائم ريشها وشعرها رقيق، وتغير معاطفها. وأمر خه تشونغ بالإقامة في الغرب، في ما كان يسمى بالوادي المظلم، ليرسل الشمس الغاربة باحترام، ويعدل ويرتب الأعمال التامة للخريف. وقال: «عندما يكون وقت الليل مساويا لوقت النهار، ويظهر نجم «شوي» في الجنوب، هكذا يمكنك أن تحدد بدقة منتصف الخريف، حيث يعود الناس إلى السهول بالراحة، وتكون الطيور والبهائم ريشها وشعرها في حالة جيدة.» هو أمر كذلك خه شو بالإقامة في يودو، ما كان يسمى بالعاصمة الكئيبة في المنطقة الشمالية، ليعدل ويفحص تغيرات الشتاء. وقال: «عندما يأتي أقصر يوم نهارا، ويظهر نجم الثريا في الجنوب عند الغسق، فهو موسم منتصف الشتاء. في هذا الوقت، يعيش الناس داخل منازلهم لتجنب البرد، والطيور والحيوانات ينمو شعرها الناعم والسميك. وهكذا قد يمكنك أن تحدد بالضبط منتصف الشتاء.» قال الإمبراطور ياو: «آه، أنتم آل شي وآل خه، السنة الواحدة تتكون من ثلاثمائة، وستين، وستة أيام. يمكنكم أنتم، بأسلوب الشهور الكبيسة، أن تثبتوا الفصول الأربعة وتتموا مدة السنة. بعد ذلك يتم تنظيم المسؤولين كل الأعمال وفقا لذلك، وتُؤدَى وتزدهر كلها.»

帝曰："畴，咨，若时登庸？"放齐曰："胤子朱。启明。"帝曰："吁！嚚讼，可乎？"

【译文】

尧说："唉！谁能顺应四时的变化获得功绩呢？"放齐说："你的儿子丹朱，聪明能干，可以让他担任这项职务。"尧说："唉！像他那样愚鲁而不守忠信的人，可以担任这种职务吗？"

帝曰："畴，咨，若予采？"驩兜曰："都！共工方鸠僝功。"帝曰："吁！静言庸违，象恭滔天。"

【译文】

尧说："唉！谁能够根据我的意见来办理政务呢？"驩兜说："哦！还是共工吧！他现在在安集民众方面已经取得一定功效了。"尧说："唉！这个人很会说些漂亮而巧伪的话，但却阳奉阴违，貌似恭敬，实际上对国君十分轻慢。"

帝曰："咨！四岳，汤汤洪水方割，荡荡怀山襄陵，浩浩滔天。下民其咨，有能俾乂？"佥曰："於！鲧哉。"帝曰："吁！咈哉，方命圮族。"岳曰："异哉，试可乃已。"帝曰："往！钦哉。"九载，绩用弗成。

【译文】

尧说："唉！四方诸侯之长啊！奔腾呼啸的洪水普遍为害，吞没一切的洪水包围了大山，冲上了高冈，水势大极了，简直要遮蔽天空。在下的臣民都愁苦叹息，有谁能治理洪水，使人们得以安居乐业呢？"

قال الإمبراطور ياو: «من سيبحث لي عن شخص قادر على ترتيب أمور الفصول الأربعة، يمكن أن أربيه وأوظفه؟» قال فانغ تشي: «الابن الوريث لك تشو، ذكي للغاية.» قال الإمبراطور ياو: «واحسرتاه، إنه غير مخلص ومشاكس؛ هل يمكنه؟»

قال الإمبراطور ياو: «من سوف يبحث لي عن شخص قادر على إدارة شؤوننا؟» قال هوان دوه: «أوه، إن مناقب وزير الأشغال في مقاومة الفيضانات قد بانت على نطاق واسع.» قال الإمبراطور ياو: «واحسرتاه، عندما يكون كل شيء هادئا، يتكلم. ولكن، عندما يتم توظيفه تتحول أفعاله بشكل مختلف. إنه محترم فقط في الظاهر. انظر! إنه منتفخ بالغطرسة!»

قال الإمبراطور ياو: «أوه! رئيس أمراء القبائل المختلفة، إن المياه في غمرها مدمرة. في مداها الشاسع، تعانق التلال وتعلو المرتفعات العظيمة، وتهدد السماوات بفيضاناتها، ولهذا السبب فإن الناس الأدنى يتأوهون ويتذمرون! هل ثمة شخص قادر يمكن أن أعينه لتصويب تلك النكبة؟» قال جميع من في البلاط: «آه، أليس هناك قُوُنْ؟» قال الإمبراطور ياو: «واحسرتاه، يا له من منحرف! إنه يعصى الأوامر ويحاول أن يجرح أترابه.» قال رئيس الأمراء: «حسنا، ولكن، جرب ما إذا كان يستطيع إنجاز الأعمال.» وفقا لذلك، تم توظيف قُوُنْ. قال الإمبراطور ياو لقُوُن: «اذهب وكن وقورا.» عمل قُون لمدة تسع سنوات ولكن العمل لم يُنجز.

大家都说："哦！还是让鲧来担负这项责任吧！"尧说："唉！这个人常常违背法纪，不遵守命令，危害同族的人。"四方诸侯之长说道："我们听到的情况和你说的不一样，还是让他试一试，如果实在不行，再免去他的这项职务。"尧说："去吧！鲧，可要恭敬地对待你的职务啊！"鲧治水九年，毫无功绩。

帝曰："咨！四岳。朕在位七十载，汝能庸命巽朕位？"岳曰："否德忝帝位。"曰："明明扬侧陋。"师锡帝曰："有鳏在下，曰虞舜。"帝曰："俞！予闻，如何？"岳曰："瞽子。父顽，母嚚，象傲。克谐，以孝烝烝，乂不格奸。"帝曰："我其试哉！"女于时，观厥刑于二女。厘降二女于妫汭，嫔于虞。帝曰："钦哉！"

【译文】

尧说："唉！四方诸侯之长啊！我在位七十年，你们之中有谁能够顺应上帝的命令，代替我登上天子大位的吗？"四方诸侯之长回答说："我们的德行鄙陋，不配登上天子的大位。"尧说："应该考察贵戚中的贤人，或是隐伏在下面，地位虽然低贱，实际上却是贤能的人，还是使贤德之人登上帝位吧。"大家告诉尧说："在民间有一个处境困苦的人，名字叫做虞舜。"尧说："是啊，我也听说过这个人，但他的德行到底怎样呢？"四方诸侯之长回答说："他是乐官瞽瞍的儿子。其父心术不正，其母善于说谎，其弟象十分傲慢，对舜的态度很不友好。而舜和他们却能和睦相处，以自己的孝行美德感化他们，家务处理得十分妥善，家人也都改恶从善，使自己的行为不至流于奸邪。"尧说："让我考验考验吧！"于是决定把两个女儿嫁给舜，通过两个女儿考察他的德行。尧命令在妫河的弯曲处举行婚礼，让两个女儿做了虞舜的妻子。尧

قال الإمبراطور ياو: «أوه! رئيس الأمراء، أنا على العرش منذ سبعين سنة. يمكنكم تنفيذ أوامري؛ سوف أتخلي عن مكاني لكم.» قال رئيس الأمراء: «ليس لدينا الفضيلة؛ نحن سنشين مكانك.» قال الإمبراطور ياو: «أرني شخصا من بين المستنيرين أو قدِم واحدا من بين الفقراء والبخلاء.» كلهم حينئذ قالوا للإمبراطور: «هناك رجل غير متزوج من بين الناس الأدنى، يسمى شُونْ، هو ابن يُوي.» قال الإمبراطور ياو: «نعم، لقد سمعت عنه. ماذا تقول فيه؟» قال رئيس الأمراء: «هو ابن رجل مكفوف. كان أبوه عديم الضمير معاندا. وكانت زوجة أبيه غير مخلصة، وكان أخوه غير الشقيق شيانغ متغطرسا. ولكنه قادر، بطاعته لوالديه، أن يعيش في انسجام معهم، وأن يقودهم تدريجيا إلى السيطرة على أنفسهم، ولهذا السبب لم يعد هؤلاء يسيرون في الشر الكبير.» قال الإمبراطور ياو: «سوف أجربه؛ سأزوجه، وبهذه الطريقة أرى سلوكه مع ابنتيّ.» ومن ثم، رتب وأرسل ابنتيه إلى شمالي نهر قُوِي، لتكونا زوجتين في عائلة يُويْ. قال الإمبراطور ياو لشُون: «كن وقورا في الإدارة!»

说："恭谨地处理政务吧！"

慎徽五典，五典克从。纳于百揆，百揆时叙。宾于四门，四门穆穆。纳于大麓，烈风雷雨弗迷。帝曰："格！汝舜。询事考言，乃言厎可绩，三载，汝陟帝位。"舜让于德，弗嗣。

【译文】

舜诚心诚意地推行德教，教导臣民以父义、母慈、兄友、弟恭、子孝五种美德指导自己的行动，臣民都能听从这种教导而不违背。然后又让舜总理百官，百官都服从命令，使百事振兴无一荒废。又让舜在明堂的四门，负责接待四方前来朝见的诸侯，使诸侯们都能和睦相处。最后让舜进入山麓的森林中，经受风雨的考验，舜在烈风雷雨中也不迷失方向。尧说："来吧！舜啊。你谋事周到，提的意见也都十分正确，经过三年考验，你的确取得不少成绩，你现在可以登上天子的大位了。"舜以为自己的德行尚差，推让不愿就位。

正月上日，受终于文祖。在璇玑玉衡，以齐七政。肆类于上帝，禋于六宗，望于山川，遍于群神。辑五瑞，既月乃日，觐四岳群牧，班瑞于群后。

【译文】

正月初一这天，在尧的太庙举行禅位典礼，舜代尧接受了天子的大命。舜继位后，便考察了北斗七星的运行规律；接着便举行了祭天的大典，把继位之事报告给上帝；然后又精心诚意地祭祀天地四时，祭祀山川和群神；最后聚敛了诸侯的信圭，择定吉月吉日，召见四方诸侯君长，举行隆重的典礼，把信圭颁发给他们。

من خلال دراسة العصور القديمة، نجد أن الإمبراطور شون اسمه تشونغ هوا. كانت شخصيته تتوافق تماما مع شخصية الإمبراطور السابق، الإمبراطور ياو. كان متعمقا وحكيما وذكيا وبارعا. كان دمثا ولطيفا ومخلصا فعلا. وقد استمع الإمبراطور ياو إلى تقرير حول فضيلته الغامضة، وتم تعيينه في الإدارة. شون بيّن جمال الواجبات الخمسة الأساسية، والتي صارت تُراعى على نطاق شامل. بتعيينه منظما عاما، تم ترتيب شؤون كل الأقسام الرسمية في مواسمها المناسبة. وبتكليفه باستقبال الضيوف من الاتجاهات الأربعة للأرض، كانوا جميعا مطيعين. بإرساله إلى السهول الكبرى بسفح الجبال، وعلى الرغم من عواصف الرياح، والرعد والمطر، فإنه لم يضل. قال الإمبراطور ياو: «تعال، أنت يا شون. لقد تشاورت معك في كل الشؤون واختبرت كلماتك واقتراحاتك، ووجدت أنها يمكن أن تنفذ في السنوات الثلاث الماضية. اصعد عرش الإمبراطور!». تمنى شون أن يرفض لمصلحة شخص أكثر فضيلة، وأن لا يوافق على أن يكون خليفة ياو.

في يوم مبارك من الشهر الأول القمري، حصل شون على تقاعد ياو من واجباته في معبد السلف. فحص النجوم السبعة في مجرة الدب الأكبر، لمعالجة سبعة أنواع من الشؤون الزراعية والمعيشية وفقا لجهتها. بعد ذلك، قدم قرابين خاصة للرب لتقديمه عن إرثه العرش الإمبراطوي، وقدم قرابين للسماء والأرض والفصول الأربعة، وقدم قرابين مناسبة للتلال والأنهار، ومدّ تعبده إلى جمهرة الأرواح. ثم جمع كل الرموز اليشمية الخمسة للأمراء والحكماء، وعندما انتهى الشهر، أجرى مقابلة مع الأمراء والحكماء في الاتجاهات الأربعة ووزع الرموز اليشمية عليهم.

في الشهر الثاني من السنة، قام بجولة تفقدية باتجاه الشرق، وصولا إلى جبل تايشان (داي تسونغ)، حيث قدم للسماء قربانا محروقا وضحى من أجل التلال والأنهار. بعد ذلك، استمع إلى تقارير أمراء وحكماء الشرق. ونسق الفصول والشهور في تناغم، ونظم الأيام فيها. و وحد النغمات الموسيقية والمقاييس والمكاييل والموازين.

岁二月，东巡守，至于岱宗，柴，望秩于山川。肆觐东后，协时月正日，同律度量衡。修五礼、五玉、三帛、二生、一死贽。如五器，卒乃复。

【译文】

这一年的二月，舜到东方进行视察，到了泰山，举行了祭祀泰山的典礼，对于其余的山川，都根据其大小给予不同的祭祀。于是便召见了东方的诸侯，首先根据对天象的观察，使月日的纪时，与自然运行的实际情况相符，并且统一了律、度、量、衡。制定了公、侯、伯、子、男五等礼节，和相应的五种信圭，规定了诸侯以红、黑、白三种颜色的丝织物作为朝见时的贡献，卿大夫则以活的羊羔和雁作为朝见时的贡献，士则以一只死雉作为朝见时的贡献。朝见的典礼结束之后，便把三种颜色的丝织物及信圭退还给诸侯。

五月南巡守，至于南岳，如岱礼。八月西巡守，至于西岳，如初。十有一月朔巡守，至于北岳，如西礼。归，格于艺祖，用特。

【译文】

五月在南方巡行视察，到了衡山，像祭祀泰山一样祭祀衡山。八月在西方巡行视察，到了华山，也像祭祀泰山一样祭祀华山。十一月初一在北方巡行视察，到了恒山，像祭祀华山一样祭祀恒山。回朝之后，到了尧的太庙，用一头牛作了祭祀。

五载一巡守。群后四朝，敷奏以言，明试以功，车服以庸。

ونظم المراسم لمقابلة الأمراء والحكماء، وخصص خمسة أنواع من اليشم، والنسيج الحريري باللون الأحمر والأبيض والأسود، والحملان والإوز الحي، والتدرج الميت كجزية يقدمها الأمراء والحكماء. بعد انتهاء المقابلة، ستعاد الأنواع الخمسة من اليشم إلى الأمراء والحكماء مرة أخرى.

في الشهر الخامس، قام بجولة مشابهة باتجاه الجنوب وصولا إلى جبل هنغشان، حيث أدى نفس المراسم كما فعل في جبل تايشان. في الشهر الثامن، قام بجولة باتجاه الغرب وصولا إلى جبل هواشان، حيث فعل كما فعل من قبل. في الشهر الحادي عشر، قام بجولة باتجاه الشمال، وصولا إلى جبل هنغشان، حيث أدى المراسم، كما فعل في الغرب. حينئذ عاد إلى العاصمة وذهب إلى معبد الإمبراطور ياو وضحى بثور واحد كقرابين له.

ومنذ ذلك الحين قام بجولة تفقدية واحدة في كل خمس سنوات، لمقابلة الأمراء

【译文】

每隔五年，都要进行一次全面的巡行视察。四方诸侯分别在四岳朝见天子，向天子报告自己的政绩；天子也认真地考察诸侯国的政治得失，把车马衣服奖给有功的诸侯。

肇十有二州，封十有二山，浚川。

【译文】

开始划定十二州的疆界，在十二座大山上封土为坛，作祭祀之用，并分别作为十二州之镇，同时又疏通河道。

象以典刑，流宥五刑，鞭作官刑，扑作教刑，金作赎刑。眚灾肆赦，怙终贼刑。钦哉，钦哉，惟刑之恤哉！

【译文】

在器物上画着五种刑罚的形状，使人民有所儆戒。用流放的办法代替五刑，以表示宽大。庶人做官而又有俸禄者，犯了过错，罚以鞭刑。掌管教化的人，使用刑罚时，则用扑刑。犯了过错可以出金赎罪。如果犯了小错，或过错虽大，只是偶一为之，可以赦免；如果犯的罪过较大而又不知悔改，便要给予严厉的惩罚。小心啊！小心啊！在使用刑罚时，可要十分谨慎啊！

流共工于幽州，放驩兜于崇山，窜三苗于三危，殛鲧于羽山，四罪而天下咸服。

والحكماء في كل جبل من الجبال الأربعة، ليبلغوا عن إنجازاتهم في الإدارة، ووفقا لإنجَازاتهم، يكافئهم بعربات وخيول وملابس وأشياء أخرى وفقا لجدارتهم.

هو وضع تقسيم الأرض اثنتي عشرة ولاية، ورفع المذابح إلى اثني عشر تلا فيها. هو أيضا عمّق ونظف مجاري الأنهار.

نقش العقوبات الخمس المستخدمة بشكل شائع على بعض الأدوات. واستخدم أسلوب النفي بدلا من العقوبات الخمس لإظهار التساهل، واستخدام الجلد لمعاقبة المسؤولين المذنبين، واستخدم القضبان الخشبية لمعاقبة المذنبين في المدارس، واستخدم النحاس كعقوبة للتكفير. ويمكن غفر لمن ارتكب الجرائم غير المقصودة؛ إذا ارتكب شخص جرائم ولا يعرف كيف يتوب، يجب عقابه. كن حذرا، كن حذرا، شدد الحذر عند استخدام العقوبات.

بعد ذلك، نفى قونغ قونغ إلى يوتشو؛ وحبس هوان دوه في جبل تشونغشان، ونقل سان مياو إلى سانوي، ونفى قون إلى جبل يويشان. هؤلاء المجرمون الأربعة وقد تم التعامل معهم، اعترف كل من تحت السماء بعدالة إدارة شون.

【译文】

把共工流放到幽州，把驩兜流放到崇山，把三苗驱逐到三危，把鲧流放到羽山，并命令他至死不得回朝；罪人都受到了应得的惩罚，天下的人便都心悦诚服了。

二十有八载，帝乃殂落。百姓如丧考妣，三载，四海遏密八音。月正元日，舜格于文祖，询于四岳，辟四门，明四目，达四聪。

【译文】

当舜摄理政务二十八年的时候，帝尧便死去了。百官和民众好像死去父母一样的悲痛，在三年中，全国上下不奏音乐。守丧三年以后的正月初一，舜到了文祖庙，和四方诸侯之长共商国家大事，开明堂的四门，明察四方政务，倾听四方意见。

咨十有二牧，曰："食哉惟时！柔远能迩。惇德允元，而难任人，蛮夷率服。"

【译文】

舜对十二州的君长叹息着说："只有衣食才是百姓的根本，因而重要的在于颁布历法！安抚远方的臣民，爱护近处的臣民，并顺从他们的意志去处理政务。德行厚，才能取信于人，才能使政务达到至善的地步，拒绝任用那些花言巧语的人，边远地方的民族才能都对你表示臣服。"

舜曰："咨！四岳。有能奋庸熙帝之载，使宅百揆，亮采惠

بعد ثماني وعشرين سنة، توفي الإمبراطور ياو، حيث نعاه الناس كنعيهم لآبائهم لمدة ثلاث سنوات. في داخل البحار الأربعة، توقفت كل أنواع الآلات الموسيقية وسكتت. في اليوم الأول من الشهر الأول من العام التالي، ذهب شون إلى معبد السلف. ناقش مع أمراء وحكماء الجهات الأربع للأرض كيفية إدارة شؤون البلاد، بأسلوب فتح أبواب القاعة الأربعة، حتى يمكن للجميع في الاتجاهات الأربعة أن يروا بعيونهم ويسمعوا بآذانهم المناقشة.

تشاور شون مع الرعاة في الولايات الاثنتي عشرة وقال لهم: «آه، أمراء الولايات الاثنتي عشرة! يجب أن يكون إنتاج المحاصيل الغذائية للشعب متوافقا مع المواسم! ويجب استرضاء أبناء الشعب في الأماكن البعيدة، والاهتمام بالقريبين، واحترام الناس ذوي الفضيلة، والثقة بالناس الطيبين، ورفض الناس الأشرار، بذلك سيخضع لكم الأجانب البعيدون.»

وقال الإمبراطور شون: «آه! أيها الأمراء من الجهات الأربع للأرض! من يستطيع

畴？”佥曰：“伯禹作司空。”帝曰：“俞！咨禹，汝平水土，惟时懋哉！”禹拜稽首，让于稷、契暨皋陶。帝曰：“俞！汝往哉！”

【译文】

舜说：“唉！四方诸侯之长啊，有谁能够奋发努力，以发扬光大先帝的事业，能够主持政务率领百官，并帮助百官使他们遵循大法行事呢？”大家都说：“伯禹担任司空，工作做得很好。”舜说：“好吧！禹啊，你治理水土很有功劳，希望你再努力地承担起这份责任吧！”禹行礼拜谢，并且谦逊地让稷、契和皋陶来担任这项职务。舜说：“你的态度很好，不过这项职务还是让你去担任吧！”

帝曰：“弃，黎民阻饥，汝后稷，播时百谷。”

【译文】

舜说：“弃啊！现在百姓苦于没有饭吃，你担任后稷这项职务，教导百姓种植庄稼吧！”

帝曰：“契，百姓不亲，五品不逊，汝作司徒，敬敷五教，在宽。”

【译文】

舜说：“契啊！现在百姓很不友好，君臣之间，父子之间，夫妇之间，长幼之间，朋友之间，不能恭顺，你担任司徒这种官职，对他们进行五常教育，推行这些教育的时候，一定要本着宽厚的原则。”

أن يعمل بجد من أجل أن تتطور قضية الإمبراطور ياو وجعل كل المسؤولين يساعدون في الشؤون السياسية؟» قالوا: «بوه يوي يعمل الآن في منصب سيكونغ، مسئولا عن أعمال الري والبناء.» قال الإمبراطور شون: «حسنا! يوي، لقد نظمت أعمال الري والأرض جيدا، وعليك أن تعمل بجد لإدارة كافة الشؤون!» أدى يُوْي الخضوع بوضع رأسه على الأرض، وتمنى أن يرفض الطلب لصالح جي أو تشي أو قاو ياو. قال الإمبراطور شون: «لكن، عليك أن تذهب وتنهض بالواجبات.»

وقال الإمبراطور شون: «الناس جائعون، أنت تترأس الزراعة وتعلم الناس كيفية زراعة كل أنواع الحبوب!»

وقال الإمبراطور شون: «أيا شِيه، الناس لا يزالون ينتظرون المودة، ولا يراعون بانصياع التعليمات الخمسة للعلاقة. إن الأمر لك، كوزير للتوجيه، أن تقدم بوقار دروس الواجبات التي تنتمي إلى تلك التعليمات الخمسة. افعل ذلك بلطف.»

帝曰："皋陶，蛮夷猾夏，寇贼奸宄。汝作士，五刑有服，五服三就。五流有宅，五宅三居。惟明克允。"

【译文】

舜说："皋陶啊！外族部落，时常来侵扰我们，他们在我国境内到处为非作歹，抢夺人们的财产。望你担任法官，根据犯人罪情的大小使用五种刑罚。罪情大者，便带到原野上行刑；罪情轻者，可分别带到市、朝内行刑。把他们的罪情彰示出来，使人有所儆戒，或者为了表示宽大，也可以用流放来代替；流放也要根据罪行大小分为五种，把犯人放居在远近不同的所在。这些地方可在九州之外，四海之内，并分作三等以区别其远近。只有明察案情，处理得当，百姓才会信服。"

帝曰："畴若予工？"佥曰："垂哉！"帝曰："俞！咨垂。汝共工。"垂拜稽首，让于殳、斨暨伯与。帝曰："俞！往哉，汝谐。"

【译文】

舜说："谁来担任百工这项职务？"大家都说："还是让垂来担任吧！"舜说："好吧！垂啊，你来担任百工的职务吧！"垂行礼拜谢，并表示谦让，让殳、斨和伯与来担任这项职务。舜说："好吧！让他们也和你一起去受理这项职务吧！"

帝曰："畴若予上下草木鸟兽？"佥曰："益哉！"帝曰："俞！咨益，汝作朕虞。"益拜稽首，让于朱虎熊罴。帝曰："俞！往哉，汝谐。"

وقـال الإمبراطور شون: «أيا قـاو تـاو، إن القبـائل البربريـة تزعج أرضنـا، وتعمل كلصوص ومجرمين. أعينك في منصب الرئيس لإدارة السجن، واستخدم العقوبات الخمسة للتعامل مع جرائمهم. العقوبات الخمس لها طرقها الخاصة للاستعمال. ويتم استخدامها في البرية والمدينة والبلاط، وهناك خمس طرق للمنفيين، ليعيشوا في ثلاثة أماكن مختلفة، ويجب عليك التحقق من القضايا والتعامل بالذكاء والإخلاص!»

وقـال الإمبراطور شون: «من المسؤول الرسمي عن الأشغال لنا؟» رد كل من في البلاط: «أ ليس تشوي؟» قـال الإمبراطور شون: «نعم هُوْ! تشوي، ينبغي أن تكون مسئولا عن الأشغال.» أدى تشوي الخضوع بوضع رأسه على الأرض، وتمنى أن يرفض الطلب لصالح شو تشيانغ أو بوه يويْ. قـال الإمبراطور: «نعم، ولكن عليك أن تذهب وتنهض بـالواجبـات معهم.»

وقـال الإمبراطور شون: «من هو المسؤول عن العشب والطيور فوق تلالنا وفي مستنقعاتنا ؟» قـالوا: «يي!» قـال الإمبراطور شون: «حسنـا، أيا يِي، لتكن أنت مراقب الأحراج.» أدى يِي الخضوع بوضع رأسه على الأرض، وتمنى أن يرفض الطلب لصالح تشو أو هو أو شيونغ أو بي. قـال الإمبراطور شون: «نعم، ولكن عليك أن تذهب وتنهض

【译文】

舜说："谁能替我掌管山林川泽中的草木鸟兽？"大家都说："让益来担任这项职务吧！"舜说："好吧！益啊，你来担任我的虞官吧！"益叩头拜谢，并谦逊地表示把这项职务让给朱、虎、熊、罴。舜说："好吧！让他们和你一起去负责这项工作吧！"

帝曰："咨！四岳。有能典朕三礼？"佥曰："伯夷。"帝曰："俞！咨伯。汝作秩宗。夙夜惟寅，直哉惟清。"伯拜稽首，让于夔、龙。帝曰："俞，往，钦哉！"

【译文】

舜说："唉！四方诸侯之长啊！有谁能替我主持三礼？"大家都说："伯夷可以。"舜说："好吧！伯夷，你来担任祭祀鬼神的职务吧。一早一晚都要恭敬地去祭祀鬼神；祭祀时的陈辞，要正直而清明。"伯夷叩头拜谢，谦逊地要把这项职务让给夔和龙。舜说："好吧！还是让你去担任这项职务吧，可要恭敬啊！"

帝曰："夔！命汝典乐，教胄子。直而温，宽而栗，刚而无虐，简而无傲。诗言志，歌永言，声依永，律和声。八音克谐，无相夺伦，神人以和。"夔曰："於！予击石拊石，百兽率舞。"

【译文】

舜说："夔啊！命令你主持乐官，去教导那些年轻人。要把他们教导得正直而温和，宽大而谨慎，性情刚正而不凌人，态度简约而不傲慢。诗是用来表达思想感情的，歌则借助语言把这种感情咏唱出来，歌

بالواجبات معهم.»

قال الإمبراطور شون: «أيا أمراء الجهات الأربعة للأرض، هل هناك أي شخص يمكنه أن يدير احتفالاتي الثلاثة؟» رد كل من في البلاط: «ألا يوجد بوه يِي؟» قال الإمبراطور شون: «نعم هُوْ! أيا بُوهْ يي، ينبغي أن تكون المنظم في معبد الأسلاف. كن وقورا صباحا ومساء. كن مستقيما وكن نقيا.» أدى بُوْه يي الخضوع بوضع رأسه على الأرض، وتمنى أن يرفض الطلب لصالح كُوِي أو لُوُنغ. قال الإمبراطور شون: «نعم، ولكن عليك أن تذهب وتنهض بالواجبات. كن جليلا!»

قال الإمبراطور شون: «أيا كوُيِ، قد عينتك لتكون مخرجا للموسيقى وأن تعلم شبابنا، لكي يصبحوا مستقيمين معتدلين، ولطفاء ومحترمين، وأقوياء غير مستبدين، وبسطاء غير متغطرسين. الشِعْرُ هو التعبير عن الفكر الصادق؛ الغناء هو الكلام المطول عن هذا التعبير؛ تحديد سلم النغم الخماسي وفقا للغناء، والمقامات الموسيقية الست تنسق مع سلم النغم الخماسي. بهذه الطريقة، يمكن تعديل الأنواع الثمانية المختلفة للآلات الموسيقية، ومن ثم فإن الواحد لا يأخذ من الآخر أو يتداخل معه؛ وتصبح الأرواح والناس في انسجام.» قال كُوِيِ: «أنا أرغب في ضرب آلة الحجر الرنان، وأضربه بلطف، لترقص أدوار الحيوانات المختلفة باتساق.»

唱的声音既要根据思想感情，也要符合音律。八类乐器的声音能够和谐地演奏，不要弄乱了相互间的伦次，让神人听了都感到快乐和谐。”夔说：“好啊！让我们敲着石磬，奏起乐来，让那些无知无识的群兽都感动得跳起舞来吧！”

帝曰：“龙！朕塈谗说殄行，震惊朕师。命汝作纳言，夙夜出纳朕命，惟允。”

【译文】

舜说：“龙啊！我非常讨厌那种说坏话和阳奉阴违的人，因为这种人常常以一些错误的话使我的民众震惊。命令你负责纳言的官职，一早一晚，或代我发布命令，或向我汇报下面的意见，都必须忠诚老实。”

帝曰：“咨！汝二十有二人，钦哉，惟时亮天功。三载考绩。三考黜陟幽明。”庶绩咸熙，分北三苗。

【译文】

舜说：“唉！你们二十二人，都要恭敬地对待自己的职务，时刻想着接受上天的命令并帮助上天治理臣民。每隔三年，就要检查一下你们的政绩。经过检查，凡是有功的人，便用提拔的办法来表彰他；凡是有过错的人，便用罢免的办法来惩罚他。”经过这番整顿，许多工作都振兴起来了，并命令三苗离开故土，把他们流放到边远地方。

舜生三十征庸，三十在位，五十载陟方乃死。

قال الإمبراطور شون: «أيا لونغ، إنني أمقت المتحدثين المفترين ومخربي الطرق القويمة، الذين يهيجون ويرعبون شعبي. قد عينتك مسئولا عن الاتصالات. في الوقت المبكر والمتأخر، انقل أوامري وأبلغني، على أن يكون كل شيء حقيقيا.»

وقال الإمبراطور شون: «أيا أنتم، أيها الاثنا وعشرين رجلا، كونوا وقورين، وكونوا معينين للأشغال التي عُهِد إليّ بها من السماء.» في كل ثلاث سنوات، كان هناك اختبار للجدارة، وبعد ثلاث اختبارات، كانت رتبة غير المستحق تخفض بينما يرقى المستحق. من خلال هذا الترتيب، كان يتم أداء كافة الواجبات؛ وكان يتم أيضا ترتيب أعمال قبائل سانمياو.

في السنة الثلاثين من عمره، استُدعي شون للعمل. ظل عشرين سنة على العرش.

【译文】

舜三十岁时被征用，三十年后接替了尧的帝位，五十年后南巡，登上了衡山，并在那里去世。

بعد خمسين سنة توفي.

皋陶谟

曰若稽古，皋陶曰："允迪厥德，谟明弼谐。"禹曰："俞！如何？"皋陶曰："都！慎厥身，修思永。惇叙九族，庶明励翼，迩可远在兹。"禹拜昌言曰："俞！"

【译文】

传说皋陶和禹在帝舜面前，讨论治理国家的事情。皋陶说："相信并按照先王的道德处理政务，这样就能够使谋略实现，大臣之间也就能团结一致，同心同德了。"禹说："对啊！如何才能这样呢？"皋陶说："都应当严格地要求自己，努力提高品德修养，在提高品德修养的时候，应当从大处着眼，从长远考虑。以宽厚的态度对待同族的人，使他们也贤明起来，努力辅佐你治理国家，由近及远，先从自身做起。"禹非常佩服这种高明的见解，说："对啊！"

皋陶曰："都！在知人，在安民。"禹曰："吁！咸若时，惟帝其难之。知人则哲，能官人。安民则惠，黎民怀之。能哲而惠，何忧乎驩兜，何迁乎有苗，何畏乎巧言令色孔壬？"

【译文】

皋陶说："重要的在于知人善任，在于把臣民治理好。"禹说：

مشورات قاو ياو

من خلال دراسة العصور القديمة، نجد أن قاو ياو قال: «إذا اتبع الإمبراطور مسار فضيلته، فإن المشورات المقدمة إليه ستكون بارعة، والمساعدات من النصح الذي يتلقاه ستكون متناغمة.» قال يُوي: «نعم، ولكن اشرح بنفسك الأمر.» قال قاو ياو: «أوه، دعه يتوخى الحذر بشأن تهذيبه الذاتي، وبشأن أفكاره البعيدة المدى، وهكذا سوف يمكنه أن يحقق عطفا سخيا ومراعاة جيدة للفروق من بين الفروع التسعة لعشيرته. وكل الأذكياء سيكرسون أنفسهم لخدمته؛ وبهذه الطريقة سوف يصل بما هو قريب، إلى ما هو بعيد.» أبدى يُوي احتراما للكلمات الرائعة، وقال: «نعم.»

واصل قاو ياو، قائلا: «أوه، الأمر يكمن في معرفة الرجال، وتوفير الطمأنينة للشعب.» قال يُوي: «وا أسفاه! قد يكون نيل كلا هذين الأمرين صعبا حتى على الإمبراطور ياو. عندما يعرف الإمبراطور الرجال، يكون حكيما، ويمكنه أن يضع كل فرد في المنصب الذي يناسبه. عندما يوفر الطمأنينة للشعب، فإن عطفه يكون محسوسا، ويعتز بها أبناء الشعب في قلوبهم. وعندما يمكنه أن يكون حكيما وعطوفا،

“哎呀！完全做到这些，连帝尧都感到困难啊！知人善任，那才是有智慧的人，有智慧才能用人得当。能够把臣民治理好，便是给他们以恩惠，这样臣民当然会把恩惠记在心里。既然聪明而有恩德，还怕什么驩兜，何必迁徙流放苗民，又何必害怕讲那些花言巧语搞献媚取宠的坏人呢？”

皋陶曰：“都！亦行有九德。亦言其人有德，乃言曰，载采采。”禹曰：“何？”皋陶曰：“宽而栗，柔而立，愿而恭，乱而敬，扰而毅，直而温，简而廉，刚而塞，强而义。彰厥有常吉哉！

【译文】

皋陶说：“都！大凡人的德行有九种。说某人有美好的德行，这样说，必须以许多事实作为依据。”禹说：“什么叫作九德？”皋陶说：“态度豁达，毫不拘束，又能恭敬谨慎；性情温和而又有主见；行为谦逊而又严肃认真；虽有才干，但办事仍不马虎疏忽；能够接受别人的意见，又不为纷杂的意见所迷惑，而能刚毅果断；行为正直而态度温和；从大处着眼又能从小处着手；刚正而不鲁莽；勇敢而又善良。能够在自己的行为中表现出这九种德行来，就常常能够把事情办好了。

“日宣三德，夙夜浚明有家。日严祗敬六德，亮采有邦。翕受敷施，九德咸事，俊乂在官，百僚师师，百工惟时。抚于五辰，庶绩其凝。

【译文】

“每天都能在自己的行为中表现出九种德行中的三德来，并且无论

فما هي الحادثة التي يمكن أن تزعجه من هوان دوه؟ وماذا يمكن أن تكون إزاحة مياو؟ وماذا يخشى من أي فرد ماهر في كلماته المزخرفة وفي المتملق؟»

قال قاو ياو: «أوه، في كل الفضائل التسع ما يكتشف في السلوك، وعندما نقول إن شخصا يمتلك أي فضيلة، فإن ذلك يقارب كثيرا أن نقول إنه قادر على إنجاز بعض الأعمال.» سأل يُوي: «ما هي الفضائل التسع؟» رد قاو ياو: «الدماثة مقرونة بالاحترام، اللطف مقرون بالاحترام؛ الملائمة للحكومة مع الحذر الوقور؛ الطاعة المقرونة بالجرأة؛ الاستقامة المقرونة باللطف؛ الإهمال السهل المقرون بالتمييز؛ الجرأة المقرونة بالإخلاص؛ البسالة المقرونة بالاستقامة. عندما هذه الصفات تُبدى، وباستمرارية، ويكافىء الإمبراطور أصحاب هذه الفضائل، يكون حكمه رشيدا!»

عندما يمكن لشخص ظهور يومي لثلاث فضائل وست فضائل منها، في وقت مبكر أو متأخر، يمكنه أن يدير عشيرته ويحمي بلاده. عندما يوجد تهذيب شاق ومبجل يوميا لست منها، يمكن لمن يملكها أن يصرف ببراعة شؤون الدولة التي كُلف بها. عندما يتم استقبال مثل هؤلاء الرجال وتقديمهم، فإن من يملكون الفضائل التسع سوف يُوظَفون في خدمة البلاد. سيكون الآلاف من الرجال في مناصبهم المائة المناسبة؛

早晚，都能恭敬努力地按照这些道德规范行事，那就可以做卿大夫了。每天都能庄重而恭敬地按九种德行中的六德来约束自己的行动，那就可以协助天子处理政务而为诸侯了。如果天子能够合三德六德而并用之，并以之布施政教，大凡依据九德行事的人都给以一定的职务，有特殊才能的人都给以公卿的官位，大夫们都能互相学习，各方面具体事务的负责人也都能办好自己分内的事情。大家都能够根据五辰的运行、四时的变化来处理政务，这样，许多功业便都可以建成了。

“无教逸欲有邦，兢兢业业，一日二日万几。无旷庶官，天工，人其代之。

【译文】

“做诸侯的不使自己产生私欲而贪图享受，要兢兢业业地处理政务，要知道一国之内每天都要发生上万件事体，千万不能麻痹大意。在各种职位中，都不要任用不称其职的人，因为所有的官职都是上帝设立的，怎么可以让那些不称其职，无所作为的人来代替上帝行事呢?

“天叙有典，敕我五典五惇哉！天秩有礼，自我五礼有庸哉！同寅协恭和衷哉！天命有德，五服五章哉！天讨有罪，五刑五用哉！政事懋哉！懋哉！

【译文】

“上天既然安排了君臣、父子、兄弟、夫妇、朋友之间的伦常次序，便应当顺从上帝的意旨整顿上述五者之间的关系，并使这种关系深厚起来啊！上帝为了区别人们之间的等次而传下来天子、诸侯、大夫、士、庶人这五种人分别应该遵从的礼节，做天子的便应大力推行这五种

الوزراء العديدون سوف يباري كل منهم الآخر؛ سينجز كل المسؤولين واجباتهم في الوقت المناسب، وسيراعون المواسم الخمسة كما العناصر العديدة السائدة فيها، ومن ثم فإن واجباتهم العديدة سوف يتم إنجازها تماما.

«دع ابن السماء لا يضع لحكام البلاد مثلا في الخمول والخلاعة. دعه يكون يقظا ومهيبا، متذكرا أنه في يوم واحد أو يومين قد يحدث عشرة آلاف شيء متقلب. دعه لا يجعل مسؤوليه متثاقلين في أماكنهم. العمل عمل السماء، وينبغي للناس أن يعملوا من أجله!

«من السماء تأتي العلاقات الاجتماعية بواجباتها العديدة؛ نحن مكلفون بفرض تلك الواجبات الخمسة وفقا للمسارات الخمسة للسلوك المحترم. من السماء تأتي الاختلافات الاجتماعية بمراسيمها العديدة؛ ومنها يأتي التقيد بتلك المراسيم الخمسة؛ وهي تظهر في الممارسة العادية. عندما يبدي الإمبراطور والوزراء تبجيلا عاما واحتراما موحدا لها، فإن الطبيعة الأخلاقية للناس تصبح متناغمة. إن السماء تميز بسماحة الفاضل؛ ألا توجد الأثواب الخمسة، الزينات الخمس لها؟ السماء تعاقب المذنب؛ ألا توجد العقوبات الخمس، التي ينبغي أن تستخدم بصرامة لهذا الغرض؟ عمل الحكومة! ألا ينبغي لنا أن نكون مخلصين فيه؟ ألا نكون مخلصين فيه؟

礼节，使君臣之间互相尊重，同心同德办好政务啊！上帝为了使有德的人各称其职，便制定了天子、诸侯、大夫、士、庶人五种服装制度，以分别表彰他们的不同的德行！上帝为了惩罚有罪的人，便制定了五种刑罚，分别用来惩罚五种罪人。这些，都应当认真执行啊！为了搞好政务，君臣之间可要互相勉励啊！

“天聪明，自我民聪明。天明畏，自我民明威，达于上下，敬哉有土。”

【译文】

“上天听取意见、观察问题，都是从民众中间听取意见、观察问题的；上天表彰好人、惩罚坏人，也是依据民众的意见来表彰和惩罚的。上天和下民之间是互相通达的。因此，只有恭敬地处理政务，才能保持住国土。”

皋陶曰：“朕言惠可厎行。”禹曰：“俞！乃言厎可绩。”皋陶曰：“予未有知，思日赞赞襄哉！”

【译文】

皋陶说：“我的话都是顺从天意，一定可以实行的。”禹说：“对啊！你的话是可以实行并获致功绩的。”皋陶说：“其实我又知道什么呢？我只是成天想着如何协助国王治理国家啊！”

帝曰：“来！禹，汝亦昌言。”禹拜曰：“都！帝，予何言？予思日孜孜。”皋陶曰：“吁！如何？”禹曰：“洪水滔天，浩浩怀山襄陵，下民昏垫。予乘四载，随山刊木，暨益奏庶

«السماء تسمع وترى كما يسمع شعبنا ويرى، السماء تُبدي وتظهر بجلاء أهوالها كما يبدي شعبنا بجلاء، وسوف يهلع؛ هذه الصلة موجودة بين العالمين الأعلى والأدنى. كم ينبغي أن يكون سادة البلاد موقرين!»

قال قاو ياو: «كلماتي تتفق مع العقل، ولعلها توضع موضع التطبيق؟» قال يُوي: «نعم، كلماتك يمكن أن توضع موضع التطبيق، وتكلل بالنجاح.» أضاف قاو تاو: «بالنسبة لذلك أنا لا أعرف، ولكنني أتمنى يوميا أن أكون معينا. لعل أعمال الإمبراطور تكون في أحسن حال!»

قال الإمبراطور شون: «أقدم يا يُوي، فلابد أنك أيضا لديك كلمات رائعة.» أدى يُوي انحناءة، وقال: «أوه، ماذا يمكن أن أقول يا إمبراطور. أنا يمكن فقط أن أفكر في

鲜食。予决九川距四海，浚畎浍距川；暨稷播，奏庶艰食鲜食。懋迁有无化居。烝民乃粒，万邦作乂。”皋陶曰：“俞！师汝昌言。”

【译文】

舜说：“来吧！禹，你也讲一讲你的高见吧。”禹拜谢说：“唉！王啊，我说些什么呢？我只不过整天考虑怎样孜孜不倦地工作罢了。”皋陶说：“那么，你所努力从事的是一些什么工作呢？”禹说：“大水遮蔽了天空，那浩大的洪水啊，包围了大山，冲上了陵冈，地上的人们都被洪水吞没。我乘坐着四种交通工具，随着勘察的山路，插上木槎作为标记，并且和益一起把打猎得来的鸟兽，分发给人们。我领导民众疏通了九州的大河，使水都流到大海里去；又疏通了田间小沟，使田地中的水都流到大河中去；又和稷一起，教百姓们播种百谷，给人们提供了粮食和肉食。又发展贸易以互通有无。人们才得以安居乐业，千万个诸侯国才得以治理。”皋陶说：“对啊！你的这些话真是不错呀！”

禹曰：“都！帝，慎乃在位。”帝曰：“俞！”禹曰：“安汝止，惟几惟康。其弼直，惟动丕应。徯志以昭受上帝，天其申命用休。”

【译文】

禹说：“唉！王啊，你也要谨慎地对待你的职位啊。”舜说：“是啊！”禹说：“做你应做该做的事情，常常从坏处打算，就能够得到平安了。要使得大臣公平正直，不管做什么事情都能处理得当。这样才能以清醒明智的头脑，等待接受上帝的命令，上帝就会一再嘉奖你，非常放心地再把大命交付给你。”

الحفاظ على الكد اليومي.» قال قاو ياو: «وا أسفاه! هل أنا أرغب في أن تصفها أنت؟» رد يُوي: «المياه الغامرة تبدو أنها وصلت إلى السماء، وفي مداها الشاسع عانقت الهضاب وغمرت التلال العظيمة، ولهذا كان الناس متحيرين ومرتبكين. وقد اعتليت أنا عرباتي الأربع، وعلى امتداد الهضاب قطعت الأشجار، في نفس الوقت، مع بوه يي، قدمت لحوم الطيور والحيوانات الطازجة للجموع ليأكلوها. أنا أيضا فتحت ممرات لجداول الماء عبر تسع ولايات، ووجهتها إلى البحار الأربعة. الأكثر من ذلك، أنا عمّقت القنوات والمجاري المائية، ووجهتها نحو الجداول، بذرت الحبوب، وفي نفس الوقت، مع جي، وبيّنت للجموع كيف ينتجون الطعام بالكدح، بالإضافة إلى اللحوم. لقد حثثتهم أكثر لمبادلة ما لديهم بما ليس لديهم وأن يتخلصوا من مخزونهم المتراكم. بهذه الطريقة، صار لدى الناس حبوب يأكلونها، وبدأ عدد من دويلات الأمراء يخضع لحكم جيد.» قال قاو ياو: «نعم. ينبغي لنا أن نعدل أنفسنا ونستفيد من كلماتك الرائعة.»

قال يُوي: «أوه، يا إمبراطور، عامل بعناية الوزراء الذين في مناصبهم.» رد الإمبراطور شون: «نعم.» واصل يُوي كلامه: «لتكن طمأنينتك في موضع راحتك، اسهر على منابع الأشياء، اهتم بالاسقرار، واجعل مساعديك مستقيمين، ومن ثم فإن تحركاتك سوف تحظى باستجابة عظيمة، كما لو أن الناس فقط ينتظرون إرادتك. بالاعتماد على إرشاد الفاضل لقبول أوامر الرب، ستمنحك السماء البركة.»

帝曰："吁！臣哉邻哉，邻哉臣哉。"禹曰："俞！"

【译文】

舜说："唉！正直的大臣，才是最可亲近的人啊！最可亲近的人，只有那正直的大臣啊！"禹说："是啊！"

帝曰："臣作朕股肱耳目。予欲左右有民，汝翼。予欲宣力四方，汝为。予欲观古人之象，日月星辰山龙华虫作会，宗彝藻火粉米黼黻絺绣，以五采彰施于五色作服，汝明。予欲闻六律五声八音，在治忽，以出纳五言，汝听。予违汝弼，汝无面从，退有后言。钦四邻。

【译文】

舜说："正直的大臣应当是我的膀臂和耳目。我想求得帮助我治理臣民的人，希望你就做我的这样的助手。我打算拿出所有的力量治理好政务，讨伐叛逆，成就武功，你就应当努力去完成。我打算观察古人的图画，看他们是怎样用五种颜色把日、月、星、辰、山、龙、华虫、虎和长尾猿、水藻、火、白米、大斧和几种图形绣在丝织品上，以制成各种颜色的服装；你负责这件事，要从衣服的颜色和画图上表示出地位的高低。我要听到各种不同声调不同乐器的音乐演奏，从音乐中考察政治得失，并听取各地群众的反映，你负责这件工作。我假如不同意你的意见，你也不要当面屈从我，背后再散布一些表示不满的话。做我最亲近最得力的助手，把左右大臣都紧紧地团结起来吧！

"庶顽谗说，若不在时，侯以明之。挞以记之，书用识哉，欲并生哉。工以纳言，时而飏之，格则承之庸之，否则

الإمبراطور شون: «واحسرتاه، أليس الوزراء مساعدين لي؟ ماذا يكون المساعدون؟ أليسوا هم وزراء لي؟» رد يُوي: «نعم.»

واصل الإمبراطور شون كلامه قائلا: «وزرائي يمثلون ساقيّ وذراعيّ، أذنيّ وعينيّ. أتمنى أن أساعد وأدعم شعبي، عليك أن تساعدني. أتمنى أن أنشر نفوذ إدارتي للاتجاهات الأربعة، عليك أن تتصرف كوكيل لي. أتمنى أن أرى الرموز ذات الدلالة للقدماء- الشمس، والقمر، والنجوم، والجبال، والتنانين، والطيور المنمقة (طيور التدرج)، المرسومة على الملابس العلوية؛ أشكال النمر، والمياه، ونباتات الحرش، والنيران، وحبوب الأرز، والفأس، ورمز (己) الأسود والأبيض المطرزة على الملابس السفلية، أتمنى أن أرى كل ذلك واضحا تماما بالألوان الخمسة، وذلك لتشكيل الزينات الاحتفالية، عليك أنت أن تهتم بها جيدا من أجلي. أتمنى أن أسمع مزامير النغمات الست، والنوتات الموسيقية الخمس المحددة بها، والثمانية أنواع للآلات الموسيقية المنظمة، لفحص فضائل وعيوب الإدارة بما يجسد من الحزن والسعادة في هذه الأصوات، وعليك أنت أن تسمعها من أجلي. وعندما أرتكب أنا خطأ، عليك أنت أن تصوبني؛ لا تتبعني من أجل ماء وجهي، ولديك ملاحظات أخرى تبديها عندما تغادرني. كونوا وقورين أيها المساعدون الذين تقفون أمامي ومن خلفي وفي كل جانب مني!

«و بالنسبة إلى الأغبياء والمثرثرين بافتراء، والذين اكتُشف أنهم لا يفعلون الصواب ولا يمكن جعلهم يفهمون حقيقة وظائفهم، يجب استخدام الطقوس الاحتفالية

威之。”

【译文】

“一些心术不正的坏人，常常散布流言，又反过来谄媚上司，这种情形不是一个人能够看清的，因此上帝设立诸侯国君作为天子的耳目，明察各种弊端。凡是犯了错误，便给以应得的惩罚；或者把他的错误记下来，写在大方板上，再把方板放在犯人的背上，使犯人知道耻辱从而改正错误，这样做是为了使犯人不再犯罪而陷于死刑。做官的应该广泛地听取群众的意见，凡是好的意见便加以表彰；凡是正确的意见便提上来，以便采纳运用；否则，如果做官的封闭下情，便要给予惩罚。”

禹曰：“俞哉！帝光天之下，至于海隅苍生，万邦黎献，共惟帝臣。惟帝时举，敷纳以言，明庶以功，车服以庸，谁敢不让，敢不敬应？帝不时，敷同日奏，罔功。”

【译文】

禹说：“对啊！你的光辉照耀天下，海内的黎民、万国的贤人，都亲身领受你的恩泽，做你的臣子。如果你能够举用贤人，广泛地听取意见，根据处理政务的情况，实事求是地考察其功德，并根据功劳的大小，分别赐予车马服装，表彰其功德。那么，谁敢不互相谦让？言辞应对之间，谁敢不恭敬地据实回报而敢于弄虚作假呢？如果你不是举用贤人，而使好人坏人同样进用，这样就无法建立功业把国家治理好了。”

帝曰：“无若丹朱傲，惟慢游是好，傲虐是作。罔昼夜额额，罔水行舟。朋淫于家，用殄厥世，予创若时。”

لتعليمهم بوضوح، واستخدام السوط لتنبيههم، وتسجيل ذنوبهم بسجل جنائي، وجعلهم يتقدمون معا! ويستند تعيين المسئولين الرسميين على الملاحظات التي أدلوا بها. إذا كانت جيدة، فسيتم الإشادة بها والترويج لها. إذا كانت على الصواب، فسيتم عرضها لي لأستخدمها. خلاف ذلك، ستتم معاقبتهم.»

قال يُوي: «حتى الآن جيد! أيها الإمبراطور شون، إن كل من تحت السماء، وداخل البحار، وعدد لا يحصى من النبلاء وناس الجدارة يتمنون أن يكونوا وزراء لك. وهكذا، أيها الإمبراطور، يمكن أن تقدمهم للمناصب، وتقبلهم وفقا لملاحظاتهم وتتلقى تقاريرهم على نطاق واسع؛ سوف تتأكد منهم وفقا لجدارتهم؛ وسوف تمنح العربات والأرواب وفقا لخدماتهم. من ذا الذي يجرؤ على أن لا يغرس فضيلة متواضعة؟ من ذا الذي يجرؤ على عدم الاستجابة لك بمهابة؟ إنك أيها الإمبراطور، إن لم تتصرف هكذا، فإن وزراءك سوف يصبحون شخصيات لا قيمة لها.»

«لا تكن متغطرسا مثل دان تشو، ابن الإمبراطور ياو، والذي كان انغمس فقط في المتعة والكسل والتبذير، ولم يكن يتوقف ليل نهار عن ذلك. كان يجعل القوارب تذهب

【译文】

舜说："不要像丹朱那样骄傲。丹朱只知道怠惰游玩，他的行为放纵轻浮，不分昼夜使人用船在浅水中推着他游玩。在家内更是纵情声色，奢靡腐化，因此，我严厉地惩罚了他，灭绝了他的后代，使其父子不得相继。为了警戒别人，我不能迁就这种恶劣的行为。"

"予娶涂山，辛壬癸甲。启呱呱而泣，予弗子，惟荒度土功。弼成五服，至于五千，州十有二师。外薄四海，咸建五长。各迪有功，苗顽弗即工。帝其念哉！"帝曰："迪朕德，时乃功惟叙。"皋陶方祗厥叙，方施象刑惟明。

【译文】

禹说："我娶了涂山氏的女儿为妻，婚后仅仅三天便出发治水。待到儿子启生下时，一落地便呱呱地哭着，我虽从门前经过，却不曾进去看看他，因为我用全力忙于治理水土的事情。经过苦心经营，我帮助国王开辟疆土，划分行政区域，规定各地朝贡物品，在王畿之外，根据远近不同分出五种服役地区，一直到距离王城五千里的地方，把全国分为十二州，每州各选定诸侯中之贤者为州长。疆土扩展，广至四海，并在每五个诸侯国中选定诸侯国君中之贤者为长。这些诸侯之长都能够根据要求建立功业，只有苗民负隅顽抗，不肯服役，因此不能给予官职。王啊！你可要把顽抗不顺的苗民放在心里呀！"舜说："我仍要以德教开导他们，如果他们能听从德教，这便是你的功劳了。"皋陶正在发布命令，命令全体臣民都要听从禹的领导，同时在考察案情使用刑罚时也务求公允得当。

夔曰："戛击鸣球、搏拊、琴瑟，以咏。"祖考来格，虞宾

إلى حيث لا يوجد ماء بعد زوال الفيضانات، أدخل مساعدين فاجرين إلى منزله. كانت العاقبة أنه أنهى ازدهار أسرته ولم يستطع وراثة عرش الإمبراطور ياو. إنني أتخذ حذرا من مساره.»

«عندما تزوجت في بنت من عشيرة تو شان، وبقيت مع زوجتي ثلاثة أيام فقط، ثم خرجت لمعالجة الفيضانات. عندما كان ابني تشي ينوح ويبكي، لم أكن أعيره اهتماما، وظللت أخطط بكل قوتي عمل ترويض الفيضانات. ثم ساعدت في إكمال الخمس إقطاعيات، الممتدة خمسة آلاف لي (وحدة قياس)؛ وفي تحديد الاثني عشر معلما خاصا في كل ولاية، وفي إقامة منصب الحاكم لكل خمس دويلات أمراء من الولايات التسع، وصولا إلى البحار الأربعة ليقود هؤلاء جميعا أعمال معالجة الفيضانات. ولكن يظل هناك أهل قبائل سانمياو يرفضون بعناد تقديم خدماتهم. فكر في ذلك، أيها الإمبراطور.» قال الإمبراطور شون: «إن نشر فضيلتي نتيجة لخدماتك الجديرة بالتقدير وتظهر بانتظام. والآن يعمل قاو تاو على تقديم مكافآت من سجل إنجازات، وعقاب كل من يرتكب الجرائم شديدا، ليعودوا إلى الصواب. فمن الأكيد أن يعالج ما بأهل سانمياو بذكاء تام.»

قال كُوِي: «دقوا على طبل اليشم وقرعوا الدف، وحركوا الأوتار، وغنوا معا.» عند

在位，群后德让。下管鼗鼓，合止柷敔。笙镛以间，鸟兽跄跄；箫韶九成，凤皇来仪。夔曰："於！予击石拊石，百兽率舞。"

【译文】

夔说："演奏起玉磬、搏拊、琴瑟以作为歌咏的配乐吧！"先王的灵魂来到了，贵宾们也都就位了，诸侯国君都走上礼堂，互相揖让着坐下来。堂下吹起竹制乐器，敲起大鼓和小鼓，击起柷以作为演奏的开始，击起敔以作为演奏的结束。笙和大钟分别在堂下更换着演奏，鸟兽都轻盈地跳起舞来；箫韶的音乐演奏了九次，凤凰便成对地飞起来。夔说："啊！让我敲着石磬，奏起乐来，让那些无知无识的群兽都感动得跳起舞来吧！"

庶尹允谐，帝庸作歌曰："敕天之命，惟时惟几。"乃歌曰："股肱喜哉！元首起哉！百工熙哉！"皋陶拜手稽首飏言曰："念哉！率作兴事，慎乃宪，钦哉！屡省乃成，钦哉！"乃赓载歌曰："元首明哉，股肱良哉，庶事康哉！"又歌曰："元首丛脞哉，股肱惰哉，万事堕哉！"帝拜曰："俞！往，钦哉！"

【译文】

百官互相信任，和睦团结。舜因而作歌道："努力地按照上帝的命令行事，时时事事都要小心谨慎。"又歌唱道："大臣们从内心里乐意办好政务！国王的事业就振兴起来啊，百官也就振作啊。"皋陶叩头行礼，接着便继续说道："应该把国君的教导记在心里啊！国王处处作为臣民的表率，百事就振兴起来，谨慎地对待你自己立下的法度，对于法度可要恭敬啊！不断地检查自己，事业就会获得成功，可要恭敬啊！"

ذلك نزلت أرواح الأسلاف إلى الصلاة، وجلس ضيوف إمبراطورنا شون في أماكنهم، وصعد أمراء الدويلات إلى قاعة الصلاة يحيون بعضهم بعضا. وتوجد المزامير والدفف، تنضم إلى صوت الصليل، عندما يأخذ الأرغن والأجراس مكانها بالتناوب. هذا يجعل الممثلين لأدوار الطيور والبهائم يرقصون مع الإيقاعات. وعندما عزفت موسيقى ((شاويويه)) للإمبراطور شون تسع مرات، تأتي صفوف العنقاء، ذكروها وإناثها، لتقديم العرض. قال كُوِي: «أوه، عندما أدق طبل اليشم بقوة، أو أضربه برفق، تأتي الحيوانات العديدة لكي ترقص، فليرقص كل رؤساء الإدارات الرسمية مع الموسيقى معا.»

عند ذلك أنشد الإمبراطور شون أغنية، قائلا: «ينبغي أن نتعامل بحذر مع الموعد المفضل للسماء، في كل لحظة وفي أصغر التفاصيل.» ثم غنى بعد ذلك: «عندما يعمل الوزراء ببهجة، ويعمل الإمبراطور بشكل رائع، وكل الواجبات تُؤدى تماما!» أبدى قاو ياو انحناءة برأسه نحو الأرض، وقال بصوت مرتفع وسريع: «فكر أيها الإمبراطور. إنك أنت الذي يجب أن يقود ويؤصل الأشياء. انتبه جيدا لقوانينك في فعل ذلك. كن وقورا! وافحص دائما ما تم إنجازه بواسطة المسؤولين. كن وقورا!» وواصل الغناء: «عندما يكون الإمبراطور رشيدا وحكيما، ويكون الوزراء جيدين، كل الواجبات تؤدى بسلامة!» ومرة أخرى واصل الغناء: «عندما يكون الإمبراطور مزعجا، ويكون الوزراء

于是又继续歌唱道："国王圣明啊，大臣贤能啊，诸事安宁啊！"又歌唱道："国王把精力放在微不足道的小事上，大臣们懈怠下来，政务必定要办坏！"舜行礼答谢说："对啊！望你们恭谨地各司其职吧！"

خاملين، سوف تتخرب كل الأمور!» قال الإمبراطور شون شاكرا: «نعم، لنكون منتبهين ونؤدي واجباتنا بوقار وجدية!»

夏书

禹贡

禹敷土，随山刊木，奠高山大川。

【译文】

禹为了区分九州的疆界，便在经过的山上插上木桩作为标记，并负责为高山大河命名。

冀州：既载壶口，治梁及岐。既修太原，至于岳阳；覃怀厎绩，至于衡漳。厥土惟白壤，厥赋惟上上错，厥田惟中中。恒、卫既从，大陆既作。岛夷皮服，夹右碣石入于河。

【译文】

冀州：壶口的工程已经结束了，便开始开凿梁山和岐山。太原附近的河道也修理好了，一直修到太岳山的南面；覃怀一带的水利工程，也取得很大成绩，从这向北一直到横流的漳水，一些河道也都得到了治理。这里是一片白色而土质松软的田地，这里的臣民应出一等赋税，也可间杂出二等赋税，这里的土地属第五等。恒水、卫水也都已疏通，其水可以流入大海，大陆泽的工程也已经开始动工。沿海一带诸侯进贡皮服时，可从碣石入黄河来贡。

كتب شيا ((سجلات شيا))

تكريم يُوْي

قسم يُويْ الأرض، متبعا مسار التلال، وقطع الأشجار كعلامات للطرق. حدد أعلى التلال وأكبر الأنهار في المناطق العديدة.

بالنسبة لمنطقة جيتشو، قام بعمله في هوكوه، واتخذ تدابير فعالة لإصلاح جبال ليانغشان وتشيشان. وبعد أن أصلح الأعمال في تاييوان، انتقل إلى جنوب جبل تاييويه. كان ناجحا في إصلاح الأعمال في تانهواي، وواصل إلى نهر تشانغ المتقاطع التدفق. كانت التربة في هذه الولاية بيضاء ناعمة. كانت مساهمتها في العوائد تحتل قمة الفئة الأعلى وقلة من الدرجة الثانية، والحقول فيها من الدرجة الخامسة. مياه نهري هنغ ووي كانت تُجلب إلى قنواتها الصحيحة، وتم جعل بحيرة دالو صالحة للزراعة. بدأ أبناء الجزر الهمج يقدمون الجزية بالملابس المصنوعة من الجلود، حيث اقتربوا من صخور جيشي من اليمين أولا، ثم دخلوا إلى النهر الأصفر.

济、河惟兖州。九河既道，雷夏既泽，澭、沮会同。桑土既蚕，是降丘宅土。厥土黑坟，厥草惟繇，厥木惟条。厥田惟中下，厥赋贞。作十有三载，乃同。厥贡漆、丝，厥篚织文。浮于济、漯，达于河。

【译文】

济河与黄河一带是兖州地区。黄河下游的九条河道疏通了，雷夏泽的工程也完成了，澭河、沮河会合流入雷夏泽。水退之后土地能够种植桑树，因而可以养蚕了，因此人们便从小土山上搬下来，住在平地上。这里是一片黑色的沃土，这里的草已经冒出新芽，树木也已经长出小小的枝条。这里的土地属第六等，这里的人们缴纳第九等赋税。开垦十三年之后，再和其他州的赋税相同。这里的人们应当入贡漆和丝一类的物品，并且要将丝织品染成各种花纹，放在竹篮子里贡来。入贡的道路，可由济河、漯河乘船顺流入黄河。

海岱惟青州。嵎夷既略，潍、淄既道。厥土白坟，海滨广斥。厥田惟上下，厥赋中上。厥贡盐、絺，海物惟错。岱畎丝、枲、铅、松、怪石。莱夷作牧，厥篚、檿丝。浮于汶，达于济。

【译文】

横跨渤海向东至泰山，这是青州地区。嵎夷的水利工程，只花了较少的力量便完成了。潍河与淄河的故道，都已经疏通。这里是一片地势较高的灰白色的土壤，沿海的广大地区都是这种盐卤之地。这片土地的质量在九州中属第三等，其赋税是第四等。这里的人们应该进贡盐、细葛布和各种各样的海产。泰山一带要进贡丝、大麻、锡、松树和奇特美好的怪石。莱夷一带可以从事放牧了，还要把山桑和丝放在筐内运来作

كانت يانتشو بين نهر جيشو والنهر الأصفر: وقد تم جعل الفروع التسعة للنهر الأصفر تحافظ على قنواتها الصحيحة. وتم مشروع بناء بحيرة ليشيا، تجتمع فيها مياه نهر تشانغشوي ونهر جيوشوي. تم جعل أراضي التوت مناسبة لدود القز، ثم أتي الناس من المرتفعات، واحتلوا الأراضي المستوية في الأسفل. كانت تربة هذه الولاية سوداء وخصبة، وكان العشب فيها وافرا، والأشجار تنمو عالية. كانت حقولها في الفئة السادسة. تم تحديد مساهمتها في العوائد في الفئة التاسعة، ولكن لم يكن مطلوبا منها، كما هو مطلوب من الولايات الأخرى، إلا بعد زراعتها لمدة ثلاث عشرة سنة. كانت الجزية منها هي الطلاء والحرير؛ والأقمشة المزخرفة المنسوجة، التي توضع في سلال. كانت الجزية تقدم بالقوارب عن نهري جيشوي ولوه إلى النهر الأصفر.

تشينغتشو بين بحر بوهاي وجبل تايشان. بعد إصلاح أراضي يوييي، وتم جعل نهري وي وتسي يحتفظان بقنواتهما. كانت تربتها بيضاء وخصبة. على طول شاطئ البحر كانت هناك حقول وأرض مالحة. كانت حقولها الأدنى في الفئة الثالثة، وكانت مساهمتها في العوائد الأعلى في الفئة الرابعة. كانت سلع الجزية منها هي الملح والقماش الناعم المصنوع من ألياف اللبلاب ومنتجات البحر من كافة الأنواع، مع الحرير والقنب والرصاص والصنوبر والأحجار الغريبة، من أودية جبل تايشان. تعلم أبناء منطقة لاييي الهمج الرعي، وصاروا يجلبون في سلالهم الحرير من أشجار التوت الجبلية كالجزية. صاروا ينقلون جزيتهم من نهر ونشوي إلى نهر جيشوي.

为贡品。进贡的路线由汶水直入济水。

海岱及淮惟徐州。淮、沂其乂，蒙、羽其艺，大野既猪，东原厎平。厥土赤植坟，草木渐包。厥田惟上中，厥赋中中。厥贡惟土五色，羽畎夏翟，峄阳孤桐，泗滨浮磬，淮夷蠙珠暨鱼，厥篚玄纤缟。浮于淮、泗，达于河。

【译文】

东起大海，北到泰山，南至淮河，这是徐州地区。淮河和沂水都已经治理好了，蒙山和羽山一带的土地，也将要种植庄稼了，大野泽已容贮四周的流水，东原一带的土地也可以耕种了。这里是一片高起的土性较黏的红土地，草木也逐渐茂盛地生长起来。这里土地的质量在九州之中属第二等，应该缴纳第五等的赋税。这里的人们应该进贡五色土，羽山的山谷要进贡夏翟的羽毛，峄山的南面要进贡其特产——桐树，泗水边的人们要进贡泗水中可以制磬的石料，淮河一带的人们进贡蠙珠和鱼，同时还要把纤细的黑缯和白缯放在筐内作为贡物献来。进贡的路线由淮水入泗水而后入菏泽，由济水入黄河。

淮海惟扬州。彭蠡既猪，阳鸟攸居。三江既入，震泽厎定。筱簜既敷，厥草惟夭，厥木惟乔。厥土惟涂泥，厥田惟下下，厥赋下上上错。厥贡惟金三品，瑶琨篠簜，齿革羽毛惟木，岛夷卉服，厥篚织贝，厥包橘柚锡贡。沿于江海，达于淮、泗。

【译文】

北至淮河，南至大海，这是扬州地区。彭蠡泽已经贮存了又多又深

كان البحر الأصفر وجبل تايشان ونهر هوايخه حدود شيوتشو: كان قد تم تنظيم نهري هواي ويي، وأصبحت منطقة جبال منغشان ويويشان صالحة للزراعة. تم حجز المياه من أجل تكوين مستنقع تسويه. وتم وضع منطقة دونغيوان بنجاح تحت الإدارة. كانت تربة هذه الولاية حمراء وصلصالية وخصبة، وعشبها وشجرها ينمو كثيفا أكثر فأكثر. كانت حقولها من الفئة الثانية، وكانت مساهمتها في العوائد من الفئة الخامسة. كانت سلع جزيتها هي: التراب من خمسة ألوان، طيور التدرج المتنوعة من أودية جبل يويشان، ونباتات الدرياندرا من جنوب جبل ييشان، والأحجار الرنانة التي يمكن صنع منها أداة تشينغ الموسيقية على ضفتي نهر سيشوي، ولؤلؤ المحار والسمك في نهر هوايخه، بالإضافة إلى الأقمشة اللازوردية والحريرية السوداء، والأخرى الناصعة البياض والتي امتلأت سلالهم. تسير قوارب تقديم الجزية من نهري هوايخه وسيشوي إلى بحيرة ختسه المرتبطة بنهر جيشوي.

كان نهر هوايخه والبحر الأصفر هما حدود يانغتشو. تم حجز المياه في بحيرة بنغلي في حدودها الصحيحة، وصارت أماكن لتستوطنها طيور الإوز البري التي تطير إلى الجنوب في الشتاء. تم توجيه الأنهار الثلاثة لتدخل إلى البحر، وصار الوضع في مستنقع تشنتسه مستقرا. انتشر الخيزران، الصغير والكبير، ترعرع العشب، نحيلا وطويلا، وارتفعت الأشجار عاليا؛ وكانت التربة موحلة. كانت تربة هذه الحقول من الفئة التاسعة، وكانت مساهمتها في العوائد من الفئة السابعة، والمنتجات المحلية الأخرى من الفئة السادسة. كانت سلع جزيتها هي: الذهب والفضة والنحاس، وأحجار

的水，南方岛屿上的人们也可以在上面安居了。浩浩的长江已经流入大海，震泽的水利工程也已获得成功。小竹和大竹普遍地生长起来，原野的草生长得很茂盛，树木也都长得很高。这里是一片低洼潮湿的土地，土地的质量在九州中属第九等，这里的人们缴纳第七等赋税，也可以间杂缴纳第六等的赋税。其贡品是金、银、铜三种金属，美玉、小竹和大竹、象牙、犀牛皮、鸟羽和旄牛尾，海岛一带进贡草制的衣服，还要把丝织品放在筐内，把橘子和柚子打成包裹作为贡品进献。进贡的路线沿长江两岸者由长江入淮河，由淮河入泗水；沿海各地则顺着海岸进入长江，由长江入淮河，再由淮河入泗水。

荆及衡阳惟荆州。江、汉朝宗于海，九江孔殷，沱、潜既道，云土梦作乂。厥土惟涂泥，厥田惟下中，厥赋上下。厥贡羽毛齿革惟金三品，杶榦栝柏，砺砥砮丹，惟箘簵楛。三邦厎贡厥名，包匭菁茅，厥篚玄纁玑组，九江纳锡大龟。浮于江、沱、潜、汉，逾于洛，至于南河。

【译文】

从荆山到衡山南面是荆州地区。长江和汉水共同流入大海，许多长江支流的流水集中在洞庭湖一带，水势大极了！长江的支流和汉水的支流也都已经疏通了，云梦泽一带的土地也大都可以耕种了。这里也是一片低洼潮湿的土地，土地的质量在九州中属第八等，应该缴纳第三等赋税。应该进贡鸟羽、牛尾、象牙、犀牛皮和三种金属，以及杶、榦、栝、柏四种木材，还有磨刀的石头、制箭头的石头、丹砂和竹笋、美竹、楛树等。州内各国，都贡上当地的名产，将带有毛刺的茅草放在匣内包装起来，把黑色的、浅红色的丝织品和珍珠、丝带子一类东西放在竹筐内，一并贡来。沿江一带及长江的许多支流地区还要贡上大龟。进

«ياو» و«كون» الكريمة، والخيزران، الكبير والصغير؛ عاج الفيل، وأدوات اللك، وريش الطيور، وشعر ذيل الياك والخشب. أبناء الجزر صاروا يرتدون ملابس من العشب، وفي سلالهم حرير منسوج على شكل الصدف. احتوت جزيتهم على البرتقال الصغير والبوملي (البرتقال الهندي). وقد اتبعوا مسار نهر اليانغتسي والبحر الأصفر، ليصلوا إلى نهري هوايخه وسيشوي لتقديم الجزية.

جينغتشو بجنوب جبل جينغشان وجبل هنغشان: نهر اليانغتسي ونهر هانشوي تتدفق مياههما إلى البحر. أصبحت مياه بحيرة يونمنغ تحت نظام كامل. بعد أن وصل نهرا توهشوي وتشيانشوي إلى مساريهما الطبيعية، المناسبة، وأصبحت الأراضي في بحيرة يونمنغ صابحة للزراعة.كانت أرض هذه الولاية موحلة، حقولها من الفئة الثامنة، ومساهمتها في العوائد من الفئة الثالثة. كانت سلع جزيتها هي الريش وشعر ذيل الياك وعاج الفيل وأدوات الياك؛ الذهب والفضة والنحاس؛ أشجار التوت الصيني وعرعر الصين والسرو، وحجر الشحذ والمشاحذ وأحجار الصوان لصنع رؤوس السهام، والزنجفر، والخيزران الطويل والرفيع مع خشب جيانغ المناسب لصنع السهام، إلى جانب هذه الأشياء، تحتوي جزية هذه المناطق أفضل المنتجات المحلية، وثمار الشمعية الحمراء وأعشاب تشينغماو العاطرة في صرر، والسلال الممتلئة بالألياف الحريرية اللازوردية والبنفسجية الداكنة، مع خيوط من اللآلئ. كانت السلاحف الكبيرة تُقدَم عندما تُطلَب وتوجد بشكل خاص في نهر جيوجيانغ. وقد صاروا يطفُون جنوبا في نهر اليانغتسي وأنهار توشيوي وتشيانشوي وهانشوي، من هناك وصلوا إلى نهر نانخه.

贡的路线由长江顺流入其支流，再由长江的支流进入汉水的支流，由汉水的支流入汉水，然后登岸由陆路到洛水，再由洛水进入黄河。

荆河惟豫州。伊、洛、瀍、涧既入于河。荥波既猪。导菏泽，被孟猪。厥土惟壤，下土坟垆。厥田惟中上，厥赋错上中。厥贡漆、枲、絺、纻，厥篚纤纩，锡贡磬错。浮于洛，达于河。

【译文】

从荆山到黄河，这是豫州地区。伊水、瀍水、涧水都会集于洛水而流入黄河。荥波泽已经治好，可以贮存大量的河水，使河水不致横溢了。菏泽与孟猪泽之间也疏通了，只有水势极大的时候才可以覆被孟猪泽。这里是一片石灰性的冲积土，土的底层是砂姜。这片耕地在九州之中属第四等，应该缴纳第二等赋税，间或缴纳第一等赋税。应该进贡漆、大麻、细葛布、纻麻，还要把细绵用筐子包装起来和治琢好的磬一并贡来。进贡的路线由洛水直入黄河。

华阳黑水惟梁州。岷、嶓既艺，沱、潜既道，蔡、蒙旅平，和夷厎绩。厥土青黎，厥田惟下上，厥赋下中三错。厥贡璆铁银镂砮磬，熊罴狐狸织皮。西倾因桓是来，浮于潜，逾于沔，入于渭，乱于河。

【译文】

从华山的南面西至黑水，是梁州地区。岷山和嶓冢山都已经能够种庄稼了，沱江和潜水也都疏通了，蔡山和蒙山的工程也已完工，和水一带的民众也前来报告治理的成绩。这里是一片黑色的土地，土地的质量

جبل جينغشان والنهر الأصفر كانا حدود يويتشو: تم توجيه أنهار ييشوي وتشانشوي وجيانخه إلى نهر لوخه، ثم إلى النهر الأصفر، وتم حجز بحيرة ينغبوه بكمية كبيرة من المياه. وتم تنظيم مستنقع ختسه، وتم بناء سد في مستنقع منغتشو. كانت تربة هذه المنطقة ناعمة، وكانت في الأماكن المنخفضة تربة داكنة خصبة. كانت حقولها هي من الفئة الرابعة، ومساهمتها في العوائد من الفئة الثانية، والمنتجات المحلية الأخرى من الفئة الأولى. كانت سلع جزيتها هي الطلاء والقنب والقماش الناعم من ألياف اللبلاب، ونبات رامي. كانت السلال ممتلئة بالحرير المختلف الألوان وخيط الحرير الناعم. كانت أحجار الصقل وأحجار الشحذ تُقدم عندما تُطلب. كانوا يطفون عبر نهر لوه، ثم إلى النهر الأصفر.

كان جنوب جبل هواشان والماء الأسود حدود ليانغتشو: وقد تم جعل جبال مينشان وبوتشونغ قادرة على الزراعة. وتم جعل نهري توشوي وتشيانشوي بقنواتهما المناسبة. بعد إصلاح جبلي أومي ومنغشان، حققت نتيجة إصلاح منطقة خيي. كانت تربة هذه الولاية سوداء وخفيفة، وحقولها من الفئة السابعة، ومساهمتها من الفئة الثامنة، مع المنتجات المحلية الأخرى من الفئتين السابعة والتاسعة. كانت سلع جزيتها هي: الأحجار اليشمية الممتازة، والحديد والفضة، وحجر الصوان لصنع رؤوس السهام، والحجر الذي يصنع منه أداة «تشينغ» الموسيقية؛ مع جلود وفراو الدب والثعلب التي تم الحصول عليها من جبل شيتشينغ على امتداد نهر هوانشوي. لتقديم الجزية،

在九州之中属第七等，应缴纳第八等赋税，也可间或缴纳第七等与第九等赋税。要进贡美玉、铁、银、刚铁、硬石和磬，以及熊、罴、狐、狸四种兽皮。这里的贡道可由西倾山区顺着桓水前来，经过潜水和沔水，然后舍舟登陆，陆行至渭水，由渭水横渡入黄河。

黑水西河惟雍州。弱水既西，泾属渭汭，漆、沮既从，沣水攸同。荆、岐既旅，终南、惇物，至于鸟鼠。原隰厎绩，至于猪野。三危既宅，三苗丕叙。厥土惟黄壤，厥田惟上上，厥赋中下。厥贡惟球琳琅玕。浮于积石，至于龙门西河，会于渭汭。织皮昆仑、析支、渠搜，西戎即叙。

【译文】

从黑水到西河是雍州地区。弱水在疏通之后，便向西流去；泾水已经疏通，从北面流入渭水；漆水和沮水在疏通之后，从北面流入渭水，沣水从南面流入渭水。荆山和岐山的工程已经完工，终南山、惇物山，一直到鸟鼠山的水利工程都已经全部竣工。平原一带一直到猪野的水利工程取得了很大成绩。三危这个地方已经可以住人了，因而三苗的民众得到很好的安置。这里是一片黄色的土壤，土地的质量在九州中属第一等，这里的百姓应该缴纳第六等赋税。应该进贡美玉、美石和宝珠一类物品。进贡的路线由积石山附近进入黄河，顺流至龙门，所有运送贡物的船只会集在渭河的弯曲处。昆仑、析支、渠搜等西戎国家都要按照规定进贡皮制衣料。

导岍及岐，至于荆山，逾于河，壶口、雷首至于太岳。厎柱、析城至于王屋，太行、恒山至于碣石，入于海。

طفوا على امتداد نهر تشيانشوي، ثم تركوا القوارب ليواصلوا في الأرض، بعد ذلك طفوا نهر ميانشوي، فنهر ويشوي، وفي النهاية عبروا نهر ويشوي ليصلوا إلى النهر الأصفر.

كان الماء الأسود وغربي نهر شيخه حدود يونغتشو: المياه الضعيفة هناك تم وصلها باتجاه الغرب. تم توجيه نهر جينغخه لتتمزج مياهه مع مياه ويخه. وبعد ذلك، تم توجيه نهر تشيشوي ونهر جيويشوي بنفس الطريقة إلى النهر الأصفر، ووجدت مياه نهر فنغشوي نفس الوعاء. بعد إصلاح جبلي جينغشان وتشيشان، تم تنظيم المنطقة الممتدة من جبل تشونغنان وجبل دونوو إلى جبل نياوشو. صار الآن ممكنا اتخاذ إجراءات ناجحة مع السهول والمستنقعات، وتم تنظيم مستنقع تشويه. أصبحت منطقة جبل سانوي صالحة للسكن، وتم ترتيب شؤون أهل سانمياو بشكل عظيم. كانت تربة الولاية صفراء وناعمة. كانت حقولها من الفئة الأعلى، وكانت مساهمتها في العوائد في الفئة السادسة. كانت سلع جزيتها هي الأحجار الكريمة، والمجوهرات النفيسة. بعد أن عبروا النهر الأصفر القريب من جبل جيشان، طفوا فوق لونغمن في غربي النهر الأصفر. ثم التقوا عند شمال نهر ويخه. تم استقرار أهل ملابس الشعر والجلود تحت جبال كونلون، وشيتشي، وتشويسوه، وكل القبائل في شمالي الغرب أتت لتخضع لترتيبات يُوِي.

فتح يُوِي الطرق، بادئا من جبلي تشيانشان وتشيشان، ووصل إلى جبل جينغشان، ثم عبر النهر الأصفر، وشق الطريق المؤدي من جبل هوكوه وجبل ليشوه، ووصل إلى تاييويه. وشق الطريق المؤدي من جبل ديتشو وجبل شيتشنغ إلى جبل

【译文】

疏通了岍山和岐山，一直疏凿到荆山，穿过黄河，其间从壶口山、雷首山一直到太岳山都得到了疏凿。从底柱山、析城山到王屋山，再从太行山、恒山一直到碣石的水利工程都得到了相当的治理，黄河得以畅流入海了。

西倾、朱圉、鸟鼠至于太华；熊耳、外方、桐柏至于陪尾。

【译文】

由西倾山、朱圉山、鸟鼠山到太华山；再由熊耳山、外方山、桐柏山一直到陪尾山的水利工程都得到了治理。

导嶓冢，至于荆山，内方，至于大别。

【译文】

从嶓冢山到荆山，从内方山到大别山也都得到了疏通和开凿。

岷山之阳，至于衡山，过九江，至于敷浅原。

【译文】

从岷山的南面到衡山，越过九江，一直到鄱阳湖一带的水利也都得到了治理。

导弱水，至于合黎，余波入于流沙。

وانغوو. ثم الطريق المؤدي من جبال تايهانغ وهنغشان وصخور جيشي، حيث وصل إلى البحر.

ثم الطريق الممتد من جبل شيتشينغ وجبل تشويوي وجبل نياوشو إلى جبل تايهوا. ثم الطريق من جبل شيونغأر، وجبل وايفانغ، وجبل تونغباي، ومنها واصل السير إلى جبل بيوي.

شق الطريق من جبل بوتشونغ، مستمرا إلى جبل جينغشان. والآخر من جبل نيفانغ إلى جبل دابيه.

والطريق من جبل مينشان إلى جبل هنغشان بالجنوب، ثم عبر نهر جيوجيانغ وواصل إلى جبل لوشان.

قام بجرف المياه الضحلة الضعيفة إلى جبل خلي، وتوجيه المجرى الأسفل إلى الصحراء.

【译文】

把弱水疏通到合黎，下游流入沙漠地带。

导黑水，至于三危，入于南海。

【译文】

把黑水疏通到三危，下游流入南海。

导河积石，至于龙门；南至于华阴，东至于底柱；又东至于孟津，东过洛汭，至于大伾；北过降水，至于大陆；又北播为九河，同为逆河，入于海。

【译文】

又疏导黄河，先在积石山施工，一直疏凿到龙门山；又向南到华山的北面，然后向东经过底柱山；又向东经过孟津、洛水的弯曲处到大伾山；然后又折转向北，经过降水，到大陆泽；再向北分为九条支流，这九条支流共同承受着黄河的大水，把它顺利地导入大海。

嶓冢导漾，东流为汉，又东为沧浪之水，过三澨，至于大别；南入于江，东汇泽为彭蠡，东为北江，入于海。

【译文】

从嶓冢山开始疏导漾水，向东流则为汉水，再向东流便是沧浪水，经过三澨水，到大别山；向南流入长江，向东便汇成大泽，即彭蠡泽，向东称北江，然后由长江流入大海。

توجيه الماء الأسود بعيدا حتى جبل سانوي، من هناك إلى البحر الجنوبي.

بدأ تنظيف وتوجيه النهر الأصفر من جبل جيشي إلى جبل لونمن؛ ثم إلى الجنوب ليصل إلى شمال جبل هواشان؛ ووصل إلى جبل ديتشو ومنغجين شرقا؛ ثم عبر نهر لوشوي ليجمع مع النهر الأصفر، ووصل إلى جبل دارن؛ ثم عبر جيانغشوي شمالا ووصل إلى مستنقع دالو؛ تدفق بتسعة روافد شمالا، ثم تجتمع لتصبح نيخه، الجزء النهائي للنهر الأصفر ودخل إلى البحر في الشرق.

قام بجرف نهر يانغشوي ابتداء من جبل بوتشونغ، ودخل نهر هانشوي شرقا؛ ثم واصل إلى الشرق لتشكيل نهر تسانغلانغ؛ بعد عبر نهر سانقوان، وصل إلى جبال دابيه، ودخل نهر اليانغتسي جنوبا. ثم إلى الشرق ليلتقي مع مستنقع بنغلي؛ وتدفق وأصبح نهر بيجيانغ ودخل إلى البحر شرقا.

岷山导江，东别为沱，又东至于澧；过九江，至于东陵，东迤北会于汇；东为中江，入于海。

【译文】

从岷山开始疏导长江，向东则别出一条支流称沱水，再向东到澧水；经过九江到了东陵，然后蜿蜒斜行而东和淮水相会；向东则为长江，然后流入大海。

导沇水，东流为济，入于河，溢为荥；东出于陶丘北，又东至于菏；又东北会于汶，又北东入于海。

【译文】

疏导沇水，东流则名为济水，然后流入黄河，河水流溢而成为荥泽；然后自陶丘的北面向东流去，一直流入菏泽；再向东北和汶水相会，又向北流，然后折转向东流入大海。

导淮自桐柏，东会于泗、沂，东入于海。

【译文】

从桐柏山开始疏导淮河，向东和泗水、沂水相会，再向东流入大海。

导渭自鸟鼠同穴，东会于沣，又东会于泾；又东过漆、沮，入于河。

وبدأ توجيه نهر اليانغتسي من جبل مينشان، وله رافد باسم نهر توجيانغ شرقا؛ ووصل إلى ليشوي شرقا. عبر بحيرة دونغتينغ، وصل إلى دونغليانغ؛ ثم إلى شمال الشرق، ليجتمع مع مستنقع بنغلي؛ وتدفق إلى الشرق باسم نهر تشونغجيانغ، ودخل إلى البحر.

قام بجرف نهر يانشوي، الذي يسمى بنهر جيشوي بعد تدفقه إلى الشرق، ودخل إلى النهر الأصفر، فاضت المياه منه لتشكيل مستنقع شينغته؛ استمر من شمال دينغتاو إلى الشرق، ثم إلى ختسه؛ واجتمع مع نهر ونشوي في شمال الشرق؛ ودخل إلى البحر بعد انعطافه إلى الشمال ثم إلى الشرق.

بدأ توجيه نهر هوايخه من جبل تونغباي؛ واجتمع مع نهري سيشوي وييشوي شرقا، ثم دخل إلى البحر شرقا.

وتنظيم نهر ويشوي من جبل نياوشو متدفقا نحو الشرق، والتحم مع فنغشوي، وإلى الشرق مرة أخرى مع جينغشوي. وإلى الشرق أكثر اجتاز نهري تشيشوي وجيوشوي، ودخل إلى النهر الأصفر.

【译文】

从鸟鼠山开始疏导渭水，向东和沣水相会，再向东和泾水相会；然后经过漆水、沮水流入黄河。

导洛自熊耳，东北会于涧、瀍；又东会于伊，又东北入于河。

【译文】

从熊耳山开始疏导洛水，向东北则与涧水、瀍水相会；又向东和伊水相会，然后从东北流入黄河。

九州攸同，四隩既宅。九山刊旅，九川涤源，九泽既陂。四海会同，六府孔修。庶土交正，厎慎财赋，咸则三壤成赋。中邦锡土姓。祗台德先，不距朕行。

【译文】

九州水利工程都已经完工，四方的土地都可以居住了。九州的大山都已经开凿治理，九州的河流也都疏浚而使之通达了，九州的大泽也都筑起堤防，不至于决溢了。海内的贡道都畅通无阻了，六府的政务都治理得非常好。九州的土地都得到了正确的考察，并根据各地区土地质量，谨慎地规定了不同的赋税，各地百姓都要根据土质优劣的三种规定交纳赋税。九州之内的土地都分封给诸侯并赐之以姓氏。诸侯们应该把尊敬我的德行放在首要地位，不准违背我所推行的德教。

五百里甸服。百里赋纳总，二百里纳铚，三百里纳秸服，四百里粟，五百里米。

بدأ تنظيف نهر لوشوي من جبل شيونغأر، متدفقا نحو الشمال الشرقي، التحم مع نهري جيانشوي وتشانشوي، وإلى الشرق حتى وصل إلى ييشوي. ثم في الشمال الشرقي دخل إلى النهر الأصفر.

هكذا، وحد التسع ولايات: تم جعل الأرض في الاتجاهات الأربعة صالحة للسكن، تمت تنقية الجبال التسعة من أشجارها الزائدة وبناء الطرق؛ تمت تنقية منابع الأنهار التسعة، تم بناء السدود في المستنقعات التسعة جيدا، وصار الوصول إلى العاصمة آمنا من كل ما هو داخل البحار الأربعة لتقديم الجزية. تم الاعتناء تماما بالمخازن الستة ذات الثروة المادية؛ وكانت الأجزاء المختلفة للبلاد خاضعة لنظام المساهمة في العوائد، ومن ثم يمكن تعديل المساهمة في العوائد وفقا لمواردها. كانت الحقول كلها مصنفة استنادا إلى خصائص الفئات الثلاث للتربة. ومنح البلاط الواقع في منطقة الوسط الأراضي والألقاب للأمراء احتراما وتكريما للفضائل وأصحاب الأخلاق الذين لن يتصرف أحد منهم نقيض سلوكي.

شكلت خمسمائة «لي» (نصف كيلومتر) خارج العاصمة منطقة «ديانفو». من المائة «لي» الأولى جلبوا عوائد نباتات الحبوب، من المائة «لي» الثانية، جلبوا السنابل،

【译文】

王城以外的五百里属于甸服。相距王城一百里者，将割下的庄稼贡来；二百里者，将庄稼的穗头贡来；三百里者，将庄稼脱去芒尖贡来；四百里者贡粟；五百里者贡米。

五百里侯服。百里采，二百里男邦，三百里诸侯。

【译文】

甸服以外五百里为侯服。其间百里者，百姓为国王服各种劳役；二百里者，百姓为国王服规定的劳役；三百里以外者，百姓主要担任戍守之责。

五百里绥服。三百里揆文教，二百里奋武卫。

【译文】

侯服以外的五百里为绥服。其间三百里以内者要设立掌管文教的官来推行文教；三百里以外的人民要勤奋地熟悉武事，以便保卫国王。

五百里要服。三百里夷，二百里蔡。

【译文】

绥服以外的五百里为要服。其间三百里以内的百姓要遵守与其他地方大体相同的政令；三百里以外的百姓，可以依次减轻其赋税。

五百里荒服。三百里蛮，二百里流。

مع قدر من السيقان، ومن المائة «لي» الثالثة جلبوا الدخن غير المقشور، ومن المائة «لي» الرابعة، جلبوا الرز غير المقشور، ومن المائة «لي» الخامسة، جلبوا الحبوب منقاة.

خمسمائة «لي» خارج منطقة «ديانفو» منطقة «هوفو». كانت المائة الأولى تحتلها المدن وأراضي الوزراء والمسؤولين الكبار، والثانية يحتلها الأمراء الحكماء المحليون، والمئات الثلاث الأخرى يحتلها أمراء آخرون.

خمسمائة «لي» خارج منطقة «هوفو» منطقة «سويفو». في المئات الثلاث الأولى، كانوا يغرسون دروس تعلم الواجبات الأخلاقية؛ في المائتين الأخريين، كانوا يظهرون طاقات الحرب والدفاع.

خمسمائة «لي» خارج منطقة «سويفو» هي منطقة «ياوفو». المئات الثلاث الأولى كان إجراء تغيير العادات غير الحميدة تدريجيا، والمائتان يمكن المهاجرة بحرية. وخارج منطقة «ياوفو» منطقة «هوانغفو».

داخل المئات الثلاث الأولى، خاضعون للبلاط؛ والمائتان الأخرى لا داعي إلى

【译文】

要服以外的五百里为荒服。对其间三百里以内的百姓的各种要求可以从简，三百里以外的百姓可以流动迁徙。

东渐于海，西被于流沙，朔南暨声教，讫于四海。禹锡玄圭，告厥成功。

【译文】

东面到大海，西面到沙漠地带，从北方到南方，四海之内都领受了国王的德教。因此帝舜赐给禹以元圭，用以表彰禹所完成的巨大功业。

تقديم الجزية.

في الشرق، وصولا إلى البحر؛ في الغرب، امتدادا إلى الصحراء؛ إلى أقصى الحدود في الشمال والجنوب، ملأت شهرته ونفوذه كل ما في داخل البحار الأربعة والولايات التسع. قدم حجر اليشم الداكن اللون النفيس ليُوي تقديرا له، وأعلن إتمام عمله.

甘 誓

大战于甘，乃召六卿。

【译文】

将要在甘进行一场大规模的战争，于是夏启便召集了六军的将领。

王曰："嗟！六事之人，予誓告汝：有扈氏威侮五行，怠弃三正。天用剿绝其命。今予惟恭行天之罚。左不攻于左，汝不恭命；右不攻于右，汝不恭命；御非其马之正，汝不恭命。用命，赏于祖；弗用命，戮于社。予则孥戮汝。"

【译文】

王说："啊！诸位将领和士兵，我向你们发出以下的命令：有扈氏轻蔑地违背自然和社会的运行规律，怠慢甚至放弃了天、地、人之正道。上帝因此要废弃他的大命，现在我奉行上帝的意志去惩罚他们。兵车左边的兵士，如果不善于用箭射杀敌人，便是不具备完成命令的本领；兵车右边的兵士，如果不善于用矛刺杀敌人，便是不具备完成命令的本领；驾驶战车的兵士，如果不懂得驾驭战马的技术，便是不具备完成命令的本领。努力完成命令的，便在先祖的神位面前颁行赏赐；不努

الخطاب في قان

كانت هناك معركة عظيمة في قان. قبلها، كان الملك تشي قد دعا قادة حشوده الستة معا.

وقال: «أيها المنخرطون جميعا في حشودي الستة، لدي بيان رسمي لكم. إن أمير هُوْ، يبدد ويحتقر على نطاق واسع العناصر الخمسة التي تنظم الفصول، وهجر فعليا البدايات الثلاث المعترف بها للسنة. وحسب هذا الاعتبار، فإن السماء على وشك أن تدمره، وأن تضع نهاية لتنصيبها لـهُوْ». والآن أنا أنفذ بمهابة العقوبة التي حددتها السماء. «إذا كنتم أنتم، رماة السهام الذين على اليسار لا تؤدون عملكم، فسيكون ذلك إهمالا لأوامري. إذا كنتم أنتم، رجال الرمح الذين على اليمين لا تؤدون عملكم، فسيكون ذلك إهمالا لأوامري. إذا كنتم أنتم، سائقو العربات لا تلتزمون بقواعد إدارة خيولكم، فسيكون ذلك إهمالا لأوامري. أنتم يا من تطيعون أوامري، سوف تتم مكافأتكم أمام

力完成命令的，便在社神的神位面前给予惩罚。我要把你们这些不努力完成命令的人变作奴隶，以表示惩罚。”

أرواح أسلافي؛ وأنتم يا من تعصون أوامري، سوف يُحكَم عليكم بالموت أمام مذبح أرواح الأرض، وسوف أصدر أوامري بتخفيض مكانتكم كالعبيد أو بقتلكم».

商 书

汤 誓

王曰："格尔众庶，悉听朕言。非台小子敢行称乱，有夏多罪，天命殛之。

【译文】

王说："来吧！诸位。你们都要听我的话。不是我小子大胆发动战争，是因为夏王犯了许多罪行，上天命令我前往讨伐他。

"今尔有众，汝曰：'我后不恤我众，舍我穑事而割正夏？'予惟闻汝众言，夏氏有罪。予畏上帝，不敢不正。

【译文】

"现在，你们大家常说：'我们的国王太不体贴我们了，把我们种庄稼的事都舍弃了，犯了这样的大错，怎么可能纠正别人呢？'我听到你们说了这些话，但我知道夏桀犯了许多罪行。我怕上帝发怒，不敢不讨伐夏国。

"今汝其曰：'夏罪其如台？'夏王率遏众力，率割夏邑，有众率怠弗协，曰：'时日曷丧，予及汝皆亡！'夏德若兹，今朕必往。

كتب شانغ ((سجلات شانغ))

خطاب تانغ

قال الملك: «تعالوا، أيها الجموع، وأنصتوا جميعا لكلماتي. لست أنا، الشاب الصغير، الذي يخشى الاضطلاع بمغامرة التمرد؛ ولكن بسبب الجرائم الكثيرة لملك شيا، أعطت السماء التكليف بتدميره.

«الآن، أنتم أيها الجموع، تقولون:إن ملكنا لا يشفق علينا، وإنما يدعونا بعيدا عن زراعتنا لمهاجمة وتأديب شيا. لقد سمعت فعلا تلك الكلمات منكم جميعا، ولكن ملك شيا مذنب، ولأنني أخاف الرب، فإنني لا أستطيع إلا أن أعاقبه.

الآن أنتم تقولون: لماذا جرائم شيا تخصنا؟ إن ملك شيا يستنزف بكل السبل قوة شعبه، ويمارس الاضطهاد في مدن شيا. وقد صارت جموع شعبه غير مبالية تماما في

【译文】

“现在你们将要问我说：‘夏桀的罪行究竟怎样呢？’夏桀一直要百姓负担沉重的劳役，百姓的力量都用光了，还在国内残酷地剥削压迫百姓。百姓对夏桀的统治非常不满，大家都怠于奉上，对国君的态度很不友好，说：‘你这个太阳呀，什么时候才能消失呢？我愿意和你一块死去！’夏国的政治，已经坏到这种程度，现在我下决心要去讨伐它。

“尔尚辅予一人，致天之罚，予其大赉汝。尔无不信，朕不食言。尔不从誓言，予则孥戮汝，罔有攸赦。”

【译文】

“你们只要辅助我，奉行上天的命令讨伐夏国，我就要大大地赏赐你们。你们不要不相信，我是决不会失信的。假若你们不从我的话，我就要惩罚你们，让你们当奴隶，决不宽恕。”

خدمته، ولا تشعر بوشاج يربطهم به. إنهم يقولون: متى تختفي أنت يا شمس؟ سوف نهلك جميعا معك. ذاك هو أخلاق ملك شيا، والآن ينبغي أن أذهب وأعاقبه.

«يجب عليكم أن تعينوني، أنا الشخص الوحيد الذي ينفذ العقاب المحدد من السماء. سوف أجزيكم خير الجزاء! لا تشكون فيَ، أنا لن أتراجع عن كلامي. إذا لم تنصاعوا للكلام الذي قلته لكم، فسوف أخفض مكانتكم كالعبيد أو أقتلكم، لن تجدوا عفوا.»

盘 庚

盘庚（上）

盘庚迁于殷，民不适有居，率吁众戚出矢言。曰："我王来，既爰宅于兹，重我民，无尽刘。不能胥匡以生，卜稽曰，其如台？先王有服，恪谨天命，兹犹不常宁。不常厥邑，于今五邦。今不承于古，罔知天之断命，矧曰其克从先王之烈。若颠木之有由蘖，天其永我命于兹新邑，绍复先王之大业，厎绥四方。"

【译文】

盘庚迁都于殷，臣民都不高兴住在新邑，于是盘庚便把那些贵戚近臣全都叫来并和他们一起出去向臣民陈述自己的意见。说："我把你们带到这里来，变更了居住的地方而住在这里，这是重视我的臣民生命，不使你们完全遭到杀害。假如大家不能互相帮助而求得生存，就是研究了占卜的结果，又将如何呢？按照先王的制度，必须恭敬地顺从天的命令，因此他们不敢永久居住一个地方。由于不永久居住在一个地方，因此从立国到现在，已经迁徙五次了。如果现在不去继承先王的遗志，不了解上天决断的意见，那还谈什么继承先王的事业。譬如那被伐倒的树木，干枯的地方可以冒出新芽，砍伐剩下的地方也可以冒出新芽，上天将要使我们的生命在这新邑里永远绵延下去，要我们在这里继续复兴先

بـان قنـغ

بـان قنـغ (١)

تمنى بان قنغ نقل العاصمة إلى ين. لكن الناس لا يرغبون في السكن هناك. ومن ثم، دعا الوزراء، وطرح التأكيدات التالية. قال الجميع: «قد أتى ملكنا وثبّت استقراره. لقد فعل ذلك من قلق عميق على شعبنا وليس ليموتوا جميعا في العاصمة القديمة. الآن لا يمكننا الحصول على الرعاية والمساعدة، لنحافظ على حياتنا. شاور عظام السلحفاة لتحصل على الرد، ماذا سيحدث لنا. كان الملوك القدامى عندما يؤدون أي عمل يولون عناية مبجلة لأوامر السماء. في حالة كهذه، وبخاصة أنهم لم ينغمسوا في الرغبة لراحة مستمرة، لم يلتزموا حتى في نفس المدينة، وانتقلوا من عاصمة إلى عاصمة أخرى حتى العاصمة الخامسة الآن! إذا لم نتبع مثال تلك الأزمنة القديمة، ونرفض الاعتراف بأن السماء تقرر مصير مملكتنا، فكيف يمكن أن يقال إننا نتبع المسار الجدير بالتقدير للملوك السابقين! وكما تخرج من جذل الشجرة الساقطة البراعم والفسائل، فإن السماء سوف تديم مرسومها لصالحنا في هذه المدينة الجديدة؛ وسوف يستمر الميراث العظيم للملوك السابقين ويتجدد، وسوف تسود الطمأنينة في الاتجاهات الأربعة للبلاد.»

王的伟大事业，安定四方。”

盘庚敩于民，由乃在位，以常旧服，正法度，曰：“无或敢伏小人之攸箴。”王命众，悉至于庭。

【译文】

盘庚觉悟到臣民不愿迁移，是在位大臣以浮言鼓动的缘故，便打算用先王的制度，来整顿当时的法纪，于是告诫大臣说：“我所规诫小民的语言，无论是谁都不许隐瞒起来！”于是王命令众人到王庭上来。

王若曰：“格汝众，予告汝训汝，猷黜乃心，无傲从康。

【译文】

王说：“你们来！我要告诫你们，教训你们，为的是要去掉你们的私心，使你们不致倨傲放肆而又追求安逸。

“古我先王，亦惟图任旧人共政。王播告之修，不匿厥指。王用丕钦，罔有逸言，民用丕变。今汝聒聒，起信险肤，予弗知乃所讼！

【译文】

“从前我们的先王，也总是考虑任用世家旧臣，和他们共同管理政事的。先王向群臣发布政令，群臣都不敢隐匿先王的意旨而不下达。因此先王对那些臣子们非常看重，大臣们不敢说越轨的话，因而民众的行动都大有变化。现在你们大嚷大叫，编造出一些邪恶浮夸的话来，蛊惑人心，我真不知道你们所要争辩的是什么！

لكي يجعل الشعب على دراية بوجهة نظره، علم بان قنغ أولئك الوزراء الذين يعملون، الالتزام بالنظام القديم والاهتمام بالقانون المناسب والإجراءات الملائمة قائلا: «لا تدعوا أحدا منكم يجرؤ على معارضة نقل الملك العاصمة بحجة ملاحظات الناس الأدنى!» هكذا، قاد الملك الجميع ليأتوا إليه في البلاط.

تحدث الملك لهذا الغرض قائلا: «تعالوا جميعا، سأعلن عليكم توجيهاتي. خذوا المشورة لتضعوا جانبا الأفكار الأنانية. لا تركضوا بغطرسة مستخفين بي وراء راحتكم.

كان ملوكنا القدامى يخططون مثلي كيفية توظيف رجال العائلات القديمة للمشاركة في أعمال البلاط. عندما كانوا يرغبون في نشر وإعلان ما يستوجب العناية به، لم يكن ذلك يخفي وجهات النظر الملكية، وعلى هذا الأساس كان الملوك يحترمونهم احتراما عظيما. لم يجاوزا الحقيقة في تواصلهم مع الشعب، وعلى هذا الأساس، تغير الناس تغيرا عظيما في وجهات نظرهم. ولكن الآن أنتم تبقون صامتين رافضين نيتي الطيبة، وتنالون الثقة من الشعب بأحاديث مُحذِرة وضحلة؛ أنا لا أدري ما الذي تجادلون فيه.

“非予自荒兹德，惟汝含德，不惕予一人。予若观火，予亦拙谋，作乃逸。

【译文】

“我根据先王的法度办事，我没有失德之处，只是你们隐瞒我的政令，不把我的政令告诉给每一个人。我的威严好像热火一样旺盛，只是没对你们发出这种威严，便使得你们大为放肆起来。

“若网在纲，有条而不紊。若农服田力穑，乃亦有秋。汝克黜乃心，施实德于民，至于婚友，丕乃敢大言，汝有积德！乃不畏戎毒于远迩，惰农自安，不昏作劳，不服田亩，越其罔有黍稷。

【译文】

“譬如只有把网结在纲上，才会有条理而不至于紊乱。譬如农夫，只有尽力耕作，才会有秋天的好收成。假如你们能够除去私心，把真实的好意留给百姓，以至于你们的亲戚朋友，那么你们岂不就可以大言不惭，说你们一向是积德的！你们不怕你们大言不惭的言论会大大地毒害远近的臣民，心安理得地做一个怠惰的农民，不努力做劳苦的事，不在田亩中种庄稼，这样便不会获得黍稷一类的谷物的。

“汝不和吉言于百姓，惟汝自生毒。乃败祸奸宄，以自灾于厥身。乃既先恶于民，乃奉其恫，汝悔身何及！相时憸民，犹胥顾于箴言，其发有逸口，矧予制乃短长之命！汝曷弗告朕而胥动以浮言？恐沉于众，若火之燎于原，不可向迩，其犹可扑灭？则惟汝众自作弗靖，非予有咎！

«في هذا الانتقال، أنا نفسي لن أتخلى عن فضيلتي الصحيحة، بيد أنكم تخفون طيبة مقاصدي ولا تقفوا في رهبة مني. إنني أراكم بوضوح، كما يرى المرء النار، ولكن، إذا رأيتموني غير ماهر في التخطيط والعمل، فذلك خطأ رأيكم.

«عندما تتخذ الشبكة وثاقها، يكون هناك نظام لا حيرة، وعندما يفلح الفلاح حقوله، ويحصد بكل قوته، يكون هناك حصاد وافر. إذا تستطيعون أن تضعوا جانبا أفكاركم الأنانية، وأن تمنحوا الخير الحقيقي للناس، وأن تتواصلوا أيضا مع أقاربكم وأصدقائكم، قد يمكنكم أن تجعلوا كلماتكم عظيمة، وتقولون إنكم قد راكمتم الفضيلة. بيد أنكم لا تهابون الشرور العظيمة، والتي من خلال عدم انتقالنا تتمدد بعيدا وقريبا؛ إنكم مثل الفلاحين الكسالى، الذين يركنون إلى الراحة، وليسوا أقوياء بما يكفي لفلاحة الأرض والعمل في حقولهم، ومن ثم لا يمكنهم الحصول على محصولهم من الدخن.

«أنتم لا تتحدثون بروح من التناغم والطيبة للشعب، وإنما فقط تولّدون شرورا مريرة لأنفسكم. أنتم تلعبون دور المدمرين وحائكي المصائب، دور الأشرار والخونة، لتجلبوا المصائب على شعبكم. أنتم تضعون مثالا للشر، وعليكم أن تشعروا بألمه. ماذا سيفيد إذن أن تتوبون؟ انظروا إلى الفقراء، ما زالوا يأخذون في الاعتبار كلمات الإقناع، وعدم المبالغة في عرض الملاحظات، بينما أنا مسيطر على حياتكم طويلة أو قصيرة.

【译文】

“你们不把我的善言向百姓宣布，这是你们自取祸咎。你们所做的一些坏事已经败露，这样会害了你们自身。你们既然引导民众做了坏事，痛苦也当然应该由你们来承担，到了那时你们再后悔也就来不及了！你们看，一般小民还顾及我所规诫的话，恐怕嘴里说错了话，何况我操纵着你们的生杀之权！你们有话为什么不事先来告诉我，竟用没有根据的话去蛊惑人心呢？人心是容易蛊惑的，这好像大火在原野上燃烧起来，连接近都无法接近，还能够扑灭吗？这种情形是因为你们做了许多坏事造成的，不是我的过错。

“迟任有言曰：‘人惟求旧，器非求旧，惟新。’

【译文】

“迟任曾经说过：‘用人应该专用世家旧臣，不能像使用器具一样，不用旧的而用新的。’

“古我先王，暨乃祖乃父，胥及逸勤，予敢动用非罚？世选尔劳，予不掩尔善。兹予大享于先王，尔祖其从与享之。作福作灾，予亦不敢动用非德。

【译文】

“过去我的先王和你们的前辈，大家在一起过着安乐和勤劳的生活，我怎敢对你们动用非分的刑罚呢？如果你们能够把你们祖先世代的勤劳传统继承下来，我决不会掩盖你们的美德。现在我要大祭先王，你们的祖先也将一同跟着受祭。你们作善受福，作恶受灾，都由先王和你们的祖先来处置，我也不敢动用非分的刑罚和赏赐。

لماذا لا تنقلون كلماتهم لي، وإنما تتجهون نحو إثارة بعضنا بعضا بأحاديث فارغة، ويخاف الجموع وينخرطون في البؤس؟ عندما تشتعل النيران وتصير لهبا بحيث لا يمكن الاقتراب منها، هل يمكن التغلب عليها؟ ومن ثم ليس أنا الذي يُلام، على أنكم سببتم كل هذا التشرذم بهذه الطريقة ولابد أن تعانون من العواقب.

«قال تشي رن: في الرجال، نحن نبحث عن رجال العائلات القديمة؛ في المركبات، نحن لا نبحث عن القديمة وإنما الجديدة.

«من القدامى الملوك، ومن سبقوني، والأجداد والآباء، تشاطروا جميعا في الراحة والكد، فكيف أجرؤ أنا على وضع الانتماءات غير المستحقة فيكم؟ على مدى أجيال ثبت كدح أسلافكم، وأنا لن أخفي طيبتكم. الآن، عندما أقدم القرابين لمن سبقوني، يكون أسلافكم موجودين لمشاطرتها. كلهم يشهدون السعادة التي أنعم بها والمعاناة التي أتكبدها، وأنا لا أمتلك الجرأة على مكافأة الفضيلة غير الموجودة.

“予告汝于难，若射之有志。汝无侮老成人，无弱孤有幼，各长于厥居，勉出乃力，听予一人之作猷。

【译文】

“我告诉你们行事的困难，比如射箭，必须中的，才算恰到好处。你们不许轻慢上年纪的人，也不许藐视年少的人，你们要各自长久地居住在新居，勤奋地使出你们的力量，或行或止，听我一人决定。

“无有远迩，用罪伐厥死，用德彰厥善。邦之臧，惟汝众；邦之不臧，惟予一人有佚罚。

【译文】

“无论亲疏，都一例对待，以刑罚惩其罪行，以爵禄赏赐、表彰其善行。国家治理好了，是你们大家的功劳；治理得不好，是我一人的过失。

“凡尔众，其惟致告:自今至于后日，各恭尔事，齐乃位，度乃口。罚及尔身，弗可悔！”

【译文】

“你们应当把我的话互相转告：从今以后，你们应该努力做好职分以内的事，不许乱说乱道。否则，惩罚就会用到你们身上，到那时再后悔也就来不及了！”

«لقد بينت لكم الصعوبات للانتقال المقرر، كوني مجبرا عليه مثل قوس يُعتقد أنه سيصيب. لا تحتقروا الكبار وذوي الخبرة، ولا تقللوا من المغلوبين على أمرهم والصغار. اعمل كل منكم على منطقته في هذه المدينة الجديدة، والتي ستكون مسكنك، ابذلوا جهودكم في تعزيز الانتقال، واستمعوا إلى خططي، أنا الرجل الواحد.

«إنني لن أميز بين الرجال على أساس البعد أو القرب مني. المجرمون في هذه المسألة سوف ينتهون، وفاعل الخير سوف تُحمد فضيلته. رخاء البلاد سوف يأتي منكم جميعا، وإذا نقصها الرخاء فذلك مني، الرجل الواحد، بسبب الخطأ في تطبيق العقوبات.

«كونوا جميعا متأكدين من نشر هذا البيان. من الآن فصاعدا، أدوا أعمالكم باحترام، وانهضوا بواجبات مناصبكم بانتظام، وضعوا ألسنتكم تحت حكم القانون، لتجنب توقيع العقوبات عليكم، في وقت لا تنفع التوبة.»

盘庚（中）

盘庚作，惟涉河以民迁。乃话民之弗率，诞告用亶。其有众咸造，勿亵在王庭，盘庚乃登进厥民。

【译文】

盘庚制造了一些船只，打算把臣民迁过黄河去。于是集合了那些不愿迁徙的人，准备尽心地讲出一番至诚的话。许多臣民都来了，恭敬地来到王廷，盘庚便把这许多臣民都叫到自己的面前来。

曰："明听朕言，无荒失朕命。呜呼！古我先后，罔不惟民之承。保后胥戚，鲜以不浮于天时。

【译文】

盘庚说道："你们要努力听我的话，不要轻忽我的命令。啊！从前我的先王，无不顺承百姓的心理和意见去办事。而百姓也都能体贴先王的用心，因此没有遭到上帝的惩罚。

"殷降大虐，先王不怀厥攸作，视民利用迁。汝曷弗念我古后之闻？承汝俾汝，惟喜康共，非汝有咎比于罚。予若吁怀兹新邑，亦惟汝故，以丕从厥志。今予将试以汝迁，安定厥邦。

بـان قنـغ (٢)

نـهض بـان قنـغ وأوشك أن يجتـاز النـهر الأصفر مع النـاس، منتقلا إلى العـاصمـة الجديدة. وتبعـا لذلك، قدم نفسه لأولئك الذين كـانوا لا يزالون سـاخطين، وقدم بيـانـا كـاملا لجموعهم، لحثهم على الإذعـان الصـادق للإجراء. حضروا جميعـا ولكونـهم مكلفين بعدم السير في البلاط الملكي، دعـاهم للاقتراب.

وقـال: «أنصتوا بعنـايـة لكلمـاتي، ولا تتجـاهلوا توجيـهـاتي. منذ قديم الزمـان، كـان أسلافي الملوك يرعون كل فرد، وفوق كل شيء آخر، يولون رعـايـة محترمـة لأبنـاء الشعب، الذين أيدوا ملكهم بتعـاطف متبـادل. نـادرا مـا كـانوا غير متفوقين في أي وقت كـارثي مرسل من السمـاء.

«عندمـا كـانت تحل مصـائب عظيمـة على ين، لم يكن الملوك السـابقون يبقون منعمين في قصورهم. كـانوا يفعلون مـا يفعلون وعيونـهم على مصلحـة الشعب، ومن ثم فقد نقلوا عواصمهم. لمـاذا لا تفكرون مليـا في أنني وفقـا لمـا سمعت عن الملوك القدامى، في رعـايتي لكم وتصرفـاتي تجـاهكم، أرجو فقط أن أبتـهج معكم في طمـأنينـة مشتركـة؟

【译文】

“过去上天把大祸降给我国，先王不安于自己的住所，根据百姓的利益去迁徙。你们为什么不想一想我们先王的这些事情呢？现在我也应当像先王那样顺从你们，希望你们都能得到安乐的生活，不是因为你们有罪便这样惩罚你们。我这样呼吁你们到新邑，正是为了你们，大大地顺承你们这种愿望。现在我要把你们迁徙过去，希望在那里好好地创建你们的国家。

“汝不忧朕心之攸困，乃咸大不宣乃心，钦念以忱，动予一人。尔惟自鞠自苦，若乘舟，汝弗济，臭厥载。尔忱不属，惟胥以沉。不其或稽，自怒曷瘳？汝不谋长以思乃灾，汝诞劝忧。今其有今罔后，汝何生在上？

【译文】

“你们不体谅我的苦衷，你们不把你们内心向我暴露，不为我敬顺民意的诚心所感动。你们真是自寻穷困，自找苦吃，譬如乘舟，坐上船后却不愿渡过河去，坐待船的朽烂。这样不独你们要沉没，大家也都要跟着你们一起沉没。而你们不去检查沉没的原因，却一味愤怒，哪能得到什么好结果呢？你们不做长远打算，想办法除去灾害，只劝我不必忧愁。这样，虽然现在还能过下去，向后便没有活路，你们有什么办法在这片土地上继续过下去呢？

“今予命汝一，无起秽以自臭，恐人倚乃身，迂乃心。予迓续乃命于天，予岂汝威，用奉畜汝众。

ليس هناك ذنب متعلق بكم، أي ذنب لا يلصق بكم، بحيث يكون هذا الانتقال بمثابة عقاب لكم. إذا كنت أدعوكم للاعتزاز بهذه المدينة الجديدة، فإن ذلك ببساطة يخصكم، وكتصرف في توافق عظيم مع تمنياتكم. إن قيامي حاليا بالانتقال معكم، إنما لتوفير الراحة والاستقرار للبلاد.

«ولكن، أنتم ليس لديكم تعاطف مع مخاوف عقلي، ولكنكم جميعا تحتفظون بتكتم شديد في الإفصاح عما في عقولكم، عندما قد تفكرون باحترام بإخلاصكم للتأثير في، أنا الرجل الواحد. أنتم فقط تُنهِكون وتُحزِنون أنفسكم. إن الأمر مثل الإبحار بقارب، إذا لا تجتازون مجرى الماء في الوقت المناسب سوف تدمرون ما يحمله. إن إخلاصكم لا يستجيب لإخلاصي، ونحن في خطر الذهاب معا إلى الخراب. أنتم، مع ذلك، لن تدرسوا المسألة، برغم أنكم تُغضِبون أنفسكم، فما العلاج الذي يأتي ذلك به؟ إنكم لا تتشاورون ليوم بعيد، ولا تفكرون في المصائب التي لابد وأن تحل عليكم من عدم الانتقال، أنتم تشجعون كثيرا بعضكم بعضا على ما سيثبُت حتما أنه كرب لكم.

«الآن لديكم الحاضر، ولكن لن يكون لديكم المستقبل؛ ما هي إطالة الحياة التي يمكن أن تبحثوا عنها من السماء؟ إن إجراءاتي من المتوقع أن تطيل مدة حياتكم من السماء؛ فهل أنا أجبركم بالرعب من سلطتي؟ إن غرضي هو دعمكم جميعا وتغذيتكم كلكم.

【译文】

“我现在要求你们专一听从我的意见，不要为浮言所欺骗，否则，恐怕坏人就要利用你们身上的毛病，使你们回心转意。我要求上天，使你们能继续生存下去，我哪里是要用我的威势去压迫你们，我是为了养育你们啊！

“予念我先神后之劳尔先，予丕克羞尔，用怀尔然。失于政，陈于兹，高后丕乃崇降罪疾，曰：‘曷虐朕民！’汝万民乃不生生，暨予一人猷同心。先后丕降与汝罪疾，曰：‘曷不暨朕幼孙有比！’故有爽德，自上其罚汝，汝罔能迪。

【译文】

“我想我的先王曾经役使过你们的祖先，因此我很应该向你们提出上面的意见，用以表示我对你们祖先的怀念。既然在这里不能把我们的国家治理好，长久地住在这里，先王便要降下罪责说：‘为何虐待我的臣民！’你们这无数臣民，不肯去营谋幸福的生活，不跟我一心，听从我的谋划。这样先王就会大大地惩罚你们说：‘为什么不跟我的幼小孙儿和好！’所以，有了差错，上帝便会重重地惩罚你们，你们是无法逃脱这些惩罚的。

“古我先后既劳乃祖乃父，汝共作我畜民。汝有戕则在乃心，我先后绥乃祖乃父。乃祖乃父乃断弃汝，不救乃死。

【译文】

“从前我的先王，既然役使过你们的先祖先父，你们当然都是顺从我的德教的臣民。如果你们心里藏着恶毒的念头，先王就会把他的意见告诉你

«إنني أفكر في أسلافي، الذين هم حاليا الملوك الأرواح، عندما جعلوا أجدادكم يكدحون في مناسبات مشابهة كان ذلك فقط لخيرهم، وسوف يتم تمكيني بنفس الطريقة كثيرا لأغذيكم. إنني إن أخطأت في حكمي، وبقيت هنا طويلا، فإن ملكي الأعلى مؤسس الأسرة الملكية، سوف يُنزل بي عقوبات عظيمة جراء جريمتي، ويقول: لماذا تظلم شعبي؟ وإذا أنتم، جموع الشعب، لا تعملون لاستمرار حياتكم، وتتعلقون بعقل واحد معي، أنا الرجل الواحد، في خططي، سوف يُنزل الملوك السابقون عقوبات عظيمة بكم على جريمتكم، ويقولون: لماذا لا تتوافقون مع حفيدنا الصغير، وتخسرون فضيلتكم؟ عندما تنزل السماء العقاب بكم، لن يكون لديكم مجال للهرب.

من القدامى، جعل أسلافي الملكيون أسلافكم وآباءكم يكدحون فقط من أجل خيرهم. أنتم الآن الناس الذين أغذيهم. ولكن تصرفاتكم ضارة؛ وإنها عزيزة في قلوبكم. في حين جعل أسلافي الملكيون أسلافكم وآباءكم سعداء، فإنهم، أسلافكم وآباؤكم سوف يتخلون عنكم الآن، ولن ينقذوكم من الموت.»

们的先祖先父。你们的先祖先父就会抛弃你们，不把你们从死罪中救出来。

“兹予有乱政同位，具乃贝玉。乃祖乃父丕乃告我高后曰：‘作丕刑于朕孙！’迪高后丕乃崇降弗祥。

【译文】

“现在那些乱政的大臣，执掌权柄，只知道聚敛财货。他们的先祖先父便竭力要求我的先王说：‘快些用严厉的刑罚给我的子孙吧！’从而引导先王，大大地把不祥降给他们。

“呜呼！今予告汝不易，永敬大恤，无胥绝远。汝分猷念以相从，各设中于乃心。乃有不吉不迪，颠越不恭，暂遇奸宄，我乃劓殄灭之，无遗育，无俾易种于兹新邑！

【译文】

“啊！现在我告诉你们，迁徙的计划是不会变更了，你们应当体谅我的忧虑，不要互相疏远。你们应当同心同德按照我的意见行事，把正道放在心里。假如你们行为不善，不按正道办事，猖狂放肆，违反法纪，不尊敬国王，曲巧诈伪，胡作乱为，我就要把你们杀掉，并且还要杀掉你们的后代，不使你们的后代在新邑里繁衍。

“往哉，生生！今予将试以汝迁，永建乃家。”

【译文】

“去吧，去寻求幸福的生活吧！我将要把你们迁走，在新邑重建你们的家园。”

هـاهم وزراء حكومتي، الذين يتشاركون معي في المناصب بالدولة؛ ومع ذلك فهم يفكرون فقط في تكديس الأصداف والأحجار الكريمة. أسلافهم وآباؤهم جسدوا بجد مسارهم إلى الملك الأعلى، قائلين: افرضوا عقوبات كبيرة على أبنائنا. وكذلك نصحوا ملكي الأعلى أن يُنزل مصائب عظيمة بهؤلاء الرجال.

«الآن أخبرتكم بغرضي الثابت: يجب عليكم ألا تتصرفوا بتهور، وأن تحترموا على الدوام قلقي الكبير؛ دعونا لا ننفر بعضها البعض؛ شاركوني خططي وأفكاري، وفكروا فقط في اتباعي؛ دعوا كل فرد منكم يضع القاعدة الحقيقية للسلوك في قلبه. إذا يوجد رجال سيئون من دون مبادئ، لا يحترمون بتهور ولا مبالاة أوامري، ويتخذون من هذا الموسم القصير فرصة ليكونوا أشرارا أو خونة، فسوف أقطع أنوفهم، أو أقضي عليهم قضاء مبرما. لن أترك أحدا من أطفالهم. لن أدع نسلهم يبقى في هذه المدينة الجديدة.

«اذهبوا! حافظوا على حياتكم وواصلوها. سوف أنقلكم إلى العاصمة الجديدة الآن، وهناك أقيموا عائلاتكم إلى الأبد.»

盘庚（下）

盘庚既迁，奠厥攸居，乃正厥位，绥爰有力众，曰："无戏怠，懋建大命。今予其敷心腹肾肠，历告尔百姓于朕志。罔罪尔众，尔无共怒，协比谗言予一人。

【译文】

盘庚迁民于新邑之后，首先安定他们的住地，其次辨正宗庙朝廷的方位，然后告诉大家说："不要玩乐和怠惰，要努力完成重建家园的大业。现在我要披肝沥胆，把我的意见全都告诉给你们。我没有惩罚你们，希望你们不要心怀不满，互相勾结在一起，说我的坏话。

"古我先王，将多于前功，适于山，用降我凶德嘉绩于朕邦。今我民用荡析离居，罔有定极。

【译文】

"古时我的先王成汤，他的功劳当大大超过前人，他把百姓迁到山地，因此得到上天的嘉美，使我们的国家繁荣昌盛。现在，我们所居住的耿地，地势凹陷，因此上天把大祸降给我们，使我们的臣民由于水灾的关系而流离失所，没有一定的住处。

"尔谓朕曷震动万民以迁，肆上帝将复我高祖之德，乱越我家。朕及笃敬，恭承民命，用永地于新邑。

بان قنغ (٣)

بان قنغ وقد أتم الانتقال، وأقام أماكن المعيشة، باشر في تعديل المواقع العديدة لكل الفصول والاجتماعات؛ ثم تهدئة وطمأنة الجموع قائلا لهم: «لا تكونوا كسالى، وإنما ابذلوا أنفسكم لتبنوا هنا مصيرا عظيما لنا. الآن أنا كشفت قلبي وبطني، مقالعي وأمعائي، وأعلنت تماما لكم، أبناء شعبي، كل عقلي. لن أعامل أحدا منكم على أنه مذنب؛ وأنتم لا يساعد، بعد الآن، أي منكم الآخر ليكون غاضبا ولتشكيل مجموعات تشوه سمعتي، أنا الرجل الواحد.

«من القدامى، فإن جدي، تانغ، الملك الذي كانت جدارته تفوق جدارة من كانوا قبله، تقدم إلى جانب الجبل. وبهذه الطريقة، أزال شرورنا، وأنجز الخير المثير للإعجاب لبلادنا. الآن أنتم يا شعبي، كنتم مشتتين ومنعزلين، بحيث لم يكن لديكم مكان ثابت.

«وحتى الآن أنتم تسألون لماذا كنت أزعج جموعكم وأطلب منكم الانتقال. بيد

【译文】

“你们责问我为什么要兴师动众地让无数臣民迁到远处去，这是因为现在上帝将恢复我高祖成汤的大业，把我们的国家治理好。我当然要急迫地、恭谨地根据上天的意见拯救臣民，因此我们要永久地居住在新邑。

“肆予冲人，非废厥谋，吊由灵各。非敢违卜，用宏兹贲。

【译文】

“现在我这年幼的人，不是不听从大家的意见，迁都之意实在是上帝通过深知天命的人传达下来的。因此迁都新邑不仅不是违背卜兆，正是大大彰露卜兆的灵异！

“呜呼！邦伯、师长、百执事之人，尚皆隐哉。予其懋简相尔，念敬我众。

【译文】

“啊！各位诸侯、各位大臣、各位官员，你们应该各自考虑自己的责任。我将要视察你们的工作，看你们是否听从我的命令，恭谨地治理民事。

“朕不肩好货，敢恭生生，鞠人谋人之保居，叙钦。今我既羞告尔于朕志若否，罔有弗钦。无总于货宝，生生自庸，式敷民德，永肩一心。”

أن الرب، كونه على وشك أن يجدد الخدمة الفاضلة لجدي الأعلى، ويضمن الترتيب الجيد لدويلتنا، فإنني بإخلاص واحترام لوزرائي، شعرت بعناية موقرة بحياة الشعب، وأقمت موطنا دائما في هذه المدينة الجديدة.

«إنني كشاب لا يهمل مشوراتكم، فإنني فقط استخدمت الأفضل منها. إن أحدا منكم لم يعارض بصلف قرار درع السلحفاة؛ ومن ثم فإننا هنا لنوسع ميراثنا العظيم.

«يا أمراء المناطق، يا رؤساء الإدارات، يا مئات المسؤولين، هل عندكم تعاطف مع شعبي؟ إنني سوف أبذل نفسي في اختياركم وإرشادكم؛ فهل تفكرون بوقار في جموع شعبي؟

«إنني لن أوظف المغرمين بإثراء أنفسهم، ولكنني سوف أستخدم وأوقر أصحاب الهمة والنشاط، والذين يعملون باحترام من أجل حياة وفائدة الناس، يغذونهم ويخططون من أجل استقرارهم الدائم. لقد طرحت الآن وأعلنت لكم ما في عقلي، من أوافقهم عليه ومن لا أسمح بهم؛ فلا أسمح لأحد منكم إلا بالاحترام لإرادتي. لا تسعوا

【译文】

“我不任用那些贪财聚货的人，而任用努力为臣民生财致富的人，凡能养育百姓并能想办法使臣民安于所居的人，我都按照他们的贡献大小而依次尊敬他们。现在我既然把主张什么反对什么告诉给你们，就是希望你们对这些意见，没有不顺从的。不要贪婪地聚敛财货，而努力经营臣民的幸福吧！广布德教，永远同心同德建立新的家园！”

إلى مراكمة الثروة والأشياء الثمينة، وإنما إلى رعاية حياة الناس، اسعوا لتجدوا جدارتكم، وأظهروا فضيلتكم نيابة عن الشعب. حافظوا إلى الأبد على هذا الغرض الواحد في قلوبكم.»

高宗肜日

高宗肜日，越有雊雉。祖己曰："惟先格王，正厥事。"乃训于王，曰："惟天监下民，典厥义。降年有永有不永，非天夭民，民中绝命。民有不若德，不听罪，天既孚命正厥德，乃曰其如台。呜呼！王司敬民，罔非天胤，典祀无丰于昵。"

【译文】

在祭祀高宗的第二天，又举行祭祀，这时鼎的耳上有飞来的野鸡在鸣叫。祖己说："要首先端正王心，然后端正祭典。"于是训诫国王，说："上天考察下民，主要看他是否遵循义理行事。上天赐予人的年龄有长有短，不是上天有意缩短人的生命，而是臣民自己行为不合义理招致短命的。臣民中有的不按照义理办事，又不认识自己的罪过，上天便惩罚他以端正他的德行，他却说：'应该怎么办啊？'这不晚了吗？唉！王啊，要恭敬地对待上天赐给你的臣民，他们都是上帝的后代，祭祀的时候，在自己的父庙中祭品不要过于丰盛。"

يوم القرابين الإضافية إلى قاو تسونغ

في يوم القرابين الإضافية إلى قاو تسونغ، ظهر طائر تدرج ناعقا. قال تُسو جِي: «لإصلاح هذا الأمر، ينبغي أولا إصلاح الملك.» وتبعا لذلك، ألقى على الملك درسا، قائلا: «إن السماء، في فحصها للناس أسفل، يكون الاعتبار الأول هو استقامتهم، وهي تسبغ عليهم تبعا لذلك طول السنوات أو العكس. إن السماء ليست هي التي تُقَصِّر حياة الناس؛ إنهم هم الذين يضعون نهايتهم بأنفسهم. بعض الناس الذين لا ينصاعون لفضيلتهم لا يعترفون بجرائمهم، وعندما تكلفهم السماء، بأمارات بيّنة، لتصويب سلوكهم، يقولون: ما شأن تلك الأشياء بنا؟ إن شغل جلالة ملكنا هو أن يعتني بوقار بالشعب. وقد كان كل أسلافك ورثة الدولة بمنحة من السماء؛ في حضورك القرابين لهم، لا تكن مبالغا في القرابين لوالدك.»

西伯戡黎

西伯既戡黎，祖伊恐，奔告于王。曰："天子，天既讫我殷命。格人元龟，罔敢知吉。非先王不相我后人，惟王淫戏用自绝。故天弃我，不有康食。不虞天性，不迪率典。今我民罔弗欲丧，曰：'天曷不降威？'大命不挚，今王其如台？"

【译文】

西伯战胜黎国后，祖伊十分恐惧，赶快把这件事告诉给殷王纣，说："王啊！上天已经终止了我们殷国的大命。那深知天命的圣人，用大龟来卜，始终没有遇上吉兆，这不是先王不愿帮助我们这些后人，只是因为王沉湎于酒乐之中而自绝于先王啊！因此，上天抛弃了我们，降下灾荒使我们不得安宁，使我们没有饭吃。这都是因为我们不能揣度上天的性情，不去遵守常法啊！现在我们的臣民没有不想要我们早些灭亡的，他们说：'上天为什么还不降下惩罚呢？'要知道天命是无常的啊！你现在想怎么办呢？"

王曰："呜呼！我生不有命在天。"

【译文】

王说："唉！我是从上天那里接受大命的，老百姓不能拿我怎

قائد غزوة الغرب إلى «لي»

كان تسو يي قائد غزوة الغرب، بعد قهر ملك دويلة تشو دويلة لي، خاف، وأسرع بإبلاغ ذلك إلى ملكه. قال تسو يي: «يا ابن السماء، إن السماء سوف تنهي دويلة ين، ولا يجرؤ الرجال الأكثر حكمة ودروع أعظم السلاحف على تخمين أي حظ لها. إن الأمر ليس أن الملوك السابقين لم يقدموا مساعدة لنا، نحن رجال الوقت اللاحق، وإنما بفجورك ولهوك فإنك تجلب النهاية بنفسك. وحسب هذا الاعتبار، فإن السماء تنبذنا، ولا يوجد حصاد جيد يمدنا بالطعام. إن الرجال لا يهتمون بطبيعتهم السماوية، ولا يذعنون لقوانين الدولة. إن كل أبناء شعبك الآن يتمنون أن تفنى الدولة، قائلين: لماذا لا ترسل السماء نقمتها وسخطها؟ لماذا لا يظهر (شخص ما) صاحب تنصيبها العظيم؟ ماذا عسى الملك الحالي أن يفعل معنا؟»

قال الملك تشوه: «أوه، ألم يكن مولدي متوافقا مع تنصيب السماء لمصلحة عائلتي.»

么样。”

祖伊反，曰：“呜呼！乃罪多参在上，乃能责命于天。殷之即丧，指乃功，不无戮于尔邦。”

【译文】

祖伊回来后，说道：“唉！他的许多罪行已为上天所了解，而他却说他从上天那里接受大命。殷国马上就要灭亡，这从他的所作所为就可以看出来了，他能够不为周国消灭吗？”

عند ذلك قال تسو يي: «إن جرائمك، والتي هي عديدة، مسجلة في الأعلى، ولازلت قادرا على أن تنشد التنصيب من السماء لمصلحتك؟ إن ين سوف تفني قريبا. بالنسبة لكل أفعالك، لا يمكنها إلا أن تجلب الخراب لبلدك!»

微　子

微子若曰："父师、少师，殷其弗或乱正四方？我祖厎遂陈于上。我用沉酗于酒，用乱败厥德于下。殷罔不小大，好草窃奸宄，卿士师师非度。凡有辜罪，乃罔恒获。小民方兴，相为敌仇。今殷其沦丧，若涉大水，其无津涯。殷遂丧，越至于今。"

【译文】

微子说："父师、少师，我们殷国难道没有办法治理四方了吗？我们的高祖成汤过去成就了许多伟大的功业。而今天，我们的国王却沉湎于酒色之中，败坏了我们高祖的优良传统。我们殷国，无论大小官员都好为非作歹，卿士百官都不遵守法典。对那些犯罪的，也不加以逮捕和惩罚。小民受不了这些压迫，将要起来反抗我们，和我们形成仇敌了。现在我们殷国将要灭亡了，好比涉渡大水，两岸茫无际涯，找不到渡口。我们殷国大概到了今天就要灭亡了。"

曰："父师、少师，我其发出狂吾家，耄逊于荒。今尔无指告予，颠隮，若之何其。"

【译文】

微子又说："父师、少师啊！我将要回到我的封地了，我要装扮成

النبيل وي تسي

تحدث النبيل وي تسي، قائلا: «أيها السيد الكبير والسيد الصغير، يمكننا أن نستنتج أن عائلة ين لم تعد تمارس حكما على الاتجاهات الأربعة للبلاد. إن الأعمال العظيمة لمؤسسنا قد بدت للعيان في العصور السابقة، ولكننا بتساهلنا المذهل في الروح المعنوية، دمرنا تأثير قيمته في تلك الأوقات بعد ذلك. إن أبناء ين، كبيرهم وصغيرهم، يتم تقديمهم إلى لصوص الطرق والأوغاد والمحتالين. النبلاء والمسؤولون يقلدون بعضهم بعضا في انتهاك القوانين، وليس ثمة يقين بأن المجرمين سوف يُلقَى القبض عليهم. تبعا لذلك سوف يبزغ الصغار من الناس ويرتكبون الاعتداءات العنيفة على بعضهم البعض. إن ين تغرق الآن في الخراب؛ أحوالها مثل شخص يعبر نهرا، لا يجد مخاضا ولا ضفة. هذا يعني أن ين تسارع إلى الخراب بخطى حثيثة!»

أضاف: «أيها السيد الكبير والسيد الصغير، هل أذهب بعيدا مع أفراد أسرتنا الأكثر وقارا ينسحبون إلى البراري. أنتم لا تشيرون إلى مسار يمكن اتخاذه، وإنما فقط تخبرونني بالخراب الوشيك؛ ما الذي يمكن فعله؟»

糊涂的老人，遁避于荒野之中了。现在你们不把你们的意见告诉我，我的逃走是否陷于非义呢？你们说该怎样办才好啊！”

父师若曰：“王子，天毒降灾荒殷邦，方兴沉酗于酒，乃罔畏畏，咈其耇长，旧有位人。

【译文】

父师说：“王子啊！上天降下深重的大祸给我们殷国，使我们的国王沉湎在酒色里，使他不怕上天的威严，不听年长德高的大臣的劝告。

“今殷民乃攘窃神祇之牺牷牲，用以容，将食无灾。

【译文】

“现在我们殷国的小民，去盗窃祭神的贡物，这是因为他们衣食无着，虽则有罪，还是可以原谅的，他们把这些贡物拿去吃掉，不会有什么灾害。

“降监殷民，用乂仇敛，召敌仇不怠。罪合于一，多瘠罔诏。

【译文】

“现在上天正在视察我们的殷民，我们的国王以杀戮和重刑大肆搜刮民财，虽然引起了人们的强烈反对，仍不懈怠。这些罪恶都是国王一人干出来的，小民受尽了疾苦而无处诉告。

“商今其有灾，我兴受其败。商其沦丧，我罔为臣仆。诏王

رد السيد الكبير بالإجابة التالية: «أيا ابن ملكنا السابق، إن السماء في غضبها ترسل المصائب، وتبدد بلاد ين. ومن ثم فقد بزغ التساهل المذهل في الروح المعنوية. الملك لا يوقر الأشياء التي ينبغي له أن يوقرها وإنما يفعل عكس المسنين الموقرين، الرجال الذين هم في المنصب طويلاً.

«إن أبناء ين الآن سوف يسرقون حتى الضحايا النقية وأوعية الدخن لأرواح السماء والأرض، وبرغم أنهم يمضون قدما في إخفاء الضحايا أو تربيتها أو التهامها، لا يعانون من أي عقوبة على الجانب الآخر.

«عندما أنظر إلى أسفل وأفحص أهل ين، فإن الطريقة التي يُحكَمون بها هي كراهية بغيضة، والتي تستدعي اعتداءات وكراهية؛ وذلك من دون تخفيف. إن تلك الجرائم متساوية تنتمي إلى السلطة، والجموع من الناس يتضورون جوعا من دون أحد يتوسلون إليه.

«الآن هو وقت مصيبة شانغ؛ وإنني سوف أنهض وأتحمل خرابها. عندما يقضي

子出迪，我旧云刻子，王子弗出，我乃颠隮。自靖，人自献于先王，我不顾行遁。”

【译文】

“国家现在呈露出灾变的征兆，我们应该起来铲除祸端。如果国家将来灭亡了，我们没有做别国臣仆的权力。我过去曾经告诉过箕子，让他转告王子出逃，王子不愿出逃，这样我们国家就要彻底灭亡了。还是大家自作主张吧，每个人都可以按照自己的主张，献身于先王的事业，我没有作逃跑的打算。”

الخراب على شانغ، لن أكون الخادم لعائلة أخرى. ولكن أنا أخبرك، يا ابن الملك، أن تذهب بعيدا، كما هو المسار لك. لقد جُرِحت سابقا بما قلته، إنك إن لم تذهب بعيدا الآن، فإن قرابيننا سوف تفنى كلها. دعنا نستريح في هدوء في مناطقنا المتعددة، ويقدم كل منا نفسه إلى الملوك السابقين كما نفعل. إنني لا أتردد وسوف أفكر في الذهاب بعيدا.»

周书

牧誓

时甲子昧爽，王朝至于商郊牧野，乃誓。王左杖黄钺，右秉白旄以麾。曰："逖矣，西土之人！"

【译文】

在二月五日的黎明时刻，武王率领军队到了商的首都朝歌郊外一处叫作牧野的地方，就在那里举行誓师大会。武王左手拿着黄色的青铜大斧，右手拿着作指挥用的白色旗子。武王说："辛苦了，你们这些从西方来的远道从征的将士们。"

王曰："嗟！我友邦冢君，御事：司徒、司马、司空、亚旅、师氏、千夫长、百夫长，及庸、蜀、羌、髳、微、卢、彭、濮人。称尔戈，比尔干，立尔矛，予其誓。"

【译文】

武王说："啊！我们尊敬的友邦国君以及诸位官员和各部落从征的将士们，举起你们的戈，排好你们的盾，立好你们的矛，我们的誓师大会就要开始了。"

王曰："古人有言曰：'牝鸡无晨；牝鸡之晨，惟家之

كتب تشو ((سجلات تشو))

الخطاب في مويه

كان الوقت في غبشة فجر يوم جيا– تسي. في ذلك الصباح، أتى الملك إلى مويه، على حدود شانغ، وخطب في جيشه. في يده اليسرى، كان يحمل فأسا حربية صفراء مذهبة، وفي يمينه كان يمسك راية بيضاء، عندما لوح قائلا: «لقد أتيتم من بعيد يا رجال المنطقة الغربية!».

وأضاف: «أيها الحكام الذين ورثتم عروش الدويلات الصديقة، ويا كل مسؤولينا ومديرو شؤوننا، ووزراء التعاليم، للحرب والأشغال؛ الضباط العظماء الخاضعون لهذا والضباط الآخرون الكُثر، وحراسي؛ وقادة الآلاف وقادة المئات، ويا رجال يونغ، شو، تشيانغ، ماو، وي، لو، بنغ، وبو، ارفعوا حِرابكم، وضموا دروعكم، وارفعوا رماحكم؛ سوف ألقي خطابا.»

بعد ذلك قال الملك: «لقد قال القدماء، إن الدجاجة لا تعلن عن الصباح. إن صياح

索。’今商王受，惟妇言是用，昏弃厥肆祀，弗答；昏弃厥遗王父母弟，不迪；乃惟四方之多罪逋逃，是崇是长，是信是使，是以为大夫卿士，俾暴虐于百姓，以奸宄于商邑。今予发，惟恭行天之罚。今日之事，不愆于六步、七步，乃止，齐焉。夫子勖哉！不愆于四伐、五伐、六伐、七伐，乃止，齐焉。勖哉夫子！尚桓桓，如虎如貔，如熊如罴，于商郊。弗迓克奔，以役西土。勖哉夫子！尔所弗勖，其于尔躬有戮！”

【译文】

武王说：“古人说过：‘母鸡是不应当在早晨打鸣的；如果母鸡在早晨打鸣，这个家庭就要败落了。’现在商王纣只是听信妇人的话，轻蔑地抛弃了对祖宗的祭祀，对于祭祀的大事不闻不问；昏庸无道，竟然对同宗的长辈，或同宗的弟兄，不加进用；反而只对四方许多逃亡的罪人崇敬、提拔、信任、使用，任用这些人做卿士大夫一类的官，使他们残暴地对待百姓，在商的国都任意犯法作乱。现在我姬发恭敬地按照上帝的意志来讨伐商纣了。今天的这场战斗，在行进中不超过六步、七步就停下来，把队伍整顿一下。勇敢的战士们，努力吧！在刺杀中，不超过四次、五次、六次、七次，刺杀就停止下来，整顿一下。努力吧！勇敢的战士们。要威武雄壮，像虎、豹、熊、罴一样勇猛，在殷商国都的郊外大战一场。不要杀掉殷商军队中前来投降的人，以便使这些人为我们服务。努力吧！勇敢的战士们。假如你们不努力作战，我就要把你们杀掉！”

الدجاجة في الصباح يشير إلى دمار للعائلة. الآن، شوه، ملك شانغ، يتبع فقط كلمات زوجته. وفي ضلاله، أهمل القرابين التي ينبغي عليه تقديمها، ولا يرد الجميل لما ناله من نعم؛ كما أنه أيضا هجر علاقات الأبوة والأمومة، ولا يتعامل معها بطريقة سليمة. فقط المشردون من كل الاتجاهات، محملين بالجرائم، هم الذين يكرمهم ويمجدهم، وهم الذين يوظفهم ويثق بهم، ويجعلهم مسؤولين كبارا ونبلاء رفيعين، وهكذا يمكنهم الطغيان على الناس، وممارسة حقارتهم في مدن شانغ. «الآن، فإنني أنا، جي فا، أنفذ ببساطة وبمهابة العقوبة المعينة من السماء. في شؤون اليوم، لا تتقدموا لأكثر من ست أو سبع خطوات، ثم توقفوا وعدِّلوا صفوفكم؛ يا رجالي البواسل، كونوا مفعمين بالحيوية! لا تتجاوزوا أربع ضربات، خمس ضربات، ست ضربات، أو سبع ضربات، ثم توقفوا وعدِّلوا صفوفكم؛ يا رجالي البواسل، كونوا مفعمين بالحيوية، وكونوا مثل النمور والفهود، مثل الدببة المروعة هنا على حدود شانغ. لا تندفعوا على أولئك الذين يهربون إلينا مستسلمين، وإنما استقبلوهم لخدمة أرضنا الغربية؛ يا رجالي البواسل، كونوا مفعمين بالحيوية! إن لم تكونوا مفعمين بالحيوية في كل تلك الأمور، فسوف تجلبون الدمار إلى أنفسكم.»

洪范

惟十有三祀，王访于箕子。王乃言曰："呜呼！箕子，惟天阴骘下民，相协厥居，我不知其彝伦攸叙。"

【译文】

十三年，武王访问箕子。武王说道："唉！箕子，是上帝繁衍了下界的臣民，要他们和谐地居住在一起，我不知道上帝使下界臣民各安所居的常理究竟有哪一些？"

箕子乃言曰："我闻在昔鲧陻洪水，汩陈其五行。帝乃震怒，不畀洪范九畴，彝伦攸斁。鲧则殛死，禹乃嗣兴。天乃锡禹洪范九畴，彝伦攸叙。

【译文】

箕子回答说："我听说过去鲧采取堵塞的办法治理洪水，结果扰乱了上帝所创造的五行的规律。上帝大怒，就没有把九种大法传给他，因而使臣民和睦相处的那种治国安民的常理遭到了破坏。后来鲧在流放中死去了，禹便继承他父亲的事业继续治理洪水。上帝把那九种大法传给了禹，因而禹便掌握了这种使臣民和睦相处的治国安民的常理。

الخطة العظيمة

في العام الثالث عشر، ذهب الملك ليسأل النبيل تشي تسي، وقال له: «يا نبيل تشي تسي، إن السماء تضمن طمأنينة الناس الأدنى، وتساعدهم على أن يكونوا متناغمين مع ظروفهم. إنني لا أعرف كيف أن المبادئ غير المتغيرة في طريقتها في فعل ذلك، ينبغي أن تُوضع في الترتيب المناسب.»

هنا رد النبيل تشي تسي، قائلا: «سمعت أنه في قديم الزمان، قام قون بسد المياه الغامرة، ومن ثم فإنه أحدث اضطرابا في ترتيب العناصر الخمسة. ولهذا، فإن الرب قد ثار غضبا، ولم يمنحه الخطة العظيمة بفروعها التسعة، ومن ثم فإن المبادئ غير المتغيرة لطريقة السماء، صارت خرابا. وعليه، تم وضع قون في المنفى حتى موته، ونهض ابنه يوي ودخل في نفس التعهد. وقد منحته السماء الخطة العظيمة بفروعها التسعة، وتم وضع المبادىء غير المتغيرة لطريقة السماء في ترتيبها المناسب.

"初一曰五行，次二曰敬用五事，次三曰农用八政，次四曰协用五纪，次五曰建用皇极，次六曰乂用三德，次七曰明用稽疑，次八曰念用庶征，次九曰向用五福，威用六极。

【译文】

"第一，五行；第二、恭敬地做好五方面的事情；第三，努力办好八方面的政务；第四，根据日月运行的情况来校定历法，使之与日月的运行相吻合，从而正确地使用五种记时方法；第五，建立最高的原则；第六，推行三种治理臣民的办法；第七，要明确是非，就必须采用一种解决疑难问题的方法；第八，要用心考察各种征兆；第九，要用五种幸福劝人为善，要用六种惩罚戒人作恶。

"一、五行：一曰水，二曰火，三曰木，四曰金，五曰土。水曰润下，火曰炎上，木曰曲直，金曰从革，土爰稼穑。润下作咸，炎上作苦，曲直作酸，从革作辛，稼穑作甘。

【译文】

"一、五行：第一叫作水，第二叫作火，第三叫作木，第四叫作金，第五叫作土。水向下面润湿，火向上面燃烧，木可以弯曲或伸直，金在熔化后可以根据人的要求变成不同形状，土可以生长庄稼。向下面润湿的水，它的味道是咸的；向上面燃烧的火，它的味道是苦的；可以弯曲或伸直的木，它的味道是酸的；在熔化后可以根据人的要求变成不同的形状的金，它的味道是辣的；土地上生长的庄稼，它的味道是甜的。

"二、五事：一曰貌，二曰言，三曰视，四曰听，五曰思。

«الأول هو العناصر الخمسة؛ والثاني هو القيام بأشياء الجوانب الخمسة بكل احترام؛ والثالث هو السعي إلى تحقيق نتائج جيدة في تنفيذ ثمانية أنواع من الشؤون الإدارية؛ والرابع هو مراجعة التقويم وفقًا لدوران الشمس والقمر لجعله يتفق مع دوران الشمس والقمر حتى التمكن من استخدام خمسة أساليب لتسجيل الوقت بشكل صحيح؛ والخامس هو وضع أعلى مبادئ للحكم؛ والسادس هو ممارسة ثلاث طرق لإدارة الموظفين وعامة الشعب؛ والسابع هو استخدام طريقة موحدة لحل المشكلات الصعبة من أجل توضيح الصواب والخطأ؛ والثامن هو دراسة علامات وبوادر مختلفة بجد واهتمام؛ والتاسع هو إقناع الناس بممارسة الخير بخمسة أنواع من السعادة والبركة، وتنبيه الناس بالامتناع من فعل الشر بستة أنواع من العقاب.

«الأول، العناصر الخمسة، الأول هو الماء؛ الثاني هو النار؛ الثالث هو الخشب؛ الرابع هو المعدن؛ الخامس هو التراب. الماء أنه يبلل وينزل، والنار أنها تحرق ويصعد، والخشب أنه يكون ملتويا ومستقيما، والمعدن أنه يقاوم ويتغير، والتراب أنه يُرى في بذر البذور وفي الحصاد. ما يبلل وينزل يصبح ملحا، وما يحرق ويصعد يصبح مرا، وما يكون ملتويا ومستقيما يصبح لاذعا، وما يقاوم ويتغير يصبح قاحلا، ومن بذر البذور حتى الحصاد تأتي الحلاوة.

«الثاني، الأمور الخمسة الشخصية، الأول هو السلوك الجسدي؛ الثاني هو الكلام؛

貌曰恭，言曰从，视曰明，听曰聪，思曰睿。恭作肃，从作乂，明作哲，聪作谋，睿作圣。

【译文】

“二、五方面的事情：一是态度，二是语言，三是观察，四是听闻，五是思考。态度要恭敬，言语要合乎道理，观察要清楚明白，听取意见要聪敏，思考问题要通达。态度恭敬，天下的人就会严肃；言语合乎道理，天下就会大治；观察事物清楚明白，就不会受到蒙蔽；听取意见聪敏，就不会打错主意；考虑问题通达，就可以成为圣人。

“三、八政：一曰食，二曰货，三曰祀，四曰司空，五曰司徒，六曰司寇，七曰宾，八曰师。

【译文】

“三、八方面的政务：一是农业生产，二是商业贸易，三是祭祀，四是管理臣民的居住交通，五是管理教育，六是管理司法，七是接待宾客，八是管理军务。

“四、五纪：一曰岁，二曰月，三曰日，四曰星辰，五曰历数。

【译文】

“四、五种记时方法：一是年，二是月，三是日，四是星辰，五是历法。

“五、皇极：皇建其有极。敛时五福，用敷锡厥庶民。惟时

الثالث هو النظر؛ الرابع هو السمع؛ الخامس هو التفكير. الفضيلة للمظهر الجسدي هي الاحترام؛ وللكلام هي التوافق مع العقل؛ وللنظر هي الوضوح؛ وللسمع هي التمييز؛ وللتفكير هي حدة الذهن. يصبح الاحترام ظاهرا في الوقار، ويصبح التوافق مع العقل ظاهرا في الترتيب والنظام؛ ويصبح الوضوح ظاهرا في الحكمة؛ ويصبح التمييز واضحا في التأني، وتصبح حدة الذهن واضحة في الحصافة.

«الثالث، الثمانية أغراض للحكومة،– الأول هو الطعام، الثاني هو الثروة وسبل الراحة، الثالث هو القرابين، الرابع هو إدارة أعمال الأشغال، الخامس هو إدارة أعمال الإرشاد، السادس هو التعامل مع أعمال الجريمة، السابع هو المراعاة التي يجب أن تقدم للضيوف، الثامن هو الجيش.

«الرابع، التقسيمات الخمسة للوقت، الأول هو العام ، الثاني هو الشهر؛ الثالث هو اليوم؛ الرابع هو النجوم والكواكب وفضاءات البروج؛ الخامس هو حسابات التقويم.

«خامسا، الكمال الملكي، الملك وقد أقام في نفسه أعلى درجات الامتياز، يركز

厥庶民于汝极，锡汝保极。凡厥庶民，无有淫朋，人无有比德，惟皇作极。凡厥庶民，有猷有为有守，汝则念之。不协于极，不罹于咎，皇则受之。而康而色，曰：‘予攸好德。’汝则锡之福，时人斯其惟皇之极。无虐茕独，而畏高明。人之有能有为，使羞其行，而邦其昌。凡厥正人，既富方谷。汝弗能使有好于而家，时人斯其辜。于其无好德，汝虽锡之福，其作汝用咎。无偏无陂，遵王之义；无有作好，遵王之道；无有作恶，遵王之路。无偏无党，王道荡荡；无党无偏，王道平平；无反无侧，王道正直。会其有极，归其有极。曰皇极之敷言，是彝是训，于帝其训。凡厥庶民，极之敷言，是训是行，以近天子之光。曰天子作民父母，以为天下王。

【译文】

“五、至高无上的原则：天子应当建立起至高无上的原则。要把这五种幸福集中起来，一并赏赐给臣民。这样，臣民就会对天子所建立起来的原则表示拥护，天子也就能够要求他的臣民遵守以下原则。凡是臣民，都不允许结成私党为非作歹，只要人们不结成私党，那就会把天子所建立的原则作为最高准则。凡是臣民都应当为天子谋虑，为天子办事，都应当根据天子所建立的原则要求自己。你要牢牢记住这一点。虽然他们的作为有时不合于最高原则，但只要还没有达到犯罪的程度，天子就应当宽容他。假如有人态度谦恭地告诉你说：‘我所爱好的就是你所建立的道德规范。’你就应当赏赐他一些好处。这样，人们就会把国王所建立的道德规范当作至高无上的准则而加以遵守了。不要虐待那些无依无靠的人，然而，对那些高贵显赫的贵族却要畏惧。人们中有能力、有作为的，便应当让他们继续发展其才能，提高其德行，这样，你的国家就会繁荣昌盛了。凡是做官的，都应当给他们以丰厚的待遇，使

في شخصه المصادر الخمسة للسعادة، ويشرع في نشرها، ويمنحها لجموع الشعب. ومن ثم فإنهم، من جانبهم، يجسدون كَمالَك ويردونه إليك ويضمنون المحافظة عليه. ومن بين كافة جموع الشعب، لن تكون هناك تحالفات غير شرعية؛ دع الملك يقيم في نفسه أعلى درجات الامتياز. من بين جموع الشعب، سيكون هناك من لديهم القدرة على التخطيط والعمل، ومن ينأون بأنفسهم عن الشر؛ إنْ تحفظ ذلك في عقلك، فسوف يكون هناك أولئك الذين لا يبلغون أعلى نقطة من الامتياز ولكنهم لا ينخرطون في الشر؛ دع الملك يتلقى ذلك. وعندما يظهر الرضاء الهادئ في محياهم، ويقولون: «إن محبتنا ثابتة على الفضيلة»، اسبغ عليهم النعم؛ هؤلاء الرجال بهذه الطريقة سوف يتقدمون نحو كمال الملك. لا تظلم من لا أصدقاء لهم ومن لا أولاد لهم، ولكنهم لا يخشون العوالي والمشاهير. عندما يكون لدىّ الرجال بهذه القدرة والقوة الإدارية، دعهم حتى يغرسوا سلوكهم؛ وسوف تزداد أملاك البلاد. إن كل أولئك الرجال المستقيمين أصحاب القدرة، سوف يواصلون السير في الخير. إنْ لم تيسر لهم نيل ما يحبون في عائلاتهم، فإنهم سوف يمضون على الفور إلى ارتكاب الجرائم. وبالنسبة لأولئك الذين لا يحبون الفضيلة، برغم أنك تسبغ عليهم بالنعم والمكافآت، فإنهم سوف يورطونك في توظيف الأشرار. واصِل الاستقامة الملكية. من دون ميول أنانية، واصِل الطريق الملكي. من دون كراهية أنانية، واصِل الدرب الملكي. تجنب الانحراف، تجنب المحاباة؛ فالطريق الملكي واسع وطويل. فالطريق الملكي مستو وسهل. تجنب الفساد، تجنب التحيز؛ فالطريق الملكي صائب ومستقيم. اسع دوما إلى الامتياز الكامل، الجأ دوما إلى ذاك الامتياز الكامل. واستمر في حديثه قائلا: «إن هذا الإسهاب في الكمال الملكي يشتمل على القاعدة غير المتغيرة، والدرس العظيم؛ إنه درس الرب. إن كافة جموع الشعب وقد أُرشِدوا إلى هذا الإسهاب للامتياز الكامل، ويأخذونه إلى الممارسة، فإنهم يقتربون من عظمة ابن السماء، ويقولون: «إن ابن السماء هو الأب والأم للشعب، ومن ثم يصبح الملكِ لكل ما تحت السماء.

他们又富又贵。假如你不能让你的臣下为王室做出贡献，这样的臣下就将走上邪路。对于那些不喜好你所建立的道德规范的人，你虽然赏赐给他许多好处，那他一定还会给你带来许多危害。不应当有任何的偏颇，要完全遵照你所建立的规范行事；不要有任何私人爱好，要完全遵照你所确定的道路行进；不要为非作歹，要根据你所指出的正路要求自己。没有偏私，没有朋党，道路就是广阔的；没有朋党，没有偏私，道路就是顺畅的；不要违反王道，不要违犯法度，道路就是正直的。要任用那些能够按照王道的准则办事的人做官吏，以便使所有臣民都能归向王道的最高准则。所以说，天子所宣布的至高无上的准则，就是要经常遵守的法令，就是天子的教导，这个教导是符合上帝的意旨的。凡是臣民都应当把天子所宣布的准则当作最高准则，只要按照这个最高准则行事的，就算是亲附天子的了。所以说，天子应当像做臣民的父母一般，做天下臣民的君主。

“六、三德：一曰正直，二曰刚克，三曰柔克。平康正直。强弗友刚克，燮友柔克。沉潜刚克，高明柔克。惟辟作福，惟辟作威，惟辟玉食；臣无有作福作威玉食。臣之有作福作威玉食，其害于而家，凶于而国，人用侧颇僻，民用僭忒。

【译文】

“六、三种治理臣民的办法：一、能够端正人的曲直；二、以刚取胜；三、以柔取胜。要想使国家太平无事，就必须端正人的曲直。对于那些强硬而不能亲近的人，必须用强硬的办法镇压他们，对那些可以亲近的人，就用柔和的办法对待他们。对下面的小人，必须镇压；对高贵显赫的贵族必须柔和。只有天子才有权给人以幸福，只有天子才可以给人以惩罚，只有天子才可以吃美好的饭食；而臣下没有权力给人以幸福

«السادس، الفضائل الثلاث، الأولى هي الصواب والاستقامة؛ الثانية هي الحكم القوي؛ الثالثة هي الحكم المعتدل. في السلام والهدوء، يجب أن يسود الصواب والاستقامة؛ في القوة والصرامة، الحكم القوي؛ في التناغم والنظام، الحكم المعتدل. بالنسبة للمتحفظين والمنكمشين، ينبغي أن يكون حافز الحكم القوي؛ بالنسبة للعوالي في العقل والمشاهير، يكون تقييد الحكم المعتدل. الملك هو الذي يمنح الكرامات والمكافآت، وهو الذي يظهر رهبة السلطان، ويتسلم العوائد من الدولة. لا ينبغي أن تكون هناك أشياء من قبيل أن الوزير يمنح الكرامات أو المكافآت، ويظهر رهبة السلطان أو يتسلم العوائد. إن أمورا كهذه ضارة بالعشائر، ومدمرة للدويلات؛ ومن ثم فإن المسئولين يديرون الشؤون بطريقة غير عادلة، ويقع الناس في الافتراضات والتجاوزات.

和惩罚，也没有权力吃美好的饭食。假如臣下擅自给人以幸福和惩罚，吃美好的饭食，就会给你的王室带来危害，给你的国家带来危害，人们也将因此而背离王道，小民也将因此而犯上作乱。

“七、稽疑：择建立卜筮人，乃命卜筮：曰雨，曰霁，曰蒙，曰驿，曰克，曰贞，曰悔，凡七。卜五，占用二，衍忒。立时人作卜筮，三人占，则从二人之言。汝则有大疑，谋及乃心，谋及卿士，谋及庶人，谋及卜筮。汝则从、龟从、筮从、卿士从，庶民从，是之谓大同。身其康强，子孙其逢吉。汝则从、龟从、筮从、卿士逆、庶民逆，吉。卿士从、龟从、筮从、汝则逆、庶民逆，吉。庶民从、龟从、筮从、汝则逆、卿士逆，吉。汝则从、龟从、筮逆、卿士逆、庶民逆，作内吉，作外凶。龟筮共违于人，用静吉，用作凶。

【译文】

“七、解决疑难的方法：选择善于卜筮的人，分别让他们用龟甲卜卦或用蓍草占卦，这样的人选定之后，便命令他们进行卜筮。卜筮的征兆如下：一、兆形象雨；二、兆形象雨后初晴时云气在空中；三、兆形象雾气蒙蒙；四、兆形象不连贯的云气；五、兆相交错；六、内卦；七、外卦，共有七种。前五种用龟甲卜卦，后两种用蓍草占卦，对卦爻的意义，要认真加以研究以弄清所有变化。任用这些人从事卜筮时，三个人占卜，应当信从其中两个人的判断。假如你遇到了重大的疑难问题，首先你自己要多加考虑，然后再和卿士商量，再和庶民商量，最后问及卜筮。你自己同意，龟卜同意，筮占同意，卿士同意，庶民同意，这就叫大同。这样，你的身体一定会康强，你的子孙也一定会大吉大利。你自己同意，龟卜同意，筮占同意，卿士不同意，庶民不同意，也

«السابع، سبل فحص الشكوك: إن المسؤولين يتم اختيارهم وتنصيبهم عن طريق التنجيم بدرع السلحفاة وسيقان الأخيلية، ينبغي تكليفهم لتنفيذ واجباتهم. بفعل ذلك، سوف يجدون ظهور المطر، وصفاء السماء من السحب، والرغبة في الاتصال والاجتياز، والرسوم البيانية الداخلية والخارجية. وإجمال الرموز سبعة؛ خمسة تقدمها الدرع، اثنان تقدمها السيقان، وبهذه الطريقة قرر الخير والشؤم. هؤلاء المسؤولون، وقد تم تنصيبهم، عندما يتم السير في التنجيم، يقوم ثلاثة رجال بتأويل التنجيم، واتباع الكلمات المتوافقة لاثنين منهم. عندما يكون لديك شك في أي أمر عظيم، شاور عقلك؛ شاور وزراءك ومسؤوليك الكبار؛ شاور عامة الناس؛ وشاور درع السلحفاة وسيقان التنجيم. إذا توافقت أنت والدرع والسيقان والوزراء والمسؤولون وعامة الناس على مسار، فإن هذا ما يسمى بالتوافق العظيم، وستكون النتيجة رخاء لشخصك وثروة جيدة لخلفك. إذا توافقت أنت والدرع والسيقان، بينما عارض الوزراء والمسؤولون وعامة الشعب، ستكون النتيجة طيب الحظ. إذا توافق الوزراء والمسؤولون مع الدرع والسيقان، بينما عارضت أنت وعامة الشعب، فإن النتيجة حظ طيب. إذا توافقت أنت والدرع، بينما عارضت السيقان مع الوزراء والمسؤولين وعامة الشعب، ستكون العمليات الداخلية في حظ طيب، والأعمال الخارجية غير محظوظة. عندما تعارض الدرع والسيقان رؤية الرجال، سيكون هناك حظ طيب في الهدوء، وستكون العمليات النشيطة غير محظوظة.

是吉利的。卿士同意，龟卜同意，筮占同意，你自己不同意，庶民不同意，也是吉利的。庶民同意，龟卜同意，筮占同意，你自己不同意，卿士不同意，也是吉利的。你自己同意，龟卜同意，筮占不同意，卿士不同意，庶民不同意，这样，就只对内吉利，对外就不吉利了。如果龟卜不同意，筮占不同意，即使你自己同意，卿士同意，庶民同意，也是不可有所举动，安静地守着就吉利，有所举动就不吉利了。

“八、庶征：曰雨，曰旸，曰燠，曰寒，曰风。曰时五者来备，各以其叙，庶草蕃庑。一极备，凶；一极无，凶。

【译文】

“八、各种不同的征兆：一是雨，二是晴，三是暖，四是寒，五是风。假若这五种现象，都能按照一定的规律发生，那么各种草木就会茂盛地生长，庄稼也会丰收。假若其中一种现象过多，年成就不好；一种现象过少，年成也会不好。

“曰休征：曰肃，时雨若；曰乂，时旸若；曰晰，时燠若；曰谋，时寒若；曰圣，时风若。

【译文】

“各种好的征兆：天子办事恭谨，雨水就按时降下来；天子的政治清明，就会有充足的阳光；天子办事明白，炎热的气候就会按时到来；天子能够深谋远虑，寒冷的气候也会应时而至；天子通达事理，风也就会按时产生。

“曰咎征：曰狂，恒雨若；曰僭，恒旸若；曰豫，恒燠若；

«الثامن، التحققات المتعددة: هي المطر، سطوع الشمس، الحرارة، البرودة، الرياح. عندما يأتي الخمسة مكتملة وكل في ترتيبه الصحيح، فإنه حتى الكواكب العديدة سوف تصبح وافرة بثراء. إذا يكون أي واحد منها وافرا بشكل مفرط أو ناقصا بشكل مفرط، سيكون هناك شر. توجد التحققات المفضلة؛ وهي تحديدا، من الوقار والتي تتجسد في المطر، ومن الاستقامة والتي تتجسد في أشعة الشمس الموسمية، ومن الحكمة والتي تتجسد في الحرارة الموسمية، ومن التأني والتي تتجسد في البرودة الموسمية، ومن الحكمة التي تتجسد في الرياح الموسمية.

توجد أيضا التحققات غير المفضلة؛ وهي تحديدا، من التهور والتي تتجسد في المطر المتواصل، ومن الافتراض والتي تتجسد في أشعة الشمس المتواصلة، ومن الكسل والتي تتجسد في الحرارة المتواصلة، ومن التهور والتي تتجسد في البرد، ومن الغباء والتي تتجسد في الرياح المتواصلة.

واصل حديثه قائلا: «ينبغي للملك أن يفحص صفة كل العام، الوزراء والمسؤولين

曰急，恒寒若；曰蒙，恒风若。

【译文】

“各种坏的征兆：天子的行为狂妄，大雨就会下个不停；天子办事有差错，天气就会干旱不雨；天子贪图安逸享受，天气就会经常炎热；天子办事急躁，天气就会经常寒冷；天子办事不精明，风就刮个不停。

“曰王省惟岁，卿士惟月，师尹惟日。岁、月、日时无易，百谷用成，乂用明，俊民用章，家用平康。日、月、岁时既易，百谷用不成，乂用昏不明，俊民用微，家用不宁。庶民惟星，星有好风，星有好雨。日月之行，则有冬有夏。月之从星，则以风雨。

【译文】

“天子有了过失，就会影响一年；卿士有了过失，就会影响一月；官吏有了过失，就会影响一天。年、月、日都不发生异常的变化，各种庄稼便都会茂盛地生长，政治就会清明，贤能的人就会得到任用，国家也就会平安无事。假如日、月、岁发生了异常的变化，许多庄稼就长不好，政治就昏暗，贤能的人就得不到任用，国家就会紊乱。庶民好比星，有的星好风，有的星好雨。由于日月的运行，便产生了冬天和夏天。假若月亮离开太阳而顺从于星，那么接近箕星就多风，接近毕星就多雨。

“九、五福：一曰寿，二曰富，三曰康宁，四曰攸好德，五曰考终命。六极：一曰凶短折，二曰疾，三曰忧，四曰贫，五曰恶，六曰弱。”

الكبار للشهر، والمسؤولين الأدنى لليوم. فإذا كان خلال العام والشهر واليوم يوجد عدم تغير موسمي، سوف تنضج الحبوب، وستكون إجراءات الحكومة حصيفة، سوف يصبح الرجال الأبطال مشهورين، وفي عائلات الشعب سوف يكون هناك سلام ورخاء.

«وإذا كان خلال العام والشهر واليوم يوجد انقطاع موسمي، لن تنضج الأنواع المختلفة من الحبوب، وسوف تكون إجراءات الحكومة قاتمة وغير حصيفة، وسوف يظل الرجال الأبطال مجهولين، وفي عائلات الشعب لن تكون هناك طمأنينة. ينبغي اختبار النجوم بواسطة عامة الشعب. بعض النجوم يحب الرياح، وبعضها يحب المطر. مسارات الشمس والقمر تعطي الشتاء والصيف. إن الطريق الذي يتبع فيه القمر النجوم يعطي الرياح والمطر.

«التاسع، مصادر السعادة الخمسة: الأول هو العمر المديد، الثاني هو الثراء، الثالث هو صحة البدن وهدوء العقل، الرابع هو حب الفضيلة، والخامس هو الوفاء بإرادة السماء حتى النهاية. من بين الستة شرور الحادة، الأول هو قِصَر العمر المكروه،

【译文】

“九、五种幸福：一长寿，二富贵，三平安而无疾病，四喜好天子所建立的道德规范，五长寿善终。六种惩罚：一早死，二多病，三多忧愁，四贫穷，五丑恶，六懦弱。”

الثاني هو المرض، الثالث هو محنة العقل، الرابع هو الفقر، الخامس هو الشر، السادس هو الوهن.»

金縢

既克商二年，王有疾，弗豫。二公曰："我其为王穆卜？"周公曰："未可以戚我先王。"公乃自以为功，为三坛同墠。为坛于南方北面，周公立焉。植璧秉珪，乃告大王、王季、文王。

【译文】

在殷商已被灭掉的第二年，武王生了病，身体很不舒服。太公、召公说："让我们恭敬地为国王的疾病占卜一下好吗？"周公说："不要使我们的先王忧虑吧。"周公打算以自己的生命做质，便清除一块土地作为祭祀的场所，在上面筑起三个祭坛。祭坛建在南边，面向北方，周公站于祭坛之上。祭坛上放着璧玉，周公手里拿着玉珪，然后周公便向太王、王季、文王祷告。

史乃册祝曰："惟尔元孙某，遘厉虐疾。若尔三王，是有丕子之责于天，以旦代某之身。予仁若考，能多材多艺，能事鬼神。乃元孙不若旦多材多艺，不能事鬼神。乃命于帝庭，敷佑四方。用能定尔子孙子下地，四方之民，罔不祗畏。呜呼！无坠天之降宝命，我先王亦永有依归。今我即命于元龟，尔之许我，我其以璧与珪，归俟尔命；尔不许我，我乃屏璧与珪。"

الصندوق المعدني

بعد عامين من غزو شانغ، سقط الملك وو مريضا وكان مكتئبا تماما. قال النبيلان العظيمان تاي قونغ وتشاو قونغ: «دعونا نستشير بوقار درع السلحفاة حول الملك.» ولكن النبيل تشو قونغ قال: «لا ينبغي أن تكدروا ملوكنا السابقين.» وبعد ذلك قام بالعمل بنفسه، فبنى ثلاثة مذابح من التراب في نفس المساحة التي أُخلِيَت، وأقام مذبحا آخر إلى الجنوب منها، وواجه الشمال، وهناك اتخذ موضعه. وضع رمزا مستديرا من اليشم على كل واحد من المذابح الثلاثة، وأمسك في يده رمزا طويلا خاصا بمكانته، وخاطب الملوك «تاي» «جي» «ون».

وقد كتب المؤرخ الرسمي الكبير على الألواح صلواته، والتي جاء فيها: «إن خليفتك العظيم، يعاني من مرض خطير وعنيف؛ فإذا كنتم أنتم الملوك الثلاثة لديكم في السماء مهمة مراقبته وهو ابن السماء العظيم، فدعوني أنا جي دان أكون بديلا لشخصه. إنني كنت مطيعا محبا لأبي؛ وإنني أمتلك الكثير من القدرات والفنون، والتي تؤهلني لخدمة المخلوقات الروحية. إن خليفتكم العظيم، على الجانب الآخر، ليس لديه الكثير من القدرات والفنون مثلي، وليس قادرا على خدمة المخلوقات الروحية. والأكثر، أنه

【译文】

史官就把周公祷告时的祝词写在典册上，祝词说："你的长孙，得了暴病。假若你们三王的在天之灵，得了什么疾病，需要做子孙的去服侍你们，那就让我姬旦来代替你的长孙吧！我有孝敬的仁德而又伶俐乖巧，什么才能都有，能够很好地奉事鬼神。你的长孙不像我这样多才多艺，不能奉事鬼神。他在上帝那里接受任命，按照上帝的意旨正在统治四方。因而你的子孙统治权才这样在人间确定下来，四方的臣民无不既尊敬又害怕。唉！不要毁掉上天所降给的宝贵大命吧！这样我们的先王也就永远有所归依了。现在我就要通过龟卜来接受你的命令了，假若你们答应了我的要求，我就拿着璧和珪死去，等待你们命令；假若你们不答应我的要求，那我就要把璧和珪抛掉。"

乃卜三龟，一习吉。启籥见书，乃并是吉。公曰："体！王其罔害。予小子新命于三王，惟永终是图。兹攸俟，能念予一人。"公归，乃纳册于金縢之匮中。王翼日乃瘳。

【译文】

于是在太王、王季、文王的灵位前各放一龟，进行占卜。占卜结束后，打开竹简，看见所得到的都是吉兆。周公说："好啊！国王不会有什么危险了。我从三王那里接受命令，只有如何能够永远保持我们的统治这个大问题，才是我应当考虑的。而我们的先王也正因为这个问题，无时不为我们的国王祝福。"周公回去之后，史官就把周公的这些祝辞写在典册上，放在用金质的绳索捆束的匣子中。第二天，王的病体痊愈。

武王既丧，管叔及其群弟乃流言于国，曰："公将不利于

قد تم تنصيبه في قاعة الرب لمساعدة البلاد، ومن ثم فإنه قد وضع الأساس لذريتكم في هذه الأرض الدنيا. إن كل شعب الاتجاهات الأربعة يقفون في رهبة تبجيلا له. لا تدعو هذا التنصيب الذي أنعمت به السماء يهوي إلى الحضيض، وكل السلالة الطويلة من ملوكنا السابقين، سيكون لديهم واحد يمكنهم أن يعتمدوا عليه في قرابيننا. إنني الآن أتوسل لقراركم في هذه المسألة من درع السلحفاة العظيم. إذا وافقتم على طلبي، فإنني سوف آخذ تلك الرموز وهذا الصولجان، وأعود وأنتظر أوامركم. إذا لا توافقون عليه، فسوف أدخرها للمستقبل.»

بعد ذلك، أجرى النبيل العرافة بدروع السلحفاة الثلاث، وجاءت كلها مبشرة. قال: «وفقا لشكل إشارة التنجيم، لن يصاب الملك بضرر. إنني أنا، الشاب الصغير، قد حصلت على تجديد تنصيبه من الملوك الثلاثة الذين تمت استشارتهم طويلا حول المستقبل. ينبغي أن أنتظر إصدار الأمر. إنهم يستطيعون القيام بأعباء رجلنا الواحد.» عندما عاد النبيل، وضع ألواح الصلاة في صندوق معدني، وفي اليوم التالي تحسنت صحة الملك.

بعد ذلك، وبعد موت الملك وو، نشر قوان شو الأخ الأكبر للنبيل وإخوته الصغار

孺子。”周公乃告二公曰：“我之弗辟，我无以告我先王。”周公居东二年，则罪人斯得。于后，公乃为诗以诒王，名之曰《鸱鸮》，王亦未敢诮公。

【译文】

武王已经死了，管叔和他的弟弟们就在国内散布流言说：“周公将要做出对幼小的国王不利的事情了。”周公就对太公和召公说道：“我假如不去掌握政权，天下就会叛乱，我就无法向我们的先王回报了。”周公东征，经过两年，便把发动叛乱的罪人一网打尽。之后便作了一首诗送给成王，这首诗的题目叫作《鸱鸮》，向成王表明宁可消灭管、蔡，而不能毁掉周朝政权。成王虽不同意周公的意见，但却不敢责备他。

秋，大熟，未获，天大雷电以风，禾尽偃，大木斯拔。邦人大恐，王与大夫尽弁，以启金滕之书，乃得周公所自以为功代武王之说。二公及王乃问诸史与百执事。对曰：“信。噫！公命我勿敢言。”

【译文】

秋天，庄稼长得很好，还没有收获，忽然雷电交加，又刮起了大风，庄稼都被吹得倒伏在地上，大树也都被风拔了起来。国内的人都非常恐慌，国王和大夫们都穿上朝服，打开了那个用金质的绳索捆束的匣子，于是便得到了周公以自身为质请求代替武王去死的册书。太公、召公和成王便向史官们询问这件事。他们回答说：“实在有这件事情。唉！周公命令我们保守秘密，我们不敢把这件事情说出来。”

تقريرا لا أساس له عبر البلاد، جاء فيه أن النبيل تشو قونغ لن يفعل خيرا للابن الصغير للملك تشنغ. عند ذلك، قال النبيل للنبيلين العظيمين الآخرين: «إذا لم أعمل بالقانون تجاه الناس، لن أكون قادرا على إعداد أي تقرير للملوك السابقين.» أقام تبعا لذلك في الشرق لمدة عامين، حتى تم أخذ المجرمين وتقديمهم للعدالة. لاحقا، نظم قصيدة ليقدمها للملك، وأعطاها اسم «البومة». من جانبه، لم يجرؤ الملك تشنغ على توبيخ النبيل.

في الخريف، عندما كانت الحبوب ناضجة وافرة، ولكن قبل حصادها، أرسلت السماء عاصفة من الرعد والبرق، مع الريح، فتخربت كل الحبوب وتمزقت أشجار عظيمة. كان الناس مذعورين بشدة، وسار الملك والمسؤولون الكبار وهم جميعا يرتدون القبعات الرسمية، لفتح الصندوق المعدني وفحص الكلمات المكتوبة فيه، حيث وجدوا كلمات النبيل عندما اتخذ من نفسه بديلا للملك وو. سأل النبيلان العظيمان الآخران والملك المؤرخ الرسمي وكل المسؤولين الآخرين الذين لديهم معرفة بالترجمة عن هذا الشيء، وقد أجابوا: «حقا، ذلك كان كذلك، لقد كلفنا النبيل بأن لا نتجرأ بالحديث عنه.»

王执书以泣，曰："其勿穆卜。昔公勤劳王家，惟予冲人弗及知。今天动威，以彰周公之德。惟朕小子其新逆，我国家礼亦宜之。"

【译文】

成王拿着周公所藏的册书，哭着说道："没有必要去恭敬地占卜了。过去周公勤劳地为王室工作，只是我这个年轻人不知道这些事情。现在上帝动怒，发出了这样的威风，就是以此来表彰周公的德行。我应当亲自去迎接周公，这样做，按照我们国家所制定的礼仪也是应该的。"

王出郊，天乃雨，反风，禾则尽起。二公命邦人凡大木所偃，尽起而筑之，岁则大熟。

【译文】

成王走出城郊迎接周公，天才下起了雨，风也按相反的方向刮去，被吹倒的庄稼，便又都重新站了起来。太公和召公便命令国内的人，把凡是被风刮倒的大树，都重新扶起来，并且用土加固，这一年的收成特别好。

أمسك الملك تشنغ بالكتابة في يده، وانتحب وقال: «إننا في غير حاجة الآن أن نواصل بوقار العرافة. سابقا، كان النبيل مخلصا للبيت الملكي، ولكنني أنا، الشاب الصغير، لا أعرف ذلك. الآن تحرك السماء أهوالها لتبدي فضيلته. إنني أنا، الشاب الصغير، الآن إن أذهب بروأي الجديدة ومشاعري لأستقبله فذاك ما تتطلبه قواعد اللياقة لمملكتنا.»

هكذا، خرج الملك إلى الحدود لمقابلة النبيل، وحينها أرسلت السماء المطر، وبفضل رياح عكسية، نهضت كل الحبوب. أعطى النبيلان الآخران العظيمان الأوامر للشعب برفع الأشجار التي سقطت واستبدالها. تحولت السنة إلى عام مثمر للغاية.

大诰

王若曰："猷！大诰尔多邦，越尔御事。弗吊！天降割于我家，不少延！洪惟我幼冲人，嗣无疆大历服。弗造哲迪民康，矧曰其有能格知天命？

【译文】

王说："啊！我要郑重地向你们各国诸侯，和你们的部下官吏宣布命令。不好了！上帝把大祸降给我们国家了，灾祸在继续发展，没有停息！现在我代替我年幼的侄儿执掌我们永恒的权柄。但我却没有遇到明智的人，把我们的臣民引导到安全的境地，何况说了解天命的人呢？

"已！予惟小子若涉渊水，予惟往求朕攸济。敷贲，敷前人受命，兹不忘大功！予不敢闭于天降威，用宁王遗我大宝龟，绍天明。即命曰：'有大艰于西土，西土人亦不静。'越兹蠢。殷小腆诞敢纪其叙。天降威，知我国有疵，民不康，曰'予复'，反鄙我周邦。今蠢，今翼日民献。有十夫予翼，以于敉宁、武图功。我有大事，休？朕卜并吉！"

【译文】

"唉！我的处境就好像渡过深渊那样危险，我只好到上帝那里寻

البيان العظيم

تحدث الملك قائلا: «إنني ألقي عليكم بيانا عظيما، أيها أمراء الدويلات العديدة، وعليكم أيها المديرون لشؤوني، ليس ثمة شفقة بنا، والسماء ترسل على دورنا المصائب من دون أدنى انقطاع. إن ما يشغل تفكيري، أنا الصغير جدا، أنني قد ورثت ذلك الإرث غير المحدود بكل مصائره ومقاطعاته. لا يمكنني أن أظهر حكمة وأقود الشعب إلى الرخاء والاستقرار؛ ناهيك أن أكون قادرا على بلوغ معرفة مرسوم السماء!

«نعم، أنا أكون من أنا، ولكنني شاب صغير في موضع شخص عليه أن يذهب عبر المياه العميقة؛ ينبغي لي أن أذهب وأبحث حيثما يمكنني العبور. ينبغي أن أنشر ضوء درع السلحفاة الكبير الذي ساعد من سبقوني وأظهر التنصيب الذي تلقاه من السماء لهم؛ ومن ثم، فإنني لن أكون مهملا لعمله العظيم، ولن أجرؤ على إخفائها عندما تنزل السماء بلاءها على المجرمين. لقد ترك الملك ون لي درع السلحفاة العظيم النفيس ليجعل ذكاء السماء مرتبطا بي. وقد أجريت العرافة بها، وأخبرتني أنه سيكون هناك اضطراب كبير في منطقة الغرب وأن أهل الغرب لم يعودوا ساكنين. وعليه، ستكون لدينا تلك التحركات الخرقاء. الآن، يجرؤ أمير ين التافه على تنظيم قوته المتبقية.

找渡过难关的办法了。摆下占卜用的大龟吧，让它来宣布我们的前辈是怎样在上帝那里接受任命的，这样的大功，是不应当忘记的！我不敢隐藏上天的威严意旨，用文王遗留给我们的大宝龟进行占卜，我们就可以问清上帝的用意了。结果就得到卜辞，说：‘西方要有很大的灾难，西方人也不会平静。’于是这些阴谋叛乱的人就更加蠢蠢欲动。殷商的余孽竟然敢于妄图恢复他们的统治地位。上帝给我们降下了灾难，他们知道我们国家因为这种灾难，人们很不安宁，竟然说‘我们要恢复我们的统治’，反而更加看不起我们周国。现在他们发动叛乱了，有的地方的人们响应他们这种叛乱。但只要有十个人做我的助手，那我就可以平定叛乱，完成文王、武王所力图达到的武功。我现在要发动平定叛乱的战争，这样做究竟好不好呢？我的占卜告诉我这样做是吉利的！

“肆予告我友邦君，越尹氏、庶士、御事，曰：予得吉卜，予惟以尔庶邦，于伐殷逋播臣。尔庶邦君越庶士、御事罔不反，曰：‘艰大，民不静。亦惟在王宫、邦君室，越予小子考翼，不可征。王害不违卜？’

【译文】

“因此，我要告诉我们友邦的国君以及各位官员说：我得到了吉利的卜兆，我要率领你们去讨伐殷国那些逃亡叛乱的人。可是，你们这些国君和你们的许多官吏，无不反对我的意见，说：‘困难太大了，民心也很不平静。还要考虑那些发动叛乱的人有的就出在王宫里面和邦君的家里，并且是我们的长辈，不应当去讨伐他们。王啊！你为什么不违背占卜呢？’

“肆予冲人永思艰，曰：呜呼！允蠢鳏寡，哀哉！予造

على الرغم من أن السماء أنزلت أهوالها على عائلته، فإنه وقد علم بالأشرار في بلادنا وبأن الشعب غير مطمئن. فيقول: «سوف أستعيد إرثي»؛ ومن ثم فإنه يتمنى أن يجعل بلادتنا تشو أراضي حدود له مرة أخرى. ظهرت هناك حركة خرقاء منهم مثل الحشرات والطيور. وفي الأيام الأخيرة، ظهر عشرة رجال من أصحاب الجدارة بين الناس، لمساعدتي على التقدم لاستعادة الهدوء وتخليد خطط والدي. سيكون العمل العظيم الذي أنخرط فيه هو أن يكون لدي قضية ناجحة. أجريت أيضا العرافة بدرع السلحفاة، وحصلت دائما على رد مبشر.

«ومن ثم، فإنني أخبركم، يا أمراء البلدان الصديقة، وأنتم يا مديرو إداراتي، ويا ضباطي ومديرو شؤوني، إنني قد حصلت على رد مبشر على تنجيماتي. سوف أمضي قدما معكم من كل البلدان، وأعاقب أولئك الوزراء المشردين والمتحولين في ين. ولكن أنتم يا أمراء البلدان المختلفة، وأنتم أيها الضباط ومديرو شؤوني، كلكم تردون بحسم قائلين: (ستكون المصاعب عظيمة، وأن الشعب لم يتمكن تماما من الاستقرار، وظهرت الاضطرابات في قصر الملك وقصور الأمراء في تلك الدول المتمردة. إننا، نحن الصغار، والرجال الكبار والموقرون كذلك، نعتقد أن الحملة قد تسيء المشورة؛ فلماذا جلالتك لا تذهب عكس العرافة؟)

«إنني، وأنا الشاب الصغير، أفكر أيضا على الدوام في تلك المصاعب، وأقول

天役，遗大投艰于朕身，越予冲人不卬自恤。义尔邦君，越尔多士、尹氏、御事，绥予曰：‘无毖于恤，不可不成乃宁考图功。’

【译文】

“现在我应当为我们年幼的国王，慎重地考虑出征的困难，唉！实在是这样，一旦发动战争，就要惊扰千家万户，甚至包括无夫无妻的人在内，这多么令人哀痛啊！我们遭到天灾，上帝把非常严重的困难，投到我以及我们幼主的身上，我不能只为自身的安危忧虑。我猜想你们各位国君和你们的官吏们，也会这样劝告我：‘不应当过分地操劳于自己的安危，不应不去完成你的父亲文王所力图成就的功业。’

“已！予惟小子，不敢替上帝命。天休于宁王，兴我小邦周。宁王惟卜，用克绥受兹命。今天其相民，矧亦惟卜用。呜呼！天明畏，弼我丕丕基！”

【译文】

“唉！我想我是文王的儿子，我不敢废弃上帝的命令。上天嘉奖文王，使我们这个小小的周国兴盛起来。文王通过占卜，继承了上帝所授给的大命。现在上帝命令臣民帮助我们，何况我们又通过占卜了解到上帝的这番用意呢。唉！上帝的这种明确的意见，人们应该敬畏，还是帮助我把我们的统治大大地加强吧！”

王曰：“尔惟旧人，尔丕克远省，尔知宁王若勤哉？天閟毖我成功所，予不敢不极卒宁王图事。肆予大化诱我友邦君，天棐忱辞，其考我民，予曷其不于前宁人图功攸终？天亦惟用勤毖我

واحسرتاه! هذه التحركات الخرقاء سوف تحزن حزنا شديدا الرجال الذين لا زوجات لهم والأرامل. ولكن، أنا خادم السماء التي عينتني لهذه المهمة العظيمة، وألقت على شخصي الواجب الصعب. إنني، أنا الشاب الصغير، لا أشفق على نفسي، وسوف يكون صوابا منكم، أنتم أيها الضباط العديدون ومديرو إداراتي ومديرو شؤوني، أن تواجهوني قائلين: (لا تتألم من الحزن، سوف نتم بالتأكيد خطط والدك الملك ون.)

«نعم، أنا الطفل الصغير، لا أجرؤ على إهمال تكليف الرب. إن السماء، التي فضلت الملك ون، قد أعطت ذلك الرخاء لبلدنا الصغير، تشو. لقد أجرى الملك ون العرافة وتصرف وفقا لها، ولهذا تلقى في هدوء التنصيب العظيم. كم ينبغي علينا أن نتبع توجيهات الدرع! إن المشيئة الواضحة للسماء ينبغي أن تُخشى؛ وهي مساعدة ميراثي العظيم.»

يقول الملك: «أنتم، أيها الوزراء القدامى، قادرون تماما على تذكر الماضي؛ أنتم تعلمون كم كان العمل الشاق عظيما للملك ون. وحيثما تغلق السماء الآن طريقنا وتؤلمنا، يكون المكان الذي ينبغي أن أتم فيه عملي؛ إنني لا أجرؤ إلا على بذل كل

民，若有疾，予曷敢不于前宁人攸受休毕!”

【译文】

王说：“你们是曾经辅佐过文王的老臣，你们能够很好地回顾一下遥远的过去，知道文王是如何的勤劳吗？上帝把取得成功的办法秘密地告诉我们，我不敢不尽一切努力来完成文王所力图成就的事业。所以，我就用这番伟大的道理，教育劝导你们各位诸侯国君，上帝那些诚恳的表示赞助的言辞，说明上帝将要成就我们的臣民，我为什么不去继承文王的事业，而去争取最后的胜利呢？上帝也因此经常向我们发出命令，好像要去掉自己身上的疾病那样迫切，我怎敢不去努力地完成文王从上帝那里所接受的神圣的事业呢？”

王曰：“若昔朕其逝，朕言艰日思。若考作室，既厎法，厥子乃弗肯堂，矧肯构？厥父菑，厥子乃弗肯播，矧肯获？厥考翼其肯曰：‘予有后，弗弃基。’肆予曷敢不越卬敉宁王大命？若兄考，乃有友伐厥子，民养其劝弗救？”

【译文】

王说：“在过去，我曾经跟随武王到东方讨伐殷国，所以我天天考虑着出兵东征的困难。譬如父亲要盖房子，已经确定了房子的盖法，可是他的儿子却不肯去奠定房子的地基，何况是盖房子呢？他的父亲把地耕好，他的儿子却不肯播种，何况是收获庄稼呢？做父亲的是敬重自己的事业的，他怎么会说：‘我的后代，不会毁弃我的事业。’所以，我怎敢不在我执掌大位期间亲自去讨伐叛乱，完成文王从上帝那里接受的大尚书命呢？又好比当父兄的，如果有的邻国讨伐他们的子弟，难道那些统治他们的侯王能够劝阻他们不去救助自己的子弟吗？”

جهودي لإتمام خطط الملك ون. وعلى هذا فإنني استخدم مثل هذا المجهود لإزالة شكوك أمراء البلدان الصديقة: السماء تساعدني بتعبيرات مخلصة من التعاطف، لتحقيق نفع لشعبنا؛ فكيف ألا أجروٴ على إتمام العمل الذي بدأه سابقا الملك ون؟ الأكثر من ذلك أن السماء تُشقي وتؤلم الناس؛ إن الأمر كما لو أنهم يعانون من المرض، فكيف أجروٴ على اتباع التنصيب الذي تلقاه سلفي الملك ون، لأكون من دون إنجازه السعيد؟»

يقول الملك: «سابقا، في إطلاق تلك الحملة، تحدثت عن صعوباتها، وفكرت فيها كل يوم. ولكن، عندما يرغب أب أن يبني بيتا، وقد وضع الخطة، فإن ابنه إذا لم يكن راغبا في إقامة القاعدة، فكيف سيكون راغبا في إتمام السقف! أو إذا كان الأب قد شق الأرض، وابنه ليس راغبا في بذر البذور، فكيف سيكون راغبا في حصد المحصول! في حالة كهذه، هل يستطيع الأب مراعيا بوقار لأغراضه أن يكون راغبا في القول إن لدي ابنا لن يتخلى عن ميراثه؟ ومن ثم، كيف أجروٴ أنا ألا على توظيف كل قوتي لإعطاء تسوية سعيدة للمهمة العظيمة المخولة إلى الملك ون؟ إذا كان من بين أصدقاء الابن الأكبر أو الأب المتوفى هناك من يهاجمون ابنه، فهل سيشجع الكبار من الناس المهاجمين ولا يأتون للإنقاذ؟»

王曰："呜呼！肆哉，尔庶邦君越尔御事。爽邦由哲，亦惟十人迪知上帝命。越天棐忱，尔时罔敢易法。矧今天降戾于周邦，惟大艰人，诞邻胥伐于厥室。尔亦不知天命不易！

【译文】

王说："唉！努力吧，各位诸侯国君以及你们的官吏们。要把国家治理好，就必须依靠圣明的人，而只有十个圣明的人才会了解上帝的意旨。上帝在诚心诚意地帮助我们周国，你们是不敢侮慢上帝的决定的。今天，上帝已经把这个决定下达到我们周国了，那些发动叛乱的人却勾结殷人来讨伐自己的同宗。你们不知道上帝的大命是不会改变的吗？

"予永念曰：天惟丧殷。若穑夫，予曷敢不终朕亩？天亦惟休于前宁人，予曷其极卜敢弗于从？率宁人有指疆土？矧今卜并吉，肆朕诞以尔东征。天命不僭，卜陈惟若兹。"

【译文】

"我长时期地考虑：上帝是要灭掉殷国的。譬如种庄稼的农民，为了使庄稼长得好，总要把田亩中的杂草完全除掉，我怎敢不像农民那样除恶务尽呢？上帝只赞助我们的前辈文王，我怎敢放下卜兆不遵从上帝的意旨，不遵循文王的意图而不去保卫我们美好的疆土呢？何况今天的占卜都是吉利的，因此我一定率领你们诸侯国君东征。上帝的命令是不会有差错的，占卜就清楚地说明了这一点。"

يقول الملك: «تشجعوا يا أمراء الدويلات العديدة، ويا مديرو شؤوني. إن استنارة البلاد كانت نابعة من الحكمة، بل من العشرة رجال الذين أطاعوا وعرفوا تكليف الرب، والمعونة الحقيقية التي قدمتها السماء. في ذلك الوقت، لم يتجرأ أحد منكم على تغيير القواعد التي حددها الملك ون. والآن عندما تُنزِل السماء المصيبة على بلاد تشو، ومبتدعو تلك المحن العظيمة يجعلونها تبدو بدرجة واسعة كما لو أن نزلاء الدار يهاجم كل منهم الآخر، فإنكم لستم على دراية بأن مرسوم السماء لا يمكن تغييره!

«إنني أفكر وأقول: كيف يمكن لي أن أجرؤ إلا على إتمام العمل في حقولي؟ وهكذا فإن السماء ستظهر تفضيلها لسلفي، الملك ون. كيف يمكن أن أكون أنا منصاعا لوحي العرافة، وأتجرأ على عدم اتباع نصيحتكم؟ إنني أتبع الملك ون، الذي أحاط غرضه بكل ما بداخل حدود الأرض. كم ينبغي لي أكثر أن أمضي قدما، عندما تكون العرافة كلها مؤاتية! على هذا الأساس، قمت بهذه الحملة متجها نحو الشرق. ليس ثمة خطأ في مرسوم السماء. إن الدلالات التي أعطتها العرافة كلها لها نفس النتيجة.»

康诰

惟三月哉生魄，周公初基作新大邑于东国洛，四方民大和会。侯甸男邦，采卫百工，播民和见，士于周。周公咸勤，乃洪大诰治。

【译文】

三月初，周公开始打算在东方的洛水营建新的大都市，四方的臣民都到这里集合。诸侯、百官以及殷商的遗民，都来营建洛邑，为周王室服务，因此都被召见。周公为了慰劳他们，便代替成王发表训话，告诉他们治理国家的大道理。

王若曰："孟侯，朕其弟，小子封！惟乃丕显考文王，克明德慎罚，不敢侮鳏寡，庸庸，祗祗，威威，显民。用肇造我区夏，越我一二邦，以修我西土。惟时怙冒闻于上帝，帝休，天乃大命文王殪戎殷，诞受厥命越厥邦厥民。惟时叙，乃寡兄勖，肆汝小子封在兹东土。"

【译文】

王这样说道："诸侯的领袖，我的弟弟，年幼的封啊！只有你那英明的父亲——文王能够崇尚德教而谨慎地使用刑罚，不敢欺侮那些无依

البيان الموجه للأمير كانغ

في الشهر الثالث، عندما بدأ القمر يخفت، بدأ النبيل تشو الأساس، ومضى قدما لبناء مدينة جديدة عظيمة بجانب نهر لوه. تجمع الناس من كل اتجاه، والمسؤولون العديدون من مناطق هوه، ديان، نان، تساي، وي، وأبناء ين في تناغم عظيم، ليقدموا الخدمة لعائلة تشو الملكية. وقد شجعهم النبيل تشو على الاجتهاد، وألقى بيانا عظيما حول إدارة ين نيابة عن الملك تشنغ منتهزا فرصة مراسم تعيين شقيق الملك كانغ، وهو الأمير فنغ، كأمير في منطقة وي.

تحدث الملك قائلا: «يا أخي الأصغر فنغ. إن أباكم المشهور إلى حد كبير، الملك ون، هو الذي كان قادرا على إبراز فضيلته وحريصا في استخدام العقوبات. لم يكن يتعامل بازدراء حتى مع الرجال الذين لا زوجات لهم والأرامل. كان يوظف من يستحق التوظيف، وكان يوقر الموقرين. كان مرعبا مع أولئك الذين يحتاجون الترهيب؛ ولهذا صار بارزا بين الناس. وهكذا فإنه وضع أسس حكم نصيبنا الصغير من البلاد، وقد جاءت تحت نفوذه المناطق المجاورة، حتى خضعت كل الأرض الغربية. لقد ارتقت شهرته إلى الرب الأعلى، وقد وافق الرب. وعلى ذلك، منحت السماء مهمة كبيرة للملك ون، بأن يبيد دويلة ين، وتلقى بعظمة تنصيبها، وهكذا فإن البلدان العديدة المنتمية

无靠的人，任用那些应当受到任用的人，尊敬那些应当受到尊敬的人，镇压那些应当受到镇压的人，并让庶民了解他的这种治国之道。这样，才缔造了我们小小的周国，并且影响逐渐扩大，从我们一两个小国，逐渐扩大到天下的三分之二。这些地方连同我们的本土——西方都治理得很好。因此，这种勤奋的德行，被上帝知道了，上帝非常高兴，就命令文王灭掉殷，代替殷接受上帝赐予的大命，来统治国家及其臣民。我们的大兄——武王继承了文王的事业，更加勤奋，因此，你这年幼的封，才被封在这商的旧地——东土之上。”

王曰：“呜呼！封，汝念哉！今民将在祗遹乃文考，绍闻衣德言。往敷求于殷先哲王，用保乂民。汝丕远惟商耇成人，宅心知训。别求闻由古先哲王，用康保民。弘于天，若德裕乃身，不废在王命。”

【译文】

王说：“唉！封啊，你要很好地考虑我所告诫你的那些话！现在臣民都在看着你是否恭敬地遵循你的父亲——文王的传统，依据他的德教来治理国家。到殷的故土，要广泛地寻求殷商过去圣明国王的治国之道，用以治理臣民。你要很好地考虑殷商遗老的思想动态，要研究一下他们究竟想些什么，这样，你就会知道应该怎样治理才能使他们顺服了。此外，你还应当访求并遵照虞夏时代圣明国王的治国之道，把殷商遗民治理好，才能得到安康。只要你的德政能够像天那样宏大，我们的政权就不会被上帝废弃了。”

王曰：“呜呼！小子封，恫瘝乃身，敬哉！天畏棐忱，民情大可见。小人难保，往尽乃心，无康好逸豫，乃其乂民。我闻

لها وشعوبها قد صارت في حالة منظمة. بعد ذلك، فإن أخاكم الأكبر غير المستحق قد بذل نفسه، وعلى هذا فإنك أنت يا فنغ، هنا في هذه المنطقة الشرقية.»

يقول الملك: «يا فنغ، احفظ تلك الأشياء في عقلك. الآن، إن نجاحك في إدارة الناس سوف يعتمد على اتباعك بمهابة لأبيك ون؛ ألا تنفذ كلماته الفاضلة التي سمعتها، وتكسو نفسك بها! الأكثر من ذلك، أينما تذهب، ابحث بين أطلال ملوك ين الحكماء السابقين عما يمكن أن تستخدمه في حماية وتنظيم شعبهم. مرة أخرى، عليك أن تدرس طرق رجال شانغ البارعين المسنين، حتى يمكنك ترسيخ قلبك، وتعرف كيف توجيه الناس. الأبعد من ذلك، عليك أن تبحث عن ما يمكن تعلمه من الملوك القدامى، وتوظف ذلك في طمأنة وحماية الناس. في النهاية، وسِّع أفكارك كي تفهم كل المبادئ السماوية. وسوف تظهر الفضيلة بثراء في شخصك، وهكذا فإنك لن تكون تافها أمام تكليف الملك.»

يقول الملك: «يا فنغ، أيها الشاب الصغير، كن حريصا باحترام، مجتهدا باذلا أقصى جهودك وأتعابك وكأنك تعاني من مرض. إن السماء برغم أنها مروعة، تعين

曰：‘怨不在大，亦不在小。’惠不惠，懋不懋。

【译文】

王说：“唉！年幼的封啊！治理国家就好像医治自身疾病一样，可要小心谨慎啊！上帝是可怕的，它是不是诚心地帮助你，往往要通过臣民的情绪表现出来。小人是难于治理的，到那里，一定要尽你所有的力量，不要贪图安逸享受，只有这样，才能治理好你的臣民。我听说：‘民怨的可怕不在大，也不在小。如果认真对待，民怨虽大也不可怕，如果不认真对待，民怨虽小，也是可怕的。’一定要使那不顺服的人，顺服我们；一定要使那不努力为我们服务的人，努力为我们服务。

“已！汝惟小子，乃服惟弘。王应保殷民，亦惟助王宅天命，作新民。”

【译文】

“唉！你虽然是个年轻的人，但你的责任是重大的。我们国王接受上帝的命令来治理殷民，你应当帮助国王，按照上帝的意旨来改造殷民。”

王曰：“呜呼！封，敬明乃罚。人有小罪，非眚，乃惟终，自作不典，式尔，有厥罪小，乃不可不杀。乃有大罪，非终，乃惟眚灾，适尔，既道极厥辜，时乃不可杀。”

【译文】

王说：“唉！封啊！对于刑罚，一定要小心，要严明。一个人犯了小罪，但他却不认错，还始终做一些违犯法律的事情，这说明他是有意

المخلص. إن مشاعر الناس يمكن استشفاف معظمها، بيد أنه من الصعب الحفاظ على مودة الطبقات الدنيا. حيثما تذهب، شغّل قلبك كاملا. عليك أن لا تسعى إلى الراحة، وأن لا تكون مغرما بالدعة والمتعة. إنني قرأت مقولة: السخط لا يكون سببه الأكبر هو الأمور الكبيرة، أو الأمور الصغيرة، مثل مراعاة الحاكم للمبدأ أو العكس، وبمقدرته على السلوك أو العكس.

«نعم، إن ذلك يخصك، أيها الشاب الصغير؛ إنه شأنك أن توسع النفوذ الملكي، وأن تحمي شعب ين في تناغم لمشاعرهم. وهكذا فإنك أيضا سوف تساعد الملك، وتعضد تنصيب السماء وتنعش الشعب.

يقول الملك: «يا فنغ، تعامل بوقار وذكاء في فرض العقوبات. عندما يرتكب الرجال جرائم صغيرة ليست سوء طالع، ولكنها مقصودة، فإنها في ذاتها هي ما يعارض القوانين عن عمد، فبرغم أن جرائمهم ليست إلا جرائم صغيرة، فإنه عليك أن تحكم عليهم بالموت. ولكن في حالة الجرائم الكبيرة غير المقصودة، وإنما نتيجة سوء الطالع وسوء الحظ، وعرضية، فإذا اعترف المتجاوزون بذنبهم من دون تحفظ، لا ينبغي أن تحكم عليهم بالموت.»

犯罪；这样，他所犯的罪即使很小，也不可不把他杀掉。一个人犯了很大的罪，但他不坚持错误，并且知道悔过，是偶然犯罪；这样，在按照法律来研究他的罪过时，是不应该把他杀掉的。”

王曰：“呜呼！封，有叙时，乃大明服，惟民其敕懋和。若有疾，惟民其毕弃咎。若保赤子，惟民其康乂。非汝封刑人杀人，无或刑人杀人。非汝封又曰劓刵人，无或劓刵人。”

【译文】

王说：“唉！封啊！假如按照这些道理来使用刑罚，臣民就会顺服，他们就会勤劳地从事生产并且相互勉励不去犯上作乱。应当像医治自己疾病一样，尽力让臣民完全抛弃各自的错误。应当像护理小孩一样，尽力把臣民治理好，都能得以安康。并不是你封在惩罚人在杀人，那是上帝的意旨；要按照上帝的意旨去办，不要专断地根据自己的意愿去惩罚人、杀人。还应当说，不是你封在割人家的鼻子和耳朵，那也是上帝的意旨；要根据上帝的意旨去办，不要专断地根据自己的意愿去割人家的鼻子和耳朵。”

王曰：“外事，汝陈时臬，司师，兹殷罚有伦。”又曰：“要囚，服念五六日，至于旬时，丕蔽要囚。”

【译文】

王说：“对外，你要宣布这就是你施用刑罚的准则，这就是按照殷商时代的刑法来治理众民的。”又说道：“在审查犯人的供辞时，要考虑五到六天，甚至要考虑十天，一定要非常慎重地去审查犯人的供词。”

يقول الملك: «يا فنغ، ينبغي أن يكون هناك الإجراء المنظم لهذه المسألة. عندما تبدي تمييزا عظيما وتقهر قلوب الرجال، فإن الناس سوف يحذر بعضهم بعضا، وسوف يسعون ليكونوا مطيعين. تعامل بحزم ولكن بلسن مع الشرير، كما لو أنه مرض في جسدك، وسوف ينبذ الناس تماما أخطاءهم؛ تعامل معهم، كما لو أنك تحمي أطفالك الرضع، وسوف يصبح الناس مطمئنين ومنظمين. لست أنت يا فنغ، تفرض عقوبة قاسية أو الموت على رجل، وكذلك لا تعاقب رجلا أو تحكم عليه بالموت، لترضي نفسك. الأكثر من ذلك، ليس أنت يا فنغ، يمكنك أن تفرض عقوبة خفيفة بقطع أنف أو أذني رجل؛ لا تتسبب في قطع أنف أو أذني رجل، لترضي نفسك.»

يقول الملك: «في الأشياء البعيدة عن ملاحظتك الآنية ضع القوانين التي يراعيها مسؤولوك، وتلك ينبغي أن تكون قوانين العقوبات الجنائية في ين والتي تم تنظيمها بطريقة صحيحة.» ويقول أيضا: «في فحص الأدلة في القضايا الجنائية، تمعن فيها لمدة خمسة أو ستة أيام وحتى عشرة أيام أو ثلاثة شهور. وهكذا يمكنك ان تصل بشجاعة إلى قرار في قضايا كهذه.»

王曰："汝陈时臬，事罚。蔽殷彝，用其义刑义杀，勿庸以次汝封。乃汝尽逊，曰时叙，惟曰未有逊事。

【译文】

王说："你宣布了这些施用刑罚的准则以后，就可以从事惩罚了。在根据殷商刑法来判罪时，一定要采用这种原则：凡是应该受到惩罚的就一定要加以惩罚，凡是应该杀掉的就一定要把他杀掉，不要按照你康叔封的想法来行事。你应当完全做到小心谨慎，你要说这是按照上帝的意旨行事的，还要说，你没有一件事不是小心谨慎的。

"已！汝惟小子，未其有若汝封之心，朕心朕德惟乃知。

【译文】

"唉！你虽然是个年轻人，但没有比你封的心地再好的了，我的愿望，我治理民众的德政，也只有你才能够了解。"

"凡民自得罪，寇攘奸宄，杀越人于货，暋不畏死，罔弗憝。"

【译文】

"凡是民众有犯罪的，比如各种各样的盗贼，杀人并抢夺人家的财物，强横不怕死，这样的盗贼，是没有人不痛恨的。"

王曰："封！元恶大憝，矧惟不孝不友。子弗祗服厥父事，大伤厥考心；于父不能字厥子，乃疾厥子。于弟弗念天显，乃弗克恭厥兄；兄亦不念鞠子哀，大不友于弟。惟吊兹，不于我政

يقول الملك: «في استعراض أعمال القوانين، سوف يتم تحديد العقوبات من خلال ما كانت عليه قوانين ين العادية. ولكن عليك أن ترى أن تلك العقوبات وخاصة عقوبة الموت، قويمة. ولا ينبغي أن تدعها تؤول لتتفق مع ميولك الخاصة، يا فنغ. وهكذا فإنها ستكون متفقة تماما مع الحق، ويمكنك أن تقول: إنها منظمة بطريقة سليمة.ولكن عليك أن تقول في ذات الوقت إنه قد لا تكون متفقة تماما مع الحق.

«بيد أنك، برغم أنك الشاب الصغير، من ذا الذي لديه قلب يشبهك، يا فنغ؟ إن قلبي وفضيلتي معروفان لديك أيضا.»

«أولئك الذين يرتكبون بأنفسهم الجرائم، يسلبون ويسرقون ويمارسون الخسة والغدر، والذين يقتلون الرجال أو يهاجمونهم بعنف ليأخذوا ممتلكاتهم، فإنهم متهورون لا يخافون الموت؛ فإنهم ممقوتون من الجميع.»

يقول الملك: «يا فنغ، إن مثل هؤلاء المجرمين ممقوتون كثيرا، أما الأكثر منهم مقتا فهم من لا يبرون آباءهم وإخوتهم! مثل الابن الذي لا ينهض بواجبه تجاه أبيه، وإنما يؤلم قلب والده كثيرا، والأب الذي لم يعد يستطيع أن يحب ابنه وإنما يكرهه؛

人得罪，天惟与我民彝大泯乱。曰：乃其速由文王作罚，刑兹无赦。

【译文】

王说："封啊！那种罪大恶极的人，也是不孝顺不友爱的人。做儿子的不恭敬地按照他父亲的要求做事，这样就会使他的父亲大为伤心；于是做父亲的就不会疼爱他的儿子，反而讨厌他的儿子了。做弟弟的不去考虑上帝的权威，这样就不会恭敬地对待他的兄长；于是做兄长的也不为他幼小的弟弟缺乏教养而哀痛，对他弟弟的态度很不友好。民众到了这种不孝不恭不慈不友的地步，还不到我们执政者这里来认罪，这样，上帝赐给我们的统治民众的大法，便遭到了严重的破坏。你就应该迅速地按照文王所制定的刑法，对这些人严加惩罚而不要稍有宽恕。

"不率大戛，矧惟外庶子、训人。惟厥正人越小臣诸节，乃别播敷，造民大誉，弗念弗庸，瘝厥君。时乃引恶，惟朕憝。已！汝乃其速由兹义率杀。

【译文】

"不遵循国家的大法，也是由我们的官员造成的。那些各级的掌权者以及他们的下属官员，另搞一套，欺骗民众，树立个人的声誉，对于国家的大法根本不放在心上，不去遵照执行，煽动民众仇恨他们的君主。这就助长了民众的罪恶，我是特别讨厌这种人的。唉！你就应当迅速地根据这些罪恶，按照国家的法律把他们杀掉。

"亦惟君惟长，不能厥家人，越厥小臣外正。惟威惟虐，大

ومثل الابن الأصغر الذي لا يفكر في المشيئة البينة للسماء ويرفض احترام أخيه الأكبر، والابن الأكبر الذي لا يفكر في كدح والديه لتربية أطفالهما ويكون غير ودود للغاية تجاه أخيه الأصغر. إذا نحن المكلفين من الحكومة لا نعامل الذين يمضون قدما في مثل هذه الوحشية باعتبارهم مذنبين، فإن قوانين طبيعتنا الممنوحة من السماء إلى شعبنا سوف تكون في اضطراب عظيم وتدمر. ينبغي أن تكون حازما في التعامل بسرعة مع هؤلاء وفقا لقوانين العقوبات الجنائية للملك ون، وتعاقبهم بقسوة ومن دون رحمة.

«من بين أولئك الذين لا ينصاعون لقوانين الدولة المسؤولون والموظفون في دولتك كمرشدين للشباب، ورؤساء الإدارات الرسمية والمسؤولون الأصغر المكلفون بمهماتهم في دويلات الأمراء. حيث ينشرون أوامر أخرى، ساعيين لنيل مديح الناس ولا يفكرون في واجباتهم، ولا يستخدمون قواعد مناصبهم، وإنما يكدرون حاكمهم! وهذا يقود الناس إلى الشر، وهم ممقوتون بالنسبة لي. ينبغي أن تحكم عليهم بالموت بسرعة، وفقا لما هو حق.»

«وأنت ستكون بنفسك الحاكم والرئيس؛ إذا لا يستطيع الأمراء إدارة أفراد أسرهم

放王命，乃非德用乂。汝亦罔不克敬典，乃由裕民，惟文王之敬忌，乃裕民。曰：我惟有及，则予一人以怿。”

【译文】

“也有这种情况，他们是诸侯国君，是统治民众的人，但他们却不能教育他们的家人以及他们的内外官员相互亲善。他们只是在那里作威作福，完全违背了国王的命令，对这种情况就不是用德化的方法可以治理好的。你对国家的大法，没有不尊重的，你应当根据国家的大法来教育众民，只有你才能像文王那样心怀尊敬和畏惧，从而把民众治理好。应当告诉你：我是在努力地继承文王的传统，你能够这样做，我是非常高兴的。”

王曰：“封！爽惟民迪吉康。我时其惟殷先哲王德，用康乂民作求。矧今民罔迪不适，不迪则罔政在厥邦。”

【译文】

王说：“封啊！只有众民走上了我们所要求的轨道，国家才会安康。我们应当考虑殷商过去圣明国王的德政，只有把民众治理好，因而实现了国家的安康，才是最终目的。何况现在的民众，如果没有人去引导他们，他们就不会向善；不去引导他们，你们国家的政治就搞不好。”

王曰：“封！予惟不可不监，告汝德之说于罚之行。今惟民不静，未戾厥心，迪屡未同。爽惟天其罚殛我，我其不怨。惟厥罪无在大，亦无在多，矧曰其尚显闻于天。”

ومسؤوليهم الصغار، ليستخدموا فقط الترهيب والعنف، ويتخلوا جانبا على نحو كبير التكليف الملكي، فلا تحاول إدارتهم بالفضيلة.» «ينبغي عليك ألا تعاقبوهم بقوانينك. ينبغي أن تحفظ على تحذير الملك ون في مكافأة الطيب ومعاقبة الشر، وتقول للشعب: لا نسعى إلا أرث الملك ون. هكذا أبتهج.»

يقول الملك: «يا فنغ، عندما أفكر بوضوح في الناس، أرى أنهم ينبغي أن يقادوا بالمثل إلى السعادة والطمأنينة. أفكر في فضيلة ملوك ين الحكماء السابقين، الذين طمأنوا ونظموا الناس، وأرفع نفسي لأجعلها خاصة بي. فضلا عن ذلك، الناس حاليا من المؤكد أن يتبعوا قائدا. إذا لا يقودهم المرء، لا يمكن أن يقال إنه يمارس حكما في دولتهم.»

يقول الملك: «يا فنغ، إنني لا أستطيع أن أستغني عن فحص القدماء، وأنا ألقي عليك هذا البيان حول الفضيلة في استخدام العقوبات. الناس حاليا ليسوا هادئين؛ وعقولهم لم تستقر، ولا يقاومون قيادتي لهم، ولم يتوافقوا مع الحكومة. إنني أعتبر ذلك

【译文】

王说："封啊！我们不可以不去总结经验教训，我要告诉你如何施用德政，如何施用刑罚。现在天下的臣民还很不安定，他们的心还没有完全服从我们，虽然我们屡次教育他们，但他们还是不服从我们的统治。这是上帝对我们的惩罚，我们是不应当表示怨恨的。对待众民的罪过，不要去考虑大小，也不要去考虑多少，应当按照上述办法分别情况，妥善处理，何况说，这些罪过都是要为上天所了解呢？"

王曰："呜呼！封，敬哉！无作怨，勿用非谋非彝，蔽时忱。丕则敏德，用康乃心，顾乃德。远乃猷裕，乃以民宁，不汝瑕殄。"

【译文】

王说："唉！封啊，要小心谨慎地治理你的国家！不要产生埋怨的情绪，不要采用那些错误的办法，以及不合国家大法的措施，从而隐蔽了你的这种诚心。要因时制宜，推行德教，要经常安定你的思想，经常总结经验教训，看看你的措施，是否符合德政。对于治民之道，你要深谋远虑，这样，你才能使民众安定下来，他们也就无法找到你的过错把你推翻。"

王曰："呜呼！肆汝小子封，惟命不于常，汝念哉！无我殄享。明乃服命，高乃听，用康乂民。"

【译文】

王说："唉！现在我要告诉你这年幼的封，要想到上帝的大命是有所变化的，你要好好地考虑啊！不要因为你没有把国家治理好而断绝了

بوضوح قاسيا مثل بلاء من السماء عليّ، ولا أجروٌ على أن أهمهم. إن جرائم الناس، برغم أنها ليست كبيرة وليست كثيرة، سوف تحمل كلها عليّ، الأكثر من ذلك ما سيقال عندما يُرفع التقرير عنها بيّنا إلى السماء!»

يقول الملك: «يا فنغ، كن وقورا، ولا تفعل ما يسبب الهمهمة، ولا تستخدم مستشارين سيئين وسبلا غير معروفة. بعزيمة الصدق، اعط نفسك لمحاكاة الفضيلة الفاعلة للقدماء. ومن ثم امنح عقلك السكينة وافحص فضيلتك، واجعل خططك تمضي قدما. وبتسامحك الكريم، ستجعل الناس مطمئنين في خير، ولن اضطر إلى لومك أو إبعادك.»

يقول الملك: «يا فنغ، أيها الشاب الصغير، إن تنصيبات السماء ليست ثابتة. فكر في هذا ولا تجعلني أنزع عنك كرامتك. اجعل التكليف الذي تلقيته واضحا؛ تمسك بالتعاليم التي سمعتها وطمئن الناس ونظمهم وفقا لذلك.»

我们对祖先的祭祀。要努力担负起你的责任，经常听取我给你的教导，只有把众民治理好，我们的国家才能得到安康。”

王若曰：“往哉！封，勿替敬，典听朕告，汝乃以殷民世享。”

【译文】

王说：“去吧！封啊，不要丢掉了小心谨慎的作风，要经常地听取我的教导，你就能够世世代代统治殷民了。”

تحدث الملك قائلا: «اذهب يا فنغ، لا تهمل القوانين التي ينبغي عليك أن ترجع إليها؛ اصغ إلى ما أخبرتك به؛ وهكذا فإنك بين أبناء ين سوف تتمتع بكرامتك، وسوف تنقلها إلى ذريتك.»

酒　诰

王若曰："明大命于妹邦。乃穆考文王，肇国在西土。厥诰毖庶邦庶士越少正、御事朝夕曰：祀兹酒。惟天降命，肇我民，惟元祀。天降威，我民用大乱丧德，亦罔非酒惟行；越小大邦用丧，亦罔非酒惟辜。

【译文】

王说："我要在这殷商的旧都向你明确地颁布教令了。你那尊敬的父亲——文王，在西方缔造了我们的国家。他曾经从早到晚告诫诸侯国君及其官吏们说：要谨慎，只有在祭祀的时候，才可以用酒。考虑一下上帝所下达的意旨吧！当上帝开始为我们臣民造酒的时候，就是为了那盛大的祭祀。上帝降下惩罚了，是因为我们的众民胆敢犯上作乱，丧失了他们应当遵守的道德，究其原因，无非是以酒乱行；有些诸侯国灭亡了，那也是众民饮酒过度带来的灾祸。

"文王诰教小子有正有事，无彝酒；越庶国，饮惟祀，德将无醉。惟曰我民迪小子，惟土物爱，厥心臧。聪听祖考之彝训，越小大德，小子惟一。

البيان حول السُكْر

تحدث الملك قائلا: «هل عرضتم بوضوح توجيهاتي العظيمة في بلاد ميّ. عندما وضع والدك الموقر، الملك ون، أسس بلادنا في المنطقة الغربية، ألقى بيانات وتحذيرات على أمراء المناطق العديدة وعلى كل كبار مسؤوليه ومساعديهم ومديري الشؤون، قائلا في الصباح والمساء في القرابين، يجب أن تستخدم المشروبات الروحية. عندما كانت السماء ترسل مرسومها المبشر، وتضع أسس رفعة شعبنا، كانت المشروبات الروحية تستخدم فقط في القرابين العظيمة. عندما تنزل السماء أهوالها، ويضطرب أبناء شعبنا تبعا لذلك ويفقدون فضيلتهم فإن ذلك يمكن إرجاعه إلى انغماسهم في المشروبات الروحية؛ نعم إن خراب البلدان، الصغيرة والكبيرة بواسطة تلك الأهوال، ينجم عن إثمهم في استخدام المشروبات الروحية.

«إن الملك ون، قد حذر ووجه النبلاء الصغار، الذين تم تكليفهم بمناصب أو بأي وظيفة، بأنهم لا ينبغي أن يستخدموا المشروبات الروحية على نحو عادي؛ وفي كافة أرجاء البلاد وجه بما يجب أن يُشرب من المشروبات الروحية فقط في مناسبات القرابين، وهكذا فإن الفضيلة سوف تتصدر ومن ثم لن يكون هناك سُكْر. قال: دعوا

【译文】

“文王告诫他的子孙以及官员们说：不许经常饮酒；同时也要求诸侯国君，只有在祭祀的时候，才可以饮酒，在饮酒的时候，要以德行要求自己，不要喝醉了。文王还说，要经常教导我的臣民及子孙，要他们经常想到土地上生长的庄稼是应当爱惜的，这样他的心地就会善良了。一定要很好地听取我们的前辈所留下的这些教训，无论德行大小或者是年轻人，都应当同样戒酒。

“妹土，嗣尔股肱，纯其艺黍稷，奔走事厥考厥长。肇牵车牛，远服贾，用孝养厥父母。厥父母庆，自洗腆，致用酒。

【译文】

“殷商旧都的殷民们，从今以后，你们要尽力劳动，专心致志地种好庄稼，要为你们的父兄，以及你们的官长奔走效劳。在农事完毕以后，你们就可以赶快牵着牛车，到外地从事贸易，以孝敬赡养你们的父母。你们的父母一定会高高兴兴地自己动手准备丰美的饭食，在这时，你们就可以饮酒了。

“庶士、有正越庶伯、君子，其尔典听朕教。尔大克羞耇惟君，尔乃饮食醉饱。丕惟曰：尔克永观省，作稽中德。尔尚克羞馈祀，尔乃自介用逸。兹乃允惟王正事之臣，兹亦惟天若元德，永不忘在王家。”

【译文】

“官员们，希望你们要经常听取我的教导。只要你们能够很好地奉养长辈和国君，你们就不但饭可以吃得饱，酒也可以喝得足了。这样，

أبناء شعبي يُعَلِّمون الرجال الشباب أن يحبوا فقط منتجات التربة، ومن ثم تصبح قلوبهم طيبة. دعوا الشباب أيضا يصغون بحكمة للتوجيهات الدائمة لآبائهم؛ ودعوهم ينظرون إلى الأعمال الفاضلة، سواء أكانت عظيمة أو ضئيلة، بعناية واهتمام.

«أيا أبناء شعب أرض مي، إذا تستطيعون استخدام أطرافكم، وزراعة الدخن على نطاق واسع، والإسراع في خدمة آبائكم والمسنين؛ وإذا بعرباتكم وثيرانكم تذهبون وتجيئون باجتهاد لمسافة بعيدة، فإنكم ترعون ببر آباءكم، وهكذا عندما يكون آباؤكم سعداء، قد يمكنكم تقديم مشروباتكم الروحية صافية وقوية، واستخدامها.

«أنصتوا على الدوام لتعاليمي، كلكم أيها المسؤولون الكبار ويا رؤساء الإدارات، ويا أيها القادة النبلاء؛ عندما تؤدون على نطاق واسع واجبكم تجاه رعاية المسنين من أهلكم، وخدمة حاكمكم، يمكنكم أن تأكلوا وتشربوا بحرية حتى التخمة. وللحديث عن الأشياء العظيمة: عندما تستطيعون الحفاظ على فحص دائم وحذر لأنفسكم، ويكون سلوككم متفقا مع الفضيلة الصائبة، يمكنكم تقديم القرابين، وفي ذات الوقت تنخرطون في الاحتفالات. في مثل هذه الحالة، سوف تكونون حقا وزراء يؤدون الخدمة الصائبة لملكهم، وسوف تستحسن السماء أيضا فضيلتكم العظيمة، ومن ثم فلن تكونوا منسيين

就可以说：你们是能够长久地观察自己的行为，使自己的言行举止合乎我们的道德标准。这样，你们也就基本上可以参与国王所举行的祭祀，你们也就可以向上帝祈求安乐了。这就是说你们都是为国王所信任并为国王办理各种政务的官员，你们能够按照上帝所规定的大德行事，时刻不失自己作为国王的臣下的身份。”

王曰：“封！我西土棐徂邦君御事小子，尚克用文王教，不腆于酒，故我至于今，克受殷之命。”

【译文】

王说：“封啊！过去我们西方本土的诸侯国君及其官吏们，能够遵照文王的教导，不喜好饮酒，所以我们今天能够灭掉殷商并代替殷商接受上帝所赐予的大命。”

王曰：“封！我闻惟曰：‘在昔殷先哲王迪畏天显，小民经德秉哲。自成汤咸至于帝乙，成王畏相，惟御事厥棐有恭。不敢自暇自逸，矧曰其敢崇饮？越在外服，侯甸男卫邦伯，越在内服，百僚庶尹惟亚惟服、宗工越百姓里居，罔敢湎于酒，不惟不敢，亦不暇。惟助成王德显，越尹人祗辟。’

【译文】

王说：“封啊！我听到这种说法：‘从前殷商圣明的国王都是引导小民敬畏上帝的，小民都能够遵从道德，对统治者表示敬慕。从成汤到帝乙的王业所以成就，就是因为小民对上帝和统治者表示敬畏并能自我省察。官吏们各尽其职，办理政务非常恭谨，丝毫不敢擅自贪图享受，何况是尽情饮酒呢？在京城以外的诸侯国君，在朝内的各种官吏和宗室

أبدا في البيت الملكي.»

يقول الملك: «يا فنغ، في منطقتنا الغربية، أمراء الدويلات والنبلاء الصغار، وأبناء مديري الشؤون، الذين ساعدوا في الأيام الخوالي الملك ون، كانوا جميعا قادرين على طاعة دروسه، ويمتنعون عن التجاوز في استخدام المشروبات الروحية، ولهذا فإنني أتسلم الآن التنصيب الذي يخص ين.»

يقول الملك: «يا فنغ، لقد سمعت أنه في سالف الزمان أظهر الملك الأول الحكيم لبلاد ين رهبة تبجيلية للمبادئ الساطعة للسماء وللناس الأدنى، وتصرف وفقا لذلك، راسخا في فضيلته، ومتمسكا بحكمته. ومن الملك تانغ الناجح وصولا إلى الملك دي يي، أتموا جميعهم فضيلتهم الملكية ووقروا وزراءهم الكبار، ومن ثم فإن مديري الشؤون لهم أدوا واجباتهم المساعدة، ولم يسمحوا لأنفسهم بالكسل والمتعة؛ فكيف كانوا يجرؤون على الانغماس في الشرب! الأكثر من ذلك، في الولايات الخارجية، فإن أمراء هوه، ديان، نان، تساي، وي، مع قادتهم الكبار، وفي الولايات الداخلية، فإن كافة المسؤولين العديدين، ومديري الإدارات المتعددة، والمسؤولين الأدنى والموظفين ورؤساء العائلات الكبيرة، والرجال أصحاب الأسماء المميزة الذين يعيشون في عزلة، كلهم كانوا يتحاشون الانغماس في المشروبات الروحية. ليس فقط أنهم لم يجرؤوا على الانغماس فيها، وإنما أيضا لم تكن لديهم رفاهية فعل ذلك، كونهم مشغولين

贵族大家都不敢成天喝酒，不单是不敢这样做，也是没有闲暇这样做。他们所考虑的只是如何帮助国王成就显赫的功业，以及使各种官吏都对国王表示敬畏。’

“我闻亦惟曰：‘在今后嗣王酣身，厥命罔显，于民祇保越怨，不易，诞惟厥纵淫泆于非彝。用燕丧威仪，民罔不衋伤心。惟荒腆于酒，不惟自息乃逸。厥心疾很，不克畏死。辜在商邑，越殷国灭，无罹。弗惟德馨香祀，登闻于天，诞惟民怨，庶群自酒，腥闻在上，故天降丧于殷。罔爱于殷，惟逸。天非虐，惟民自速辜。’”

【译文】

“我还听到这种说法：‘现在殷商的后继国王沉醉在饮酒作乐之中，不去成就上帝降给他的大命从而建立显赫的功业，安于臣民对他的怨恨，不思悔改，纵欲无度，沉湎在极不合乎道德和法度的安乐享受之中。由于贪图安乐和享受以至丧失了应有的威仪，臣民无不感到痛苦和伤心。他只考虑如何尽情地饮酒作乐，而不考虑停止自己这种过分的享受。他心地乖戾狠毒，是个亡命之徒。他在殷商的故都犯下了许多大罪，到殷国灭亡的时候，便形成了众叛亲离的局面。没有德政报告给上帝，也不给上帝祭祀，臣民对他非常怨恨，都放肆地饮酒，那酒肉的腥味冲到天上，被上帝闻到了，所以上帝就把亡国的大祸降给殷。上帝之所以不喜欢殷，就是因为他们贪图享受的缘故。不是上帝暴虐，而是殷商的臣民自己招来这种亡国的祸害。’”

王曰：“封！予不惟若兹多诰。古人有言曰：‘人，无于水监，当于民监。’今惟殷坠厥命，我其可不大监，抚于时。

بالمساعدة في إتمام فضيلة الملك وجعلها أكثر بهاء، ومساعدة مديري الشؤون بوقار ليكونوا في خدمته.

«لقد سمعت أيضا أن آخر خلفاء أولئك الملوك كان مدمنا للشرب، ومن ثم لم يصدر عنه تكليف مشرق أمام الناس، وكان كما لو أنه مصمما بإعجاب وبدون تغيير على فعل ما يثير الغضب. لقد هجر بشكل كبير فضيلة استثنائية وبددها، وسعيا للمتعة فضحى بكل جلاله وسلطانه. كان الناس حزينين بشدة ومجروحين في قلوبهم؛ ولكنه سلم نفسه على نطاق واسع للشرب، ولم يفكر في ضبط نفسه وواصل تجاوزه حتى صار عقله مسعورا، ولم يكن لديه خوف من الموت. جرائمه تراكمت في عاصمة شانغ، وعلى الرغم من أن انقراض السلالة الحاكمة كان حتميا، لم يكن ذلك يقلقه، فلم يصعد أي قربان بالرائحة الطيبة من الفضيلة إلى السماء. الرائحة الكريهة من غضب الناس، وسُكر قطيعه من المخلوقات صعدا عاليا، ومن ثم أنزلت السماء الخراب على ين، ولم تبد محبة لها بسبب تلك التجاوزات. ليس ثمة قمع وحشي من السماء؛ إن الناس أنفسهم يسارعون إثمهم وعقابها.»

يقول الملك: «يا فنغ، لقد ألقيت عليك هذا البيان الطويل ليس من أجل متعة فعل ذلك؛ ولكن القدماء قالوا لا تدع الرجال ينظرون إلى الماء، دعهم ينظرون في أبناء

【译文】

王说："封啊！我不仅用这些道理告诫你，还希望你认真考虑古人的遗教：'人，不要把水当作镜子，而应当把臣民当作镜子。'现在殷商已经丧失了上帝降给他的大命，我哪里敢不根据殷商灭亡的史实认真地总结经验教训呢？

"予惟曰：'汝劼毖殷献臣，侯甸男卫，矧太史友、内史友，越献臣百宗工。矧惟尔事，服休服采，矧惟若畴，圻父薄违，农父若保，宏父定辟，矧汝，刚制于酒。'

【译文】

"我经过一番认真地思考之后，要这样告诉你：'你要慎重地训诫殷商的遗臣和诸侯国君，以及记事记言的史官，还有原来殷商朝内的许多贤臣。还要告诫你的部下以及你的管理游宴休息和朝祭的近臣，还有你的三种大臣：讨伐叛乱的司马、管理农业生产的司徒、主持司法事务的司空，加上你本人，都要采取严厉手段强行戒酒。'

"厥或诰曰：'群饮。'汝勿佚，尽执拘以归于周，予其杀。又惟殷之迪，诸臣惟工，乃湎于酒，勿庸杀之，姑惟教之。有斯明享，乃不用我教辞，惟我一人弗恤，弗蠲乃事，时同于杀。"

【译文】

"假若有人报告你说：'有一群人在一起饮酒。'你就不要放纵他们，要把他们全部逮捕并押送到我这里来，我要把他们杀掉。假若是原

الشعب كمرآة لهم. وتعلم كيف تضمن طمأنينة عصرنا وراحته.

«إنني أقول لك، أنذر بشدة الوزراء أصحاب الجدارة من ين، والأمراء من مناطق هوه، ديان، نان، تساي، وي؛ والأكثر من ذلك أن تنذر أصدقاءك، المسجلين الكبار، وكل وزرائك أصحاب الجدارة، ورؤساء العائلات الكبيرة؛ والأكثر منهم أولئك الذين تخدمهم، ومن تناقش معهم الأمور بهدوء، ومن ينفذون إجراءاتك؛ والأكثر منهم أولئك الذين يعتبرون، كما كان الحال، رفاقك وزير الحرب الذي يتعامل مع التمردات، وزير الإرشادات الذي يعد بمثابة حامي الشعب، ووزير الأشغال الذي يوطد التخوم، أن يمتنعوا عن الشرب بصرامة.

«إذا تم إبلاغك بأن ثمة مرافقين يشربون معا، لا تتورع عن القبض عليهم جميعا. بالنسبة لوزراء ومسؤولي ين الذين انساقوا إلى ذلك وصاروا مدمنين للشرب، ليس من الضروري أن تقضي عليهم بالموت في الحال؛ دعهم يتعلمون لبعض الوقت. إذا هم يتبعون دروسي، سوف أمنحهم امتيازا عاليا. إذا يتجاهلون دروسي، فإنني، أنا الرجل الواحد، لن تأخذني بهم شفقة. وطالما أنهم لا يستطيعون تغيير طريقتهم، فسوف يصنفون مع أولئك الذين يقضى عليهم بالموت.»

来殷商的旧臣以及掌管手工业生产的百工，过分饮酒，就不要杀掉他们而应当教育他们。有了这样明确的教令之后，假若有人仍然敢于不遵从我的这些教令，对我的威严不感到畏惧，不使自己的政务清明，对于这样的人也要和上述的人一样把他们杀掉。”

王曰：“封！汝典听朕毖，勿辩乃司民湎于酒。”

【译文】

王说：“封啊！你要经常听取我的教训，不要使你所统治的臣民喜好饮酒。”

يقول الملك: «يا فنغ، انتبه دائما لنصائحي. إنك إذا لا تدير المسؤولين بشكل صائب، فسوف يستمر ضياع الناس في السُكر.»

梓材

王曰："封！以厥庶民暨厥臣，达大家，以厥臣达王惟邦君。汝若恒，越曰：'我有师师：司徒、司马、司空、尹旅。'曰：'予罔厉杀人。'亦厥君先敬劳，肆徂厥敬劳！肆往奸宄杀人历人宥，肆亦见厥君事戕败人宥。"

【译文】

王说："封啊！对我的教令，要由公卿巨室下达到他所统辖的臣民，由王与诸侯国君下达到他的部下官吏。你要经常这样做，还要说：'我有许多大臣如司徒、司马、司空，以及许多卿士大夫。'还要告诉他们说：'我不会杀掉无罪的人。'你要先于国王，对他们表示尊敬和慰劳，赶快去对他们表示尊敬和慰劳吧！对于过去曾经抢夺人家货物，或者是杀掉奴隶的人要宽恕他们；对于那些曾经刺探国君情报以及残害人的身体的人，也要宽恕他们。"

王启监，厥乱为民。曰："无胥戕，无胥虐，至于敬寡，至于属妇，合由以容。"王其效邦君越御事："厥命曷以？引养引恬，自古王若兹监，罔攸辟。"惟曰："若稽田，既勤敷菑，惟其陈修，为厥疆畎；若作室家，既勤垣墉，惟其涂塈茨；若作梓材，既勤朴斫，惟其涂丹雘。"

خشب الهضيد (نوع من النباتات)

يقول الملك: «يا فنغ، إن ضمان فهم جيد بين الحشود من الشعب ومن الوزراء من ناحية، ومن العائلات الكبيرة من الناحية الأخرى؛ ومرة أخرى لضمان نفس الشيء بين كافة الرعايا تحت إمرته؛ مهمة حاكم الدولة. في إصدار أوامرك، إنك إذا تقول بانتظام إن تعاليمي التي أتبعها، يا وزير الحرب ويا وزير الأشغال، ويا رؤساء الإدارات وكل المسؤولين، هي أنني لن أقضي بالموت ظلما بأي حال. دع الحاكم أيضا يضرب مثلا في احترام وتشجيع الناس، وسوف ينبثق عن ذلك أيضا احترامهم وتشجيعهم. ثم دعه يمضي، في التعامل مع الشر والخيانة، مع القتلة والمتسترين على المجرمين، بممارسة الرأفة حيث يمكن فعلها، وبطريقة مماثلة يكون ذلك مع من يسيئون للآخرين ويضرون بطيعتهم الشخصية.»

عندما عيّن الملك مراقبين للدويلات، فإنهم فعلوا ذلك لحكم الناس. قال الملك: «لا تفسحوا المجال للعنف أو القمع، وإنما اقصدوا إلى إبداء الاحترام المبجل لمن لا أصدقاء بهم، وإيجاد العون لأقارب النساء المعوزات. تعاملوا مع الجميع وفقا لهذه الطريقة، وارعوهم. وعندما أعطى الملوك أوامرهم إلى حكام الدويلات وإلى مديري الشؤون، ماذا

【译文】

国王设立了诸侯国君，全是为了治理臣民。王说："不要互相残害，不要互相虐待，对无夫无妻的老人要尊敬，对于微贱的妇人也要爱护，他们犯了罪都要加以宽恕。"国王还教训诸侯国君及其官吏们说："我的命令是什么呢？不就是要求你们好好地养活小民，好好地统治小民，使他们安于自己的处境而不犯上作乱。自古以来，国王都是按照这种经验统治小民的，因而在他们的统治之下，就没有发生犯上作乱的事情。"国王又说："好比种田，既然辛勤地把土地耕起来并播上种子，那就应当考虑修治疆界和田间水渠；好比建筑房屋，既然辛勤地筑起高墙和矮墙，那就应当考虑用茅草盖好屋顶，并涂补好屋顶上的漏洞；好比用上等木材制作家具，既然辛勤地把木材加工成家具，那就应当涂上上等颜色，以求美观。"

今王惟曰："先王既勤用明德，怀为夹，庶邦享作，兄弟方来，亦既用明德。后式典集，庶邦丕享。皇天既付中国民越厥疆土于先王，肆王惟德用，和怿先后迷民。用怿先王受命。已！若兹监。"惟曰："欲至于万年，惟王子子孙孙永保民。"

【译文】

现在，王说："从前我们的国王辛勤而努力地推行德政，一些贤臣都主动地来做助手，辅助国王推行德政，许多诸侯都来纳贡称臣，甚至兄弟之国也来表示臣服，也是因为努力推行德政的缘故。诸侯国君经常集合在一起，前来朝贡，这样便使更多的诸侯国前来纳贡称臣。上帝既然把中国的臣民和疆土托付给先王，现在国王只有推行德政，殷商遗民中的顽固派，才会先后心悦诚服地服从于我们的统治。先王从上帝那里接受的大命，才得以长期地维持下去。唉！要很好地总结这种经验教

كان تكليفهم؟ كان أنهم ينبغي أن يقودوا الناس للتمتع بالوفرة والسلام. هكذا كانت طريقة الملوك منذ قديم الزمان. على المراقب أن يتجنب استخدام العقوبات.» يقول الملك: «كما في تدبير الحقل، عندما تتم فلاحة التربة جيدا، ينبغي المضي بنظام لعمل حدودها ومسارات الماء فيها؛ وكما في بناء البيت، بعد الكدح في إقامة جدرانه، ينبغي وضع الجص والقش عليها؛ وكما في العمل بخشب الهضيد، عند إتمام الصقل والتنعيم، ينبغي وضع اللون الأحمر والألوان الأخرى.»

«الآن، جلالتك يقول إن الملوك السابقين استخدموا بدأب فضيلتهم المتألقة، وأنتجوا مثل تلك المودة برعايتهم الأمراء، الذين جلبوا من كافة الدويلات القرابين، وجاءوا بمحبة أخوية من كافة الاتجاهات، وبالمثل أظهروا فضيلتهم متألقة. ألا تستخدم، أنت أيها الملك، أساليبهم لتحقق ترابط الأمراء، وسوف تأتي كافة الدويلات على نطاق واسع بالقرابين. لقد منحت السماء تلك البلاد بشعبها وأرضها إلى الملوك السابقين، فهل أنت يا ملكنا الحالي، تبدي فضيلتك، محققا تناغما لطيفا بين الشعب الضال، تقودهم وتحثهم؛ وكذلك أيضا ألا تريح وتواسي الملوك

训。”又说：“要想使我们的统治保持万年，就必须使王的子子孙孙永远治理好广大民众。”

السابقين، الذين تلقوا التنصيب من السماء. نعم، اجعل تلك الأشياء هي دراستك. إنني أقول ببساطة رجائي بأن بلادك تستمر سنوات لا يحصى لها عدد، وأن يكون خلفاؤك دائما حماة للشعب.»

召 诰

惟二月既望，越六日乙未，王朝步自周，则至于丰。

【译文】

二月十六日，又过去六日，在乙未这天，王早晨从周出发，到了丰邑。

惟太保先周公相宅，越若来三月，惟丙午朏。越三日戊申，太保朝至于洛，卜宅。厥既得卜，则经营。越三日庚戌，太保乃以庶殷攻位于洛汭。越五日甲寅，位成。

【译文】

太保召公在周公之前，到洛地勘察宫室宗庙的基地，到了三月初三，新月露出光辉。又过了三日，到戊申这天，太保在早晨到了洛地，占卜宫室宗庙的基地。在占卜中得到吉兆，便开始营建。过了三天，到庚戌这天，太保便率领许多殷民在洛水入黄河处营建宗庙宫室的基地。过了五日，到甲寅这天，基地建成。

若翼日乙卯，周公朝至于洛，则达观于新邑营。越三日丁巳，用牲于郊，牛二。越翼日戊午，乃社于新邑，牛一，羊一，

بيان النبيل تشاو

في الشهر الثاني، في يوم يي- وي، بعد ستة أيام من البدر، مضى الملك في الصباح من تشو إلى فنغ.

من ذلك المكان، ذهب الحارس الكبير قبل النبيل شو لمسح موقع العاصمة الجديدة؛ وفي الشهر الثالث، في يوم وو- شن، اليوم الثالث بعد البزوغ الأول للقمر على بينغ- وو، جاء في الصباح إلى لوه. أجرى العرافة حول المواقع العديدة، وبعد أن حصل على أمارات مبشرة، شرع في وضع الخطة للمدينة. في يوم قنغ- شو، بعد ثلاثة أيام من ذلك، قاد أبناء شعب ين لتجهيز المواقع العديدة في شمال لوه، وقد تم هذا العمل في يوم جيا- ين، بعد خمسة أيام.

في يوم يي- ماو، اليوم التالي، أتى النبيل تشو في الصباح إلى لوه، وقام بفحص شامل لخطة المدينة الجديدة. إلى يوم دنغ- سي، بعد ثلاثة أيام، قدم ثورين أضحية في

豕一。

【译文】

到了次日，也就是乙卯日早晨，周公来到了洛，全面视察了新邑的规模。过了三日，到了丁巳这天，举行郊祭，用两头牛祭天。次日戊午，便在新邑立社庙祭地神，祭时用牛、羊、猪各一头。

越七日甲子，周公乃朝用书，命庶殷，侯、甸、男、邦伯。厥既命殷庶，庶殷丕作。

【译文】

又过了七天，在甲子日的早晨，周公便向殷民和各诸侯国的首领颁发了营建洛邑的命令。向殷民宣布命令之后，殷民便大举动工了。

太保乃以庶邦冢君出取币，乃复入锡周公，曰："拜手稽首，旅王若公。"诰告庶殷越自乃御事："呜呼！皇天上帝，改厥元子兹大国殷之命，惟王受命，无疆惟休，亦无疆惟恤。呜呼！曷其奈何弗敬？

【译文】

太保和诸侯国的国君取出礼品，再进内赠给周公，并说："请接受我们的礼拜，请让我们把向王陈述的意见陈述给你。"然后又把这些意见写成命令，发布给殷民和那些治事诸臣："啊！上天上帝，更改了殷国的大命，不再让他统治天下，我们周王接受了上天的大命，无限美好，但也有无限的忧虑。唉！为什么不应该有所警惕呢？

الضاحيتين الشمالية والجنوبية، وفي اليوم التالي، وو– وو، وعلى مذبح روح الأرض في المدينة الجديدة، ضحى بثور وكبش وخنزير.

بعد سبعة أيام، في يوم جيا– تسي، في الصباح، أصدر من بيانه المكتوب، أوامره العديدة لأبناء شعب ين، وللقادة المشرفين من أمراء مناطق هوه، ديان، نان. عندما تلقى أبناء شعب ين أوامرهم، نهضوا وانخرطوا بنشاط في عملهم.

عندما أوشك العمل على الانتهاء، خرج الحارس الكبير مع الأمراء الوارثين لعروشهم للدويلات العديدة لإحضار قرابينهم للملك؛ وعندما دخل مرة أخرى أعطاها للنبيل تشو، قائلا: «بيديّ مرفوعتين إلى رأسي، وبرأسي منحنية إلى الأرض، أقدم تلك لجلالتكم وفضيلتكم. إن بيانات المعلومات للحشود من ين، ينبغي أن تأتي منكم، وبها يكون تدبير الأمور.» «إن الرب، المقيم في السماوات العظيمة قد غير مرسومه احتراما لابنه العظيم ودويلة ين العظيمة. وقد تلقى ملكنا ذلك المرسوم. إن السعادة المرتبطة به لا حدود لها، والقلق لا حدود له؛ كيف له أن يكون أكثر من موقر؟

“天既遐终大邦殷之命，兹殷多先哲王在天。越厥后王后民，兹服厥。厥终，智藏鳏在。夫知保抱携持厥妇子，以哀吁天，徂厥亡，出执。呜呼！天亦哀于四方民，其眷命用懋，王其疾敬德。

【译文】

“上天既然已经结束了大国殷的大命，这殷国的许多圣明的先王还在天上。后来到了殷纣，一开始他和臣民都还能勤勉地根据先王的命令行事。待到纣的末世，有本领的人都匿藏起来，小民都离家行役，人们痛苦到了极点。有了家室的成年男子，都抱着他们的婴儿，携带着他们的妻子，在一起悲痛地呼吁苍天，诅咒殷纣，希望他快点灭亡，以求跳出灾难的深渊。啊！上天也哀怜四方小民，他看到这种情形，便把大命由商转移给我周。王啊！希望你赶快敬重德行！

“相古先民有夏，天迪从子保，面稽天若，今时既坠厥命。今相有殷，天迪格保，面稽天若，今时既坠厥命。今冲子嗣，则无遗寿耇，曰其稽我古人之德，矧曰其有能稽谋自天。

【译文】

“看那古代的夏人，上天让那些深知天道的人来开导他们，这些人往往能够当面咨询上天的意见，由于夏的后代国王不能遵从上天的意旨行事，上天便废弃了他们的大命。现在再看看殷人，上天让那些深知天命的人来开导他们，这些人往往能够当面咨询上天的意见，现在也由于殷的后代国王不能够遵从上天的意旨行事，上天便废弃了他们的大命。如今年幼的成王继承了王位，还没有老成可靠的人辅佐他，没有人能考究古人的道德，何况说是能够当面咨询上天意见的人呢？

«عندما رفضت السماء وأنهت المرسوم لصالح دويلة ين العظيمة، كان هناك العديد من ملوكها الحكماء في السماء. غير أن الملك تشوه الذي جاء من بعدهم، يبقي في نهاية حكمه منغمسا في الظلم والفساد، فاختفت الحكمة، وبرز الشر. الناس الفقراء، في حال كهذا، حاملين أطفالهم وساحبين زوجاتهم، توجهوا بأنينهم إلى السماء. بل إنهم فروا، ولكن تم القبض عليهم مرة أخرى. إن السماء لديها شفقة على أبناء الاتجاهات الأربعة؛ وقد أشرق مرسومها المبشر على مؤسسينا المخلصين. دع الملك يثابر على غرس فضيلة التوقير.

«بتدارس الرجال القدماء، كان هناك مؤسس مملكة شيا. أرشدت السماء عقله، وسمحت لأحفاده أن يخلفوه، وحمتهم. هو قدم نفسه إلى السماء وسمع توجيهاتها، وكان طائعا لها. ولكن، مع مسيرة الزمان، سقط المرسوم لصالحه إلى الأرض. هكذا هو الحال الآن أيضا، عندما نتدارس حالة ين. كان هناك نفس التوجيه لمؤسسها، الذي صوب أخطاء شيا، والذي تمتع أحفاده بالحماية من السماء. هو أيضا قدم نفسه إلى السماء ويسمع توجيهاتها، وكان طائعا لها. ولكن الآن المرسوم لصالحه سقط إلى الأرض. ملكنا الآن أتى إلى العرش وهو شاب؛ دعوه لا يتجاهل المسنين وذوي الخبرة، والذين يمكن القول إنهم درسوا السلوك الفاضل للقدماء، وأنضجوا مشاوراتهم على مرأى من السماء.

“呜呼！有王虽小，元子哉，其丕能諴于小民。今休，王不敢后。用顾畏于民碞，王来绍上帝，自服于土中。旦曰：‘其作大邑，其自时配皇天，毖祀于上下，其自时中乂。王厥有成命，治民今休。’

【译文】

“啊！成王虽然年幼，但他却是天子，他能够很好地治理小民使之和谐。现在国家的形势很好，成王不敢延迟建造洛邑的大事。他看到小民难治而心怀忧虑，便去卜问上帝，因而在天下的中部营建洛邑，以便治理国家。周公说过：‘赶快营建大邑，从此以后祭天时，便能够以先祖后稷配享，谨慎地祭祀天神和地神了，从此便可以居于天下之中而治理国家了。成王已经打定了这样的主意，治理小民便可以大获成功了。’

“王先服殷御事，比介于我有周御事。节性，惟日其迈。王敬作所，不可不敬德。

【译文】

“王先治理殷国的遗臣，使他们能够亲近我们并和我周国治事诸臣一样为国效劳。要节制、改造他们的性情，使他们天天有所进步。成王也应恭敬谨慎，以身作则，不可不敬重德行！

“我不可不监于有夏，亦不可不监于有殷。我不敢知曰，有夏服天命，惟有历年；我不敢知曰，不其延。惟不敬厥德，乃早坠厥命。我不敢知曰，有殷受天命，惟有历年；我不敢知曰，不其延。惟不敬厥德，乃早坠厥命。今王嗣受厥命，我亦惟兹二国

«على الرغم من أن الملك شاب، فإنه لا يزال الابن العظيم للرب. دعوه يحدث تأثيرا عظيما في الناس الأدنى، وسيكون ذلك بركة الوقت الحاضر. لا تَدَعوا الملك يفترض أنه مقصر في ذلك، وإنما على الدوام يهتم ويقف في رهبة من عدم اليقين المحفوف بالمخاطر من مودة الناس. دعوا الملك يأتي إلى هنا كنائب عن الرب ويباشر واجبات الحكم في وسط الأرض هذا. قال جي دان: الآن وقد بنيت تلك المدينة العظيمة، فإنه من الآن فصاعدا قد يكون رفيقا للسماء العظيمة، ويقدم القرابين بوقار إلى الأرواح في الأعلى والأسفل؛ من الآن فصاعدا فإنه من هذه البقعة الوسطى يدير حكومة ناجحة. وهكذا فإن الملك سوف يتمتع بالاحترام المميز من السماء كاملا، وسوف يكون حكم الشعب مزدهرا الآن. دعوا الملك يُخضِع لنفسه أولا أولئك الذين كانوا مديري الشؤون تحت حكم ين، ويربطهم بمديري الشؤون لبلادنا تشو. إن ذلك سوف ينظم طبائعهم المنحرفة، وسوف يحققون تقدما يوميا.

«دعوا الملك يوقر مكان الاستراحة في عقله؛ لابد له أن يحافظ على فضيلة التوقير.

«علينا أن نجري بكل السبل مسحا لأسرتي شيا وون. أنا لا أفترض أنني أعرف وأقول إن أسرة شيا كانت لتتمتع بالمرسوم المفضل للسماء لسنوات عديدة، ولا أنا أفترض أنني أعرف وأقول إنها ما كانت لتستمر أكثر من ذلك. الحقيقة ببساطة هي أنه

命，嗣若功。

【译文】

“我们不能不以夏为鉴戒，也不能不以殷为鉴戒。我不敢知道，夏接受上天的大命，能够经历长久；我也不敢知道，他们不能经历长久。我所知道的是因为他们不敬重德行，才早早地丧失从上天那里接受来的大命。我不敢知道，殷接受上天的大命，能够经历长久；我也不敢知道，他们不能经历长久。我所知道的是因为他们不敬重德行，才早早地丧失了从上天那里接受的大命。现在成王承受了上天赐予的大命，我也希望你们能够考虑这两个国家兴亡的缘由，接受他们的教训，继承他们的大功。

“王乃初服。呜呼！若生子，罔不在厥初生，自贻哲命。今天其命哲，命吉凶，命历年。知今我初服，宅新邑，肆惟王其疾敬德。王其德之用，祈天永命。

【译文】

“成王刚刚治理国家。啊！这好比刚刚成人的少年，成功与失败无不在他们这个时候，必须自行选择那明智的道路走下去。现在上天把大命赐给那些明智而有道德的人，至于降下的是吉是凶，给予的时间是长是短，这都是很难预料的。我所知道的是成王刚刚治理国家，居住在新邑，现在的希望是成王能够赶快敬重德行。王啊！只有根据道德行事，才能祈求天命的久长。

“其惟王勿以小民淫用非彝，亦敢殄戮用乂民，若有功。

للحاجة إلى فضيلة التوقير، سقط المرسوم لصالحها إلى الأرض. وبالمثل، لا أفترض أنني أعرف وأقول إن أسرة ين كانت لتتمتع بالمرسوم المفضل للسماء لسنوات عديدة، ولا أنا أفترض أنني أعرف وأقول إنها ما كانت لتستمر أكثر من ذلك. الحقيقة ببساطة هي أنه لعدم وجود فضيلة التوقير، سقط المرسوم لصالحها إلى الأرض. الملك الآن قد ورث المرسوم؛ نفس المرسوم الذي أعتبره يخص الأسرتين الملكيتين. دعوه يسعى لتوارث فضائل ملوكهما المستحقين؛ دعوه يفعل ذلك خاصة في بداية واجباته.

«إن ذلك مثل تربية الطفل، حيث يعتمد الجميع على تدريب حياته المبكرة، وكأنها مقررة له. الآن، وقد قررت السماء الحكمة للملك؛ فإنها قد تكون قررت الحظ الطيب أو السيء؛ وقد تكون قررت مسارا طويلا من السنوات؛ نحن فقط نعرف أن معه الآن بداية الواجبات. إن الملك، إذ يقيم في المدينة الجديدة، دعوه يثابر على غرس فضيلة التوقير. عندما يكون مُكرسا تماما لهذه الفضيلة، فإنه قد يصلي للسماء من أجل مرسوم دائم لصالحه.

«لا تدعوه، وهو في موقع الملك، وبسبب تجاوزات الناس في خرق القوانين،

【译文】

“希望成王不要和小民一起放纵自己的行为而不遵法度，也要敢于用刑杀的办法治理小民，这样才能获得成功。

“其惟王位在德元，小民乃惟刑用于天下，越王显。

【译文】

“希望成王居于天子之位，而有圣人的大德，小民在下面便能够自行按照法度行事，发扬王的美好的品德了。

“上下勤恤，其曰：我受天命，丕若有夏历年，式勿替有殷历年。欲王以小民，受天永命。”

【译文】

“君臣上下，时常把忧虑放在心里，这样才差不多可以说：我们接受上天的大命，才能够像夏那样经历久远的年代，才不至于像殷那样废弃了上天所赐予的久远的年代。我们希望成王以小民的安乐使上天高兴，以便从上天那里接受永久的大命。”

拜手稽首曰：“予小臣敢以王之仇民百君子越友民，保受王威命明德。王末有成命，王亦显。我非敢勤，惟恭奉币，用供王能祈天永命。”

【译文】

召公行礼之后说：“我小臣和殷的遗臣遗民以及我周臣子庶民，共同保卫成王从上天那里接受来的威严的大命，发扬成王的大德。成王终

يتجرأ على الحكم بالضرب الشديد المفضي إلى الموت؛ عندما يتم تنظيم الناس بلطف، يمكن رؤية جدارة الحكومة.

الأمر له في موقع الملك أن يسمو فوق كل ذلك بفضيلته. في هذه الحالة، سوف يقلده الناس عبر أرجاء البلاد، وسوف يصبح أكثر شهرة وبريقا.

«دعوا الملك ووزراءه يعملون بتعاطف متبادل، قائلين نحن تلقينا مرسوم السماء، وسيكون عظيما مثل سنوات شيا التي استمرت طويلا؛– نعم، إنه لن يسقط مثل سنوات ين التي استمرت طويلا. إنني أتمنى أن الملك من خلال مودة الشعب الأدنى، سوف يتلقى مرسوم السماء الدائم.»

عند ذلك، أبدى النبيل شاو انحناءة ويداه إلى رأسه ورأسه إلى الأرض، وقال «إنني، أنا الوزير الضئيل، مع الشعب العادي للملك حتى الآن وكل مسؤوليهم، ومع شعبه الصديق الموالي، من أجل صون وتلقي التوجيه المرهوب لجلالته وفضيلته

于定下了营建洛邑的主张，成王的大德便可以更加光显了。我不是敢于慰劳成王，只不过是恭敬地奉上礼品，以供成王祈求上天给予永久的大命罢了。”

الرائعة، وأنه ينبغي أن يكون ساطعا، وهذا ما لن أتجرأ على فعله. إنني فقط أُحضر باحترام تلك القرابين لأقدمها لجلالته، لتُستخدم في صلواته للسماء من أجل المرسوم الدائم.»

洛　诰

周公拜手稽首曰："朕复子明辟，王如弗敢及天基命定命，予乃胤保大相东土，其基作民明辟。

【译文】

周公行礼之后，说："我把君位还给你，而你却谦逊地不敢举行即位大典，我要在太保召公之后东去视察洛邑，你将要开始做小民圣明的君主了。

"予惟乙卯，朝至于洛师。我卜河朔黎水。我乃卜涧水东，瀍水西，惟洛食。我又卜瀍水东，亦惟洛食。伻来，以图及献卜。"

【译文】

"我在乙卯这天早晨到了洛邑。我占卜了黄河以北的黎水，不吉。我占卜了涧水以东、瀍水以西的地方，得到吉兆。我又占卜了瀍水以东的地方，也得到了吉兆。现在派使者献上地图和卜兆。"

王拜手稽首曰："公不敢不敬天之休，来相宅，其作周匹休。公既定宅，伻来，来视予卜，休，恒吉。我二人共贞。公其

بيان يخص لوه

أبدى النبيل تشو انحناءة ويداه إلى رأسه ورأسه إلى الأرض، قائلا: «إنني هنا أبلغ تنفيذ مهمتي لملكي الحصيف. بدا الملك وكأنه لن يجرؤ على أن يكون حاضرا لقبول مرسوم السماء لتنصيب دولة أسرتنا، وتثبيتها، وعندئذ أنا سأواصل مساعدتي للملك. بعد أن توليت مهمة تايباو، قمت بعمل مسح لمنطقة لوه، آملا أن أجد المكان الذي يمكن أن يكون فيه الملك الحصيف للشعب.

«في يوم يي– ماو، أتيت في الصباح إلى لوه. في البداية أجريت العرافة بالدرع الخاصة بالأرض حول منطقة ليشوي في شمال النهر الأصفر. بعد ذلك، قمت بالعرافة الخاصة بشرق نهر جيانشوي، وغرب نهر تشانشوي، وعند ذلك ظهرت إشارة الأرض القريبة من لوه. ومرة أخرى، أجريت العرافة الخاصة بشرق نهر تشانشوي، وعند ذلك ظهرت إشارة الأرض القريبة من لوه أيضا. الآن، أنا أبعث رسولا ومعه خريطة، ليقدم نتيجة العرافة.»

أبدى الملك انحناءة ويداه إلى رأسه ورأسه إلى الأرض، قائلا: «إن النبيل لم يجرؤ على ألا يقر بمهابة تفضيل السماء، وقام بمسح المنطقة حيث يمكن لتشو أن تستجيب

以予万亿年敬天之休。拜手稽首诲言。”

【译文】

王行礼之后，说：“您不敢不尊重上天所赐予的信任，来洛邑视察宫室宗庙的基地，建成了洛邑作为与旧都相对的新都，这是一件大好事。您已经勘定了宫室宗庙的基地，派使者送来图样和卜兆让我看，图样和卜兆都很好。让我们二人共同承享上天所赐予的信任。希望您和我永久敬重上天所赐予的信任。感谢您的教导。”

周公曰：“王，肇称殷礼，祀于新邑，咸秩无文。予齐百工，伻从王于周。予惟曰庶有事。今王即命曰：‘记功，宗以功作元祀。’惟命曰：‘汝受命笃弼，丕视功载，乃汝其悉自教工。’

【译文】

周公说：“王啊！你开始用殷礼接见诸侯，在新都祭祀文王，这些礼节是非常有秩序而不紊乱的。我整齐地带领百官，使他们在旧都熟习仪礼之后，再跟从王前往新邑。我希望你答应我的请求，和百官一起前来新都举行祭祀文王的大事。现在王却命令说：‘记下功劳，让宗人选拔那些有功的人举行大祀就可以了。’又命令说：‘你受先王的命令，尽力辅助国家，既已奉命查阅记功的文献，那么你就尽力教导百官熟习仪礼就可以了。’

“孺子其朋，孺子其朋，其往。无若火始焰焰，厥攸灼叙弗其绝厥若。彝及抚事如予，惟以在周工往新邑，伻向即有僚，明作有功，惇大成裕，汝永有辞。”

لهذا التفضيل. وبعد أن وطد المنطقة، بعث برسوله ليعرض على العرافة، المبشرة والميمونة. إننا نحن الاثنين معا نتحمل المسؤولية. لقد قدم نصحا لي وإلى خلفائي، لعشرات الآلاف وعشرات عشرات الآلاف من السنين، بأن نقر بتفضيل السماء. إنني ويداي إلى رأسي، ورأسي إلى الأرض، أتقبل أعماله البناءة.»

قال النبيل تشو: «دعوا الملك أولا يستخدم مراسيم ين، ويقدم القرابين في المدينة الجديدة، وليفعل كل شيء بطريقة منظمة. سوف أقود كافة المسؤولين لأخدمك من تشو، أريد أن أقول فقط إنه قد يكون ثمة أعمال يجب إنجازها في القرابين. دعوا الملك يصدر على الدوام أمرا بأن الوزراء الأكثر جدارة يتخذون المكان الأول في تقديم القرابين، ودعوه أيضا يقول في أمر أنت يا من بالنيابة عن الملك السابق يصدر القرار أعلاه، ينبغي أن تمنحني العون بإخلاص جاد.أظهر سجل الشرف، الذي من أجله تعلم المسؤولين في كل شيء.

«ملكي الشاب، إذهب إلى مدينة لوه الجديدة! إن لم تفعل، العواقب لاحقا ستكون مثل النار، والتي تكون شرارة في البداية، وتصير لهبا، ثم لا يمكن إخمادها. اجعل مراعاتك للقواعد الثابتة للحق، وإجراءاتك الملطفة مثلي. خذ فقط الوزراء الذين في تشو

【译文】

“你应该和群臣一起到新都来啊！你应该和群臣一起到新都来啊！希望你们来吧！不要像烧火那样，开始时火苗虽小，也能把那柴草烧成灰烬，千万不要断绝添加那个柴草啊！希望你赶快前来像我一样勤恳地摄理政事，希望你和那些在旧都的百官一起前来新邑，使他们同新邑的百官团结友善，努力建功立业，优厚地对待宗族，成就宽达的政治，你就可以永久地为后人称道了。”

公曰：“已！汝惟冲子惟终。汝其敬识百辟享，亦识其有不享。享多仪，仪不及物，惟曰不享。惟不役志于享。凡民惟曰不享，惟事其爽侮。乃惟孺子颁，朕不暇听。

【译文】

周公说：“唉！你虽然年幼，也应当考虑以后的事。你要仔细察看诸侯的贡享，也要记下那些未曾贡享的诸侯。贡享应以礼仪为重，如果礼仪赶不上贡物，虽说贡物很多，也和没有贡享的一样。这就是说他们没有把心思用在贡物上。如果人们不重礼仪，这样他们就会轻慢你的号令，使政事错乱。希望你这年轻人赶快前来分担政务，我没有时间摄理这样多的政事了。

“朕教汝于棐民，彝汝乃是不蘉，乃时惟不永哉。笃叙乃正父，罔不若予，不敢废乃命。汝往敬哉！兹予其明农哉。彼裕我民，无远用戾。”

【译文】

“我教给你治理小民的方法，如果你不努力这样去做，就不能长久

معك إلى المدينة الجديدة، واجعلهم هناك ينضمون إلى زملائهم القدامى، وبشجاعة حصيفة يؤسسون جدارتهم، وبسعة سخية من النفس يتمون الأخلاقيات العامة؛ وهكذا فإنك سوف تنال شهرة لا نهائية لها.»

قال النبيل: «نعم، إنك وأنت شاب هكذا، أتم عمل أسلافك. اغرس روح التوقير، وسوف تعرف مَن مِن بين الأمراء يقدمون بإخلاص قرابينهم لك، ومن لا يفعل. وارتباطا بتلك القرابين، هناك شعائر. إذا لم تكن الشعائر مكافئة للمواد، يجب أن يقال إنه ليس هناك قرابين. عندما لا يكون هناك قداس المشيئة في القرابين من الأمراء، فإن الناس جميعا سيقولون إنه لا حاجة بنا أن يتم إزعاجنا في قرابيننا، وسوف تضطرب الأمور بالأخطاء والنهب.

«يا ملكي الشاب، ألا تظهر في كل مكان اجتهادي الدؤوب، وتنصت لتعاليمي إليك حول كيفية مساعدة الناس على مراعاة القواعد الثابتة للحق. إنك إن لم تحث نفسك في تلك الأشياء، لن تستمر طويلا. إنك إذا تنتهج بإخلاص وكليا مسار توجيه والدك، وتتبع تماما مثالي، لن تكون هناك جرأة على تجاهل أوامرك. اذهب وكن وقورا. من الآن فصاعدا سوف أتعلم الزراعة وتربية الماشية. احكم بكرم شعبنا، وسيأتي

保持国家的福运了。厚待各邦君长以及同姓的诸侯和大夫，使他们无不像我一样，不敢废弃你的命令。你到了新邑可要恭谨啊！我要解除政务努力从事农业生产了。你能宽待我们的小民，不管多远的小民也会归附你了。”

王若曰：“公，明保予冲子。公称丕显德，以予小子扬文武烈，奉答天命，和恒四方民，居师，惇宗将礼，称秩元祀，咸秩无文。惟公德明光于上下，勤施于四方，旁作穆穆，迓衡不迷，文武勤教。予冲子夙夜毖祀。”王曰：“公功棐迪笃，罔不若时。”

【译文】

王说：“公啊！您努力辅佐我这年幼无知的人。您称述前人的大德，要我小子发扬光大文王和武王的事业，遵奉上天的命令，很好地治理四方小民，并驻于洛邑，厚待宗族，礼遇诸侯，按照一定规矩大祀文王，虽然礼节繁杂，但都要进行得有条不紊。您的大德可以和日月相比，光辉照耀于上天下地，辛勤地治理四方臣民，普天之下都治理得十分美好，操纵平治天下的大权而不产生差错，又以文王和武王的事迹，对我勤加教导。我这年幼无知的人，只有一早一晚勤谨地进行祭祀了。”王说：“公啊！您热情地教导我治理小民的道理，这些教训没有不是我应当接受的。”

王曰：“公，予小子其退，即辟于周，命公后。四方迪乱未定，于宗礼亦未克敉，公功，迪将其后，监我士师工，诞保文武受民，乱为四辅。”王曰：“公定，予往已。公功肃将祗欢，公无困哉。我惟无斁其康事，公勿替刑，四方其世享。”

الناس إليك من مسافة بعيدة.»

تحدث الملك قائلا: «أيها النبيل، إنك أنت المنير والحافظ لي، هذا الشاب الصغير. إنك قدمت الفضائل العظيمة والرائعة، وأنا، برغم شبابي، قد أبين جدارة رائعة مثل جدارة الملك ون وجدارة الملك وو، مستجيبا بوقار للمرسوم المفضل من السماء، وأحقق التناغم وأحافظ دوما على شعوب كل المناطق، موطدا الجموع في لوه؛ وإنني قد أمنح الشرف للمراسم العظيمة لتسجيل الأكثر تميزا لجدارتهم، منظما الأوامر للأماكن الأولى في القرابين، وأفعل كل شيء بطريقة منظمة من دون استعراض. إن فضيلتك، أيها النبيل، تسطع ببهاء في الأعلى وفي الأسفل، وهي الواضحة بنشاط في أنحاء الاتجاهات الأربعة. في كل يد يظهر التوقير العظيم لفضيلتك في ضمان تأسيس النظام، ولهذا فإنك لم تفشل في شيء من الدروس الجادة لكل من ون ووو. إن عليّ أنا الشاب، أن أحضر بوقار، مبكرا ومتأخرا، القرابين.» قال الملك: «عظيمة هي جدارتك، أيها النبيل، في مساعدتي وإرشادي؛ لأستمر على الدوام هكذا.»

قال الملك: «أيها النبيل، دعني أنا الشاب الصغير، أعود إلى عاصمة بلادنا، وأكلفك أنت، أيها النبيل، أن تبقى هنا. لقد صدر الأمر في أنحاء الاتجاهات الأربعة للبلاد، ولكن المراسيم التي تشرف باحتفال عام لم تتم بعد، ولا يمكنني أن أرى خدمتك

【译文】

王说："公啊！我小子还要回来，在旧都行即位改元之礼，您仍旧留在新邑。现在四方还没有完全治理好，宗人的礼仪也没有完成，您的大功还未告竟，您还要主持以后的事，统率我百官大臣，努力治理文王武王从上天那里接受来的臣民。"王说："公啊，您留下吧！我要回去了。您的任务是迅速而认真地尽力主持政事。您不要老是挽留我啊！我只有不懈怠地学习您掌握政务的本领，但您只有不废弃您应当主持的政务，四方臣民才会受福不尽。"

周公拜手稽首曰："王命予来承保乃文祖受命民，越乃光烈考武王弘朕恭。孺子来相宅，其大惇典殷献民，乱为四方新辟，作周恭先。曰其自时中乂，万邦咸休，惟王有成绩。予旦以多子越御事笃前人成烈，答其师，作周孚先。考朕昭子刑，乃单文祖德。

【译文】

周公行礼以后说："王命我承担治理你祖父文王从上天那里接受下来的保护小民的任务，和光大你尊严的父亲的遗训大法。你来洛邑视察宫室宗庙的基地，很好地镇守殷的众民，为四方的新君谨慎地处理政务，做后代国君的先导。我曾说，如果能够居在这国中洛邑去治理天下，诸侯国也就都能够治理好了，这样，王的大功便告成了。我姬旦跟众卿大夫和掌握政事的百官，努力于巩固先王的伟大事业，满足众人的愿望，作为我周人的诚实的先导。我成就了你的法制，你光大了文王的大德。

"伻来毖殷，乃命宁予以秬鬯二卣，曰明禋，拜手稽首休

على أنها قد اكتملت. ابدأ وعلى نطاق واسع ما ينبغي عمله ببقائك هنا، لتضرب المثل للمسؤولين ولتحافظ كثيرا على أفراد الشعب الذي استقبلهم ون ووو؛ من خلال حكمك الصالح سوف تساعد كل البلاد.» قال الملك: «ابق، أيها النبيل، فإنني سأذهب إلى العاصمة. إن خدماتك معترف بها بإيمان ومبتهج بها بوقار. لا تسبب لي، ايها النبيل، هذه الصعوبة. إنني من جانبي لن أسأم من السعي إلى الطمأنينة للشعب؛ لا تدع المثال الذي قدمته لي ينقطع. وهكذا فإن أمراء الجهات الأربع سيأتون إلى بلادنا ليتمتعوا بفائدة فضيلتك.»

أبدى النبيل تشو انحناءة ويداه إلى رأسه ورأسه إلى الأرض، قائلا: «أنت كلفتني، ايها الملك، أن أحضر إلى هنا. إنني أتحمل التكليف، وسوف أحمي أفراد الشعب الذين قبلهم جدك البارع، والمجد والجدارة التي تلقاها والدك، الملك وو، بمرسوم من السماء. سأوسع الوقار الذي أكنه لك. ولكن، يا ملكي، تعال على الدوام، وتفقد هذه المستوطنة. عليك أن تولي تقديرا كبيرا للقوانين القديمة، وللرجال الصالحين والحكماء من ين. إن الحكم الصالح هنا سوف يجعلك حقا الملك الجديد للبلاد، ومثالا للاحترام الملكي لكل خلفائك من تشو.» واصل النبيل قائلا: «من هذا الوقت، وبالحكومة التي تدار من هذه البقعة الوسطى، ستنعم كل الدويلات بالطمأنينة، وسيكون ذلك تمام جدارتك، أيها الملك. إنني أنا، جي دان، مع المسؤولين ومديري الشؤون الذين لا حصر لهم، سوف نعزز منجزات أسلافنا، استجابة إلى أمل الناس. سوف أقدم مثالا للإخلاص لوزراء المستقبل من تشو، ساعيا إلى استكمال النموذج الهادف إلى إنارتك، يا ملكي، وذلك لتباشر كاملا فضيلة جدك الرائع.»

لاحقا، مع وصول رسالة وهدايا من الملك، قال النبيل: «الملك أرسل رسلا لنصح

享。予不敢宿，则禋于文王武王。惠笃叙，无有遘自疾，万年厌乃德，殷乃引考。王伻殷，乃承叙万年，其永观朕子怀德。”

【译文】

“你派使者来慰劳殷民，又送来两樽黍酒，告诉我行礼祭祀和献享，我不敢停留，马上祭祀文王和武王。你这样笃厚地待我，不是我遇到什么疾病，不能遵从你的意旨，是我不敢承担这样的大福。我只有极力延长寿命，永久地享受你的德泽。王使殷民永久服从我们的统治，永远像我们的众民一样心怀大德不敢叛逆。”

戊辰，王在新邑烝祭，岁。文王骍牛一，武王骍牛一。王命作册逸祝册，惟告周公其后。

【译文】

戊辰这天，王在新邑，冬祭先王，当时正值年终。祭文王用一头赤色牛，祭武王也用一头赤色牛。王命令史逸把这件事和祝词写在书册上，祝词中将周公留守洛邑的事情告诉给文王和武王。

王宾杀禋咸格，王入太室祼。王命周公后，作册逸诰。在十有二月。

【译文】

王与助祭诸侯同至太庙，杀牲燎祭先王，王步入太室，举行以酒灌地而求降神的大礼。王命封周公的后代，并让史逸把这条命令记在典册上。这件事在十二月。

شعب ين، وبتكليف رقيق لي، مع إبريقين من شراب الدُخن الأسود بطعم الأعشاب، قائلا تلك هي هدية قربانية طاهرة، أقدمها لك ويداي إلى رأسي ورأسي إلى الأرض، لتنعم بالتفوق! إنني لا أحتفظ بذلك بنفسي، وإنما أقدمه قربانا إلى الملك ون والملك وو. قام بالصلاة وهو يفعل ذلك، لعله يكون مطيعا ومراعيا لمسارك! لا تجعله يجلب لنفسه أي شر أو مرض! دعه يرضي خلفاءه لعشرات الآلاف من السنين بفضيلتك! دع شعب ين يتمتع برخاء دائم! وقال أيضا للمديرين: الملك أرسلك إلى ين، وقد تلقينا تكليفاته المرتبة جيدا، كافية لإرشادنا لعشرات الآلاف من السنين، ولكن دعوا الشعب يكون على الدوام قادرا على مراعاة الفضيلة التي يعتز بها ملكنا.»

في يوم وو– تشان، أدى الملك وهو في المدينة الجديدة، قربان الشتاء السنوي، مقدما ثورا أحمر للملك ون وواحدا آخر للملك وو. بعد ذلك، أمر بإعداد وثيقة «بيان»، وهو ما قام به يي في شكل دعاء، والذي أعلن ببساطة أن النبيل تشو يبقى في المدينة الجديدة.

ضيوف الملك، في مناسبة ذبح القرابين، كانوا كلهم حاضرين. دخل الملك البناية الكبرى وسكب الانعتاق. أعطى تكليفا للنبيل تشو بأن يبقى، وقد أعلن يي، معد الوثيقة، البيان في الشهر الثاني عشر.

惟周公诞保文武受命，惟七年。

【译文】

周公努力受理文王和武王所给予的大命，计时七年。

هكذا، بقي النبيل تشو في لوه وحافظ بشكل رائع على المرسوم الذي تلقاه الملكان ون ووو في العام السابع لحكم الملك تشنغ.

多　士

惟三月，周公初于新邑洛，用告商王士。

【译文】

成王元年三月，周公第一次从新都洛邑来到成周，把成王的命令向商王朝的士民宣告。

王若曰："尔殷遗多士，弗吊旻天，大降丧于殷。我有周佑命，将天明威，致王罚，敕殷命终于帝。

【译文】

王说："你们这些殷国的遗民，时运不佳，上天把丧亡的大祸降给你们殷国。我们周国帮助上天行使命令，奉着上天圣明而威严的意旨，用王者的诛罚，命令你们殷王终止帝业。

"肆尔多士，非我小国敢弋殷命。惟天不畀允罔固乱，弼我。我其敢求位，惟帝不畀。惟我下民秉为，惟天明畏。

【译文】

"现在我要告诉你们这些殷国的遗民，不是我小小的周国敢夺取殷

المسؤولون العديدون

في الشهر الثالث من العام السابع لحكم الملك تشنغ، ومع إعلان حكومة النبيل تشو في مدينة لوه الجديدة، أعلن الإرادة الملكية لمسؤولي أسرة ين القدماء.

قائلا: «أيها المسؤولون العديدون الباقون من أسرة ين، لقد حل خراب كبير على ين نتيجة انقطاع التسامح في السماء الرحيمة، ونحن ملوك تشو، تلقينا المرسوم المفضل. لقد شعرنا بالعبء من رعبها الساطع، ونفذنا العقوبة التي فرضها الملوك، وتخلصنا بطريقة صحيحة من تنصيب ين، وأنجزنا عمل الرب.

«والآن أيها المسؤولون العديدون، إنها لم تكن دولتنا الصغيرة التي تجرأت على استهداف التنصيب الذي يخص ين. بيد أن السماء لم تكن مع ين لأنها حقا لم تعزز سوء حكمها. ومن ثم هي ساعدتنا؛ هل نحن كنا نجرؤ على طلب العرش لأنفسنا؟ إن الرب لم يكن مع ين، كما بدا من عقل وسلوك المرؤوسين من أبناء شعبنا، والذين يوجد فيهم

国的大命。因为上天不把大命给予那些善于说谎而又胡作乱为的人，所以才辅助我周国。假如上帝不给我们，我们是不敢妄求这个大位的。上天是圣明而威严的，我们下民只有本着上帝的意旨行事。

“我闻曰：‘上帝引逸。’有夏不适逸，则惟帝降格，向于时夏。弗克庸帝，大淫泆有辞。惟时天罔念闻，厥惟废元命，降致罚。乃命尔先祖成汤革夏，俊民甸四方。

【译文】

“我听说：‘上天对人的行为总是规诫和诱掖的。’夏国不节制自己的放纵行为，于是上天便降下深知天命的人，劝导夏国希望他们能够改恶从善。但他们不愿听从上帝的教导，大大地放纵起来，并且喋喋不休地说了一些侮慢上天的话。上天不能不考虑他们所听到的情况，便废除了夏的大命，降下了惩罚。于是命令你们的先祖成汤更改夏的大命，任用一些有才能的人治理四方。

“自成汤至于帝乙，罔不明德恤祀，亦惟天丕建，保乂有殷。殷王亦罔敢失帝，罔不配天其泽。在今后嗣王，诞罔显于天，矧曰其有听念。于先王勤家诞淫厥泆，罔顾于天显民祇。惟时上帝不保，降若兹大丧。

【译文】

“从成汤到帝乙，无不努力地施行教化，谨慎地祭祀上天，因此上天便予以大力支持，以安治殷国。殷王也不敢不按照上帝的意旨行事，因此他们都能够和上天一样施给人们以恩泽。在这以后的殷王，欺骗侮慢上天，更谈不到听从上天的教导了。在先王辛勤建立的基业上，大肆

الفزع البارع للسماء.

«لقد سمعت مقولة إن الرب يقود الناس إلى الأمان المطمئن، بيد أن الملك شيا لم يتحرك من أجل هذا الأمان، وعليه فإن الرب أنزل التصويبات، مبينا نيته له. ومع ذلك فإن جيه لم يحذر من الرب، ومضى إلى مزيد من الفجور والتراخي والتبرير لنفسه. بعد ذلك لم تعد السماء تهتم بالسماع منه، وإنما نقضت تنصيبه العظيم، وأنزلت عقوبة شديدة. ثم كلفت مؤسسكم، تانغ الناجح، بأن ينحي شيا، وأن يحكم المملكة عن طريق الرجال القادرين.

«منذ تانغ الناجح وحتى الملك يي، فكر كل ملك في جعل فضيلته متألقة، وحضر القرابين حسب الأصول. كان ذلك كذلك، عندما مارست السماء نفوذا تأسيسيا كبيرا، وصانت ونظمت بيت ين، الذي كان ملوكه من جانبهم حريصين بتواضع على عدم فقدان تفضيل الرب، واجتهدوا لإظهار العمل الطيب، استجابة للعمل الطيب من السماء. ولكن في تلك الآونة، أبدى من خلفهم تجاهلا كبيرا لطرق السماء، وهكذا لم يكن متوقعا منه أن يكون ممتنا للأعمال المخلصة لآبائه من أجل البلاد. إنه قد أسلم نفسه بشكل كبير للفجور والكسل، لم يفكر في المبادىء الساطعة للسماء، أو في فزع الناس. وعلى ذلك، لم يعد الرب يحميه، وإنما أنزل الخراب العظيم الذي شاهدناه.

奢侈腐化起来，根本不把上天圣明的教导和人们的疾苦放在眼里。因此上帝便不再保佑殷，给殷降下了丧亡的大祸。

“惟天不畀不明厥德。凡四方小大邦丧，罔非有辞于罚。”

【译文】

“天不会把大命赐给那些不努力施行德教的人。凡是四方小国或大国的丧亡，没有不是因为有罪而招致丧亡的惩罚的。”

王若曰：“尔殷多士，今惟我周王丕灵承帝事，有命曰：‘割殷。’告敕于帝。惟我事不贰适，惟尔王家我适。予其曰：‘准尔洪无度，我不尔动，自乃邑。’予亦念天即于殷大戾，肆不正。”

【译文】

王说：“你们这些殷国的遗民听着，现在我周王奉上天神圣的命令，命令说：‘灭殷。’我们完成了这个命令，并报告给上天。上天要你们服从我的统治，不许怀有二心，但你们一定要和我王家为敌。我要说：‘是你们无视法度，我们并没有先进攻你们，是你们在自己的都邑，首先发难。’我考虑上天既已降下大祸给殷，所以也就不再治你们的罪了。”

王曰：“猷，告尔多士，予惟时其迁居西尔。非我一人奉德不康宁，时惟天命，无违。朕不敢有后，无我怨。

«لم تكن السماء معه، لأنه لم يجعل فضيلته باهية. حقا فيما يتعلق بسقوط كل الدويلات، الكبيرة والصغيرة، عبر أرجاء الاتجاهات الأربعة للبلاد، في كل حالة يمكن أن تعود الأسباب إلى عقابها.»

تحدث الملك قائلا: «أيها المسؤولون العديدون من ين، الحالة الآن كما يلي، إن ملوك تشو، من طيبتهم العظيمة، تم تكليفهم بعمل الرب. كان التكليف لهم ابتروا ين وقد مضوا لتأدية ذلك، وأعلنوا انتهاء خدمتهم للرب. في شؤوننا، لا نتبع هدفين مزدوجين؛ إن بيت ين الملكي ينبغي ببساطة الآن أن يتبعنا. هل يمكن أن لا أقول إنكم كنتم متمردين على القانون؟ إنني لم أرغب في عزلكم. الأمر جاء من مدينتكم. عندما أنظر أيضا في كيف أن السماء أنزلت تلك المحن الكبيرة بالقرب من ين، فلابد أنه كان هناك ما لم يكن صوابا.

يقول الملك: «أيها المسؤولون العديدون، إنه ببساطة ولتلك الأشياء أنا عزلتكم وسأنقلكم إلى الغرب؛ إن ذلك لم يكن أنني، أنا الرجل الواحد، اعتبرتها جزءا من فضيلتي أن أتدخل في طمأنينتكم. كان الأمر من السماء؛ لا تقاوموا؛ أنا لا أفترض أن

【译文】

王说："啊！告诉你们这些殷国的遗民，我要把你们迁居西方。不是我为了周国的利益，使你们不安宁，这是上天的命令，不要违背。我不敢迁延上天的命令，不要埋怨我啊！

"惟尔知，惟殷先人有册有典，殷革夏命。今尔又曰：'夏迪简在王庭，有服在百僚。'予一人惟听用德，肆予敢求尔于天邑商。予惟率肆矜尔，非予罪，时惟天命。"

【译文】

"你们知道，只有你们殷的先人才有记载历史的文献，殷更改了夏的大命。现在你们又说：'殷曾选拔夏的遗臣留在王廷，担任各种官职为殷王服务。'我只听从有德的人，所以我不敢请求你们先王的允许而任用你们。我只能以赦免你们的罪过来怜悯你们的愚昧无知，这不是我的过错，这是上帝的命令。"

王曰："多士，昔朕来自奄，予大降尔四国民命。我乃明致天罚，移尔遐逖，比事臣我宗多逊。"

【译文】

王说："殷的遗民们，过去我从奄国来，我曾对你们四国小民下达过命令。我是奉行上天的命令征伐你们的，把你们从远方迁到这里，要你们顺从地为我们周国服务。"

王曰："告尔殷多士，今予惟不尔杀，予惟时命有申。今朕作大邑于兹洛，予惟四方罔攸宾，亦惟尔多士攸服奔走，臣我

يكون لديها أي تهمة تالية تخصكم؛ فلا تتذمروا ضدي.

«أنتم تعلموا أن آباءكم من أسرة ين كانت لهم محفوظاتهم وقوانينهم، ما يبين كيف بدَّلت ين تنصيب شيا. الآن، تقولون إن مسؤولي شيا تم اختيارهم وتوظيفهم في بلاط ين الملكي، وكانت لهم واجباتهم بين جموع مسؤوليها. ولكن، الرجل الواحد، ينصت فقط للأفاضل ويوظفهم؛ وبوجهة النظر تلك، أخذتكم في عاصمتكم في شانغ التي عوقبت بواسطة السماء، ونقلتكم هنا إلى لوه، وذلك تسامحي معكم وإشفاقي عليكم. إن عدم توظيفكم الحالي ليس خطأ مني؛ إنما بمرسوم من السماء.»

يقول الملك: «أيها المسؤولون العديدون، سابقا عندما جئت من يان، خففت كثيرا العقوبة وأنقذت حياة الناس في بلدانكم الأربعة. في ذات الوقت، أوضحت العقوبة المحددة من السماء، وعزلتكم إلى هذا المُقام البعيد، كي تكونوا بالقرب من الوزراء الذين خدموا في عاصمتنا المكرمة، وتتعلموا طاعتهم الكثيرة.»

يقول الملك: «أعلن لكم، أيها المسؤولون العديدون، إنني الآن لم أحكم عليكم بالموت، ومن ثم أكرر إعلان تكليفي. إنني الآن بنيت هذه المدينة العظيمة هنا في لوه،

多逊。

【译文】

王说："告诉你们这些殷国的遗民，现在我不忍杀掉你们，我只向你们申述上面的命令。现在我在这洛的地方建造一座大城，是因为四方诸侯无处朝贡，也是为了你们服务王事、奔走效劳的方便，你们要顺从地臣服我们。

"尔乃尚有尔土，尔乃尚宁干止。尔克敬，天惟畀矜尔。尔不克敬，尔不啻不有尔土，予亦致天之罚于尔躬。

【译文】

"你们仍有你们的土地，你们也有安定地从事劳作和休息的生活。只要你们能够敬事我周国，上天便会给你们以怜悯。如果你们不敬事我周国，你们不但会失去你们的土地，我也要把上天的惩罚降到你们身上。

"今尔惟时宅尔邑，继尔居，尔厥有干有年于兹洛。尔小子乃兴，从尔迁。"

【译文】

"现在你们要安居于你们的城邑，继续你们的劳作，这样你们就能够在洛邑长久地进行生产并得到丰收。从你们迁徙以后，你们后代子孙就会兴旺起来。"

王曰又曰："时予。乃或言尔攸居。"

معتبرا أنه لم يكن هناك مكان أوسط أستقبل فيه ضيوفي من الجهات الأربعة، وأيضا أنكم أيها السمؤولون العديدون قد تؤدون بنشاط متحمس دور الوزراء لنا، بكل الطاعة التامة التي سوف تتعلمونها.

«وأنا مازلت هنا، قد أقول الأسباب الخاصة بكم، وقد تستمرون في واجباتكم ومساكنكم. إذا يمكنكم الطاعة بوقار، فسوف تفضلكم السماء وتتعاطف معكم. إذا لا تطيعون بوقار، فإنكم ليس فقط لن تكون لديكم أراضيكم، وإنما أيضا سأنفذ أقصى عقوبة للسماء في أشخاصكم.

«الآن يمكنكم أن تقيموا هنا في قراكم وتخليد عائلاتكم، ويمكنكم أن تتابعوا وظائفكم وتتمتعوا بسنواتكم في لوه، وسوف يزدهر أيضا أبناؤكم؛ كل ذلك ينتج من نقلكم إلى هنا.»

【译文】

王说："顺从我！"又说："顺从我！我要教导你们安于你们的新居。"

يقول الملك: «ومرة أخرى أقول إن أيا ما تحدثت عنه سببه قلقي على إقامتكم هنـا.»

无 逸

周公曰："呜呼！君子所其无逸。先知稼穑之艰难，乃逸则知小人之依。相小人，厥父母勤劳稼穑，厥子乃不知稼穑之艰难乃逸。乃谚既诞，否则侮厥父母，曰：'昔之人无闻知。'"

【译文】

周公说："唉！在位的君子，不应该贪图安逸享受。先了解种田的艰难，这样，处在安逸的环境也会知道种田人的痛苦了。看看种田人，他的父母辛勤劳苦地种着庄稼，他的儿子却不知道种庄稼的艰难，便安逸享受起来。他的行为还非常放肆，乃至于轻侮他的父母说：'上了年纪的人，无知无识什么也不懂。'"

周公曰："呜呼！我闻曰：昔在殷王中宗，严恭寅畏，天命自度，治民祗惧，不敢荒宁，肆中宗之享国七十有五年。其在高宗，时旧劳于外，爰暨小人。作其即位，乃或亮阴，三年不言，其惟不言，言乃雍。不敢荒宁，嘉靖殷邦。至于小大，无时或怨。肆高宗之享国五十有九年。其在祖甲，不义惟王，旧为小人。作其即位，爰知小人之依，能保惠于庶民，不敢侮鳏寡。肆祖甲之享国三十有三年。自时厥后立王，生则逸！生则逸！不知稼穑之艰难，不闻小人之劳，惟耽乐之从。自时厥后，亦罔或克

ضد الراحة المترفة

قال النبيل تشو: «يجب ألا ينغمس الرجل السامي في الراحة المترفة. هو أولا يدرك كيف أن يصل الكدح الشاق للبذر إلى الراحة، ومن ثم هو يدرك كيف أن الناس الأدنى يعتمدون على هذا الكدح لإعالة أنفسهم. لقد لاحظت بين الناس الأدنى أنه أينما يعمل الآباء بجد في البذر والحصاد، لا يفهم غالبا أبناؤهم هذا الكدح الشاق، وإنما يُسْلِمون أنفسهم للراحة، ويصبحون غير منظمين تماما. أو أينما لا يفعلون ذلك يظلون يلقون الازدراء على آبائهم قائلين هؤلاء الناس القدامى لم يسمعوا شيئا ولم يعرفوا شيئا.»

قال النبيل تشو: «سمعت أنه في سالف الزمان، كان تشونغ تسونغ، أحد ملوك ين، متزنا ومتواضعا ووقورا وحذرا في الوقت المناسب. كان يقيس نفسه استنادا إلى مرسوم السماء وكان يعتز بخشية مبجلة في حكم الشعب، ولا يتجرأ على الانغماس في قضية لا طائل منها. ولذا، تمتع بالعرش خمسة وسبعين عاما. وإذا أتينا إلى زمن قاو تسونغ، فإنه كدح أولا بعيدا عن البلاط، وكان بين الناس الأدنى. عندما جاء إلى العرش، كان ما زال يشغل بحذر، ولم يتحدث لمدة ثلاث سنوات. بعد ذلك كان مازال يميل إلى عدم الكلام، ولكن عندما تكلم، كانت كلماته مفعمة بالحكمة المنسجمة.لم يجرؤ على

寿，或十年，或七八年，或五六年，或四三年。”

【译文】

周公说：“唉！我听说：过去殷王中宗，严肃谨慎，小心翼翼，以天命为标准来检查衡量自己，怀着严谨而慎重的心情治理人们，不敢怠惰，不敢贪图安乐，所以中宗在位七十五年。到了高宗，他幼年时，曾在外行役，和小人一起劳作。等到他做了国王，又适逢他的父亲死去，便居庐守丧，三年不谈国事，正因为如此，所以在偶尔谈及国事时，都深得大臣们的拥护。他不敢荒废政事贪图安逸，因此殷国被治理得非常好，从小民到大臣，无人发怨言。因此，高宗执政达五十九年。到了祖甲，他以为代兄为王不合道理，年轻时，便逃往民间，做过小民。等到他做了国王以后，便能了解小民的疾苦而施惠于小民，甚至连那些鳏寡孤独无依无靠的人也不敢轻慢。因此，祖甲执政达三十三年。从这以后的国王，生来就贪图安逸了！生来就贪图安逸了！他们不了解种庄稼的艰难，不了解种田人的劳苦，只是陶醉在安乐之中以饮酒取乐为生。从这以后的国王也没有长寿的了，他们执政的时间，有的十年，有的七八年，有的五六年，有的三四年。”

周公曰：“呜呼！厥亦惟我周太王、王季，克自抑畏。文王卑服，即康功田功。徽柔懿恭，怀保小民，惠鲜鳏寡。自朝至于日中昃，不遑暇食，用咸和万民。文王不敢盘于游田，以庶邦惟正之供。文王受命惟中身，厥享国五十年。”

【译文】

周公说：“唉！只有我们周的太王、王季做起事来能够谦逊谨慎。文王也曾从事过卑贱的劳作，如整修道路、耕种田地等。他心地仁慈，

الانغماس في قضية لا طائل منها، ولكنه ترأس بإعجاب وبطمأنينة منطقة ين، حتى لم يكن في كافة أرجاء دويلته واحد يبغضه. ولذا، تمتع بالعرش تسعة وخمسين عاما. وتسو جيا، هو رفض أن يكون ملكا آثما، وكان أولا بين الناس الأدنى. عندما جاء إلى العرش، كان يعرف على أي شيء ينبغي أن يعتمد الشعب لإعالة أنفسهم، وكان قادرا على ممارسة حماية عطوفة تجاه جموعهم. لم يجرؤ على التعامل بازدراء مع الرجال الذين لا زوجات لهم والأرامل. ولذا، تمتع بالعرش ثلاثة وثلاثين عاما. الملوك الذين ظهروا بعد ذلك، تمتعوا منذ ولادتهم بالراحة. وهم، وقد تمتعوا بالراحة منذ ولادتهم، لم يعرفوا الكدح الشاق للبذر والإصلاح. إنهم لم يفكروا في شيء وإنما مارسوا المتعة، ومن ثم فإن أحدا منهم لم تكن حياته طويلة. إنهم بقوا على العرش لمدة عشر سنوات، سبع أو ثماني سنوات، خمس أو ست سنوات، وربما لمدة ثلاث أو أربع سنوات فقط.»

قال النبيل تشو: «كذلك كان الملك تاي والملك جي في تشو، واللذان كانا متواضعين وحذرين بوقار. كان الملك ون يرتدي ملابس متواضعة، وأسلم نفسه لبث الطمأنينة والزراعة وتربية الحيوان. كان معتدلا ومتواضعا وكان يعتز بالناس الأدنى ويحميهم، وأبدى عطفا مشجعا تجاه الرجال الذين لا زوجات لهم والأرامل. من الصباح حتى منتصف النهار، ومن منتصف النهار حتى غروب الشمس، لم يكن يسمح لنفسه بوقت لتناول الطعام؛ وذلك سعيا لضمان التناغم السعيد لعشرات الآلاف من الناس. لم يكن الملك ون يجرؤ على التجاوز في نزهاته أو رحلات قنصه، ومن دويلات عديدة

态度和蔼恭谨，使老百姓安居乐业，并把他的恩惠施及于那些鳏寡孤独无依无靠的人。从早晨到中午到下午，忙碌到无暇吃饭，用这种辛勤劳苦的精神治理国家，使万民安乐地生活着。文王不敢把各邦国供来的赋税用于游猎玩乐。文王在中年接受上天赐予的大命，执政达五十年。”

周公曰：“呜呼！继自今嗣王，则其无淫于观、于逸、于游、于田，以万民惟正之供。无皇曰：‘今日耽乐。’乃非民攸训，非天攸若，时人丕则有愆。无若殷王受之迷乱，酗于酒德哉。”

【译文】

周公说：“唉！今天的王啊，希望你不要把万民进上的赋税，浪费在过度的游玩享受和田猎上。且不要这样讲：‘今天先享受享受再说。’这样，就不是万民的榜样，就不是顺从天意了，这样的人便是犯了大错了。所以，不要像殷王纣那样把迷乱酗酒作为美德啊！”

周公曰：“呜呼！我闻曰：古之人犹胥训告，胥保惠，胥教诲，民无或胥诪张为幻。此厥不听，人乃训之，乃变乱先王之正刑，至于小大。民否，则厥心违怨；否，则厥口诅祝。”

【译文】

周公说：“唉！我听说：古时候的人还互相训告，互相扶持，互相教诲，小民没有互相欺骗诈惑的。如果不听这些话，不这样办，人们就会互相欺诈，大小群臣就会变乱先王的法制。小民无所适从，心中便会产生反抗怨恨的情绪，无所适从，口中便会发出诅咒的语言。”

كان يتلقى فقط الكمية الصائبة من المساهمات. جاء تنصيب السماء له في منتصف عمره، وتمتع بالعرش خمسين عاما.»

قال النبيل تشو: «منذ الوقت الحالي فصاعدا، كل الملوك على العرش عليهم ألا ينغمسوا في الراحة، وفي النزهات والقنص، وعليهم أن يتلقوا من عشرات الآلاف من الناس الكمية الصائبة من المساهمة فقط. لا تسمحوا لأنفسكم برفاهية القول إن ذلك لا يصمد كدرس للشعب، ولا الطريقة لضمان تفضيل المساء. إن الناس، على النقيض، سوف يقلدونكم ويمارسون الشر. لا تقلدوا الملك تشوه، ملك ين، الذي ضل وصار مستسلما للسُكْر.»

قال النبيل تشو: «سمعت أنه يقال إنه في حالة الأقدمين، تمكنوا من إقناع بعضهم البعض، وحب بعضهم البعض، وتعليم بعضهم البعض، فمن بين الناس لم يكن هناك من استغلهم بلغة باذخة أو حيلة خادعة. إذا لم تسمع إلى هذا وتستفد منه، سوف يقلدك وزراؤك، وكذلك القوانين الصائبة للملوك السابقين، الكبير والصغير، سوف تتغير وتضطرب. إن الناس، وهم يلومونك، سوف يعصون ويتمردون في قلوبهم؛ نعم، سوف يلعنونك بأفواههم.»

周公曰："呜呼！自殷王中宗及高宗及祖甲，及我周文王，兹四人迪哲。厥或告之曰：'小人怨汝詈汝！'则皇自敬德。厥愆，曰：'朕之愆，允若时，不啻不敢含怒。此厥不听，人乃或诪张为幻。曰：'小人怨汝詈汝！'则信之。则若时，不永念厥辟，不宽绰厥心，乱罚无罪，杀无辜，怨有同，是丛于厥身。"

【译文】

周公说："唉！从殷王中宗，到高宗，到祖甲，到我们的周文王，这四人是圣明的君主。有人告诉他们说：'小人在怨你骂你！'他们便更加恭敬地按照规矩办事。他们有了过错，便毫不掩饰地说：'这是我的过错。'实在是这样，他们不但不敢含怒，而且很愿意听到这样的话，以便察知自己政治上的得失。不听这些话，人们之中有的就会互相欺骗诈惑。如果有人告诉你：'小人在怨你骂你！'你应当认真考虑这些话。可是，如果你却这样执政：不把法度放在心里，不宽绰自己的胸怀，乱罚那些无罪的人，妄杀那些无辜的人，这样，必然会民心同怨，人们便会把愤怒的情绪聚集在你的身上。"

周公曰："呜呼！嗣王其监于兹！"

【译文】

周公说："唉！王啊，你可要以这些作为鉴戒啊！"

قال النبيل تشو: «تلك الأشياء من ين، من ملوك تشونغ تسونغ، قاو تسونغ، وتسو-جيا، إلى الملك ون في دولتنا تشو، هؤلاء الرجال الأربعة جعلوا معرفتهم ممارسة. لو قيل لهم الناس الأدنى يتذمرون ضدكم ويلعنونكم، فإنهم كانوا يولون اهتماما عظيما ووقورا لتصرفاتهم؛ وبالرجوع إلى الأخطاء المنسوبة لهم، يقولون أخطاؤنا هي كذلك حقا. وهكذا لا ينكصون ببساطة عن التعلق بالخطأ. إذا لم تسمع إلى هذا وتستفد منه، سوف يقلدك وزراؤك، وعندما يقول لك الرجال أصحاب اللغة الباذخة والحيل الخادعة الناس الأدنى يتذمرون ضدك ويلعنونك، سوف تصدقهم. إنك بفعل ذلك، لن تفكر دائما في واجباتك الأميرية، ولن تغرس وتهذب قلبا كريما واسعا. إنك سوف تعاقب بارتباك غير المذنبين، وتحكم على الأبرياء بالموت. سوف يكون هناك تذمر عام ضدك.»

قال النبيل تشو: «دعوا الملك، الذي خلف على العرش، يدرس تلك الأشياء.»

君奭

周公若曰："君奭，弗吊，天降丧于殷，殷既坠厥命。我有周既受，我不敢知曰厥基永孚于休。若天棐忱，我亦不敢知曰其终出于不祥。

【译文】

同公说："奭啊！由于做下了许多不好的事情，天便降下了丧亡的大祸于殷，殷已经丧失了上天所赐予的大命。我们周国已经得到了这个大命，但我不敢说，我们的事业能永远沿着美好的前程发展下去。虽然上天诚心地辅助我们，但我还是不敢说，我们的事业能否长久。

"呜呼！君已曰时我。我亦不敢宁于上帝命，弗永远念天威。越我民罔尤违，惟人。

【译文】

"唉！你曾经说我能够担起治理周国的重担。但我却不敢安于上天的命令，不去常常考虑上天的威罚。我们的民众是不会产生怨恨的情绪的，一切都在人为啊！

"在我后嗣子孙，大弗克恭上下，遏佚前人光在家，不知天

الأمير شي

تحدث النبيل تشو قائلا: «أيها الأمير شي، إن السماء، من دون رحمة، أنزلت الخراب على ين. لقد فقدت أسرة ين تنصيبها على العرش، والذي تلقته أسرتنا تشو. غير أنني لا أجرؤ على القول، كما لو كنت أعرف ذلك، إن أسرتنا الملكية سوف تلتزم حقا بالازدهار دائما. إذا اتبعنا بإرادة السماء بإخلاص، واستخدمنا الصادقين مساعدين لنا، ولا أجرؤ على القول، كما لو كنت أعرف ذلك، إن قضيتنا الملكية لتتعرض للمصيبة.

«لقد قلت، أيها الأمير، إن ذلك يعتمد على أنفسنا. إنني أيضا لا أجرؤ على التمتع بتفضيل الرب، ولا التنبؤ بمدى أهوال السماء في الوقت الحاضر وشعبي، لأن عدم وجود تذمر أو عصيان بين الشعب يقرره الإنسان.

إذا أثبت من خلف آباءه حاليا أنه غير قادر على توقير السماء في الأعلى والناس

命不易。天难谌，乃其坠命，弗克经历，嗣前人恭明德。

【译文】

“恐怕我们后代子孙，不能敬天理民，失掉前人的光荣传统，不知道天命的艰难。天命是难于相信的，如果不能永远继承前人的光荣传统，就会失去上天所赐予的大命。

“在今予小子旦非克有正，迪惟前人光，施于我冲子。”

【译文】

“现在我姬旦不能做别人的表率，只能以前人的光荣传统，来开导我的幼小的国王而已。”

又曰：“天不可信，我道惟宁王德延，天不庸释于文王受命。”

【译文】

周公又说：“上天是不能相信的，我们只有努力发扬文王的光荣传统，使之长久地保持下去，这样上天便不会舍弃文王所受的大命了。”

公曰：“君奭，我闻在昔成汤既受命，时则有若伊尹，格于皇天。在太甲时，则有若保衡。在太戊时，则有若伊陟、臣扈，格于上帝。巫咸乂王家。在祖乙时，则有若巫贤，在武丁时，则有若甘盘。率惟兹有陈保乂有殷，故殷礼陟配天，多历年所。

في الأسفل، ومن ثم يجلب نهاية لمجد أسلافه، هل لنا ونحن أن نتجاهل ذلك؟ إن الحفاظ على تفضيل السماء ليس سهلا؛ ومن الصعب الاعتماد على السماء.

«إن الرجال يفقدون تنصيبهم، لأنهم لا يستطيعون متابعة وتنفيذ التوقير والفضيلة الرائعة لأسلافهم. أنا دان، الشاب الصغير، غير قادر على تغيير الملك. إنني سوف أقوده ببساطة إلى مجد آبائه، وأجعله يتقاسم ذلك معي.»

قال أيضا: «السماء لا يوثق بها. مسارنا هو فقط السعي إلى إطالة فضيلة الملك ون، لعل السماء لا تجد عذرا لإزالة مرسومها المفضل الذي تلقاه الملك ون.»

قال النبيل تشو: «أيها الأمير شي، سمعت أنه في سالف الزمان، عندما تلقى تانغ التنصيب على العرش، أخذ معه يي ين، جاعلا فضيلته مثل فضيلة السماء العظيمة؛ وأخذ تاي جيا معه باو هنغ؛ وأخذ تاي وو معه يي تشي وتشن هو، ومن خلالهما أثرت فضيلته في الرب، ووو شيان الذي نظم البيت الملكي؛ وأخذ تسو يي معه وو شيان؛ وأخذ وو دينغ معه قان بان. هؤلاء الوزراء نفذوا مبادئهم، وأظهروا جدارتهم، وصانوا ونظموا أسرة ين الملكية، ولهذا دامت احتفالاتها، بينما هؤلاء الملوك عندما ماتوا

【译文】

周公说："奭啊！我听说过去成汤既已接受上天的大命，便有个伊尹辅佐成汤，使成汤得以升配于天。在太甲时，有个保衡，太戊时又有伊陟和臣扈，分别辅佐他们，使他们得以升配于上帝。巫咸帮助殷王治理国家。祖乙时有个巫贤，武丁时有个甘盘。正因为有这些老成之人帮助治理殷国，才使殷国诸王享受配天的祭祀，殷国的统治，才能经历许多年代。

"天惟纯佑命则，商实百姓王人，罔不秉德明恤。小臣屏侯甸，矧咸奔走。

【译文】

"上天只大力帮助那些有道德的人，商的百姓、同族没有不按照一定原则努力谨慎地为殷王服务的。至于那些小臣和地方官们，更是努力奔走服务王事了。

"惟兹惟德称，用乂厥辟。故一人有事于四方，若卜筮，罔不是孚。"

【译文】

"因此群臣各称其德，以辅助他们的国王治理国家。所以一旦国王向四方发出什么号召，就好像相信卜筮的灵验一样，对国王的号召，四方的人没有不相信的。"

公曰："君奭，天寿平格，保乂有殷，有殷嗣天灭威。今汝永念，则有固命，厥乱明我新造邦。"

كانوا مساعدين للسماء، وامتد بقاؤها سنوات عديدة.

«وهكذا أبقت السماء بحزم تنصيبها المفضل، وزُوِدت شانغ مجددا بالرجال. العديد من رؤساء العائلات وأفراد العائلة الملكية كانت لديهم وظائف، وأقاموا بسرعة فضيلتهم، وأبدوا اهتماما قلقا على المملكة. الوزراء الأصغر، والأمراء الحراس في هوه وديان، هرعوا إلى خدماتهم.

«هكذا بذلوا جميعا فضيلتهم وساعدوا ملكهم، ومن ثم فإنه الرجل الواحد، أيا كان الأمر الذي في يده، توطد الإيمان التام في أرجاء الأرض في عدالتهم كما في إشارات درع السلحفاة أو أعواد العرافة.»

قال النبيل تشو: «أيها الأمير شي، إن السماء تطيل أيام العادل والذكي؛ هكذا كان

【译文】

周公说："奭啊！上天长期以来，使那些能够深知天命的人，安治殷国，而殷国后代的继承人却灭弃上天的威严，而招致灭亡。现在你能永远记住这个历史教训，我们就能固守上天所赐的大命，以明智的措施，治理我们这个新建立的国家了。"

公曰："君奭！在昔上帝割申劝宁王之德，其集大命于厥躬？惟文王尚克修和我有夏。亦惟有若虢叔，有若闳夭，有若散宜生，有若泰颠，有若南宫括。"又曰："无能往来，兹迪彝教，文王蔑德降于国人。

【译文】

周公说："奭啊！在过去为什么上天一再劝勉文王注意品德修养，把治理天下的重任放在他的身上呢？这是因为只有像文王这样有道德的人，才能把中国治理好啊！同时也因为文王有虢叔、闳夭、散宜生、泰颠、南宫括这些贤臣。"又说："如果没有这些贤臣奔走效劳，努力地宣扬教化，文王的美德便不能传播给国人了。

"亦惟纯佑秉德，迪知天威，乃惟时昭文王迪见冒，闻于上帝，惟时受有殷命。

【译文】

"也正因为上帝大大地帮助道德高尚的人，开导他们，使他们了解上天的威严，因此，上帝才帮助文王，勉励他使他的功绩昭著，上帝了解了他的作为，正是因为这样才让他承受殷国的大命。

هؤلاء الوزراء صانوا ونظموا أسرة ين الملكية. إن من جاء أخيرا إلى العرش الممنوح من السماء قد تم محوه بأهوالها. فكر في المستقبل البعيد، وسوف نجعل المرسوم لصالح تشو مؤكدا، ونجعل حكومتها الجيدة تظهر بروعة في الدولة المؤسسة حديثا.»

قال النبيل: «أيها الأمير شي، في سالف الزمان عندما فرض الرب المحنة على ين، لماذا شجع تجديد فضيلة الملك ون، حتى تم تركيز المرسوم المفضل على شخصه في النهاية؟ لأن الملك ون كان قادرا على توطيد وتوحيد الأناس في مملكته، وكان سبب ذلك أن لديه مثل هؤلاء الوزراء مثل كوه شو، هونغ ياو، سان يي شنغ، تاي ديان، ونان قونغ كوه.» قال أيضا: «ولكن بالنسبة لمقدرة هؤلاء الرجال على التصرف مثله في شؤونه، وتطوير دروسه المستديمة، لم تكن ثمة استفادة منحدرة من الملك ون إلى الناس.

«وكان أيضا من التفضيل الحازم للسماء، وهب أولئك الرجال ذوي الفضيلة الثابتة، وتصرفهم وفقا لمعرفتهم بالمهابة المخيفة للسماء، وهب أنفسهم لإنارة الملك ون، وقيادته إلى الأمام إلى موقعه المميز وحكمه الشامل حتى وصلت شهرته إلى مسامع الرب، وتلقيه التنصيب الذي صار تنصيب ين.

"哉武王，惟兹四人尚迪有禄。后暨武王诞将天威，咸刘厥敌。惟兹四人昭武王惟冒，丕单称德。

【译文】

"在武王的时候，这四人仍然保持他们的禄位。后来武王奉上天的命令大举征伐殷国，他们又都辅助武王努力杀敌。正是由于这四人各尽其责帮助武王，才使武王成就大业。

"今在予小子旦若游大川，予往暨汝奭其济。小子同未在位，诞无我责？收罔勖不及，耇造德不降，我则鸣鸟不闻，矧曰其有能格！"

【译文】

"现在我姬旦好像要涉渡大河，我和你先去涉渡。我们年幼的国王，虽在王位，但幼稚无知，我们能够不担起自己的责任吗？努力做去犹恐不及，如果我们这些年长有德的人不能和睦团结，那么我就不会听到凤凰的鸣声了，何况说能够了解天命呢！"

公曰："呜呼！君，肆其监于兹，我受命无疆惟休，亦大惟艰。告君乃猷裕，我不以后人迷。"

【译文】

周公说："啊！奭啊，你现在应该看到这一点，我们从上天那里接受大命，虽然是无限美好，但也有很大的艰难。希望你的心怀要宽阔，我不是为了后代子孙的缘故而迷恋禄位啊！"

«كان هناك أربعة من أولئك الرجال قادوا الملك وو إلى حيازة عوائد المملكة، وبتوقير عظيم لجلال السماء، قتلوا كل أعدائه. الأكثر من ذلك أن أولئك الرجال الأربعة، جعلوا الملك وو مستنيرا للغاية لدرجة أن مجده انتشر بسرعة في المملكة، ونشر الناس فضيلته على نطاق شامل وكبير.

«الآن بالنسبة لي أنا جي دان، الشاب الصغير، يبدو كما لو كنت أطفو في مجرى ماء كبير. يا شي، دعني من هذا الوقت أحاول عبوره معك. إني لا أزال صغيرا وعاجزا، ولم أصعد بعد إلى العرش. عليك بكل السبل أن تضع الأعباء على كاهلي؛ وإذا سحبت نفسك من تصحيح أخطائي، فلن يوجد أحد يعمل على إصلاح نقائصي. ولن نسمع صوت العنقاوات، فما بالك أن يُعتقد أننا قادرون على الحصول على تفضيل السماء!»

قال النبيل تشو: «ضع هذه الأشياء في عين الاعتبار جيدا، أيها الأمير. إننا تلقينا التنصيب الذي يخص قدرا غير محدود من البركة، ولكننا لدينا صعوبات كبيرة مرتبطة به. إن ما أعلنه لك هو مشاورات واسعة الكرم. إنني لا أستطيع أن أسمح لخليفة ملوكنا أن يضلوا.»

公曰："前人敷乃心，乃悉命汝，作汝民极。曰：汝明勖偶王，在亶，乘兹大命，惟文王德丕承，无疆之恤。"

【译文】

周公说："武王曾经坦露过他的心迹，他曾详细地谈过命令你做小民表率的意见。他说：你们应该勤奋地在王的左右辅佐王，要开诚布公，担当这样的大命，必须把能否继承文王的光荣传统当作长久的考虑。"

公曰："君，告汝，朕允保奭。其汝克敬以予，监于殷丧大否，肆念我天威。

【译文】

周公说："奭啊！告诉你，我是非常相信你太保奭的。希望你能够敬重我所说的话，看到殷国丧亡的大祸，长久思念着上天的威罚。

"予不允，惟若兹诰？予惟曰：'襄我二人，汝有合哉。'言曰：'在时二人，天休滋至，惟时二人弗戡。'其汝克敬德，明我俊民，在让后人于丕时。

【译文】

"我如果不是一片诚心，能够说这些话吗？我想想之后还要问你：'除了我们二人，还有和你的品德相称的人吗？'你定会说：'正是有我们二人在，上天才降下许多美好的事情，这样的事情越来越多，我们二人是承受不了的。'希望你能够尊敬并选用有德的人，使后人很好地继承前人的光荣传统。

قال النبيل تشو: «إن الملك السابق جعل قلبه عاريا، ومنحك تكليفا كاملا، معتبرا إياك واحدا من المرشدين والنماذج للناس قائلا هل أنت بالذكاء والطاقة تساعد الملك؛ هل أنت بالإخلاص تدعم وتنقل المرسوم العظيم. فكر في فضيلة الملك ون، وادخل في قلقه غير المحدود.»

قال النبيل: «ما أخبرك به، أيها الأمير، هو أفكاري المخلصة. يا شي، أيها الحامي الأكبر، يجب أن تبحث بوقار معي في التحلل والفوضى الخطيرة في ين، ثم تنظر في الجلال المخيف للسماء التي تحذرنا!

«ألا ينبغي أن أكرر كلماتي؟ إنني أقول ببساطة إن تأسيس مملكتنا يعتمد علينا نحن الاثنين. هل تتفق معي؟ ثم أنت ستقول أيضا إنها تعتمد علينا نحن الاثنين. وقد أتانا تفضيل السماء على نطاق واسع؛ ينبغي لنا أن نشعر بأننا نحن الاثنين، لا نستطيع الاستجابة لها بشكل كاف. إنك إذا تستطيع أن تغرس وتهذب بوقار فضيلتك الآن، وتظهر رجالنا أصحاب القدرة البارزة للنور، فإنك عندما تعتزل منصبك لبعض الخلف في وقت استتباب الأمن، فإنني لن أبدي اعتراضا.

“呜呼！笃棐时二人，我式克至于今日休，我咸成文王功于不怠，丕冒海隅出日，罔不率俾。”

【译文】

“啊！正是因为我二人性情笃厚，合力辅佐国王，才使我们的事业达到今天这样美好的境地，才使我们完全成就文王的大功而不懈弛，才使四海之内，凡太阳所能照到的地方，无不服从法度。”

公曰：“君，予不惠若兹多诰，予惟用闵于天越民。”

【译文】

周公说：“奭，我很不聪明，说了这许多话，我的这些话，无非是忧虑天命和民心的不易保持。”

公曰：“呜呼！君，惟乃知，民德亦罔不能厥初，惟其终。祗若兹，往敬用治。”

【译文】

周公说：“唉！奭啊，你知道，小民办事在开始的时候，没有不好好办的，但到结尾就往往办不好了。应该重视这个教训，往后必须以恭谨的态度来治理国家。”

«إنه بدون جدية وإخلاص خدمتنا نحن الاثنين، هل قد وصلنا إلى رخاء اليوم؟ ينبغي لنا أن نستمر، أن ننبذ كل تراخ، لنتم عمل الملك ون، فلن يكون ثمة أحد عاص لحكم تشو من جوانب البحار، وشروق الشمس.»

قال النبيل: «أيها الأمير، ألم أتحدث وفقا للمنطق في تلك البيانات العديدة؟ إنني فقط متأثر بالقلق على تنصيب السماء، وعلى الشعب.»

قال النبيل: «إنك تعرف، أيها الأمير، طرق الناس، كيف يمكن أن يكونوا في البداية كل ما يمكن أن نرغب فيه؛ ولكن ينبغي التفكير في النهاية. تصرف بحرص وفقا لتلك الحقيقة. اذهب وباشِر بوقار واجبات منصبك.»

多　方

惟五月丁亥，王来自奄，至于宗周。

【译文】

五月丁亥这天，王从奄国回来，到了首都镐京。

周公曰："王若曰：猷！告尔四国多方惟尔殷侯尹民，我惟大降尔命，尔罔不知。

【译文】

周公传达周王的命令说："啊！告诉你们四国和各地诸侯，以及治理臣民的官长们，我要特地向你们下达命令，希望你们都要很好地了解命令的内容和精神。

"洪惟图天之命，弗永寅念于祀。惟帝降格于夏，有夏诞厥逸，不肯戚言于民，乃大淫昏，不克终日劝于帝之迪，乃尔攸闻。

【译文】

"看那夏代闭塞了上天的命令，常常不恭敬地对待祭祀，不把祭祀

المناطق العديدة

في يوم دينغ-هاي من الشهر الخامس، عاد الملك تشنغ من أرض يان ووصل إلى بلاط تشو.

قال النبيل تشو: «قال الملك تشنغ ما يلي: آه! أقول لكم يا قادة الدويلات الأربع. أنتم، أيها الوزراء القدماء من أسرة ين، سأقدم لكم أمرا كبيرا، يجب عليكم أن تستمعوا جيدا.

«إن شيا جيه كان يبالغ فيما تكلف السماء به، ولم يهتم دائما بتقديم القرابين لها، فأنزل الرب كارثة خطيرة بدولة شيا. كان شيا جيه غارقا في البذخ والمتعة، ورفض أن يسأل عن أحوال عامة الشعب، وكان منحلا جدا، ولم يكن يقبل تعاليم الرب ولو يوم واحد، هذا هو ما سمعتموه.

放在心上。虽然上帝给夏降下了深知天命的人，但夏王纵欲享受，不肯用好话去慰告民众，而是日益淫逸昏乱，不能够终日勤勉地按照上帝的开导办事，这一些你们都是知道的。

“厥图帝之命，不克开于民之丽，乃大降罚，崇乱有夏，因甲于内乱，不克灵承于旅，罔丕惟进之恭，洪舒于民。亦惟有夏之民叨懫日钦，劓割夏邑。天惟时求民主，乃大降显休命于成汤，刑殄有夏。

【译文】

“他闭塞了上帝的命令，不能把老百姓从灾难的罗网中解脱出来，上天便大大地降下了惩罚来祸乱夏国，这是因为当政者习于在国内为非作歹，又不听从上帝的开导，只知残暴地搜刮民财，荼毒百姓。也因为他们无不贪财残忍，甚至竞相效尤，残害首都的老百姓。由于这些原因，上天便为老百姓寻求好的国王，于是降下了光荣而美好的大命给成汤，成汤遂灭掉夏国。

“惟天不畀纯，乃惟以尔多方之义民，不克永于多享惟夏之恭，多士大不克明保享于民，乃胥惟虐于民；至于百为，大不克开。

【译文】

“上天不把大福赐给他们，这是因为他们那些四方诸侯的大臣，不努力于为百姓造福，却只知竞相残暴地对待臣民；甚至于作恶多端，无所不为，不能够解除百姓的痛苦，因此他们之中有些虽然还是贤臣也都和那些佞臣一样失去夏国的禄位。

«كان شيا جيه يبالغ فيما تكلف السماء به، ولم يفهم سبب طاعة الناس له، فقام بالقتل على نطاق واسع، مما سبب الفوضى في دولة شيا. كان شيا جيه يترك الشؤون السياسية لتديرها النساء، بدون الاتفاق مع إرادة عامة الشعب، ويطمع في الثروة دائما، فألحق أضرارا عميقة بالناس. وأيضا إن انتشار الجشع والظلم بين الناس في شيا يوما بعد يوم، كان سببا في ما لحق بدولة شيا من أضرار. فبدأ الرب أن يبحث عن رجل يقدر على أن يكون ملكا للشعب، ومن ثم أنزل رسالة مشرقة وجميلة على تشنغ تانغ، وأمره بأن يُبيد دولة شيا.

«لم يمنح الرب تنصيب الأمراء، لأن رؤساء الدويلات لم يكونوا قادرين على توجيه الناس دائما، ولم يعرف المسؤولون في دولة شيا كيفية حماية الناس وتوجيههم وإقناعهم. بل أساءوا إلى الناس بظلم وعنف، بحيث لم تتمكن جميع أنواع العمل أن تجري. اختار أمراء الدويلات تشنغ تانغ، فحل محل شيا جيه كملك.

“乃惟成汤克以尔多方简，代夏作民主。慎厥丽，乃劝。厥民刑，用劝。以至于帝乙，罔不明德慎罚，亦克用劝。要囚，殄戮多罪，亦克用劝。开释无辜，亦克用劝。今至于尔辟，弗克以尔多方享天之命。呜呼！”

【译文】

“由于这样，所以成汤能够受到你们四方诸侯的拥戴，代替夏桀做臣民的国王。他谨慎地把人们从灾难中解救出来，是为了鼓励他们走向正道。他对那些犯罪的人使用刑罚，也是为了鼓励他们走上正道。从成汤到纣的父亲帝乙，无不努力阐明德教，谨慎地使用刑罚，也都是为了勉励人们走上正道。仔细地考察犯人的狱辞，杀掉或严厉惩罚那些作恶多端的人，也是为了对臣民的劝勉和警诫。开脱释放那些无罪的人，也是为了鼓励臣民走上正道。现在，到了你们的国王，不能够带领你们四方诸侯永享上天赐予的大命。实在可叹啊！”

王若曰：“诰告尔多方，非天庸释有夏，非天庸释有殷，乃惟尔辟以尔多方，大淫图天之命，屑有辞。乃惟有夏图厥政，不集于享，天降时丧，有邦间之。乃惟尔商后王逸厥逸，图厥政，不蠲烝，天惟降时丧。

【译文】

王说：“告诉你们四方诸侯，并不是上天要舍弃夏国，也不是上天要舍弃殷国，而是因为你们的国王和你们四方诸侯，行为过度放肆，又闭塞了上天的命令，还振振有词地为自己的罪行辩护。所以上天舍弃你们。由于夏国政治黑暗，又不很好地祭祀上天，所以上天才降下这样的大祸，并让殷国代替夏国。也因为你们商的后王纵情享受，政治十分黑

«إنه كان حذرا في إصدار الأوامر، وموجها ومقنعا للناس؛ كان يعاقب المجرمين، لتوجيه الناس أيضا؛ من تشنغ تانغ إلى دي يي، نشر كل واحد منهم التعليم الأخلاقي، واستخدم العقوبة التأديبية لإقناع الناس؛ واستخدم سجن المجرمين أو قتل المجرمين الكبار أيضا لتقديم النصح للناس؛ واستخدم إطلاق سراح الأشخاص الذين تم تبرئتهم أيضا لتقديم النصح للناس. الآن، من المحزن ألا يمكن لملككم تشوه أن يستمتع بالحياة التي حددها الرب مثلكم، أمراء الدويلات!»

قال الملك: «أخبر كل الأمراء. لم يكن الرب يريد التخلي عن دولة شيا، ولم يكن الرب يريد التخلي عن دولة ين. لكن الرب تخلى عنهما في النهاية، لأن ملوك شيا وين وأمراء الدويلات مارسوا الفحش والبذخ، المبالغة فيما تكلف السماء بهم والانغماس في الراحة والارتخاء. لأن شيا جيه لم يكن مجتهدا في الشؤون السياسية، أنزلت السماء كارثة هلاك البلاد، فحل الأمير تشنغ تانغ محل شيا جيه؛ فذلك لأن ملوك ين كانوا مطمئنين بحياتهم السعيدة، وتخطيطهم للشؤون السياسية لم يكن جيدا، لذلك أنزلت السماء مصيبة هلاك البلاد.

暗闭塞，祭祀的供品很不清洁，所以上天才降下这样的大灾给你们。

“惟圣罔念作狂，惟狂克念作圣。天惟五年须暇之子孙，诞作民主，罔可念听。天惟求尔多方，大动以威，开厥顾天。惟尔多方罔堪顾之。惟我周王灵承于旅，克堪用德，惟典神天。天惟式教我用休，简畀殷命，尹尔多方。

【译文】

“虽然本来是贤明的人，但如果不把上天的意旨常常放在心上，就可能变成狂悖而不通事理的人；虽然本来是愚昧无知的人，但如果能把上天的意旨常常放在心上，就可能变成圣明的人。上天为了使殷纣悔悟，等待了五年的时间，让他在这五年中继续做国王，但他仍然不考虑，不听从上天的教导。上天也以这样的想法来要求你们四方诸侯，并且大大地显示出它的威严，来开导你们考虑上天的命令。但是，你们四方诸侯不能考虑和完成上天的命令。只有我们周国的国王，很好地秉承着上帝的旨意，能够广布德教，以德教主持上天所赐予的大命。因此，上天经过选择，把原来给殷的那美好的大命转过来赐给我们，让我们根据上天的命令来治理你们四方诸侯。

“今我曷敢多诰，我惟大降尔四国民命。尔曷不忱裕之于尔多方？尔曷不夹介乂我周王，享天之命？今尔尚宅尔宅，畋尔田，尔曷不惠王熙天之命？尔乃迪屡不静，尔心未爱，尔乃不大宅天命，尔乃屑播天命。尔乃自作不典，图忱于正。我惟时其教告之，我惟时其战要囚之，至于再至于三。乃有不用我降尔命，我乃其大罚殛之。非我有周秉德不康宁，乃惟尔自速辜。”

«سيصبح الرجل الحكيم مجنونا إذا لم يفكر، والمجنون يمكنه أن يصبح حكيما عندما يقدر على التفكير. قَبِلَ الرب، بعد مدة خمس سنوات، توبة أبناء وأحفاد شانغ، وسمح لهم بأن يكونوا ملوكا لسواد الشعب، ولكن لم يتمكن من جعلهم قادرين على التفكير واتباع إرادة السماء. ثم حول الرب نظره إليكم، دويلات الأمراء، وأنزل كوارث عظيمة نيابة عن السماء، وألهم دويلاتكم الاهتمام بإرادة السماء، لكن لم يكن أحد منكم يهتم بها. الملك تشو وحده، جيد في طاعة الناس، يمكنه استخدام الفضائل، ولطيف مع الآلهة والسماء. فبين الرب علامات حسن الحظ الطيبة لنا، واختار الملك تشو، ومنحه رسالة عظيمة ليحكم أمراء الدويلات.

«كيف أتجرأ على تكرار التحذيرات الكثيرة الآن؟ لقد أصدرت الأوامر للأمراء والشعب في الدويلات الأربع، لماذا لا توجهون الناس في الدويلات المختلفة؟ لماذا لا تساعدونني كثيرا على مشاركة المصير؟ الآن، أنتم لا تزالون تقيمون في أماكنكم، وتديرون حقولكم، لماذا لا تطيعون رسالة الرب التي ينشرها الملك تشو؟ بل إنكم لا تزالون غير ملتزمين بالتعليمات المتكررة، أنتم غير مقتنعين في قلوبكم. لقد تركتم تماما إرادة السماء؛ لقد ارتكبتم جرائم محاولين مهاجمة المراقبين. لقد قدمت تعليمات

【译文】

“现在我怎敢对你们说出这许多告诫的话，我只是想用这些话来开导和教育你们四国臣民。你们四方诸侯为何不听从我的劝导？你们为何不亲附我们，帮助我周国治理天下，共享天命？现在你们仍旧居住在你们原来的地方，耕种着你们原来的土地，你们为何不顺从我们的国王，发扬光大上天的命令呢？你们不听教导，屡次发动暴乱，你们的心那么不顺从，你们不去考虑上天的命令，你们完全把上天的命令丢在一边。这是你们自己不遵守法度，反而投机取巧，妄图取信于我们的执政者。因此我必须好好地教导你们，因此我要用武力来镇压你们，详细考察你们的供词。你们一而再，再而三地发动叛乱，我也就一而再，再而三地讨伐你们。如果你们不遵守我下达的命令，我就要大大地惩罚你们。这不是我们周国不按德教的原则给你们以和平安宁的生活，这实在是你们自己招来的祸害。”

王曰：“呜呼！猷，告尔有方多士暨殷多士，今尔奔走，臣我监五祀。越惟有胥伯小大多正，尔罔不克臬。

【译文】

王说：“唉！告诉你们四方诸侯和殷的诸位官长，现在你们臣服我周国并为我周国奔走效劳已经五年了。我们向你们征用力役，征收田赋，数量的大小和多寡，都完全合乎正常的标准，你们无不遵守法规。

“自作不和，尔惟和哉；尔室不睦，尔惟和哉。尔邑克明，尔惟克勤乃事；尔尚不忌于凶德，亦则以穆穆在乃位。克阅于乃邑谋介。

لكم، وقمت بحملة تأديبية لكم، وسجنتكم، لكن ما مثل ذلك حدث مرة أخرى بل مرات عديدة. إذا كان هناك أشخاص يعصون الأوامر التي أصدرتها لكم، فسوف أعاقبهم! وهذا ليس من طبيعة دولة تشو، بل لأنكم جلبتم الخطيئة بأنفسكم!»

قال الملك: «آه! أخبر المسؤولين في جميع الدويلات والوزراء القدامى من أسرة ين. حتى الآن، قد قدمتم الخدمات في أرجاء أراضي دولتنا دولة تشو لمدة خمس سنوات، والتزمتم بالقوانين في جميع الشؤون المتعلقة بالضرائب المفروضة والشؤون السياسية الكبيرة والصغيرة.

«لقد تسببتم في التنافر بين أنفسكم، يجب أن تكونوا في وئام معا! إذا كانت عائلاتكم ليست متجانسة، يجب أن تجعلوها منسجمة أيضا! يجب أن تجعلوا مدنكم مخيمة بالصفاء والاستقامة، ويجب أن تكونوا قادرين على الاجتهاد في أعمال

【译文】

"如果你们之间不和睦，那你们应该和好起来；如果你们的家庭不和睦，那你们的家庭也应该和好起来。如果你们能够勤于职守，做臣民的表率，那么，你们邑内的臣民也就会勤勉地做事；如果你们不打坏主意，那么，你们就能够和睦而恭敬地在你们的位置上相安无事。这样，你们一邑的人就都能够和睦愉快地相处。

"尔乃自时洛邑，尚永力畋尔田，天惟畀矜尔，我有周惟其齐赉尔，迪简在王庭，尚尔事，有服在大僚。"

【译文】

"如果你们能够乐于服从我们周国，能够永远努力种好你们的田地，上天就会怜悯你们，我们周国也会因此大大地赏赐你们，把你们提拔到朝廷中来，加给你们以职务，让你们担任重要的官职。"

王曰："呜呼！多士，尔不克劝忱我命，尔亦则惟不克享，凡民惟曰不享。尔乃惟逸惟颇，大远王命，则惟尔多方探天之威，我则致天之罚，离逖尔土。"

【译文】

王说："唉！诸位官长啊，如果你们不努力听信我的命令，那么你们就没有资格贡享上天，你们的臣民也就没有资格贡享上天了。如果你们一味贪图享受，一味胡作非为，大大地远离王命，妄图亲身试探上天的威严，我就要把上天的惩罚用在你们身上，把你们远远地分开，并夺去你们的土地。"

خدماتكم. ينبغي ألا تتبعوا تحريض الأشرار، بذلك يمكنكم الثبات في مواقفكم والبقاء في مدنكم سعيا وراء حياة أفضل.

«إذا تستقرون في منطقة لوه، وتزرعون حقولكم باجتهاد لفترة طويلة، فإن السماء ستشفق عليكم، وستكافئكم دولتنا، دولة تشو، كثيرا. سنختاركم إلى البلاط؛ اجتهدوا في أعمالكم، وسوف نضعكم في المناصب الرسمية الهامة.»

قال الملك: «آه! أيها المسؤولون، إذا لا تستطيعون العمل بجد على الانصياع لتعاليمي، فلا يمكنكم الاستمتاع بالمناصب الرسمية، وسيعتقد الناس أيضا أنكم غير جديرين بالمناصب الرسمية. إذا تمارسون الفحش والشر معارضين بشكل كبير أوامر الملك، يعني ذلك أن دويلاتكم تحاول اختبار عقاب السماء، سأنفذ عقاب السماء وأجعلكم بعيدين عن مواطنكم.»

王曰："我不惟多诰，我惟祗告尔命。"又曰："时惟尔初，不克敬于和，则无我怨。"

【译文】

王说："这不是我向你们讲了这许多话，我这是恭敬地把上天的命令告诉你们。"又说："我们是想着从开头就跟你们和睦相处，假如你们不能尊重上帝的命令，不能和睦相处，我便要把上天的惩罚降给你们，你们就不要对我有所怨恨了。"

قال الملك: «لا أريد أن أكرر ذلك. أقول لكم فقط إرادة السماء.» أضاف الملك: «خططوا بدايتكم جيدا! إذا لم تتمكنوا من الاحترام والوئام، فلا تلوموني.»

立　政

周公若曰："拜手稽首，告嗣天子王矣。"用咸戒于王，曰："王左右常伯、常任、准人、缀衣、虎贲。"

【译文】

周公说："请接受我的礼拜，告诉你——继承大位的天子，你现在已经正式担任国王了。"因而又仔细地告诫成王说："你的左右大臣有常伯、常任、准人、缀衣和虎贲。"

周公曰："呜呼！休兹知恤，鲜哉！古之人迪惟有夏，乃有室大竞，吁俊，尊上帝迪，知忱恂于九德之行。乃敢告厥后曰，拜手稽首后矣，曰：宅乃事，宅乃牧，宅乃准，兹惟后矣。谋面用丕训德，则乃宅人，兹乃三宅无义民。

【译文】

周公说："咳！处在美好的环境而能知道忧虑，这样的人，实在少啊！古人传说，在夏朝时候，诸侯竞相招徕贤人，按照上帝的教导行事，经过考察他们的作为，相信他们能够按照一定的道德标准行事。才敢向他们的国王说，王啊，请接受我们的礼拜吧！据说，官员们各司其职，负责政务的能够认真考虑政务搞得好坏；负责管理的能够认真地考

تأسيس الحكومة

قال النبيل تشو: «بكلتا يديَّ إلى رأسي، ورأسي إلى الأرض، أقدم توضيحاتي إلى ابن السماء، الملك الذي ورث العرش.» ثم نصح الملك تشنغ قائلا: «ينبغي للملك أن يعلم من حوله، أصحاب مناصب تشانغبو، تشانغرن، تشونرن، تشوييي، وهوبن».

قال النبيل تشو: «آه! عدد الناس الذين يعرفون المخاوف عندما يكونون في الوضع الجيد قليل، قليل جدا! من بين القدماء كان ملوك أسرة شيا، لهم موظفو الأقوياء، ودعاهم ملك شيا إلى احترام تعاليم الرب، ليفهموا مبادئ الفضائل التسع بصدق. كان ملك شيا دائما يعلم الأمراء قائلا: أيها الأمراء، اجعلوا أياديكم إلى رؤوسكم، ورؤوسكم إلى الأرض! وقال ملك شيا: افحصوا أعمال أصحاب منصب تشانغرن الذين يديرون الشؤون السياسية، وأصحاب منصب تشانغبو الذين يديرون الشؤون المدنية، وأصحاب منصب تشونرن الذين ينفذون القانون، هذا العمل بالنظر إلى الناس من خلال مظاهرهم، وليس وفقا للفضيلة، لن تجدوا حكماء بين أصحاب مناصب تشانغرن تشانغبو وتشونرن.

虑臣民是否能够安居乐业；负责司法的能够认真考虑执法是否公平合理，他们名副其实地做好工作，因此他们得到了国王的信任。假如不是这样，而是以貌取人，或不根据德行而是根据个人的喜好去用人，那么就不会得到贤能的人做你的官员了。

“桀德，惟乃弗作往任，是惟暴德，罔后。

【译文】

“夏桀做了国王之后，他不任用老成持重的旧人，行为暴虐，因此国家覆亡。

“亦越成汤陟，丕釐上帝之耿命。乃用三有宅，克即宅，曰三有俊，克即俊。严惟丕式，克用三宅三俊。其在商邑，用协于厥邑；其在四方，用丕式见德。

【译文】

“及至成汤登上了帝位，大大地得到福运，获得上天的明命。于是成汤便从政务、理民、执法三方面考核官吏的成绩，结果证明官吏们都能忠于职守；又从这三方面选拔人才，结果证明那些获得信用的贤人，的确有德才而不徒具虚名。从此殷商便从这三方面严格地根据标准选用贤人。由于这样，那些被选在商邑供职的都能够很好地对待邑中的臣民；那些被选在四方供职的也都能够根据大法办事，从而表现出他们的固有的德行。

“呜呼！其在受德，暋惟羞刑暴德之人，同于厥邦；乃惟庶习逸德之人，同于厥政。帝钦罚之，乃伻我有夏式商受命，奄甸

«بعد جلوس شيا جيه على العرش، ترك قواعد المسؤولين في الماضي، واستخدم فقط بعض الأشخاص المستبدين وأخيرا هلك.

«عندما صعد تشنغ تانغ العرش، ذكر نظام الرب في اختيار المسؤولين في مناصب شي، ومو، وتشون وفقا لمتطلبات هذه المناصب، ثم اختار المسؤولين في المناصب التابعة لهذه المناصب وفقا لأعمال هذه المناصب. كان يذكر باحترام نظام الرب في اختيار المسؤولين، ويعينهم على جميع المستويات بشكل جيد، واستخدم هؤلاء المسؤولين والناس في عاصمة أسرة شانغ، واستخدم هذا النظام لإظهار فضائله في أرجاء البلاد.

«آه! صعد تشوه، ملك أسرة شانغ العرش، وجمع المجرمين والظالمين في بلاده بالإكراه؛ واستخدم العديد من الناس المقربين منه والمنحلين أخلاقيا ليديروا الشؤون

万姓。

【译文】

“唉！及至到了殷纣，他性情强横，只知进用任刑弃德的人，以致整个国家上下效尤；他只知亲近那些失去道德的人，所有地方政治都搞得一样昏乱。上帝便给了他以大大的惩罚，使我们周国代替商纣接受上天的大命，在广大的国土上治理百姓。

“亦越文王武王克知三有宅心，灼见三有俊心。以敬事上帝，立民长伯。立政：任人、准夫、牧，作三事。虎贲、缀衣、趣马小尹、左右携仆，百司庶府。大都小伯、艺人、表臣百司、太史、尹伯，庶常吉士。司徒、司马、司空，亚旅。夷微卢烝。三毫阪尹。

【译文】

“乃至到了文王和武王，他们都能够知道从这三方面来考核并了解官员们的心地，对他们的心地看得非常清楚。任用他们做臣民的长官，以恭敬地按照上帝的意旨行事。他们设立了以下的官职：任人、准人、牧夫，负责政务、法律、管理臣民三方面的事情。此处还设立了保卫国君的卫官，为国王管理衣服的官，养马的官，以及国王的左右携仆和其他官员。三公封地的官长、卿大夫封地的负责征收赋税的官长和朝外百官，以及朝内的太史、尹伯诸官，这些官员们都各司其职，把事情处理得很好。司徒、司马、司空、亚旅等官也都一一建立起来。东夷、西戎、南蛮等少数民族，都一一为他们设立国王。至于那安置殷人的旧地和东城皋、南轩辕、西降谷等地，也都设立官长以便统辖。

السياسية معه بشكل مشترك. فعاقبه الرب بشدة، وجعل ملك تشو يحل محل ملك تشوه من أسرة شانغ لقبول رسالة السماء واسترضاء عامة الشعب في العالم.

«عندما انتقل العرش إلى الملك ون والملك وو، فهما نوايا يوي وتانغ في اختيار أصحاب المناصب الثلاثة، واكتشفا بوضوح أفكار أصحاب المناصب الثلاث، فعينا المسؤولين في هذه المناصب لعامة الشعب بإخلاصهما للرب. والمناصب الرسمية هي: رنرن، وتشونفو، وموتسوه؛ والمناصب الأدنى هي: هوبن، وتشويي، وتشيما، وشياوين، وشيبو الأيسر وشيبو الأيمن والإدارات المختلفة؛ هناك الأمراء والمحترفون، ومسؤولو الشؤون الخارجية في الدويلات الكبيرة والصغيرة. هناك منصبا تايتشي وينبوه؛ كلهم أصحاب حكمة وفضيلة. ويشمل المسؤولون في دويلات الأمراء مناصب سيتو وسيما وسيكونغ وياليوي؛ وفي دويلات يي ووي ولو زعماء؛ وتوجد مناصب الإداريين للعاصمة القديمة لشانغ وشيا.

“文王惟克厥宅心，乃克立兹常事司牧人，以克俊有德。

【译文】

“由于文王能够十分注意考核官员们的心地，所以能够正确任用贤人负责政务、法律、管理臣民等方面的事情，把那些有德的贤人选拔出来，加以任用。

“文王罔攸兼于庶言。庶狱庶慎，惟有司之牧夫是训用违。庶狱庶慎，文王罔敢知于兹。

【译文】

“文王不去代替他的官员发布命令。对于处理监狱的事情，管理臣民的事情，都是根据有关方面的负责人——准夫和牧夫的意见而决定去取。对于处理监狱的事情，管理臣民的事情，文王是不敢加以不适当的干预的。

“亦越武王率惟敉功，不敢替厥义德，率惟谋从容德，以并受此丕丕基。

【译文】

“到了武王，他成就了文王的功业，不敢废弃文王所立下的选拔人才的法度，只是努力奉行文王宽容的大德，君臣一起接受了文王遗下的伟大基业。

“呜呼！孺子王矣，继自今我其立政。立事、准人、牧夫。我其克灼知厥若，丕乃俾乱，相我受民，和我庶狱庶慎。时则勿

«كان الملك ون قادرا على فهم أفكار المناصب الثلاثة، لذلك أنشأ هذه المناصب واختار أصحاب الكفاءات والفضائل.

«كان الملك قد ترك سلطات القوانين والسجون والمراسم لمن يديرها، بينما كان يراقب بدقة ما إذا كان هؤلاء المديرون يستطيعون تنفيذ أوامره.كان لا يتدخل في شؤون العقوبة والسجن والمراسم.

«والملك وو الذي أنجز قضايا الملك ون، لم يتخل عن فضائل الملك ون، وارثا فضيلة تسامح للملك ون، لذلك نجح الملك ون والملك وو في قضية حكم البلاد العظيمة.

«آه! أنت الآن الملك. من الآن فصاعدا، يجب أن ننشئ المناصب الرسمية هكذا: المناصب الثلاثية هي ليشي، وتشونرن، وموفو. يجب أن نفهم كفاءات أصحابها،

有间之，自一话一言。我则末惟成德之彦，以乂我受民。

【译文】

“唉！孺子啊，你现在已经继位为王了，从今天开始，我们要按照前人的传统来设立官长。要设立管理政务的立事，司法的准人，管理臣民的牧夫。我们应当十分了解这些官员的心地，使他们从事各种政务，帮助我们管理臣民，并帮助我们谨慎地处理好司法案件。在这些问题上我们不要包办代替，即使一言一语的命令也不要代为发布。我们应该始终如一地发挥这些贤士的作用，从而把我们从上天那里接受来的臣民治理好。

“呜呼！予旦已受人之徽言，咸告孺子王矣！继自今文子文孙，其勿误于庶狱庶慎，惟正是乂之。

【译文】

“唉！我已经把从贤人那里接受来的美言，都告诉给你这年轻的王了！从今以后举凡文王的子孙后代，千万不要自误；特别是对司法方面的事情，更要十分谨慎，必须依靠各个主管部门的意见去治理臣民。

“自古商人，亦越我周文王立政，立事、牧夫、准人。则克宅之，克由绎之，兹乃俾乂。国则罔有立政，用憸人，不训于德，是罔显在厥世。继自今立政，其勿以憸人，其惟吉士，用劢相我国家。

【译文】

“从古时殷商，到我们文王都是这样设立官长的，设立事、牧夫、

ليديروا شؤونهم، الأشخاص الذين نقبلهم، لحكم مختلف القضايا في السجون ومختلف الأمور المحرمة، لا يمكن استبدال هذه الأمور. على الرغم من أن الملك يقرر كل شيء بكلمته الواحدة، يجب علينا في النهاية أن نسعى إلى إيجاد أصحاب الفضائل ليحكموا شعبنا.

«آه! أنا، جي دان، قد أخبرت الملك كل كلمات السلف الرائعة. من الآن فصاعدا، على الأبناء والأحفاد الوارثين العرش، ألا يؤخروا الوقت في مختلف شؤون السجون والمحظورات. هذه الأشياء يديرها المسؤولون المعينون في مناصبهم.

«من الملوك السابقين لأسرة شانغ القديمة إلى ملك أسرة تشو، الملك ون، أنشأوا مناصب ليشي، وموفو، وتشونرن، لاختبار أصحابهم ومساعدتهم، ليديروا شؤون البلاد، ولم تكن هناك أخطاء في حكم البلاد. إذا كان المسؤولون جشعين، لا يتبعون الفضائل، فإن الملك لن يكون له المجد في النهاية. من الآن فصاعدا، يجب عدم السماح باستخدام الأشرار الجشعين والمسيئين في المناصب الحكومية، ويجب تعيين الأشخاص الطيبين لاستخدام جهودنا في حكم بلادنا.

准人。在考虑这些官长的人选时，首先考虑他们的功德，其次审慎地考察他们的心地，知道他们确实是贤明的人，才让他们管理政事。假如一个国家，不是这样设立官长，而任用贪利的小人，不按照正确的原则办事，这样他的德教便无法在他的社会里推行了。从今以后，在设立官长的时候，千万不要任用那些贪利的小人，应当任用那些贤明的人，用这些人帮助我们治理好国家。

“今文子文孙，孺子王矣。其勿误于庶狱，惟有司之牧夫。其克诘尔戎兵，以陟禹之迹，方行天下，至于海表，罔有不服。以觐文王之耿光，以扬武王之大烈。

【译文】

“现在，你文王的子孙，你这年轻人，已经继位为王了。希望你不要自作主张，去干涉司法方面的事情，应让有关的官员去负责办理。希望你要多问问军队方面的事情，把你的军队整理好，以步大禹后尘，使你的威力遍于天下，甚至伸张到海外，使普天之下无不臣服。从而，使天下人都能看到文王的光辉，并发扬光大武王的伟大业绩。

“呜呼！继自今后王立政，其惟克用常人。”

【译文】

“唉！从今以后，王如果要立官长，希望你一定要任用贤人。”

周公若曰：“太史、司寇苏公，式敬尔由狱，以长我王国。兹式有慎，以列用中罚。”

«الآن، أنت من أبناء وأحفاد الملوك السابقين، لقد أصبحت بالفعل ملكا! يجب ألا تتأخر في العديد من قضايا السجن، فقط دع المسؤولين وأصحاب منصب موفو يديرونها. يجب أن تكون قادرا على إدارة الجيش ومتابعة خطوات الإمبراطور دا يوي، لتترك آثار قدميك في أرجاء البلاد بل وفي ما وراء البحار، فلن يكون أحد يعصيك، وهكذا تنشر نور فضائل الملك ون، وتواصل العمل العظيم للملك وو.

«آه! من الآن فصاعدا، فإن الخلف، يجب أن يستخدم الناس الطيبين في المناصب الحكومية.»

قال النبيل تشو: «أيها المسؤول عن تسجيل الوثائق والتاريخ! على القاضي وهو النبيل سو أن يتعامل مع القضايا الجنائية بجدية، بحيث تكون مملكتنا آمنة على

【译文】

周公说："太史和司寇苏公啊，希望你要极为尊重你所负责的司法大事，从而使我们的国祚得以延长。要十分谨慎地依法行事，处理每一件事都应轻重适当而合乎法律。"

المدى الطويل. الآن القواعد حذرة، وفقا للعادات المألوفة، استخدم العقوبة من الدرجة المتوسطة.»

顾 命

康王之诰

惟四月哉生魄，王不怿。甲子，王乃洮頮水，相被冕服，凭玉几。乃同召太保奭、芮伯、彤伯、毕公、卫侯、毛公、师氏、虎臣、百尹、御事。

【译文】

四月初，王的身体很不舒服。甲子这一天，王便沐发洗脸，太仆为王穿上礼服，王依在玉几上坐着。于是把太保召公奭、芮伯、彤伯、毕公、卫侯、毛公、师氏、虎臣、百官之长和负责具体事务的大臣们全部招来。

王曰："呜呼！疾大渐，惟几，病日臻。既弥留，恐不获誓言嗣，兹予审训命汝。昔君文王武王宣重光，奠丽陈教，则肄肄不违，用克达殷集大命。在后之侗，敬迓天威，嗣守文武大训，无敢昏逾。今天降疾，殆弗兴弗悟。尔尚明时朕言，用敬保元子钊，弘济于艰难，柔远能迩，安劝小大庶邦。思夫人自乱于威仪，尔无以钊冒贡于非几兹。"

【译文】

王说："唉！我的疾病大大地加剧了，已经到了非常危险的地步。

الوصية

البيان للملك كانغ

في الشهر الرابع، عندما أصبح ضوء القمر ساطعا، مرض الملك تشنغ. في يوم جيا– تسي، نظف الملك تشنغ شعره ووجهه. ألبسه مدير تايبو التاج الملكي. دعا الملك وهو متكئ على منضدة يشمية كل الرؤساء والنبلاء والمديرين والموظفين الرسميين ليقابلهم.

قال الملك: «آه! مرضي شديد جدا وخطير، أيام الألم قادمة، إنها بالفعل لحظة موتي. أخشى أنني لا أستطيع التحدث بشكل رسمي بعد وفاتي. الآن، سأوجهكم بالتفصيل. في الماضي، أصدر ملكانا ون ووو إشراقا مثل الشمس والقمر وصاغا القوانين وأصدرا مراسيم وتعليمات، وحاول الناس جاهدين تنفيذها، ولم يتجرأوا على خرقها، وبالتالي تمكنا من القضاء على أسرة ين، وحققا القضية العظيمة لدولتنا، دولة تشو. في الوقت اللاحق، صرت أنا، الشاب الصغير، أسعى بجدية إلى تنفيذ إرادة السماء، وأواصل التعليمات العظيمة للملكين ون ووو، ولا أجرؤ على الخروج عن الطريق. في أيامنا هذه، أصبت بمرض خطير كدت لا أستطيع النهوض ولا الحديث. يجب أن تبذلوا

在这临终时刻，恐怕你们得不到我的遗言去约束嗣王，所以我才非常审慎地向你们传达命令。过去，文王和武王光照天下，制定了法律，颁布了教令，便怀着畏惧的心情而不敢违背，因此才能够消灭殷国，成就我们周国的大命。武王死后，当时我还是年幼无知的稚子，但我能够恭敬地对待上天的威严，严格地遵守文王和武王的教导，不敢昏乱妄为，逾越法纪。现在上天降下了灾祸，使我染上大病，几乎不能起床。你们应当努力记取我的遗言，以爱戴尊敬的心情去保卫我的大儿子姬钊，度过这艰难困苦的时期，以友好的态度去对待远处和近处的臣民，教育那众多的大小诸侯，让他们也很好地安理臣民。我想，一般说来，人能够自治都是因为他能够有一定的威仪和法度，你们不要使嗣王姬钊陷于非礼啊！”

既受命还，出缀衣于庭。越翼日乙丑，王崩。

【译文】

大臣们接受命令回来之后，国王已经不能上朝理政，便把国王的礼服拿出来放在朝廷之上以供大臣们瞻拜。第二天，国王便逝世了。

太保命仲桓、南宫毛俾爰齐侯吕伋，以二干戈、虎贲百人逆子钊于南门之外。延人翼室，恤宅宗。丁卯，命作册度。越七日癸酉，伯相命士须材。

【译文】

太保命令仲桓和南宫毛随从齐侯吕伋，二人分别拿着干戈，率领着勇士一百人，在南门以外迎接太子钊。把太子钊请入侧室，太子便怀着忧愁住在这里主持丧务。丁卯这天，命令太史们讨论并拟定处理丧务方

الجهود في قبول كلماتي وأن تحموا بجدية ابني الأكبر جي تشاو لمواجهة الفترات الصعبة، ويجب عليكم أن تتوددوا للدويلات البعيدة، وتتقربوا من دويلات الجوار، وتحققوا الاستقرار، وتقدموا التوجيهات لمختلف الدويلات الكبيرة والصغيرة. أتمنى أن يقوم الجميع بالحكم بالمراسم والقوانين. يجب ألا تجعلوا جي تشاو ينتهك القانون!»

انسحب الوزراء والمسؤولون بعد تلقيهم تعليمات الملك تشنغ، ووضعوا جلباب الملك تشنغ الرسمي في القاعة الكبيرة بالبلاط الملكي. في اليوم التالي، يوم يي– تشو، توفي الملك تشنغ.

أمر تايباو أن يتبع تشونغ هوان ونانقونغ ماو الأمير ليوي جي، ويحمل كل منهما بعض الأسلحة الحربية ويقودان مائة محارب لاستقبال الأمير، الابن الأكبر للملك تشنغ خارج البوابة الجنوبية. ودعا الأمير جي تشاو إلى القاعة الجانبية لحراسة جثة الملك المتوفي. في يوم دينغ– ماو، أصدر مرسوما حول الحداد. في اليوم السابع، يوم كوي– يو، أمر النبيل تشاو المسؤولين بترتيب مختلف مستلزمات الحداد.

面的礼节。又过了七天，毕公便命令下级官员分别负责下述各种器物。

狄设黼扆缀衣。牖间南向，敷重篾席，黼纯，华玉仍几。西序东向，敷重底席，缀纯，文贝仍几。东序西向，敷重丰席，画纯，雕玉仍几。西夹南向，敷重笋席，玄纷纯，漆仍几。

【译文】

守祭人在门窗之间陈设画着斧纹的屏风，并把先王遗下的礼服放在这里。门窗以南，铺着厚厚的竹席，斧纹的边缘都用黑色白色的丝织品缝制起来，放着用美玉装饰的几案。在西墙以东，放着厚厚的用细竹篾制成的竹席，席的上面并缀有画饰，还放有用花贝装饰的几案。在东墙以西，铺着厚厚的莞席，席的上边画着云气的形状，放有用刻玉装饰的几案。在西房西堂的南面，铺着厚厚的青竹皮制成的席，以黑色的丝线装饰着它的边缘，此间放着一张漆几。

越玉五重，陈宝，赤刀、大训、弘璧、琬琰在西序。大玉、夷玉、天球、河图在东序。胤之舞衣，大贝、鼖鼓在西房。兑之戈、和之弓、垂之竹矢在东房。

【译文】

镇国的大宝器也陈列出来了，同时陈列了玉器五重，此外把红色的宝刀，先王的遗训，以及大的玉璧、玉珪放在西墙向东的席前。把从华山出产的大玉和东北贡来的夷玉与雍州贡来的美玉天球，以及地图放在东墙向西的席前。把胤制成的舞衣、大贝、大鼓放在房屋西面，把兑制的戈、和制的弓、垂制的竹箭，放在房屋的东面。

وضع أحد المديرين عن الموسيقى الحاجز المزين بأشكال الفأس والملابس الرسمية الملك المتوفي. وغطى الموقع المواجه للجنوب بين الباب والنافذة حصيرة خيزرانية ذات طبقتين، مزينة بدانتيل من الحرير الأبيض والأسود، وعرض أحجار يشمية ملونة على منضدة غير مزخرفة. في موقع الجدار الغربي المواجه للشرق، تم وضع حصيرة خيزرانة دقيقة من طبقتين، مزينة بدانتيل ملون، وزخارفها، عرضت عليها أصداف ملونة على منضدة غير مزخرفة. في موقع الجدار الشرقي المواجه للغرب، تم وضع حصيرة خيزرانية من طبقتين، مزينة بدانتيل مرسوم بشكل السحاب، وعرضت الأدوات اليشمية المنحوتة على منضدة غير مزخرفة. في الزاوية المواجهة للجنوب من الجانب الغربي للقاعة، وضعت حصيرة خيزرانية خضراء من طبقتين، مزينة برباط مزينة بحبال من الحرير الأسود.

وعرضت أدوات الملك على منضدة غير مزخرفة.تم عرض خمسة أنواع من اليشم ، والسيوف المتنوعة والأحجار القديمة المتنوعة، أمام الجدار الغربي المواجه الشرق. وتم عرض يشم دايوي ويشم يييوي، وساعة سمشية وخارطة الكواكب أمام الجدار الشرقي المواجه إلى الغرب. وتم عرض ملابس الرقص، وأصداف كبيرة وطبول الجيش في القاعة الغربية. وتم عرض الأسلحة والأقواس والأسهم الخيزرانية في القاعة الشرقية.

大辂在宾阶面，缀辂在阼阶面，先辂在左塾之前，次辂在右塾之前。

【译文】

王的大车在迎宾台阶的前面，缀车在东阶的前面，先车放在门侧左边堂屋的前面，次车放在门侧右边堂屋的前面。

二人雀弁，执惠，立于毕门之内。四人綦弁，执戈上刃，夹两阶戺。一人冕，执刘，立于东堂。一人冕，执钺，立于西堂。一人冕，执戣，立于东垂。一人冕，执瞿，立于西垂。一人冕，执锐，立于侧阶。

【译文】

二人戴着赤黑色的礼帽，执着矛立在庙门的里边。四人戴着青黑色的礼帽，拿着戈，相向地站立在门庭两旁的台阶上。一人戴着礼帽，拿着大斧，站立在东堂之前。又一人戴着礼帽，拿着大斧，站立在西堂之前。一人戴着礼帽，拿着三尖矛，站立在东堂前面。又一人戴着礼帽，拿着三尖矛，站立在西堂前面。又一人戴着礼帽，拿着矛，站立在北面的台阶上。

王麻冕黼裳，由宾阶阼。卿士邦君麻冕蚁裳，入即位。太保、太史、太宗皆麻冕彤裳。太保承介圭，上宗奉同瑁，由阼阶阼。太史秉书，由宾阶阼，御王册命，曰："皇后凭玉几，道扬末命。命汝嗣训，临君周邦，率循大卞，燮和天下，用答扬文武之光训。"王再拜，兴，答曰："眇眇予末小子，其能而乱四方，以敬忌天威。"

تم وضع عربات الملك اليشمية أمام الدرجات التي اتخذها الضيوف. وتم وضع العربة الذهبية أمام درجات المضيف، ووضعت عربة الفيل أمام القاعة على الجانب الأيسر من الباب، وتم وضع العربة الخشبية أمام القاعة على الجانب الأيمن من الباب.

وقف عند باب معبد الأسلاف شخصان يلبسان قبعة رسمية حمراء وسوداء، ويحملان رمحًا مثلثًا. وقف أربعة رجال يواجه بعضهم بعضا وهم يلبسون قبعات رسمية سوداء وزرقاء، ويحملون فؤوسا حربية على جانبي الدرجات. وقف خارج القاعة الشرقية شخص واحد يلبس قبعة رسمية، يحمل فأسا كبيرا. وقف خارج القاعدة الغربية شخص يلبس قبعة رسمية، ويحمل فأسا كبيرا. ووقت أمام القاعة الشرقية شخص واحد يلبس قبعة رسمية ويحمل رمحا مثلثا. وقف أمام القاعة الغربية شخص واحد يلبس قبعة رسمية ويحمل رمحا مثلثا. ووقف على الدرجات الشمالية شخص آخر يلبس القبعة الرسمية، ويحمل رمحا.

كان الملك يلبس قبعة القنب الرسمية ويرتدى ثوبًا رسميا مطرزا بشكل الفأس، ليصعد من الدرجات الغربية. وكان الوزراء والأمراء يلبسون قبعات القنب الرسمية، ويرتدون الثياب الرسمية السوداء ليدخلوا إلى القاعة الوسطى. كان كل تايباو وتايشي وتايتسونغ يلبسون قبعات القنب الرسمية، ويرتدون الثياب الرسمية الحمراء. كان تايباو يحمل لوحا كبيرا من اليشم، ويحمل تايتسونغ كأسا من النبيذ ويشم ماو

【译文】

王戴着麻制的礼帽，穿着有花纹的礼服，从西阶登上。重要官员和诸侯国君也都戴着麻制的礼帽，穿着黑色礼服，分别站在应在的位置上。太保、太史、太宗也都戴着礼帽，穿着红色礼服。太保捧着大圭，太宗捧着酒杯和天子所执的瑁，从东阶登上。太史拿着册书，从西阶走上，迎接国王授以成王的遗命说："伟大的王啊！依着玉几，传达先王临终时的命令。你现在依照先王遗训，继承王位，统治周国，遵循着国家的大法，治理天下，以报答文王、武王并发扬文王、武王的光荣传统和遗训。"王行了两次礼，然后起来，回答说："我这微不足道的年轻人，岂能像先王那样敬畏天命，把四方治理好呢！"

乃受同瑁，王三宿，三祭，三咤。上宗曰飨。太保受同，降，盥，以异同秉璋以酢，授宗人同。拜，王答拜。太保受同，祭哜宅，授宗人同。拜，王答拜。太保降，收。诸侯出庙门俟。王出在应门之内，太保率西方诸侯入应门左，毕公率东方诸侯入应门右，皆布乘黄朱。宾称奉圭兼币曰："一二臣卫，敢执壤奠。"皆再拜稽首。王义嗣德答拜。

【译文】

于是王便接受了酒杯和瑁，慢慢地向前行进三次，奠酒三次，向后退行三次。接着太宗说："王啊！请你把酒喝下吧！"太保代王接过酒杯，历阶而下，然后洗了洗手，用璋瓒这种酒杯，自酌了一杯酒，又授给助祭人一杯酒，助祭人行礼拜谢，王回礼答谢。太保从助祭人那里接过这杯酒，先祭后尝，便退了下来，把这杯酒还给助祭人。助祭人行礼拜谢，王回礼答谢。太保等从西阶走下，行礼已毕。大家从行礼的地方走出来，诸侯国君走出庙门后，恭候王。王从应门内走出，太保率西方

ليصعد من الدرجات الشرقية. وحمل تايشي وثيقة الملك، ليصعد من الدرجات الغربية وقدم الوثيقة إلى الملك كانغ. قال تايشي: «لقد أعلن الملك وصيته متكئا على المنضدة اليشمية، ليأمرك بأن ترث تعليمات الملكين ون ووو العظيمة، وتحكم البلاد وتقود دولة تشو، وتلتزم بالقانون، وتحقق السلام، وتنشر التعليمات المشرقة للملكين ون ووو.» قام الملك بالتحية مرة أخرى، ثم نهض وأجاب: «كيف يمكنني، أنا الشاب الصغير، أن أحكم البلاد وأحقق السلام تنفيذا لهيبة السماء؟»

قبل الملك كأس النبيذ ويشم ماو، ثم تقدم إلى الأمام ثلاث مرات، ليرش الخمر على الأرض ثلاث مرات. قال تايتسونغ: «من فضلك اشرب!» بعد شرب الملك، أخذ تايباو الكأس، ونزل من مكان تقديم الاحترام، وغسل يديه، ثم صعد إلى مكان تقديم الاحترام، وشرب من كأس أخرى، ثم سلم الكأس إلى تسونغرن، ليحني رأسه ساجدا أمام الملك، ورد عليه الملك بانحناءة رأس. أخذ تايباو الكأس من توسنغرن، فملأها بالخمر وتذوقه ورشه على الأرض، ثم سلم الكأس إلى تسونغرن، وقدم الاحترام مرة أخرى للملك، ورد عليه الملك بإبداء الاحترام. نزل تايباو من مكان تقديم الاحترام، وانتهت المراسم. خرج الوزراء والأمراء من باب معبد الأسلاف منتظرين أن يبدأ الملك كانغ أعماله الإدارية. خرج الملك من باب بي، ووقف داخل باب ينغ. قاد تايباو أمراء الغرب ليدخلوا إلى يسار بوابة ينغ؛ بينما قاد النبيل بي أمراء الشرق، ليدخلوا إلى يمين بوابة ينغ. عرض الأمراء أربعة من الخيول الصفراء ذات العرف الأحمر. قال الضيف الرئيسي رافعا لوحا يشميا: «نحن رؤساء القبائل المجاورة، نقدم هذا اليشم المحلي للملك الجديد.» ثم قاد الجميع إلى تقديم الاحترام، ورد عليهم الملك بأسلوب الملك الوريث.

的诸侯国君从应门左边进去迎接王，毕公率领东方的诸侯国君从应门的右边进去迎接王，诸侯国君都穿着黄红色礼服。诸侯国君拿着朝觐用的圭，并分别献出不同的贡享，说：“我们这些做臣子的，大胆地献出地方上的土产，希望王能够收下！”说着诸侯们都行礼叩头。继王以新王的身份，升上台阶回礼答拜。

太保暨芮伯咸进相揖，皆再拜稽首曰：“敢敬告天子，皇天改大邦殷之命，惟周文武诞受羑若，克恤西土。惟新陟王毕协赏罚，戡定厥功，用敷遗后人休。今王敬之哉。张皇六师。无坏我高祖寡命。”

【译文】

太保和芮伯都走向前来互相行礼，之后，又都对新王行大礼，说：“斗胆恭敬地禀告天子，那伟大的上帝更改殷国的大命，只让我们周国的文王和武王接受上天的大命，这是因为他们能够关怀西土的臣民。我们那刚刚死去的成王，能够完全按照先王的成法或赏或罚，从而完成了他的大功，遗给后人以美好的家邦。现在，新王你应该恭敬地对待先王的遗业啊！很好地整顿军队，不要毁弃了我们祖先的大命。”

王若曰：“庶邦侯甸男卫，惟予一人钊报诰。昔君文武丕平富，不务咎，厎至齐，信用昭明于天下。则亦有熊罴之士，不二心之臣，保乂王家，用端命于上帝。皇天用训厥道，付畀四方，乃命建侯树屏，在我后之人。今予一二伯父尚胥暨顾，绥尔先公之臣服于先王。虽尔身在外，乃心罔不在王室。用奉恤厥若，无遗鞠子羞。”

ثم دخل تايباو مع روي بوه لتبادل الاحترام مع الأمراء، ثم أحنى كل منهما رأسه لتقديم الاحترام مرة أخرى معا.وقالا: «يا ابن السماء! لقد أنهت السماء حياة أسرة ين، لأن ملكينا الملك ون والملك وو قبلا أوامر السماء، ونفذاها وقللا من تعب شعبنا في المنطقة الغربية؛ ولأن ملكنا الذي تسلم أوامر السماء حديثا صائب في تقديم المكافآت والعقوبات، وأخيرا أنجز العمل العظيم، تاركا أساسا جيدا للمستقبل، يجب على الملك أن يحترمه بشكل خاص! ويجب تعزيز قوة جيوشنا الستة بقوة للدفاع عن مصير ملكنا النادر.»

قال الملك: «أيها جميع الأمراء والمسؤولين من الدويلات! اسمعوا إعلاني. كان الملكان ون ووو يطلبان أعمال السخرة الخفيفة ويحصلان على الضرائب القليلة، وعملا على توزيع الثروات على أساس المساواة؛ وكانا حذرين في استخدام العقوبات، ولا يسعيان وراء اكتشاف أخطاء الناس؛ كانا متسامحين، وغير منحازين، ويعملان وفق الطريقة الوسطية. لذا فإن سمعتهما الطيبة منتشرة في العالم؛ ولهما أيضا مجموعة من القادة العسكريين الشجعان مثل النمر والدب والحاشية المخلصين يدافعون عن

【译文】

王说："诸侯国君们，现在我姬钊特此通告你们，并向你们发布命令。从前我们的国君文王和武王，使国家的礼法大大地完备起来，而不致力于刑罚，一切措施都恰到好处，因此先王的威信有如光辉普照天下。还有那些勇武的将士、忠心的臣子，保护、治理我们的国家，以端正上帝赐予的大命。那伟大的上帝便根据先王的德行，把天下交给我们，并且还要分封诸侯，树立屏障，帮助我们后人治理国家。现在我们同姓诸侯中的大国，都能够尽心地扶持王室，有如你们的先人臣服于先王一样。这就说明，你们虽然身在朝廷之外，而心却无不在王室。你们应时刻关心着王室，不使我这年幼无知的人犯下什么过错。"

群公既皆听命，相揖，趋出。王释冕，反，丧服。

【译文】

大家听完了诰令，行礼而出。王脱去礼服又回到守丧的住处，穿上丧服。

الأسرة الملكية. لأنهما نفذا أوامر السماء جيدا، منحتهما السماء مهمة حكم الاتجاهات الأربعة. فأمرا بإقامة إقطاعات الأمراء وبناء القلاع والحدود، لمصالحنا وسلامنا. اليوم، يا أعمامي، ينبغي لكم أن تتبعوا فضائل الملكين ون ووو، وتدبروا أمور الوزراء القدماء الذين كانوا يخدمون الملكين السابقين بشكل جيد، وتواصلوا اتباع أوامري. رغم أنكم خارج العاصمة، قلوبكم مرتبطة بالبلاط الملكي. عليكم أن تفكروا دائما في ما إذا كنتم أوفياء بمسؤولياتكم، وعدم إهمال واجباتكم، حتى لا أخطأ وأنا الشاب الصغير.»

قبل الجميع الأوامر، ثم أبدى كل منهم التحية للآخر، وانسحبوا. غير الملك ثوبه الرسمي بثوب الحداد، وعاد إلى مكان الحداد.

吕 刑

惟吕命。王享国百年，耄，荒度作刑，以诘四方。

【译文】

甫侯建议天子制定国家的刑律。王在位时间达百余年，到了年老的时候，根据宽大的原则来制定刑律，并责成四方官吏遵守。

王曰："若古有训，蚩尤惟始作乱，延及于平民。罔不寇贼，鸱义奸宄，夺攘矫虔。苗民弗用灵，制以刑，惟作五虐之刑曰法。杀戮无辜，爰始淫为劓刵椓黥。越兹丽刑并制，罔差有辞。

【译文】

王说："古时本有良好的道德风尚，后来蚩尤开始作乱，他的恶劣行为影响了平民。人们都成了贼寇，开始胡作妄为，远近作乱，强取豪夺。苗民们也不遵守他的法令，因此他便制定了一系列的刑罚，制定了五种杀人的刑罚叫作法律。后来逐渐滥用酷刑，甚至无罪的人也遭到杀戮，过分地使用割鼻子、割耳朵、宫刑、墨黥等刑罚。或者既罚以金，又加以刑，或者既加以刑又没收他的家产，从来不听取受刑人的申诉。

عقوبات ليوي

عندما تم تعيين النبيل ليوي في منصب وزير، كان الملك مو قد أصبح كبير السن، لكنه كان لا يزال يسعى على نطاق واسع إلى سن قانون جنائي وتحديد المحظورات لحكم البلاد.

قال الملك: «في العصور القديمة، كانت هناك تعليمات قديمة. بدأ تشي يو في إثارة الاضطرابات، وانتشرت العادات السيئة بين عامة السكان. حيث نهبوا بعضهم بعضا وارتكبوا اعتداءات وجرائم، وأثاروا فوضى داخلية وخارجية، وكانوا يخدعون ويغتصبون. لم يلتزم أبناء قبائل مياو بالأوامر الحكومية، فاستُخدم العقاب الجنائي، وتم وضع خمسة أنواع من التعذيب القاسي كقوانين. بعد ذلك، بدأ قتل الأشخاص غير المجرمين تدريجيا، واُستخدمت العقوبات مثل قطع الأنف، وقطع الأذن، وعقوبة الخصي، وعقوبة وشم الوجه بالكلمات وبالحبر الأسود، إلخ. لذلك، بدأ العقاب بالقتل، والتخلي عن سيادة القانون، وعدم إعفاء غير المذنبين.

"民兴胥渐，泯泯棼棼，罔中于信，以覆诅盟。虐威庶戮，方告无辜于上。上帝监民，罔有馨香德，刑发闻惟腥。皇帝哀矜庶戮之不辜，报虐以威，遏绝苗民，无世在下。乃命重黎绝地天通，罔有降格。群后之逮在下，明明棐常，鳏寡无盖。

【译文】

"平民互相欺诈，社会上十分紊乱，大家都不遵守信用，对于盟誓可以随便推翻。蚩尤用残酷的刑罚来对待民众，大家便结合在一起向上帝控告自己无辜被罚的情形。上帝看到臣民的实情，看到了蚩尤毫无德政，看到了他们滥用刑罚的残酷情景。上帝十分怜悯民众无辜被杀的不幸，也用威严的手段来对待蚩尤的残暴行为，把那些为非作歹的苗民斩尽杀绝，不使一个坏人留在世上。同时，上帝还命令重负责神道，命令黎负责理民，恢复以往制度，各司其责，也不再降下能够沟通天人意见的通人。以后在下的历届君主，都清楚地看到了民神杂糅之风的危害，舍弃酷刑，甚至那些鳏寡孤独无依无靠的人，也不再受害。

"皇帝清问下民，鳏寡有辞于苗。德威惟畏，德明惟明。乃命三后恤功于民：伯夷降典，折民惟刑；禹平水土，主名山川；稷降播种，农殖嘉谷。三后成功，惟殷于民。士制百姓于刑之中，以教祗德。

【译文】

"上帝询问下民的疾苦，鳏寡之人都对有苗发出怨言，于是再一次惩罚有苗。政令的威严使臣民感到畏惧，德教彰明使臣民内心悦服。于是又命令三位大臣为臣民建立功业：伯夷立下法典，只按照刑律审理下民案情；禹负责治理水土，并负责为山川命名；后稷教民播种，努力地

«لذلك، بدأ أبناء مياو يخادعون بعضهم بعضا، وأثاروا فوضى واضطرابا، كانوا بعيدين عن الإنصاف والعدالة، حتى خانوا تعهداتهم. لقد قدم كل من تعرض للتعذيب القاسي والإهانة شكواه للرب. فحص الرب أحوال الشعب، واكتشف أنه لم يكن هناك الحكم بالفضائل، بل تفوح من العقوبات الجنائية رائحة الدم. عرف الرب أن عددا كبيرا من الناس ليس مذنبين، فعاقب مستخدمي عقوبات التعذيب، وقضى على أبناء مياو الذين ارتكبوا الجرائم، وأهلكهم حتى لم يعد أحد من خلفهم يعيش في العالم. ثم أمر بالصلح مع أبناء قبائل لي، ومنع استخدام السحر وقطع العلاقة بين الآلهة والناس. بقي قاو شين، وياو، وشون على التوالي، واستخدموا جميعهم النبلاء، وشجعوا على الطريق الصحيح، فصار ممكنا للذين يعانون من المرارة أن يقدموا شكاواهم.

«سمع الامبراطور ياو بوضوح شكاوى الأيتام والأرامل ضد أبناء مياو. وبالتالي اختار الحكماء. بذلك أصبح الناس مقتنعين بعقاب الحكماء للمجرمين، ويحترمون الذين يحترمهم الحكماء. وأمر الإمبراطور ياو الوزراء الثلاثة ليذهبوا إلى أبناء الشعب، ويخدموا الناس بحذر. أصدر بوه يى القانون، واستخدم القانون لإخضاع الناس؛ وقام دا يوي بترويض الأنهار وإصلاح الحقول، مسؤولا عن الجبال والأنهار؛ علَّم هو جي الشعب بذر البذور وزراعة المحصولات. نجح هؤلاء الثلاثة، فأصبح أبناء الشعب أغنياء. واستخدم شيشي نظام العقاب لإدارة المسؤولين المختلفين، وتعليم المسؤولين وعامة الشعب ليشجعوا على الفضائل والسلوك الجيد.

种好庄稼。三位大臣的功业完成以后，平民的作风大正。士师又教导臣民遵守法令制度，而不至于犯罪受到刑罚，教导臣民敬重德行。

“穆穆在上，明明在下，灼于四方，罔不惟德之勤，故乃明于刑之中，率乂于民棐彝。典狱，非讫于威，惟讫于富。敬忌，罔有择言在身，惟克天德，自作元命，配享在下。”

【译文】

“当国王的有美德在上，当大臣的能明察于下，政治十分清明，光辉照于四方，所有的人无不勤勉地根据德教办事，因此用刑完全合乎法律，臣民完全服从统治，而乐于服从法律。主持审理案件的，不完全用刑威解决问题，而是用德教解决问题，为民谋利。大家都怀着畏惧和尊敬的心情办事，没有一个人敢说坏话，而能遵守公德，所以能求得长寿，在下面享受上天所赐予的幸福。”

王曰：“嗟！四方司政典狱，非尔惟作天牧？今尔何监？非时伯夷播刑之迪？其今尔何惩？惟时苗民匪察于狱之丽。罔择吉人，观于五刑之中，惟时庶威夺货，断制五刑以乱无辜。上帝不蠲，降咎于苗。苗民无辞于罚，乃绝厥世。”

【译文】

王说：“唉！四方的诸侯国君啊，难道你们不是为上天治理臣民的吗？现在你们要效法什么呢？难道不是伯夷所制定的法律制度吗？现在你们要以什么作为教训呢？难道不正是苗民不明察狱事而陷民于水火之中的过错吗？他们不选择有道德的人去考察五刑是否用得适当，那些依仗自己的威势，夺取臣民财产的人，便滥用刑罚，使无辜的臣民遭

«كان الإمبراطور ياو متمسكا بالأخلاق الحميدة، وبذل الوزراء الثلاثة جهودا، فأضاء نور الإمبراطور الاتجاهات الأربعة، ولم يكن أحد يخالف الحكم بالفضيلة، لذلك كان العقاب الجنائي عادلا، وخضع عامة الشعب للحكم ودعموا الطريق الصائب. المسؤولون عن العقاب الجنائي لم يعملوا لإظهار هيبتهم، بل عملوا بالنية الطيبة. كانوا يحترمون العقوبات، ويبتعدون عن ارتكاب الجرائم، ولا يتحدثون بكلمات سيئة. كانوا يحملون فضائل الحب والرحمة السماوية، ويصنعون حياة جيدة، فأصبحوا مستحقين لمكانتهم الرسمية تحت السماء.»

قال الملك: «آه! أيها المسؤولون على جميع المستويات عن شؤون السجن، ألستم مسؤولين عن حكم الشعب تنفيذا لأوامر السماء؟ الآن، من تتابعونه؟ أليس هذا هو سبب تنفيذ بوه يي العقوبة؟ ما هي عقوباتكم الآن؟ أبناء مياو لا يفهمون شؤون السجن، فأساءوا استخدام العقوبات، ولم يختاروا الناس الطيبين، لمراقبة العدالة من العقوبات الخمس، هم استخدموا المتغطرسين والناهبين للأموال والمواد، وتنفيذ العقوبات الخمس، ومعاقبة غير المذنبين بشكل تعسفي، لم يغفر لهم الرب، بل أنزل كارثة على شعب مياو، ولم يكن لشعب مياو أن يقول شيئا لعقاب الرب لهم، فقطع الرب سلالتهم.»

受祸殃。上帝因为苗民的政治十分昏暗，便把大祸降给他们。苗民没有理由来解除上天的惩罚，因而遭到覆亡，他们的后代没有一个人留在世上。”

王曰：“呜呼！念之哉。伯父、伯兄、仲叔、季弟、幼子、童孙，皆听朕言，庶有格命。今尔罔不由慰曰勤，尔罔或戒不勤。天齐于民，俾我一日。非终惟终在人。尔尚敬逆天命，以奉我一人。虽畏勿畏，虽休勿休。惟敬五刑，以成三德。一人有庆，兆民赖之。其宁惟永。”

【译文】

王说：“唉！时常把这种教训放在心里吧。父老兄弟和子孙幼辈们，你们都要听从我的话，这样做就差不多可以保住上天所赐予我们的大命了。现在你们无不自我安慰说‘我们已经十分勤劳了’，你们没有一个能够以不勤劳作为警戒。上天为了整顿臣民，使我们今天掌握权柄，我们不能滥用职权。犯人是偶尔犯罪，还是一贯犯罪，要在认真考察他的行为之后，再决定给以什么处分。你们应当尊敬地对待天命，以拥戴我一人。在断狱的时候，虽然遇到了可怕的事情也不要害怕，虽然弄清了案情的原委也不要高兴。只能严格地遵守法律，以成就三德。一人办了好事，亿万臣民便会得到幸福。这样，我们的国家就会永远安宁了。”

王曰：“吁！来，有邦有土，告尔祥刑。在今尔安百姓，何择非人？何敬非刑？何度非及？

【译文】

王说：“唉！来吧，诸侯国君和诸位官员，让我告诉你们什么叫

وقال الملك: «آه! عليكم أن تتذكروا هذا الدرس! أيها الأعمام، وأبناء الأعمام، والأبناء والأحفاد الصغار، عليكم أن تطيعوا كلامي، وسوف تتمتعون بحياة جيدة. الآن أنتم مرتاحون مع الوضع الراهن، تقولون إنكم ستجتهدون فقط. إذا ارتكب أي إنسان جريمة، سيعاقبه الرب. من أجل حكم أبناء الشعب تحت السماء، يستخدمنا الرب مؤقتا، والنجاح يعتمد علينا. يجب أن تقبلوا إرادة السماء باحترام وتساعدوني! ولا تخافوا إذا واجهتم أمورا مخيفة؛ ولا تستريحوا، على الرغم من أنه يمكنكم أن تستريحوا. آمل أن تستخدموا العقوبات الخمس بحذر وأن تطوروا الفضائل الثلاث المتمثلة في الأسلوب الصلب والأسلوب الناعم والأسلوب الأوسط. عندما ينجز شخص عملا جيدا، يستفيد منه كل الشعب، ويكون استقرار البلاد دائما.»

قال الملك: «هيا! أيها الأمراء والوزراء، أقول لكم، يجب أن تستخدموا القانون الجنائي بشكل مناسب. الآن، تعملون على تحقيق الاستقرار للشعب، وما يجب أن تختاروه ليس الناس الجيدين؟ وما يجب أن تكونوا حذرين فيه ليس العقاب الجنائي؟ وما يجب أن تفكروا فيه ليس القرار المناسب؟»

善刑。现在你们安治百姓，要去选择谁呢，难道不是道德高尚的人吗？谨慎地对待什么呢，难道不正是刑法吗？要审议什么呢，难道不正是案件吗？

“两造具备，师听五辞。五辞简孚，正于五刑。五刑不简，正于五罚。五罚不服，正于五过。五过之疵：惟官、惟反、惟内、惟货、惟来。其罪惟均，其审克之。

【译文】

“诉讼的双方都来齐了，负责考察狱情的官员，便要从五个方面去考察案情。考察和核对的结果与事实相符，便把他的罪情跟五刑的规定查对一下，看看应该给予怎样的刑罚。如果罪情和五刑的规定不相应，便查对一下五罚的规定，看看应该给予怎样的惩罚。如果罪情还轻，跟五罚的规定不相应，那就根据五过的规定加以宽恕。但运用五过的规定时，要防止弊端的发生：比如审理案情的人，或仗着自己威势随意处理，或乘机报恩报怨，或者害怕高位的人不敢依法处理，或乘机勒索财物，或贪赃枉法。这样处理案情，必定会发生偏差和错误。如果审理案情的人犯了这些错误，那就应当和犯人一样受到惩罚。你们可要根据事实进行审判啊！

“五刑之疑有赦，五罚之疑有赦，其审克之。简孚有众，惟貌有稽，无简不听，具严天威。

【译文】

“凡是用五刑的规定去惩处其罪行而感到有疑问的，便可减等按照五罚的规定处理；如果按照五罚的规定去处理仍有疑问的，便减等按五

«جاء المدعي والمدعى عليه، بدأ القاضي يفحص كلمات كلا الطرفين. إذا كانت كلماتهما موثوقا بها، يجب التعامل مع القضية بالعقوبات الخمس. إذا لم تتفق حالة السجين ونتيجة التحقيق، فلا يمكن تنفيذ العقوبات الخمس، بل يجب تنفيذ الغرامات الخمس، ليقدم المجرم الغرامات. وإذا لم يكن من المناسب استخدام الغرامات الخمس، فيجب استخدام الأساليب المناسبة للتعامل مع الأخطاء الخمسة. للتعامل مع الأخطاء الخمسة عيوب، هي: أن القاضي يخاف من السلطة، وأن القاضي يضع في حسبانه الضغائن، وأن القاضي يتملق أقارب الأسرة الملكية، وأن القاضي يطلب الرشاوى، وأن القاضي يعمل وفقا لطلبات بعض الأفراد. إذا اكتشفت الجرائم المذكورة أعلاه، جريمة القاضي هي نفسها مثل تلك التي ارتكبها المجرم. يجب أن تحققوا في ذلك بدقة!

«هناك حالة العفو في القضايا التي تم تحديد التعامل مع المجرمين فيها بالعقوبات الخمس، وتوجد حالة العفو في القضايا التي تم تحديد التعامل مع المجرمين فيها بالغرامات الخمس، فيجب عليكم أن تحققوا في ذلك بدقة! ويجب أن تحققوا في ذلك بين الناس. ويجب أن يكون من يشارككم في التحقيق. لا يمكن إصدار الحكم على المجرمين بدون التحقيق، يجب احترام عظمة السماء.

过的规定来处理，但一定要认真地考查。可以跟广大的民众核对，即使是细小的情节也要谨慎地核对，没有事实根据的，便不要论罪，但处理时也不能一味从轻，要能够保持住上天的威严。

“墨辟疑赦，其罚百锾，阅实其罪。劓辟疑赦，其罚惟倍，阅实其罪。剕辟疑赦，其罚倍差，阅实其罪。宫辟疑赦，其罚六百锾，阅实其罪。大辟疑赦，其罚千锾，阅实其罪。墨罚之属千，劓罚之属千，剕罚之属五百，宫罚之属三百，大辟之罚，其属二百，五刑之属三千。

【译文】

“处以墨刑而感到有疑问的，可以从轻处理，罚以黄铜六百两，然后赦免他的罪行。处以割鼻之刑而感到有疑问的，罚以黄铜一千二百两，然后赦免他的罪行。处以断足之刑而感到有疑问的，罚以黄铜三千两，然后赦免他的罪行。处以宫刑而感到有疑问的，罚以黄铜三千六百两，然后赦免他的罪行。处以死刑而感到有疑问的，罚以黄铜六千两，然后赦免他的罪行。墨刑的条目是一千条，割鼻之刑的条目一千条，断足之刑的条目五百条，宫刑的条目三百条，死刑的条目二百条，五刑的条目，合在一起，共计三千条。

“上下比罪，勿僭乱辞。勿用不行，惟察惟法，其审克之。

【译文】

“罪重者处以重刑，罪轻者处以轻刑，对于犯人的供辞和决狱之辞，都要力求与事实相符，不要发生差错。不要采用大赦的办法，一定要核实其罪情，并要根据法律办事，希望你们一定要根据事实进行审判啊！

«من يكون محل شك ويحكم عليه بوشم الوجه بالكلمات بالحبر الأسود، يمكن تخفيف الحكم بدفع غرامة قدرها مائة هوان (وحدة نقود في العصور القديمة في الصين)، ويجب التحقيق في جرائمه. من يكون محل شك ويحكم عليه بقطع الأنف، يمكن تخفيف الحكم بدفع غرامة قدرها مائتا هوان، ويجب التحقيق في جرائمه. من يكون محل شك ويحكم عليه بقطع القدمين، يمكن تخفيف الحكم بدفع غرامة قدرها خمسمائة هوان، ويجب التحقيق في جرائمه. من يكون محل شك ويحكم عليه بالخصي، يمكن تخفيف الحكم بدفع غرامة قدرها ستمائة هوان، ويجب التحقيق في جرائمه. من يكون محل شك ويحكم عليه بالإعدام، يمكن تخفيف الحكم بدفع غرامة قدرها ألف هوان، ويجب التحقيق في جرائمه. هناك ألف بند لعقوبة وشم الوجه بالكلمات بالحبر الأسود، وألف بند لعقوبة لقطع الأنف، وخمسمائة بند لعقوبة قطع القدمين، وثلاثمائة بند لعقوبة بالخصي، ومائتا بند لعقوبة الإعدام، مجموع العقوبات الخمس ثلاثة آلاف.

«يجب المقارنة بين الجرائم في المستويات المختلفة، ولا تصدقوا كل الاعترافات بسهولة، ولا تستخدموا القوانين التي أُلغيت، يجب أن تحققوا بوضوح، ووفقا للقوانين، يجب أن تقوموا بالتحقيقات!

“上刑适轻，下服。下刑适重，上服。轻重诸罚有权。刑罚世轻世重。惟齐非齐，有伦有要。

【译文】

“罪情较重，本应处以重刑，但只是偶一为之，不是一贯不法，便可以从轻处理。罪情较轻，本应从轻处理，但因是一贯不法或故意犯罪，便应当从重处理。惩罚是轻是重，可以根据具体情况，灵活掌握，以便使惩罚达到完全适宜的程度。刑罚的轻重还可以根据社会的具体情况来决定：处以乱世用刑宜轻，处以治世用刑宜重。总之，刑罚的轻重既要根据犯人的具体情况，也要根据社会的具体情况决定，当然也要依据法律的条款和纲要来处理，不能任意决定。

“罚惩非死，人极于病。非佞折狱，惟良折狱，罔非在中。察辞于差，非从惟从。哀敬折狱。明启刑书胥占，咸庶中正。其刑其罚，其审克之。狱成而孚，输而孚。其刑上备。有并两刑。”

【译文】

“五刑的罚金，虽然没把犯人置于死地，但也给他造成很大的困难了。判断狱情不要依仗辩捷的口才而要心怀忠厚，务使案情的判断完全得当。主持断狱的人，要认真考查犯人供辞的矛盾，犯人虽然口头上不承认，但从其供辞来看，其罪情还是属实的，那也就算是承认了。要怀着悲哀和怜悯的心情来处理案件。应当打开刑书，根据法律规定，仔细掂量，使案件的处理都达到正确无误的程度。或按五刑处理，或按五罚处理，都要查清事实进行审判。如果供辞有出入，应当细察其是非曲直而变更之。这样做，供辞定案，就能够取信于人，如果供辞根据情况

«إذا كانت العقوبة يمكن تخفيفها، فخففوا درجة واحدة لها؛ إذا كانت العقوبة يجب تشديدها، فشددوا درجة واحدة لها. يجب أن تكون هناك مرونة في استخدام العقوبات المختلفة. ويجب إعادة النظر في العقوبات الخفيفة والعقوبات الشديدة، وفي أنواعها، كل ذلك وفقا لمتطلباتها ومبادئها.

«على الرغم من أن العقوبة ليست الموت، فإن الشخص الذي توقع عليه العقوبة يشعر بأنها مؤلمة أكثر من أوجاع الجسد. عندما ينظر شخص طيب، وليس الشخص البارع في البلاغة، إلى القضية، لن يحدث ظلم ومخالفة للعدالة. إذا اكتشف القاضي تناقضات في اعترافات المجرمين، لا يمكنهم إنكار جرائمهم. ويجب الحكم في القضية بشعور بالشفقة، وفحص الكتاب الجنائي بوضوح، والقيام بالتفكير الدقيق، ويجب اتخاذ العدالة كمعيار. يجب التحقيق الدقيق لاتخاذ قرار العقوبة أو دفع الغرامة! ويجب أن يحصل حكمكم للقضايا على اقتناع الناس؛ وأن يحصل تغييركم للحكم على اقتناع الناس أيضا. أهم ما في العقوبة والغرامة هو الحذر، وأحيانا يمكن الجمع بين الجريمتين ومعاقبة إحداهما فقط.»

有了变更，也能够取信于人，犯人也会悦服。案情核实之后，便据实上报。如果是犯两种罪的，只按一种罪来惩罚。”

王曰：“呜呼！敬之哉，官伯族姓。朕言多惧，朕敬于刑，有德惟刑。今天相民，作配在下。明清于单辞，民之乱，罔不中听狱之两辞。无或私家于狱之两辞。狱货非宝，惟府辜功，报以庶尤。永畏惟罚。非天不中，惟人在命。天罚不极，庶民罔有令政在于天下。”

【译文】

王说：“唉！要谨慎地对待狱事啊，诸侯国君同宗的父兄昆弟子侄们。在我谈论祥刑的时候，多畏惧之辞，这是因为我懂得应当谨慎地对待刑律，并且了解要想有德于民，也必须依赖这些刑律。现在上天为了造福臣民，才为他们设立了君主和官长，在下面受理臣民。因此对待案情处理必须谨慎从事，对于没有佐证的单方面的言论，必须明察；要想正确地处理臣民的案情，没有不是兼听诉讼双方的供辞的。听取供辞时，一定要心存公允，不可因听信一方之辞而有所私袒，更不可贪图贿赂而有所偏护。刑狱的罚金是为了表示惩罚，不可把它看作财宝而据为己有，如果这样，一定会招致臣民的怨恨，而国家对这样的官吏也一定要严加惩处，以回答臣民的要求，解除他们的怨恨情绪。要永远以敬畏的心情对待刑罚。并不是上天对那些贪赃枉法的官吏不公平，而是那些人自招绝命的祸殃。假如上天不把严厉的惩罚加到他们的身上，那么天下万民就不可能享有美好的政治生活了。”

王曰：“呜呼！嗣孙，今往何监？非德于民之中，尚明听之哉？哲人惟刑。无疆之辞，属于五极。咸中有庆。受王嘉师，监

قال الملك: «آه، اعملوا بحذر! أيها الأمراء والمسؤولون من نفس اللقب، يجب عليكم أن تولوا اهتماما أكبر لكلماتي. أنا أعلق أهمية على العقوبة الجنائية، وتنفيذ الحكم بالفضائل لا يمكن فصله عن استخدام العقوبات بشكل مناسب. في الوقت الحاضر، السماء تساعد الشعب، وأنتم تتحملون إرادة السماء. يجب فحص أقوال كل جانب بوضوح، وحكم الشعب يعود إلى فحص كلمات طرفي التقاضي بشكل عادل، لا تسمعوا إلى أقوال جانب واحد من أجل المصلحة الشخصية! ليس من الجيد قبول الرشاوى في التقاضي، إنها جريمة وخطيئة، سأتعامل مع هؤلاء الناس. المخيف دائما هو عقاب السماء، ذلك ليس لأن السماء غير عادلة، بل لأن الناس ارتكبوا جرائم ضد السماء. إذا لم تنزل السماء العقوبات عليهم، لا يعرف الناس أن تحت السماء سياسة صائبة.»

قال الملك: «آه! أيها الأبناء والأحفاد، ما الذي سأراقبه من الآن فصاعدا؟ أليس الحكم بالفضائل؟ حققوا بوضوح في قضايا الشعب! حكم الشعب يحتاج إلى العقوبات

于兹祥刑。”

【译文】

王说：“唉！子孙们，从今以后你们以什么作为鉴戒呢？难道不正是德教吗？为臣民受理案件的时候，一定要明察啊！对于无穷无尽的供辞，一定要反复考查，使处理合于五刑的规定。处理得当，臣民就会都得到幸福。为王受理臣民的人，一定要认真看待我所说的祥刑啊！”

الجنائية، يجب أن تحققوا في الدعاوى غير المحدودة والتي تناسب العقوبات الخمس، إذا يمكنكم التعامل معها بشكل عادل، ستجدون البركة. من أجل أن تحكموا الشعب حكما جيدا، يجب أن تفهموا فهما جيدا حقيقة استخدام العقوبات بشكل مناسب!»

文侯之命

王若曰："父义和，丕显文武，克慎明德，昭升于上，敷闻在下，惟时上帝，集厥命于文王。亦惟先正克左右昭事厥辟，越小大谋猷罔不率从，肆先祖怀在位。

【译文】

王说："伯父义和啊！那大放光明的文王和武王，能够谨慎地对待政事而努力推行德教。他的美德为上天所闻，他的声望广布在臣民之中，因此上帝便把大命交给了文王。也因为过去各位公卿大夫在文王的左右，能够努力地为文王服务，对于大小的谋略无不听从，所以，先祖能够依靠群臣的辅弼而得到安宁。

"呜呼！闵予小子嗣，造天丕愆，殄资泽于下民，侵戎，我国家纯。即我御事，罔或耆寿，俊在厥服，予则罔克。曰：'惟祖惟父其伊恤朕躬。'呜呼！有绩予一人，永绥在位。

【译文】

"唉！我如今继位之时，正遭到上天所给予的大大的惩罚，断绝了我下民的资财，年成荒歉，又遭逢战祸，我们的国家遇到了大难。我的治事的臣子，很少有老成持重的人，可以提拔上来担任重要职务，为

تكليف النبيل ون هو

قال الملك: «أيها العم يي خه! كان الملكان ون ووو العظيمان المشرقان حذرين وناشرين للفضائل، فارتفع إشراق فضائلهما إلى السماء، وانتشرت سمعتهما الطيبة في الأرض، فأنزل الرب البركة الكبيرة على الملك ون. ولأن الوزراء والنبلاء السابقين كانوا يساعدون الملكين ويقدمون الاقتراحات والخدمات لهما، ويلتزمون بخطط الملكين، كان الملكان مرتاحين على عرشهما.

«آه! لسوء الحظ، ورثت أنا الشاب الصغير، العرش وتعرضت لاستنكار وعقاب السماء. لم أحقق الرفاهية للشعب، وهناك الكثير من الناس اعتدوا على بلادنا. الآن، من بين وزرائي، لا يوجد شخص مسن يساعدني، لذلك لست مؤهلا لأعمال الملك. أدعو هنا: أمراء الدويلات من جيل جدي وأبي، تحملوا القلق والتعب من أجلي! عندما تساعدونني على تحقيق الإنجازات، سيُمكّنني ذلك من الجلوس على العرش مرتاحا ولمدى طويل.

我王室效劳的，我真是难以胜任。祖辈和父辈的诸侯们，希望你们能够对我加以忧虑和关怀。唉！为我建功立业吧！使我能够永远平安地保住大位。

“父义和，汝克绍乃显祖。汝肇刑文武，用会绍乃辟，追孝于前文人。汝多，修扞我于艰，若汝，予嘉。”

【译文】

“伯父义和，你应该把你先祖唐叔的德行加以发扬光大。你现在应当效法文王和武王，以征召会合诸侯，追法你祖先的德行。如果你取得了很多的战功，在我遇到艰难的时候，能够很好地捍卫我，那我就要大大地嘉奖你。”

王曰：“父义和，其归视尔师，宁尔邦。用赉尔秬鬯一卣，彤弓一，彤矢百，卢弓一，卢矢百，马四匹。父往哉！柔远能迩。惠康小民，无荒宁。简恤尔都，用成尔显德。”

【译文】

王说：“伯父义和，希望回去整顿你的军队，安定你的国家。我赠给你美酒一壶，红弓一张，红色箭一百支，黑色弓一张，黑色箭一百支，马四匹。伯父，你回去吧！能够很好地对待远方，那么近处的也就会乐于归附你。要给臣民以幸福，不要荒废政务，贪图安逸。要特别地爱护你国中的臣民，从而成就你的大德。”

«أيها العم يي خه! يمكنك أن ترث سلفك تانغ شو، وتعمل بجد على إدارة المسؤولين المدنيين والعسكريين، وتتعاون مع الأمراء في مساعدة الملك، وتقلد فضائل الملكين ون ووو. أنت رائع جدا، دافع عني في الأوقات الصعبة، أنا أثني عليك ثناء عاطرا!»

قال الملك: «أيها العم يي خه! عد إلى دويلتك لتحكم الشعب هناك، وحقق الاستقرار فيها. الآن سوف أمنحك وعاء من نبيذ الدخن الأسود الطيب الرائحة، وقوسا أحمر، ومائة سهم أحمر، وقوسا أسود، ومائة سهم أسود، وأربعة خيول.» «عد! وطمئن الناس في الأماكن البعيدة، وتعايش مع دول الجوار، وحافظ على استقرار الشعب، ولا تهمل الشؤون السياسية، ولا تغرق في الراحة. ابذل أقصى جهودك ساعيا وراء الاستقرار والسلام في دويلتك، وأظهر فضائلك.»

费　誓

公曰："嗟！人无哗，听命！徂兹，淮夷徐戎并兴。

【译文】

公说："哦！人们不要喧哗了，听我发布命令！我们前往讨伐吧！现在，徐、淮一带兴兵作乱了。

"善敹乃甲胄，敿乃干，无敢不吊！备乃弓矢，锻乃戈矛，砺乃锋刃，无敢不善！

【译文】

"缝好你们的军服和头盔，系连起你们的干盾，看你们谁敢不准备好！准备好你们的弓箭，锻冶好你们的戈矛，磨好你们的战刀，看你们谁敢不准备好！

"今惟淫舍牿牛马，杜乃擭，敜乃阱，无敢伤牿。牿之伤，汝则有常刑。

【译文】

"现在要放牧那些戴着枷锁的牛马，臣民们要把柞鄂收拾起来，要

الخطاب في مكان في

قال النبيل: «مهلا! اسكتوا، واستمعوا إلى أوامري. الآن تثير القبائل في مناطق هواي وشيوي الفوضى في نفس الوقت.

«أعدوا أزياءكم العسكرية و الخوذ العسكرية جيدا، واربطوا دروعكم. لابد من هذه الاستعدادات الجيدة! وجهزوا أقواسكم وسهامكم، واصقلوا سيوفكم وفؤوسكم، واجعلوا شفرات سيوفكم حادة. غير مسموح بأن لا تكونوا على أهبة الاستعداد!

«الآن أطلقوا الأبقار والخيول في الحظائر والاسطبلات، وغطوا أدوات قنص الوحوش، واملأوا أفخاخ صيد الوحوش، ولا تؤذوا الأبقار والخيول. إذا جرحتم الأبقار والخيول، ستعاقبون!

把陷阱填平，不要伤害了那些戴着枷锁的牛马。假如伤害了这些牛马，你们就要受到惩罚。

“马牛其风，臣妾逋逃，勿敢越逐。祗复之，我商赉汝。乃越逐，不复，汝则有常刑。无敢寇攘，逾垣墙，窃马牛，诱臣妾，汝则有常刑。

【译文】

“马牛因放牧而走失的，奴隶中有逃跑的，希望你们不要离开自己的队伍去追赶它。凡是得到那走失的牛马和逃跑的奴隶的，要恭敬地送还，能够这样做，我就考虑给以赏赐。假如你们敢于离开队伍去追赶走失的牛马和逃跑的奴隶，或得到了却不归还，那就要受到惩罚。没有谁敢为非作歹、强取豪夺的，凡是翻墙越壁，盗窃马牛，拐骗奴隶的，都要受到应得的惩罚。

“甲戌，我惟征徐戎。峙乃糗粮，无敢不逮，汝则有大刑。鲁人三郊三遂，峙乃桢榦。甲戌，我惟筑，无敢不供，汝则有无余刑，非杀。鲁人三郊三遂，峙乃刍茭，无敢不多，汝则有大刑。”

【译文】

“甲戌这天，我要出发征伐那徐国了。准备好你们的干粮，看你们谁敢不按时到达？假如你们不按时到达，便处以死刑。我们要在国内大量地征发兵士，各地要准备好筑墙的工具，甲戌这天，我就要修筑工事，看你们谁敢不供给？不杀掉你们，不能用其他什么刑罚。我们要在国内大量地征发军队，望你们准备好牛马的草料，看你们谁敢不供给？假如不及时准备，那你们就要受到大大的惩罚。”

«إذا شردت الأبقار والخيول، وإذا هرب العبيد من الذكور والإناث، لا يسمح لكم بمغادرة الفريق للقبض عليهم! إذا قبضتم على بعضهم، يجب أن تعيدوهم إلى أصحابهم، وسوف أكافئكم. إذا غادرتم الفريق للقبض عليهم، أو لم تعيدوهم إلى أصحابهم فستعاقبون! لا تسرقوا ولا تنهبوا، ولا تتجاوزوا أسوار البيوت، وسرقة الخيول والأبقار، والحصول من غيركم على العبيد من الذكور والإناث بالخداع، كل ذلك سيلقى العقاب!

«في يوم جيا- شيوي، سنقوم بغزو القبائل في شيوي. جهزوا زادكم، وغير مسموح بأن لا تأتوا؛ إذا لم تأتوا، سوف يحكم عليكم بالإعدام! أيها أبناء الشعب في كل أرجاء وضواحي دويلة لو، جهزوا أدوات البناء. في يوم جيا- شيوي، سنبني القلاع، وغير مسموح بأن لا تتزودوا بالأدوات؛ ومن لا يتزود، سيعاقب بعدم إطلاق سراحه طول حياته من دون قتله. على أبناء الشعب في كل أرجاء وضواحي دويلة لو أن يجهزوا الأعلاف الطازجة والأعلاف المجففة، وغير مسموح بأن لا يجهزوه بكمية كافية، وإلا سيحكم عليكم بالإعدام.»

秦 誓

公曰："嗟！我士，听无哗！予誓告汝群言之首。古人有言曰：'民讫自若是多盘，责人斯无难，惟受责俾如流，有惟艰哉。'我心之忧，日月逾迈，若弗云来。

【译文】

公说："唉！我的臣属们，你们用心听着，不要喧哗！我要向你们发出誓言。古人有句话说：'人们总要听取别人的劝告，才能获得快乐和幸福。责备别人是没有什么困难的，如果受别人责备，而能够像流水那样顺从，这就困难了。'我的心啊！真是忧虑重重，时光一天一天地过去，而不再回来。虽然想改正错误，但恐怕时光不允许了。

"惟古之谋人，则曰未就予忌；惟今之谋人姑将以为亲。虽则云然，尚猷询兹黄发，则罔所愆。

【译文】

"只有那些遵从古训的人，才肯提一些不是一味顺从我的心意的意见，对于这样的人却都讨厌他；现在的人只知一味曲从我的意见，我却暂时和他亲近。虽然这样说，但事实证明对于军国大计还是应请教年老而有经验的人，才不会犯错误。

خطاب النبيل تشن

قال النبيل مو: «آه! أيها المسؤولون، استمعوا، واصمتوا! لدي كلمات مهمة لأقولها لكم. قال بعض القدماء:إذا عمل الشخص ما يحلو له فقط، سوف يرتكب خطأ. ليس من الصعب إلقاء اللوم على الآخرين. ومن الصعب قبول نصائح ونقد الآخرين بتواضع! لأن الوقت قد مضى، فلن يعود ما كنت أقلق عليه في قلبي. وأخشى أن يكون الأوان قد فات لتصحيح الأخطاء التي أريد أن أصححها الآن.

«قال بعض الوزراء الذين ساعدونا في الماضي: لا أستطيع أن أطيع لنيتك؛ والوزراء في الوقت الراهن مطيعون لإرادتي، فأعتبرهم من أقربائي. على الرغم من أن هذا هو الحال، لا يزال يتعين علي أن أسأل المسنين ذوي الشعر الأبيض حتى لا أخطىء.

“番番良士，旅力既愆，我尚有之；仡仡勇夫，射御不违，我尚不欲。惟截截善谝言，俾君子易辞，我皇多有之。

【译文】

“那头发雪白的善良老人，虽然身体衰弱，体力不足，我却应当亲近他；那身强力壮的勇士，虽然箭无虚发，驾车技术十分高强，但仅只这些，还不能够满足我的愿望。那缺乏深谋远虑的浅薄的花言巧语使君子轻忽怠惰，招致失败，这样的人我怎能够随便地亲近他们呢！

“昧昧我思之，如有一介臣，断断猗无他伎，其心休休焉，其如有容。人之有技，若己有之；人之彦圣，其心好之，不啻若自其口出。是能容之，以保我子孙黎民，亦职有利哉！人之有技，冒疾以恶之；人之彦圣，而违之俾不达，是不能容，以不能保我子孙黎民，亦曰殆哉！

【译文】

“我暗暗地思量，如果有这样一位忠臣，忠实诚恳而没有别的本领，他的品德高尚，心地宽厚，能够容人容物。人家有了本事，就好像他自己的本事一样；别人品德高尚，本领高强，他不但口中常常加以称道，而且从内心喜欢他。这种宽宏大量的人，是可以保住我的子孙和臣民的幸福的，是可以为我的子孙臣民造福的啊！人家有了本领，便嫉妒他，讨厌他；人家有了好的品德，便故意压制他，使他的美德不为君主所了解，这种心胸狭窄的人，是不能够保住我子孙臣民的幸福的，这样的人，实在危险啊！

«المسنون الطيبون ذوو الشعر الأبيض، قد ضعفت قوتهم الجسدية، لكني لا أزال أقترب منهم. المحاربون الأقوياء والشجعان ماهرون في الرماية وقيادة العربات الحربية، لكنى لا أزال لا أحبهم كثيرا. والأضحال في العلم والبارعون في البلاغة يسببون الشكوك للملك، قد أكون قريبا جدا منهم!

«لقد فكرت سرا، إذا كان مسؤول رسمي صادقا، وليس لديه أي مهارة، لكن صدره واسع، يمكنه أن يكون متسامحا مع الآخرين. عندما يجد أن الآخرين لديهم القدرة، يعتبر تلك القدرة قدرة لنفسه أيضا. هو يحب الناس الذين لديهم مواهب وأخلاق حميدة، حبه ليس شفويا، بل من قلبه. بهذا التسامح، يمكنه أن يحمي أبنائي وأحفادي وشعبي، الأمر قد يكون مفيدا! عندما يكون لدى الآخرين القدرة، يشعر المسؤول الرسمي بالغيرة، وبالاشمئزاز. عندما يكون لدى الآخرين أخلاق حميدة وأفكار جيدة، لكنه يمنعهم من الوصول إلى الملك، هذا ليس تسامحا، ولا يمكنه أن يحمي أبنائي وأحفادي وشعبي، الأمر يكون خطيرا جدا!

"邦之杌陧，曰由一人；邦之荣怀，亦尚一人之庆。"

【译文】

"国家的危难，是因为君主用人不当；国家的安宁，则是因为君主用人得当。"

«إن انهيار وسقوط الدولة قد ينشأ من شخص واحد. وقد ينشأ أيضا مجد وطمأنينة الدولة من طيبة شخص واحد!»

古文尚书

شانغشو

虞　书

大禹谟

曰若稽古，大禹曰："文命敷于四海，祗承于帝。"曰："后克艰厥后，臣克艰厥臣，政乃乂，黎民敏德。"

【译文】

考察古代传说，大禹说："文教普及于四海，恭敬地继承二帝的高尚品德和光荣传统。"又说："做君主的能够了解做君主的艰难，做臣子的能够了解做臣子的艰难，政务就可以得到治理，老百姓也就会很快地修德为善了。"

帝曰："俞！允若兹，嘉言罔攸伏，野无遗贤，万邦咸宁。稽于众，舍己从人，不虐无告，不废困穷，惟帝时克。"

【译文】

舜说："对啊！的确你的话是如此美好，美好的言论是不应当隐藏起来的，民间没有弃置不用的贤人，众多国家便可以都得到安宁。考察民众，舍弃自己的意见，听从民众的意见，不虐待无依无靠的人，不抛弃困苦贫穷的人，只有尧才能够做到这些呵！"

益曰："都！帝德广运，乃圣乃神，乃武乃文。皇天眷命，

كتب يوي ((سجلات يوي))

مشورات يُوْي العظيم

من خلال دراسة العصور القديمة، نجد أن اسم يُوْي العظيم ون مينغ «قد رتب كل ما في البحار الأربعة، ثم ساعد الإمبراطور شون باحترام وحذر.» قال: «إذا استطاع الملك أن يدرك حقيقة العمل كملك، واستطاع الوزراء الاهتمام بواجباتهم في الوزارات، ستُنَظم الحكومة جيدا، وسوف يسعى الناس ليكونوا أفاضل.»

قال الإمبراطور شون: «نعم، دع هذا يكون الحال فعلا، ولن تتوارى الكلمات الطيبة في أي مكان؛ ولن يهمل شخص صاحب فضيلة أو كفاءة، بعيدا عن البلاط، وسوف تتمتع الدويلات العشرة آلاف كلها بالراحة. ولكن من أجل الحصول على وجهات نظر الجميع، وأن يتخلى المرء عن رأيه ويتبع آراء الآخرين، لمنع ظلم المغلوبين على أمرهم، ولعدم إهمال المحصورين والفقراء، كان الإمبراطور السابق الإمبراطور ياو فقط يمكنه بلوغ ذلك.»

قال بوه يي: «أوه، إن فضيلة الإمبراطور ياو، شاسعة وأبدية، إنها رشيدة رائعة،

奄有四海为天下君。”

【译文】

益说：“唉！天子的德政能够得以广泛地推行，这德政是圣明的神奇的，既有武略也有文治。上帝看到这些德政，便对尧加以关心爱护并授命他拥有四海成为天下的君主。”

禹曰：“惠迪吉，从逆凶，惟影响。”

【译文】

禹说：“顺着正道便获得吉利，违背正道便产生灾祸。如影随形，如响应声。”

益曰：“吁！戒哉！儆戒无虞，罔失法度，罔游于逸，罔淫于乐。任贤勿贰，去邪勿疑。疑谋勿成，百志惟熙。罔违道以干百姓之誉，罔咈百姓以从己之欲。无怠无荒，四夷来王。”

【译文】

益说：“唉！警惕啊！警惕谨慎就不会有差错，不要失去法度，不要沉湎在游玩安逸之中，不要生活在过分的享乐之中。任用贤能之人不要不信任他，摒弃奸邪之人不要不果断。犹豫不决，就不能成事，深思熟虑才能使事业兴盛。不要违背正道去追求百姓的赞誉，不要违背民意使百姓顺从个人的欲望。不要怠惰，不要荒废，四方边远民族就会服从你的统治。”

禹曰：“於！帝念哉！德惟善政，政在养民。水、火、金、

ومذهلة ومزينة بكل المنجزات. إن السماء العظيمة تقدره بنعمتها ومنحته منصبها. ثم امتلك كل ما بداخل البحار الأربعة، وصار الحاكم لما تحت السماء.»

قال يُوْي: «التوافق مع الحق يقود إلى حسن الحظ، اتباع ما يخالف ذلك، سيئ جدا، مثل الظل والصدى.»

قال يي بوه: «واحسرتاه! كن حذرا! حث نفسك على الحذر عندما لا يبدو هناك داع للقلق. لا تقصر في مراعاة القوانين والمراسيم. لا تبحث عن متعتك في الكسل. لا تفرط في السعادة. عند توظيفك لأشخاص ذوي جدارة لا تدع أحدا يتدخل بينك وبينهم. أبعد الشر عنك من دون تردد. لا تنفذ خططا لديك شكوك في حكمتها. تعلم أن كل مقاصدك يكون لها شيء من المنطق. لا تخالف ما هو حق، من أجل الحصول على مديح الناس. لا تعارض أمنيات الناس اتباعا لغرائزك. اهتم بهذه الأشياء من دون كسل أو سهو، وسوف تأتي كل القبائل المحيطة وتعترف لكم بالسيادة.»

قال يُوْي: «آه، فكر في هذه الأشياء أيها الإمبراطور. إن فضيلة الحاكم تُرَى في

木、土、谷，惟修；正德、利用、厚生，惟和。九功惟叙，九叙惟歌。戒之用休，董之用威，劝之以九歌，俾勿坏。”

【译文】

禹说：“唉！你可要放在心上啊！德政才是好的政治，好的政治在于使百姓生活得好。水、火、金、木、土、谷‘六府’，都要整治好；端正人的品行，发展生产和贸易，使人们拥有丰厚的生活资料，这‘三事’都要办好，这样，百姓就和睦了。九个方面的工作办理得井井有条，九个方面的工作井井有条了，百姓便会编成歌谣来歌颂。用美好来劝诫他们，用刑威来监督他们，用歌谣来劝勉他们，使政务不会向坏的方向发展。”

帝曰：“俞！地平天成，六府三事允治，万世永赖，时乃功。”

【译文】

舜说：“对啊！大地上的水患治理好了，万物自然而然地成长。‘六府’和‘三事’处理得十分恰当，千秋万代永远依赖这种德政，这是你的功劳啊！”

帝曰：“格，汝禹！朕宅帝位三十有三载，耄期倦于勤。汝惟不怠，总朕师！”

【译文】

舜说：“来吧！你这禹啊！我主持天子之位已经三十三年了，已是九十多岁的老人，勤劳的政务使我感到疲倦。只有你勤劳而不怠惰，就

حكومته الجيدة، وفضيلة الحكومة تُرَى في تغذية الشعب. يوجد الماء، النار، المعدن، الخشب، التراب، والحبوب، يجب تنظيم ذلك كما ينبغي. هناك تصويب للفضيلة عند الناس، الأدوات والأشياء الأخرى التي توفر الراحة للحياة وتضمن سبلا وفيرة للشعب، يجب الاهتمام بذلك في تناغم. عندما يتم إنجاز الخدمات التسع المشار إليها بانتظام، فإن هذا الإنجاز سوف تمتدحه أغنيات الناس. حذرهم بكلمات لطيفة، قوّمهم بهيبة القانون، حثهم بالأغنيات في تلك الموضوعات التسعة، وذلك لكي لا يعاني نجاحك من النقصان.»

قال الإمبراطور شون: «إن الأرض قد عادت إلى النظام، وتنمو كل الكائنات والمخلوقات؛ تلك الكنوز الستة للطبيعة والوظائف الثلاث للحكومة كلها منظمة حقا، ويمكن الاعتماد عليها لعشرات الآلاف من الأجيال؛ تلك هي جدارتك.»

قال الإمبراطور شون: «يا يُوْي، إنني أشغل مكاني لمدة ثلاث وثلاثين سنة. أنا مسن وعمري كبير، والواجبات الشاقة ترهقني. يجب أن تتولى، متجنبا كل خمول، قيادة الشعب.»

由你来率领百官吧！”

禹曰：“朕德罔克，民不依。皋陶迈种德，德乃降，黎民怀之。帝念哉！念兹在兹，释兹在兹。名言兹在兹，允出兹在兹，惟帝念功。”

【译文】

禹说：“我的德行还不能当此重任，百姓也不会服从我。皋陶勇往直前，推行你的德政，你的德政才得以普遍地推行世间，百姓对他心悦诚服。你应该考虑到他啊！考虑到他，在于他有这种功德；不考虑到他，便是没有考虑到他的这种功德。我用言语推荐他，在于他有这种功德；我心悦诚服地钦佩他，在于他有这种功德。希望你考虑到他的功德。”

帝曰：“皋陶，惟兹臣庶，罔或干予正。汝作士，明于五刑，以弼五教，期于予治。刑期于无刑，民协于中。时乃功，懋哉。”

【译文】

舜说：“皋陶，希望你们这些大臣，不要干扰我们的正道。你担任士，阐明五刑，以辅助五教，以期实现我们理想的政治。使用刑罚是希望达到不使用刑罚的目的，百姓的行为都能合于正道。这是你的功劳，努力吧！”

皋陶曰：“帝德罔愆，临下以简，御众以宽；罚弗及嗣，赏延于世。宥过无大，刑故无小；罪疑惟轻，功疑惟重；与其杀不

رد يُوْي: «فضيلتي ليست مساوية للمنصب، والناس لن يطمئنوا لي. ولكن يوجد قاو ياو بنشاطه القوي يغرس فضيلته بين الشعب، حتى صاروا يعتزون به في قلوبهم. أيها الإمبراطور! فكر فيه. عقلي يتجه نحوه لأجل ذلك؛ قاو ياو هو يهتم بالفضائل، ويسعد بالفضائل، ويدعو إلى الفضائل ويعمم الفضائل بإخلاص. أيها الإمبراطور، فكر في مزاياه.»

قال الإمبراطور: «قاو ياو! من بين وزرائي هؤلاء وكل شعبي نادرا ما يوجد أحد يهاجم لوائح الحكومة لكونك وزير الجرائم، وذكي في استخدام العقوبات الخمس، ومن ثم المساعدة في غرس الواجبات الخمسة الأساسية، برؤية لإتقان حكمي، ومن خلال العقاب قد يمكن الوصول إلى عدم وجود عقوبات، وإنما إلى توافق الناس مع طريق الوسطية. كن مجتهدا باستمرار.»

رد قاو ياو: «إنك، يا فضيلة الإمبراطور، معصوم من الخطأ. أنت تتعاطف على رعاتك بيسر تام، أنت ترأس الجموع بصبر. العقوبات لا تمتد إلى أبناء وأحفاد

辜，宁失不经；好生之德，洽于民心。兹用不犯于有司。”

【译文】

皋陶说：“你品德高尚没有过错，用简要的方法来统率臣下，用宽大的法度来治理百姓；有所惩罚不延及其后代子孙，有所赏赐则延及其后代子孙。由于不了解而犯过错，过错虽大，应予宽恕；虽了解却故意犯错，错误虽小，也要惩罚；对所犯罪行，有了疑问，惩罚时应当从轻，对所立功劳，有了疑问，赏赐时应当从重；与其杀掉无罪之人，执法者宁可承担不按法度行事的责任；有了爱护百姓的品德，才能使百姓从内心感到亲近。这样，百姓也就不会违犯司法者所制定的法度了。”

帝曰：“俾予从欲以治，四方风动，惟乃之休。”

【译文】

舜说：“使你按照我的愿望治理百姓，四方的臣民就会闻风而动，这是你的美德啊！”

帝曰：“来，禹！降水儆予，成允成功，惟汝贤。克勤于邦，克俭于家，不自满假，惟汝贤。汝惟不矜，天下莫与汝争能；汝惟不伐，天下莫与汝争功。予懋乃德，嘉乃丕绩，天之历数在汝躬，汝终陟元后。

【译文】

舜说：“来吧，禹！洪水为患，是对我的警告，你完成了你的誓言，成就治理水患的大功，你是贤能之人。能够勤劳于国家大事，能够俭于自奉，又不自满自大，你是贤能之人。正因为你不夸耀自己的贤

المجرمين، بينما المكافآت تصل إلى الأجيال اللاحقة. أنت تعفو عن الأخطاء غير المتعمدة، مهما كانت كبيرة، وتعاقب الجرائم المتعمدة، مهما كانت صغيرة. في حالات الجرائم المشكوك فيها، تتعامل معها برفق؛ في حالات الجدارة المشكوك فيها، أنت تفضل التقدير الأعلى. بدلا من الحكم على شخص بريء بالموت، أنت تفضل مجازفة المخالفة والخطأ. إن هذه الفضيلة المحبة للحياة، نافذة في عقول الناس، وهذا هو السبب في أنهم لا يجعلون أنفسهم يعاقبون من قِبل موظفيك.»

قال الإمبراطور شون: «طالما أنني قادر على اتباع وتحقيق ما يرغبه الشعب، فإن الناس يستجيبون في كل مكان كما لو أن الرياح تحركهم، هذا هو تفوقك.»

قال الإمبراطور شون: «أقدم يا يُوْي. إن المياه الغامرة قد ملأتني بالرهبة، عندما أنجزت إنجازا حقيقيا، وأتممت خدمتك؛ وهذا يبين تفوقك على الأشخاص الآخرين. إنك مفعم بالاجتهاد الشاق في خدمة البلاد، ولا تدخر جهدا في الاقتصاد في إدارة شؤون أسرتك، وهذا من دون أن تكون ممتلئا بالتيه إعجابا بنفسك، ما يبيّن تفوقك على الأشخاص الآخرين. إنك لا تدعي الفخر، ولكن لا يوجد أحد تحت السماء يمكن أن يضاهي قدرتك؛ أنت لا تتباهى، ولكن لا أحد تحت السماء يمكنه أن ينافسك في الجدارة. إنني أرى كم هي عظيمة جدارتك، كم هي بديعة إنجازاتك. إن الوظيفة المحددة من السماء تقع على شخصك، ولا بد في النهاية أن ترتقي العرش لتكون الملك العظيم.

能，所以天下的人无法和你争能；正因为你不夸耀自己的功劳，所以天下的人不能和你争功。我以为你的品德是高尚的，你的功绩是美好而伟大的，按照上天帝王相继的次第，天子的大位应该放在你的身上了，你登上这天子的大位吧！

“人心惟危，道心惟微，惟精惟一，允执厥中。

【译文】

“人的思想是危险的，道的内涵是精微的，体察那道的精微，始终如一地遵守，如此，才是实实在在地秉承着那不偏不倚的中和之道。

“无稽之言勿听，弗询之谋勿庸。可爱非君？可畏非民？众非元后，何戴？后非众，罔与守邦？钦哉！慎乃有位，敬修其可愿。四海困穷，天禄永终。惟口出好兴戎，朕言不再。”

【译文】

“没有根据的话，不要听信；没有征求过公众的意见，不要采用。应当爱戴的，不是君主吗？应当畏惧的，不是民众吗？民众不爱戴君主爱戴谁？君主除了百姓，和谁在一起安定邦国？恭敬吧！要谨慎地对待你的大位；恭谨从事，去满足那百姓的愿望。四海臣民处于困苦贫穷的境地，上帝降给你的大位，便要永远地终结了。口头发布的政令一定要妥善，否则会引起战争，我的话不再重复了。”

禹曰：“枚卜功臣，惟吉之从。”

«إن عقل المرء يكون قلقا وعرضة للخطأ؛ انجذابه لما هو صواب يكون قليلا. كن قادرا على التمييز ومنظما في السعي إلى ما هو صواب، ذلك لكي يمكن بإخلاص أن تمسك بسرعة بالوسطية.

«ولا تستمتع إلى كلمات لا أساس لها، ولا تتبع خططا لم تبحثها مع مستشاريك. من بين كل ما ينبغي أن تحب، ألا يكون الحاكم الرئيس؟ ومن بين كل ما ينبغي أن تخشاه، ألا يكون الحاكم غير العادل؟ إذا كانت جموع الشعب من دون ملكها فمن يرفعونه عاليا؟ إذا كان الملك من دون جموع الشعب، فلن يكون هناك من يحمي البلاد له. كن وقورا! عليك أن تصون عرش الملك الذي ستشغله، اغرس الفضائل التي ينبغي أن تكون مرغوبة فيك. إذا هناك داخل البحار الأربعة محن وفقر، فإن العوائد الممنوحة لك من السماء سوف تنتهي نهاية أبدية. إن الفم هو الذي يخرج ما هو طيب، وهو الذي يشعل الحرب. أنا لن أبدل كلماتي.»

قال يُوْي: «أخضع كل وزرائك ذوي الجدارة واحدا واحدا لاختبار العرافة، ودعنا نتبع إشارة التفضيل.»

【译文】

禹说："用枚卜在功臣中选定吧，枚卜吉利的，才可以出任大位。"

帝曰："禹！官占惟先蔽志，昆命于元龟。朕志先定，询谋佥同，鬼神其依，龟筮协从，卜不习吉。"禹拜稽首，固辞。帝曰："毋！惟汝谐。"

【译文】

舜说："禹！我已让卜筮之官，占卜过了。我首先断定我的想法是正确的，然后命卜筮之官用大龟去卜。虽然我首先作出决定，但经过征求公众的意见，公众的意见和我的决定完全相同，鬼神将会依从，龟卜和筮占的结果也是一样的吉利，占卜不再重复，才是吉利的。"禹行叩首之礼拜谢，坚持推辞。舜说："不要这样！只有你才是适合的。"

正月朔旦，受命于神宗，率百官若帝之初。

【译文】

正月初一早晨，禹在尧的宗庙接受大命，率领百官，像帝舜开始继位时那样。

帝曰："咨，禹！惟时有苗弗率，汝徂征。"禹乃会群后，誓于师曰："济济有众，咸听朕命。蠢兹有苗，昏迷不恭，侮慢自贤，反道败德。君子在野，小人在位。民弃不保，天降之咎。肆予以尔众士，奉辞伐罪。尔尚一乃心力，其克有勋。"

رد الإمبراطور شون: «وفقا لقواعد نظم العرافة، يجب على المرء أن يرتب أفكاره ويقرر أولا، وبعد ذلك يرجع حكمه إلى درع السلحفاة العظيمة. إن عقلي في هذه المسألة كان محددا في بداية الأمر؛ فقد تشاورت وناقشت مع كل وزرائي وشعبي، وكانوا جميعا على اتفاق تام معي. الأرواح دلت على موافقتهم، ودرع السلحفاة وعصي العرافة توافقت. إن العرافة، عندما تكون حسنة الحظ، لا ينبغي أن تُعاد.» أبدى يُوْي انحناءة برأسه نحو الأرض، ورفض بشدة العرش. قال الإمبراطور شون: «لا ينبغي أن تفعل ذلك. إنك أنت المناسب».

في الصباح الأول للشهر الأول، تسلم يُوي التعيين من قبل الإمبراطور شون في معبد الإمبراطور ياو، وتقدم جميع المسؤولين، كما فعل الإمبراطور شون في مراسم بدء حكومته.

قال الإمبراطور شون: «واحسرتاه! يا يُوي، هناك فقط زعيم قبائل مياو يرفض الخضوع، ألا تذهب وتقوّمه!» لأجل ذلك جمع يُوي كل الأمراء، وألقى خطابا في الجمع قائلا: «يا جموع المحتشدين هنا، استمعوا جميعا إلى أوامري. إن رئيس قبائل مياو غبي جاهل، مخطىء وقليل الاحترام. إنه بحقد ووقاحة تجاه الآخرين، يتمرد على

【译文】

舜说："唉！禹啊！只有那有苗不服从我们的统治，你前往征讨吧。"禹集合各国国君，在军队前发布誓词说："众将士，都要听从我的命令。有苗蠢蠢欲动，无知而傲慢，欺侮别人而自以为贤明，违反正道，败坏德行。君子被弃置不用，小人却窃据权位。百姓鄙弃而不拥戴他们，上天便降给他们以祸害。因此，我率领你们，遵奉上帝的命令，去讨伐那犯罪的有苗。希望你们同心同力，这样才能建立功勋。"

三旬，苗民逆命。益赞于禹曰："惟德动天，无远弗届。满招损，谦受益，时乃天道。帝初于历山，往于田，日号泣于旻天，于父母，负罪引慝。祇载见瞽叟，夔夔斋栗，瞽亦允若。至诚感神，矧兹有苗。"禹拜昌言曰："俞！"班师振旅。帝乃诞敷文德，舞干羽于两阶，七旬有苗格。

【译文】

三十天之后，苗民仍不顺从。益作为助手对禹说："只有推行德政才能感动上天，无论多远无论哪里都会顺从。自满就会招来损失，谦虚才会得到益处，这就是天道。舜最初在历山到田野里去耕种，天天向着上天号哭，不敢认为父母有过错，将父母的过错隐藏起来归于自己。他恭敬地奉行人子之事，往见他的父亲瞽叟时，庄敬战栗，瞽叟也相信他，顺从他。最后至诚感动神灵，何况这有苗呢？"禹拜谢这番好话，说："好啊！"便还师而归，整顿军旅。帝舜于是大力地推行文治德政于天下，在大殿两阶举行干羽之舞，七十天之后，有苗前来归顺。

الحق، يدمر كل التزامات الفضيلة. لقد أخفى الأشخاص الفائقين في غموض، وجعل الأشخاص المنحطين يملأون المكاتب. الشعب يلفظه ولا يحميه. السماء ترسل المصائب عليه. ومن ثم فإنني معكم، رجال شعبنا البواسل، نتحمل تعليمات الإمبراطور شون لمعاقبة جرائمه. تقدموا بقلب متحد وقوي حتى تتوج مغامرتنا بالنجاح.»

في نهاية ثلاثين يوما، واصل أبناء مياو مقاومتهم ضد الأوامر التي صدرت لهم. عندما جاء بوه يي إلى يُوي قال: «إن الفضيلة هي التي تؤثر على السماء؛ ليست هناك مسافة لا تصل إليها. الكبرياء تجلب الخسارة والتواضع يأتي بالمزيد؛ تلك هي طريقة السماء. في وقته المبكر للإمبراطور شون، وعندما كان يعيش في جبل ليشان ويزرع في الحقول، وكان يبكي كل يوم بالدموع ليستعطف السماء ووالديه، آخذا على نفسه كل الذنب، ومحملا نفسه كل الخطأ؛ عندما قابل قو سوه بخدمة محترمة بادي الحزن ومرعوبا، حتى أصبح قو سوه واثقا به من خلال قدوته. يمكن للإخلاص التام أن يؤثر على الكائنات الروحية، ناهيك أبناء قبائل مياو!» أبدى يوي احتراما لتلك الكلمات الرائعة، وقال: «نعم.» ومن ثم قاد جيشه وعاد. بدأ الإمبراطور شون ينشر على نطاق واسع تأثيرات فضيلة السلام؛ وبالدروع والريش، رقص الناس بين دَرَجَيّ السلالم في بلاطه. في اليوم السبعين جاء زعيم مياو وأعلن خضوعه.

夏书

五子之歌

太康尸位，以逸豫灭厥德，黎民咸贰。乃盘游无度，畋于有洛之表，十旬弗反。有穷后羿因民弗忍，距于河。厥弟五人御其母以从，徯于洛之汭。五子咸怨，述大禹之戒以作歌。

【译文】

太康虽居天子之位却不理天子之事，贪图安逸和游乐，因而丧失了天子应具的品德，老百姓都背叛了他。而他却沉醉在游乐之中没有节制，在洛河之南打猎，一百天也不回朝。有穷氏的国君羿，趁着老百姓对太康不满，在黄河界边设兵抗拒。太康的五个弟弟侍奉他们的母亲，在洛水的弯曲处等待着太康。五个弟弟都埋怨太康，述说大禹的训诫而作歌。

其一曰：“皇祖有训，民可近，不可下。民惟邦本，本固邦宁。予视天下，愚夫愚妇一能胜予。一人三失，怨岂在明？不见是图。予临兆民，懔乎若朽索之驭六马，为人上者，奈何不敬？”

【译文】

第一首说：“伟大的先祖有如下训诫：百姓可以亲近，不可以疏

كتب شيا ((سجلات شيا))

أغنيات الأبناء الخمسة

شغل تاي كانغ العرش لكنه شخص كسول ومبذر، غارق في المتعة والراحة، وأخمد فضائله، حتى تذبذب الجمهور في ولائهم. ومع ذلك، استمر في متعه وضلاله من دون أي تقيد ذاتي. واصل القنص فيما وراء نهر لوه، ومرت مائة يوم من دون أن يعود. عند ذلك، قاوم يي، أمير دويلة تشيونغ، مغتنما فرصة سخط الناس، بشمال النهر لمنعه من العودة. الإخوة الخمسة للملك تاي كانغ كانوا يعتنون بأمهم من بعده، وكانوا ينتظرونه في شمال نهر لوه؛ وعندما سمعوا بتحركات يي، سردوا، مفعمين بالسخط، تحذيرات يُوْي العظيم على شكل أغنيات.

تقول الأولى: «إنه كان درس أسلافنا العظماء: ينبغي الاعتزاز بالناس، وعدم ابتعاد عنهم؛ الناس هم جذر البلاد، عندما يكون الجذر راسخا، تكون البلاد هادئة. عندما أنظر إلى كل من تحت المساء، من الرجال البسطاء والنسوة البسيطات، يمكن لأي فرد أن يفوقني. إذا ارتكب المرء الخطأ مرات، فهل ينبغي انتظار السخط حتى يظهر؟ قبل رؤية الخطأ يجب الحذر منه. في تعاملي مع ملايين الناس، ينبغي أن أشعر بمزيد من القلق كمن يقود ستة أحصنة بلجام قد بلى. حاكم البشر؛ كيف يمكن ألا يكون

远。百姓是国家的根本，根本巩固了，国家才会安宁。我看天下百姓，那些愚昧无知的丈夫和妇人，一人之力便可以胜过我。一个人犯了三次错误，仍不觉悟，百姓的怨恨，难道要在明显地表现出来时才觉察到吗？应当在还未明显表现出来的时候，就想办法补救。我们统治亿万臣民，要心怀畏惧像用腐朽的绳索去驾驭六匹马那样，做百姓的君主，怎么可以不恭敬呢？”

其二曰：“训有之，内作色荒，外作禽荒。甘酒嗜音，峻宇雕墙。有一于此，未或不亡。”

【译文】

第二首说：“训诫中有这些话：在宫内沉湎于女色，在外面沉湎于游猎。甘于美酒，嗜好音乐，建筑高大的殿宇，绘饰墙壁。在君主身上，有其中之一者，没有不灭亡的。”

其三曰：“惟彼陶唐，有此冀方。今失厥道，乱其纪纲，乃厎灭亡。”

【译文】

第三首说：“只有那唐尧，由冀州而统有天下四方。如今丧失了唐尧的治国之道，搞乱了唐尧所建立的法度，要招致灭亡。”

其四曰：“明明我祖，万邦之君。有典有则，贻厥子孙。关石和钧，王府则有。荒坠厥绪，覆宗绝祀！”

مبجلا في تعامله مع الشعب في واجياته؟»

وتقول الأغنية الثانية: «تعليمات الأسلاف واضحة جلية، لكنك جعلت البلاط مرتعا للشهوة، والبلاد مرتعا للقنص؛ عندما تُعشق الخمور، وتستلذ الموسيقى، وعندما تبني سقوفا سامقة، وجدرانا مزخرفة، إن وجود أي من تلك الأشياء ليس إلا مقدمة للخراب.»

وتقول الأغنية الثالثة: «كان الإمبراطور ياو من عشيرة تاوتانغ، احتل منطقة جي هذه. الآن نحن سقطنا من طريقه، خربنا قواعده وقوانينه، العاقبة هي الاندثار والخراب.»

وتقول الأغنية الرابعة: «كان سلفنا ذكيا متألقا، يحكم المناطق التي لا تعد ولا تحصى.كانت لديه شرائع، وأمثلة ونماذج، خلفها لأحفاده. الحجر المعياري والربع المساوي كانا في الخزانة الملكية. لقد أسقطنا الدليل الذي منحنا إياه، وقلبنا معبدنا

【译文】

第四首说："我们那英明睿智的先祖大禹，他是万国之君。他建立典章和法度，遗留给他的后代子孙。流通的度量规定，合理而公允，并由政府掌握这些标准，则官民皆富足而安定了。现在这些法度和传统遭到破坏，我们的国家要灭亡了！"

其五曰："呜呼曷归？予怀之悲。万姓仇予，予将畴依？郁陶乎予心，颜厚有忸怩。弗慎厥德，虽悔可追？"

【译文】

第五首说："唉！何处是我们的归宿？我们心怀悲痛。百姓仇视我们，我们还将依靠谁呢？悲痛郁积在我们内心，表情忸怩而内心惭愧。不谨慎地保持大禹的品德，虽然懊悔，难道还可以补救吗？"

وأخمدنا قرابيننا.»

وتقول الأغنية الخامسة: «أوه، إلى أين نذهب؟ الأفكار التي في صدري تجعلني حزينا والناس يتخذون موقفا عدائيا منا؛ على من يمكن أن نعتمد؟ القلق يتجمع في قلوبنا؛ سميكا مثل وجوهنا، التي تغطيها الحمرة؛ إننا لم نكن حريصين في فضائلنا؛ وبرغم أننا نادمون، لا يمكننا استعادة الماضي.»

胤　征

惟仲康肇位四海，胤侯命掌六师。羲和废厥职，酒荒于厥邑。胤后承王命徂征。

【译文】

仲康开始继位统治四海，胤侯受命统率六军。这时羲与和荒废了他们的职务，在他们的封邑沉湎于饮酒。胤侯秉承仲康的命令，前往讨伐。

告于众曰："嗟！予有众。圣有谟训，明征定保。先王克谨天戒，臣人克有常宪，百官修辅，厥后惟明明。

【译文】

胤侯对将士们宣誓说："唉！我的将士们。圣人的计谋训诫已为经验所证明，可以安邦保国。先王能够恭谨地对待上天的警告，臣民们也都能够遵守常法，百官尽职尽责辅佐国君，国君和大臣都很贤明。

"每岁孟春，遒人以木铎徇于路。官师相规，工执艺事以谏。其或不恭，邦有常刑。"

حملة ين التأديبية

عندما بدأ تشونغ كانغ، ملك شيا، حكمه لكل ما في داخل البحار الأربعة، تم تكليف الأمير ين بالمسؤولية عن الحشود العسكرية الستة للملك. في هذا الوقت، أهمل شي خه واجبات منصبه وانغمس في الشرب في مدينته الخاصة، وتلقى الأمير ين تكليف الملك بالذهاب وتأديبه.

أعلن الأمير ين بيانا لحشود جنوده قائلا: «أيا كل رجالي، إن لدينا التعليمات التي أُحسن التشاور حولها من الحكيم، مؤسس الأسرة الملكية، وقد ثبت بوضوح قوتها في توفير الاستقرار والأمن. لقد كان الملوك القدامى يهتمون بعناية بتحذيرات السماء، وكان الوزراء يرعون القوانين النظامية في مناصبهم. كان كل المسؤولين يؤدون واجباتهم في مساعدة البلاط، وصار ملكهم بارعا تماما.

«في كل عام، في أول شهر من فصل الربيع، يذهب المنادي الرسمي، بناقوسه ذي اللسان الخشبي، على الطرقات، معلنا أنه على المسؤولين أن يتبادلوا التحذيرات،

【译文】

“每年初春，命令使臣，以木锤敲着大铃，沿着大道宣布教令。官吏们相互规诫并向国王提出谏正，百工们用他们所从事的技艺来谏正国王，并相互规诫。如果有谁不恭敬从事，将按照国家的常刑给予惩罚。

“惟时羲和颠覆厥德，沉乱于酒，畔官离次，俶扰天纪，遐弃厥司。乃季秋月朔，辰弗集于房。瞽奏鼓，啬夫驰，庶人走。羲和尸厥官罔闻知，昏迷于天象，以干先王之诛。《政典》曰：‘先时者杀无赦，不及时者杀无赦。’

【译文】

“这羲与和败坏了他们应具的品德，沉湎在饮酒之中，擅离职守，开始搞乱了时日运行的记载，远远地抛弃所负责的事务。于是九月初一，日月运行失去常规而出现了日蚀。乐官敲着鼓，上奏于天子，小臣、吏役则奔走相告以求救助太阳。羲与和无所事事地处在他们的职位上，什么也不知道，不了解天象的变化，犯了先王立下的刑罚。《政典》上说：‘历法如果早于四时节气的实际，要把制定者杀掉，不能饶恕；历法如果晚于四时节气的实际，要把制定者杀掉，不能饶恕。’

“今予以尔有众，奉将天罚。尔众士同力王室，尚弼予钦承天子威命。

【译文】

“现在我率领你们众多将士，奉行上帝的惩罚。你们众多的将士应当为王室共同尽力，希望你们辅佐我恭敬地执行天子威严的命令。

وعلى العمال المنخرطين في الأمور الميكانيكية، أن يقوموا بالتوجيه المتبادل حول مهارات أعمالهم. إذا لم يحضر أي منهم باحترام هذا المطلب، فإن الدولة لديها عقوبات نظامية له.

«الآن، قد انحرف شي خه عن الفضائل، وسلب الشرب عقله، وانتهك واجبات منصبه، وبدأ يجعل تنظيم الهيئات السماوية يصل إلى الفوضى، وترك بعيدا للغاية واجباته. في اليوم الأول من الشهر الأخير للخريف، لم تتقابل الشمس والقمر بانسجام في الموقع الطبيعي، فظهر الكسوف الشمسي، مما جعل الموسيقيين يضربون طبولهم؛ والمسؤولين الأدنى درجة يركضون، وعامة الناس يجرون ويصرخون لإنقاذ الشمس. أما شي خه، المسؤول عن هذا الأمر فلم يعرف ماذا حدث، ومضى في ضلاله بعيدا عن واجباته فيما يتعلق بمسألة المثول السماوي، وجعل نفسه عرضة للموت الذي حدده الملوك السابقون. تقول أنصاب ((القوانين والأنظمة)) للملوك السابقين: عندما يتعجلون الزمن، دعهم يُقتلون من دون رحمة. وعندما يكون تقديرهم متأخرا عن الزمن، دعهم يُقتلون من دون رحمة.

«الآن، أنا، وكلكم معي، أنيط بنا تنفيذ العقاب المحدد من السماء. وحدوا قوتكم أيها المحاربون جميعا، من أجل الأسرة الملكية، فإنني أصلي لكم احتراما أن تنفذوا التكليف الرهيب من ابن السماء!

“火炎昆冈，玉石俱焚。天吏逸德，烈于猛火。歼厥渠魁，胁从罔治。旧染污俗，咸与惟新。

【译文】

“大火焚烧着昆仑的山冈，美玉和顽石都要一起被焚毁。天子臣属的过错，其后果之酷烈超过了猛火。要消灭的是首恶，胁从者不予治罪。过去受到坏的影响的，都要一起走上自新之路。

“呜呼！威克厥爱，允济；爱克厥威，允罔功。其尔众士懋戒哉！”

【译文】

“唉！严明克服姑息，事情一定能够成功；姑息胜过严明，事情便不会成功。希望你们众多将士，努力而戒惧吧！”

«عندما تتوهج النيران فوق قمة جبل كونلون، تحترق الأحجار الكريمة والأحجار العادية معا؛ ولكن إذا تجاوز وزير للسماء واجباته، ستكون العواقب أكثر ضراوة من النار المحرقة. وبينما أنا أدمر في هذه المرة المجرمين الرئيسيين، لن أعاقب الذين اتبعوهم قسرا؛ وأولئك الذين لُطِخوا طويلا بأسلوبهم القذر، سوف يُسمح لهم بإصلاح أنفسهم.

«عندما تتغلب الصرامة على الشفقة، فإن الأمور تقاد بالتأكيد إلى النجاح. وعندما تتغلب الشفقة على الصرامة، لا يمكن إنجاز جدارة. عليكم جميعا، أيها المحاربون، أن تبذلوا جهودكم، وأن تتخذوا الحذر وتطيعوا أوامري!»

商　书

仲虺之诰

成汤放桀于南巢，惟有惭德。曰："予恐来世以台为口实。"

【译文】

成汤将夏桀流放到南方的巢地，心里感到惭愧，说："我害怕来世，把我的做法当作话柄。"

仲虺乃作诰，曰："呜呼！惟天生民有欲，无主乃乱，惟天生聪明时乂。有夏昏德，民坠涂炭。天乃锡王勇智，表正万邦，缵禹旧服。兹率厥典，奉若天命。夏王有罪，矫诬上天，以布命于下。帝用不臧，式商受命，用爽厥师。简贤附势，实繁有徒。肇我邦予有夏，若苗之有莠，若粟之有秕。小大战战，罔不惧于非辜。矧予之德，言足听闻。惟王不迩声色，不殖货利。德懋懋官，功懋懋赏。用人惟己，改过不吝。克宽克仁，彰信兆民。乃葛伯仇饷，初征自葛，东征，西夷怨；南征，北狄怨，曰：'奚独后予？'攸徂之民，室家相庆，曰：'徯予后，后来其苏。'民之戴商，厥惟旧哉！"

كتب شانغ ((سجلات شانغ))

بيان تشونغ هوي

عندما كان الملك تانغ الناجح محتجزا جيه، الملك شيا، في المنفى في نانتشاو، انتابه شعور بالخجل من فعلته، وقال: «أخشى أن الناس في العصور المقبلة، سوف يملأون أفواههم بي.»

وعلى ذلك، أعلن تشونغ هوي البيان التالي: «إن السماء تخلق الناس برغبات مختلفة، من دون حاكم لابد أن يقعوا في الفوضى؛ ومرة أخرى تخلق السماء الشخص الذكي لينظمهم. لقد حجب الملك شيا كل فضيلته، وكان الناس وكأنهم وقعوا وسط وحل ويحرقون بالفحم. ومن ثم، وهبت السماء ملكنا الباس والحكمة، ليخدم كعلامة ودليل للمناطق التي لا تعد ولا تحصى، وليواصل طرق يُوْي العظيم القديمة. أنتم حاليا فقط تتبعون مسار يوي الصحيح، تحترمون وتنصاعون لما حددته السماء! كان الملك شيا مذنبا، واحتج زورا وافتراء على عقوبة السماء العليا، لكي ينشر في الخارج توجيهاته بين الناس. وعلى هذا، نظر إليه الرب باستهجان، ما أسفر عن تلقي شانغ تنصيبه، ووظفكم أنتم لتنوير الجموع من ناسه. محتقرو أصحاب الجدارة والمتطفلون على السلطة، كان لديه كثير من مثل هؤلاء الأتباع حقا؛ ولكن، منذ البداية كانت بلادنا بالنسبة للملك شيا مثل الأعشاب الضارة بين الذرة اليانعة، والحبوب الذابلة بين

【译文】

仲虺于是告诫成汤说："唉！上天生下万民，他们是有欲望的，没有君主，便会大乱，因此，上天生下聪明之人来治理。有夏昏聩腐败，老百姓陷入污泥与火坑之中。上天赐给你勇敢和智慧，作为表率以端正万国，继承大禹的传统。你应当遵循天意和法度，奉行上帝的命令。夏王是有罪的，假借上帝的旨意，欺骗下面的民众。因而上帝以为夏王是不好的，便以你为楷模而授商以大命，以你为榜样，使你的民众逐渐趋于贤明。慢待贤者，趋炎附势，这样的人实在太多了。开始建立我们邦国的时候，那夏桀，对我们像对待禾苗中的杂草，米粒中的秕糠那样。那时，小事大事我们无不战战兢兢，唯恐无罪受罚。何况你是有德之人，只要说出话来，便足以使人听信。只有你不近声乐和女色，不以聚集财货为利。德行高尚的便授以高官；功劳大的便给以丰厚的赏赐；采用别人的意见，就好像实行自己的意见那样；改正自己的错误毫不吝惜；宽大仁慈，德行昭著，取信于万民。那葛国国君，恩将仇报，杀掉我们前往葛国救灾之人，于是便从葛国开始第一次征伐。当我们向东征伐的时候，西方的人们埋怨我们，当我们向北征伐的时候，南方的人们埋怨我们说：'为什么单独把征伐我们的国君放在后面。'凡是被我们征伐的国家，那里的人们都在家中庆贺说：'王啊！我们等待你很久了。王啊！你来了我们便可以兴盛了。'老百姓对于商的爱戴，那是很久的了。

"佑贤辅德，显忠遂良，兼弱攻昧，取乱侮亡，推亡固存，邦乃其昌。

【译文】

"对待诸侯，凡是贤德的，便要给以帮助；凡是忠诚善良的，便应

الحبوب الجيدة. عامة شعبنا والشخصيات الكبيرة، كانوا قلقين على الدوام، خائفين، معتقدين أنهم مذنبون من دون جريمة. كم كانت هذه القضية خطيرة، عندما صارت فضائل ملكنا موضوعا ينصت إليه الناس بشغف! لم يقترب ملكنا من الموسيقى المبتذلة والنساء، لم يسع ليراكم الممتلكات والثروة. لأصحاب الفضيلة العظيمة، منح المناصب العظيمة، ولأصحاب الجدارة العظيمة، منح المكافآت العظيمة. وظف الآخرين وكأن براعتهم هي براعته؛ لم يكن متباطئا في تصحيح أخطائه. كان متسامحا بحق، وخيرا بحق، ومن خلال إبراز مثل هذه الفضيلة، وضع ملايين من الناس ثقتهم فيه. عندما أبدى الأمير قه بوه عداءه لحاملي المؤن، بدأ عمل العقاب من دويلة قه. وعندما امتد فتوحك إلى الشرق، تذمرت القبائل البرية في الغرب؛ وعندما امتد فتوحك إلى الجنوب، تذمرت القبائل البرية في الشمال. قالوا: لماذا جعلنا نحن فقط في الأخير؟ بالنسبة لكل من ذهبت مع جنودك إليهم من الناس، كانوا يهنئون بعضهم بعضا في عائلاتهم قائلين: لقد انتظرنا ملكنا، جاء ملكنا، وقد انتعشنا. إن احترام الناس لشانغ شيء موجود منذ أمد بعيد.

«أبدوا التفضيل للقادر وصاحب المبدأ القويم من بين الأمراء، وساعدوا صاحب الفضيلة، وميزوا المخلص، ودعوا الجيد يسلك مسارا حرا. استوعبوا الضعيف، وعاقبوا الأعمى المتعمد، أنقذوا دويلاتهم من الاضطراب، وتعاملوا بإيجاز مع من سيخربون. عندما تسرعون هكذا نهاية ما يكون مستعدا من تلقاء ذاته للفناء، وتعززون ما هو

使他名声显扬，并使他们得偿所愿；凡是弱小的，兼而并之，昏聩的，加以讨伐；凡是混乱的，取而代之，将灭亡的，侵侮它；凡是应当灭亡的，推而使之灭亡，应当存在的，助之使其巩固，这样整个国家便昌盛了。”

“德日新，万邦惟怀；志自满，九族乃离。王懋昭大德，建中于民，以义制事，以礼制心，垂裕后昆。予闻曰：‘能自得师者王，谓人莫己若者亡。好问则裕，自用则小。’”

【译文】

“对于德行，要勤修不怠，天天更新，这样，无数的诸侯便会钦佩你的德行；思想上自满了，同族的人也会离开你。王啊！要努力将你高尚的大德昭示出来，在民众中间建立起中和之道，用义来决定事情是否可行，用礼来约束思想，你留给后代的东西是丰厚的。我听说：能够自寻贤者为师的，便可以为王，说别人都赶不上自己的，一定会灭亡。喜欢请教的，收获就丰厚；自以为是的，便必然渺小。”

“呜呼！慎厥终，惟其始。殖有礼，覆昏暴。钦崇天道，永保天命。”

【译文】

“唉！谨慎地对待事情的结尾，就像谨慎地对待事情的开始那样。对于守礼的，要栽培他；对于昏暴的，要消灭他。尊崇发扬天道，永远保持上帝所赐予的大命。”

قوي بذاته للحياة، كم ستزدهر كل البلاد!»

«عندما تُجدد فضيلة الملك يوميا، فإنه يحظى بالاعتزاز في الدويلات العشرة آلاف تحت السماء؛ عندما يكون عقله ممتلئا فقط بنفسه، سوف يتخلى عنه التسعة فروع من أقربائه. ابذل نفسك، أيها الملك، لتجعل فضيلتك مشهورة لامعة أكثر، وأقم معيار الوسطية أمام الناس. رتب شؤونك بالاستقامة، ورتب قلبك بالاحتشام؛ ومن ثم فسوف تنقل مثلا كبيرا للأجيال القادمة. لقد سمعت مقولة: إن من يجد مرشدين له، يأتي إلى السيادة العليا، ومن يقول إن الآخرين ليسوا مساوين له، مصيره الخراب. من يحب وضع الأسئلة، يصير متضخما؛ ومن يستخدم رؤاه فقط، يصير أصغر مما كان.»

«إن من يهتم بالنهاية ينبغي أن يكون مراعيا للبداية. إن هناك تأسيسا لمن يراعون الرخاء، وإبعادا لمن تمت تعميتهم وغير المبالين. إن توقير واحترام الدرب الذي وصفته السماء هو السبيل للحافظ على التنصيب المفضل من السماء.»

汤诰

王归自克夏，至于亳，诞告万方。

【译文】

汤王从战胜夏桀的地方归来，到了亳，大力地向四方宣告。

王曰："嗟！尔万方有众，明听予一人诰。惟皇上帝，降衷于下民。若有恒性，克绥厥猷惟后。夏王灭德作威，以敷虐于尔万方百姓。尔万方百姓，罹其凶害，弗忍荼毒，并告无辜于上下神祇。天道福善祸淫，降灾于夏，以彰厥罪。肆台小子，将天命明威，不敢赦，敢用玄牡，敢昭告于上天神后，请罪有夏。聿求元圣，与之戮力，以与尔有众请命。

【译文】

王说："唉！你们众多国家的民众，明白无误地听取我的命令。伟大的上帝把好的品德降给下界百姓。如果要使民众能够安然而长久地保持这种美德，只有天子建立起教育才能做到。夏王丧失了他应具的品德而作福作威，普遍虐待那所有地方的百姓。你们所有地方的百姓，都遭受他的残酷迫害，你们无法忍受这种灾难，你们这些无辜的百姓便诉诸天地神灵。天道是善有善报，恶有恶报，便将灾难降给夏国，以暴露

بيان تانغ

عندما عاد الملك من قهر ملك شيا وجاء إلى بويي، أصدر بيانا لأمراء جميع المناطق.

قال الملك: «أيها الجموع من جميع المناطق، أنصتوا جيدا إلى بياني أنا. إن الرب العظيم قد أسبغ على الناس على الأرض، شعورا أخلاقيا. والانصياع لما يظهر طبيعة الناس دائما، جعلهم يواصلون بهدوء المسار الذي يشير إليه هو عمل الملك. لقد أخمد ملك شيا فضيلته، وصار طاغية، وامتد ظلمه إليكم، أنتم أبناء جميع المناطق. إنكم، وقد عانيتم من غبنه القاسي، غير قادرين على تحمل الشيح والسم، وقدمتم شكاوى للسماء والأرض والآلهة مبررين لبراءتكم. إن نهج السماء هو مباركة الطيب، وجعل السيء بائسا. إنها ترسل المصائب على ديار شيا، لإظهار ذنوبه. ومن ثم فإنني، أنا الشاب الصغير، مكلف بمرسوم السماء وأهواله الساطعة، لا أجرؤ على العفو عن المجرم. استخدمت ثورا ضحية قاتم اللون، طالبا الإذن للتعامل مع حاكم شيا كمجرم، ودعوت الحكيم العظيم يي ين الذي يمكن أن أوحد قوتي، لأطلب رعاية السماء لكم، أيها الجموع.

夏王的罪恶。因此，我小子秉承那上帝威严的命令，不敢赦免夏王的罪过，冒昧地用黑色公牛作为祭品，明确地祭告上帝，请求上帝降罪给夏王。于是寻求那伟大的圣人，和他同心协力，带领你们向上帝请命。

“上天孚佑下民，罪人黜伏，天命弗僭，贲若草木，兆民允殖。俾予一人辑宁尔邦家，兹朕未知获戾于上下，栗栗危惧，若将陨于深渊。凡我造邦，无从匪彝，无即慆淫，各守尔典，以承天休。尔有善，朕弗敢蔽；罪当朕躬，弗敢自赦，惟简在上帝之心。其尔万方有罪，在予一人；予一人有罪，无以尔万方。呜呼！尚克时忱，乃亦有终。”

【译文】

“上帝相信并保佑下界百姓，罪人夏王被流放斥退失去天子之位，遭到应得的惩罚，上帝的命令是不会有差错的，这样一来，整个国家被装饰得焕然一新，就像草木茂盛地生长那样生机勃勃，百姓也就可以生息繁衍了。上帝使我安定治理你们的国家，现在，我不知道这样做是否会获罪于天地神灵，战战兢兢，心怀畏惧，好像将要坠落于深渊之中。凡是我所开创的邦国都不要失去法度，都不要怠惰贪图逸乐，各人都要遵守为你们制定的法典，这样便可以得到上天的奖赏。你们有善行，我不敢隐蔽；我有过错，也不敢擅自饶恕，因为所有这些都为上帝所检验核实并记在心中。你们有了罪过，应当由我一人承担；我有罪过，不能累及你们。唉！如果能诚意地做到这些，就会有好的结果。”

«إن السماء قد أبدت حقا رعايتها للناس تحتها، والمجرمون قد انحطوا وخضعوا. إن ما تحدده السماء هو من دون خطأ؛ ساطع، مثل ازدهار النباتات والأشجار، وملايين الناس يبدون انتعاشا حقيقيا. لقد أُعطت السماء لي، أنا الرجل الوحيد، أن أضمن التناغم والسكينة لدويلاتكم وعشائركم والآن لا أعرف ما إذا كنت لا أسيء إلى القوى الأعلى والأدنى. إنني خائف وأرتعد، كما لو كنت في خطر السقوط في هاوية سحيقة. في كافة أرجاء المناطق التي تدخل حياة جديدة تحت سلطتي، عليكم، أيها الأمراء أن لا تنتهجوا سبلا مخالفة للقوانين، وأن لا تقتربوا من الوقاحة والفجور؛ واجعلوا كل فرد حريصا في الحفاظ على النظم السياسية؛ وهكذا يمكننا أن ننال رعاية السماء. لن أجروَ على إخفاء الجيد فيكم؛ وبالنسبة للشر في ذاتي لن أجروَ على الصفح عن نفسي. سوف أفحص تلك الأشياء بالتناغم مع عقل الرب. عندما يوجد إثم في أي موضع منكم أنتم الذين تحتلون جميع المناطق، اجعلوه يبقى لي، أنا الرجل الوحيد. عندما يوجد إثم في ذاتي، أنا الرجل الوحيد، لن يلصق بكم، أنتم الذين تحتلون جميع المناطق. دعونا مخلصين في تلك الأشياء، ومن ثم ستكون لدينا نهاية سعيدة.»

伊训

惟元祀十有二月乙丑，伊尹祠于先王。奉嗣王祗见厥祖，侯甸群后咸在，百官緫己以听冢宰。伊尹乃明言烈祖之成德，以训于王。

【译文】

太甲即位时举行大祀，十二月乙丑日，伊尹在祖庙祭祀商汤。请王位的继承人太甲恭敬地拜见他的先祖，诸侯国君也一起陪同参加祭典，朝内百官也都在听命于百官之长。伊尹于是明确地叙述成汤的大德，用以告诫太甲。

曰：“呜呼！古有夏先后，方懋厥德，罔有天灾。山川鬼神，亦莫不宁，暨鸟兽鱼鳖咸若。于其子孙弗率，皇天降灾，假手于我有命。造攻自鸣条，朕哉自亳。惟我商王，布昭圣武，代虐以宽，兆民允怀。今王嗣厥德，罔不在初，立爱惟亲，立敬惟长，始于家邦，终于四海。

【译文】

伊尹说：“唉！古代夏朝的贤君，努力地提高他们的品德，因而没有天灾。山川鬼神也无不安宁，甚至鸟兽鱼鳖也都各得其所。及至到了

تعاليم يِي

في الشهر الثاني عشر من العام الأول، في يوم يِي- تُشو، قدم كبير الوزراء يي ين قرابين للملك السابق، خدمة لولي العهد بإجلال أمام ضريح جده. كل الأمراء في مجال النبلاء والمجال الملكي كانوا حاضرين؛ وكل المسؤولين يقودون مرؤوسيهم في تصريف واجباته المعينة، كان عليهم تلقي أوامر كبير الوزراء. وقد وصف يي ين بوضوح الفضيلة الكاملة للسلف الجديرين بالتقدير بتعليمات من الملك.

قال: «أوه! ملوك شيا القدامى السابقون غرسوا مبكرا فضيلتهم، ومن ثم لم تكن هناك مصائب من السماء. أوراح الجبال وكذلك الأنهار كانوا جميعا في سكون؛ والطيور والبهائم، الأسماك والسلاحف، تمتعت جميعها بوجودهم وفقا لطبيعتها. غير أن أحفادهم لم يتبعوا مثالهم، وأرسلت السماء العظيمة المصائب واستخدمت بوكالة قوة حاكمنا الذي كان في حوزته تنصيبها المفضل. الهجوم على شيا يمكن إرجاعه إلى العربدة في منطقة مينغتياو، بيد أن انتفاضتنا بدأت في بويي. إن ملكنا في شانغ أظهر ببراعة شجاعته الحكيمة، فقد استبدل القهر بلطفه السخي؛ ومنحه ملايين من الناس قلوبَهم ويشتاقون إليه. الآن، وملكنا يدخل في توارث فضيلته؛ وكل ذلك يعتمد

后代子孙，不去仿效他们祖先的榜样，伟大的上帝便降下灾祸，假借我们先王之手，让他奉行讨夏的命令。于是，便从鸣条开始了讨伐，我们先祖成汤便从亳地开始创建大业。只有我商王成汤，在普天之下显示出他的圣明和威武，用宽厚代替残暴，亿万百姓相信他，感戴他。现在，你继承王位，培养德行，不应不在开始时就进行。建立仁爱要从亲族开始；建立对长辈的尊敬，也要从亲族开始，然后影响到整个国家以至于四海之内。

“呜呼！先王肇修人纪，从谏弗咈，先民时若。居上克明，为下克忠，与人不求备，检身若不及，以至于有万邦。兹惟艰哉！敷求哲人，俾辅于尔后嗣。制官刑，儆于有位。曰：‘敢有恒舞于宫，酣歌于室，时谓巫风；敢有殉于货色，恒于游畋，时谓淫风；敢有侮圣言，逆忠直，远耆德，比顽童，时谓乱风。惟兹三风十愆，卿士有一于身，家必丧；邦君有一于身，国必亡。臣下不匡，其刑墨，具训于蒙士。’

【译文】

“唉！先王创立修订人伦纲纪，遵守谏正而不违背并能顺从民众的心愿。居于帝位能够洞察下情，做臣民的都能够忠心耿耿。对于别人不求全责备，对于自身则加以检点唯恐有什么地方做不到，因而才取得拥有主宰万邦的地位。这是艰难的啊！广泛地寻求贤明之人，使他辅佐你这后继的君主。制定对官吏的惩罚条例，对在位者警告说：‘敢于在宫中经常举行歌舞，在家中酗酒高歌，这叫作巫风；敢于不惜一切地追求财物和美色，经常外出游猎，这叫作淫风；敢于漫不经心地对待圣人的言论，反对忠直之人，疏远年老德高之人，亲近无知无识的小人，这就叫作乱风。像上述三种风气，十种过失，做官吏的只要犯有其中一条，

على كيفية بدء عهده. من أجل إقامة المحبة، فالأمر لك أن تحب ذوي القربى، وتقدم الاحترام لكبار السن. البدء يكون في الأسرة وفي الدولة؛ وفي كل ما بداخل البحار الأربعة.

«أوه! الملك السابق بدأ بالعناية الفائقة للروابط التي تجمع الناس معا. كان ينصت للاعتراضات، ولم يكن يسعى لمقاومتها؛ توافق مع حكمة الأسلاف؛ أبدى الذكاء، وهو يحتل أعلى مكانة، وأظهر الولاء، وهو يحتل مكانة متدنية؛ أتاح للسمات الطيبة للناس الذين وظفهم، لم يكن يسعى إلى أن يكون لديهم كل كفاءة وموهبة؛ في فحصه لنفسه، بدا أنه يظن أنه يخشى لا يفحص نفسه بشكل كاف. وهكذا فإنه وصل إلى حيازة جميع المناطق. كم كان الأمر صعب تحقيقه! كان يسعى بشدة إلى الرجال ذوي الحصافة، الذين ينبغي أن يكونوا معاونين لك، أنت حفيده وولي عهده. وضع ((العقوبات للمسؤولين))، وحذر أولئك الذين كانوا في السلطة، تقول ((العقوبات للمسئوولين)): إذا جرأتم على إقامة الرقص في قصوركم، والغناء سكارى في غرفكم، فإن ذلك يسمى بطريقة المشعوذين؛ إذا جرأتم على تعليق قلوبكم بالثروة والنساء، وأسلمتكم أنفسكم للترحال والمطاردة، فذلك ما يسمى بطريقة البذخ؛ إذا جرأتم على احتقار كلمات الحكيم، وعلى معارضة الولاء والاستقامة، وأن تضعوا بعيدا عنكم المسنين وذوي الفضائل، وأن تسعوا لمرافقة الشباب المتهور، فذلك يسمى بطريقة الفوضى. الآن، إذا أدمن نبيل رفيع أو مسؤول كبير أيا من تلك الطرائق الثلاث مع سبلها الشريرة العشرة، فإن عائلته سوف تخرب بالتأكيد؛ وإذا صار أمير في دولة مدمنا، فإن دولته سوف تخرب بالتأكيد. إن الوزير الذي لا يحاول تصويب تلك الرذائل،

他的家庭就一定会败坏；做国君的只要犯有其中一条，他的国家就一定会灭亡。做臣下的不加匡正，罚以墨刑，知识浅陋的士人都要学习这些训条。’

“呜呼！嗣王祗厥身，念哉！圣谟洋洋，嘉言孔彰。惟上帝不常，作善降之百祥，作不善降之百殃。尔惟德罔小，万邦惟庆；尔惟不德罔大，坠厥宗。”

【译文】

“继承大位的王啊，恭谨地要求自身，可要放在心上啊！圣人的谋虑是广大的，美好的言论是非常清楚的。上帝的大命并不固定，做好事，便降下许多吉祥；做坏事，便降下许多灾难。你要培养德行，善事无论多么小都要去做，众多诸侯会因此而感到庆幸；如果不去培养你的德行，不等到犯大错，你的国家就会灭亡。”

سوف يُعاقب بوصمة لا تمحى. تلك القواعد كان تراعى أيضا بدقة في أبناء المسؤولين والنبلاء في دروسهم.

«أوه! أيا من تخلف على العرش الآن، ألا توقر تلك التحذيرات في شخصك. المستشارون المقدسون لهم أهمية واسعة، والكلمات الرائعة توضع قسرا في المقدمة! طرق الرب ليست ثابتة، لفاعل الخير، يرسل الرحمات، ولفاعل الشر يرسل الشقاء. لا تكن إلا فاضلا، كن كذلك في الأمور الصغيرة وفي الكبيرة، وسيكون لدى جميع المناطق سبب للبهجة. إن لم تكن فاضلا، كن كذلك في الأشياء الكبيرة أو الصغيرة، فإن ذلك سيجلب الخراب إلى بلادك.»

太　甲　上

惟嗣王不惠于阿衡，伊尹作书曰："先王顾禔天之明命，以承上下神祇，社稷宗庙，罔不祗肃。天监厥德，用集大命，抚绥万方。惟尹躬克左右厥辟，宅师，肆嗣王丕承基绪。惟尹躬先见于西邑夏，自周有终，相亦惟终；其后嗣王罔克有终，相亦罔终。嗣王戒哉！祗尔厥辟，辟不辟，忝厥祖。"

【译文】

考虑到继承王位的太甲，不听从伊尹的劝告，伊尹便上书说："先王经常注视上帝英明的命令，敬奉天上与地下的神灵，对社稷宗庙无不严肃恭敬。上帝看到了他的品德，因而将大命放在他的身上，让他治理安定四方。我能亲身追随在君主左右帮助他建功立业，使百姓各得其所，因此，你才能继承这伟大的基业。我首先亲身看到那夏国，君主能够保持忠信因而善终，大臣们也就能够保持忠信因而善终；他们后继的国王不能够保持忠信也就不能善终，大臣也就不能够保持忠信而善终。王呵！你可要警惕呵！恭敬地对待你的君位，君主不像君主，就会辱及你的祖先。"

王惟庸罔念闻。伊尹乃言曰："先王昧爽丕显，坐以待旦。旁求俊彦，启迪后人。无越厥命以自覆。慎乃俭德，惟怀永图。

تاي جيا (١)

الملك تاي جيا، في خلافته للعرش، لم يتبع نصيحة يي ين. بعد ذلك، يي ين كتب ما يلي: «كان الملك السابق يضع عينيه دائما على المتطلبات الساطعة للسماء، ومن ثم حافظ على عبادة أرواح السماء والأرض، وما يترأس الأرض والحبوب، وتلك المختصة بمعبد الأسلاف، كلها بتوقير مخلص. لقد انتبهت السماء لفضيلته، وقضت بتنصيبها العظيم لتلقي الضوء عليه، بأنه ينبغي أن يلطف ويهدئ المناطق التي لا تعد ولا تحصى. ثم قمت أنا، يي ين، بتقديم مساعدتي لسيدي في توطين الناس، ومن ثم فإنك أنت يا ولي العهد، قد تلقيت الميراث العظيم. لقد رأيت بنفسي في شيا بعاصمتها الغربية، أنه عندما سار حكامها في مسار مزدهر حتى النهاية، فعل وزراؤهم نفس الشيء، وبعد ذلك، عندما لم يستطع خلفاؤهم تحقيق مثل هذه الغاية، لم يفعل وزراؤهم. إذا لا تؤدي الدور كملك، كما يتطلب الاسم، فإنك تلحق العار بجدك.»

لم يفكر الملك في هذه الكلمات، ولم ينصت إليها. عند ذلك، قال يي ين: «إن الملك السابق، قبل الفجر، كان يسعى للحصول على آراء واسعة وواضحة، ثم يجلس

若虞机张，往省括于度则释。钦厥止，率乃祖攸行。惟朕以怿，万世有辞。”

【译文】

太甲仍然和平常一样，不听这些话，不把这些话放在心上。于是，伊尹说：“先王在天色未明之时，便考虑如何光大德行，坐在那里一直等到天亮。广泛地访求贤能之人，以教育开导后人。你不要超越你的权位而自取灭亡。你要谨慎地保持节俭的品德，要深谋而远虑。好像管理山泽之人那样把弓弩的机关打开了，还要观察直到栝的力度合乎要领才能施放箭弩。严肃你的态度，遵循你祖先的行为准则。我会因此而高兴，后代也会赞美你。”

王未克变。伊尹曰：“兹乃不义，习与性成。予弗狎于弗顺，营于桐宫，密迩先王其训，无俾世迷。”王徂桐宫居忧，克终允德。

【译文】

王仍然不能改变自己的行为。伊尹说：“这就是不义，习惯与品性已经养成。我不能够亲近你这不遵循义理之人，在桐这个地方营造一所宫殿，靠近先王的陵墓，使你在那里领受先王的遗训，不使你一辈子误入迷途。”王前往桐地的宫殿，住在那里，穿着治丧的礼服，终于能够听信德教。

منتظرا الفجر لتنفيذها فعليا. وهو أيضا كان يبحث في كل ناحية عن الرجال ذوي القدرة والفضيلة، لإرشاد وتوجيه ذريته ألا تحبط تعليمات الأسلاف وتجلب لأنفسهم سقوطهم. كن حريصا في الاجتهاد في السعي وراء فضيلة الانضباط الذاتي، وثمّن الخطط البعيدة المدى. كن مثل الحرّاج، الذيَ عندما يعدل الوثبة يفحص طرف السهم، ما إذا كان موضوعا حسب القاعدة، يطلق السهم؛ حدد هدفك بمهابة، واع طرق جدك. وهكذا سأكون مسرورا، وستكسب سمعة طيبة دائما.»

ظل الملك تاي جيا غير قادر على تغيير مساره. قال يي ين لجميع الوزراء: «إن هذا حقا إثم، وقد صار بالممارسة طبيعة. إنني لا أستطيع الاقتراب من ذلك الشخص العاصي. بنى يي ين قصرا في تونغينغ وجعل تاي جيا يقيم فيه، حيث يمكنه ان يكون صامتا بالقرب من قبر الملك السابق. سيكون ذلك درسا سيحفظه من الضلال طوال حياته.» وفقا لذلك، ذهب الملك تاي جيا إلى القصر في تونغينغ، وعاش حزينا فيه، في النهاية، صار ذا فضيلة بإخلاص بعد تقويم سلوكه.

太甲中

惟三祀十有二月朔，伊尹以冕服奉嗣王归于亳。

【译文】

太甲继位第三年，十二月初一，伊尹带着礼帽、礼服，进献给太甲，并迎接太甲回到亳。

作书曰："民非后，罔克胥匡以生；后非民，罔以辟四方。皇天眷佑有商，俾嗣王克终厥德，实万世无疆之休。"

【译文】

伊尹上书说："老百姓不依靠君主便不能相互扶持而生活；君主不依靠老百姓便不能治理四方。伟大的上帝爱护帮助我商国，使王终于培养出好品德，这实在是千秋万代的美事。"

王拜手稽首曰："予小子不明于德，自厎不类。欲败度，纵败礼，以速戾于厥躬。天作孽，犹可违；自作孽，不可逭。既往背师保之训，弗克于厥初，尚赖匡救之德，图惟厥终。"

تاي جيا (٢)

في اليوم الأول من الشهر الثاني عشر لعامه الثالث، رافق يي ين الملك الشاب مرتديا القبعة الملكية واللباس الملكي عائدا إلى العاصمة، بويي. في ذات الوقت.

كتب كا يلي: «من دون الملك، لا يكون لدى الشعب المرشد الضروري لراحة حياته؛ من دون الشعب، لا تكون لدى الملك الهيمنة على الاتجاهات الأربعة للمملكة. لقد فضلت السماء العظيمة بكرم أسرة شانغ، ومنحتك أنت أيها الملك الشاب، في النهاية، العطية لتصبح فاضلا. إنها حقا بركة سوف تمتد من دون حدود إلى عشرة آلاف جيل.»

أبدى ولي العهد احتراما، بوضع وجهه في يديه ورأسه على الأرض، وقال: «أنا، الشاب الصغير، من دون فهم لما هي الفضيلة، جعلت نفسي واحدا من التافهين. بشهواتي، لم أكن أرعى قواعد السلوك، وكنت أنتهك، بانهماكي في الملذات، كل قواعد الاستقامة، ولابد أن النتيجة كانت ستكون تدميرا سريعا لشخصي. إن المصائب التي ترسلها السماء يمكن تجنبها، بيد أن المصائب التي يجلبها المرء لنفسه لا مهرب منها.

【译文】

王行拜手礼，又行叩首礼，说："我小子不清楚什么是德，以致走向不善。私欲败坏法度，放纵败坏礼仪，因而自身迅速招致罪责。上天造成的罪孽尚可躲开；自己作孽，便不可逃避。过去我违背了老师的教训，未能在即位时开个好头，依靠着老师的匡正和补救的恩德，才谋求得到这好的结果。"

伊尹拜手稽首曰："修厥身，允德协于下，惟明后。先王子惠困穷，民服厥命，罔有不悦。并其有邦厥邻，乃曰：'徯我后，后来无罚。'王懋乃德，视乃厥祖，无时豫怠。奉先思孝，接下思恭。视远惟明，听德惟聪。朕承王之休无斁。"

【译文】

伊尹行拜手礼，又行叩首礼，说："提高自身修养，具备实在的美德，从而使臣下和谐，这就是英明的君主。先王爱护贫穷困苦之人，老百姓服从他的命令，没有不高兴的。甚至那邻国百姓也拥戴他，便说：'等待我们的君主汤吧，君主汤来了，我们就没有痛苦了。'王努力培养自己的品德，应该看一看你祖先的作为，无论何时都不要安逸怠惰。遵奉先王的遗训就是孝顺，对待臣下不傲慢就是谦恭。能够看得远，便是明智；能够听从德教，便是聪敏。这样，我就会承受王的好处而不会被厌弃了。"

حتى الآن، أدرت ظهري لتعاليمك، يا معلمي وحارسي؛ بدايتي اتسمت بانعدام الكفاء. دعني أواصل الاعتماد على فضيلتك المصوبة الحافظة، أخذا في الاعتبار أن نهايتي قد تكون جيدة.»

أبدى يي ين احتراما، بوضع وجهه في يديه ورأسه على الأرض، وقال: «ليهذب شخصه، وليكون فاضلا مخلصا، فإنه يجعل كل من أدنى في توافق معه؛ ذاك هو عمل الملك الحصيف. كان الملك السابق عطوفا مع المكروبين والمعذبين، كما لو كانوا أبناءه، وقد خضع الناس لقيادته، كلهم ببهجة صادقة، حتى في دويلات الأمراء المجاورة، قال الناس: «نحن ننتظر ملكنا، عندما يأتي الملك لن نعاني من العقوبات التي نكابدها. أيها الملك، اغرس بحماسة فضيلتك. ضع في اعتبارك مثال جدك صاحب الجدارة. لا تسمح في أي وقت بوضع نفسك في المتعة وعدم الاكتراث. في تعبدك لأسلافك، فكر في كيفية إثبات برك بأهلك؛ وفي استقبالك لوزرائك، فكر في كيفية إبداء نفسك محترما؛ وفي النظر إلى ما هو بعيد، حاول أن تكون لديك رؤية قريبة؛ اجعل أذنيك مفتوحتين دائما لتسمع دروس الفضيلة؛ وهكذا سأعترف أنا وأستجيب لفضيلة جلالتك من دون كلل مكرسا لخدمتك».

太甲 下

伊尹申诰于王曰："呜呼！惟天无亲，克敬惟亲。民罔常怀，怀于有仁。鬼神无常享，享于克诚。天位艰哉！

【译文】

伊尹又一次告诫太甲说："唉！上帝不会偏爱，能够恭敬从事的，上帝就会爱护。百姓不会永远感戴谁，只有推行仁德的君主，百姓才会感戴他。鬼神不会固定于享受谁的祭祀，只享受那诚实无欺之人的祭祀。保持上帝赐予的大位，是艰难的啊！

"德惟治，否德乱。与治同道，罔不兴；与乱同事，罔不亡。终始慎厥与，惟明明后。

【译文】

"只有推行德政，天下才能大治；不去推行德政，天下就会大乱。与治世之君走相同的道路，没有不兴盛的；与乱世之君行事相同，没有不灭亡的。开始和结束都同样恭谨，便是圣明的君主。

"先王惟时懋敬厥德，克配上帝。今王嗣有令绪，尚监兹哉。

تاي جيا (٣)

أصدر يي ين مرة أخرى بيانا للملك، قائلا: «إن السماء ليست لديها عاطفة متحيزة؛ إنها تبدي العاطفة تجاه الموقرين فقط. الناس ليسوا ثابتين لأولئك الذين يعتزون بهم. إنهم يعتزون فقط بمن يكون خيرا. لا تقبل الأرواح دائما القرابين التي تقدم لها؛ إنها تقبل فقط قرابين الصادقين. إن مكان الصعوبة هو مقعد السماء الممنوح.

«عندما تكون هناك تلك الفضائل، يُدرَك الحكم الجيد، وعندما لا توجد، تأتي الفوضى. الحفاظ على نفس المبادئ مثل تلك التي تضمن الحكم الجيد يقود بالتأكيد إلى الرخاء؛ واتباع نهج الفوضى سوف يقود بالتأكيد إلى الخراب. إن المرء الذي في النهاية، كما في البداية، يكون حريصا في من وماذا يتبع، ملك حصيف حقا.

«كان الملك السابق دائما شجاعا في غرس وتهذيب فضيلته، ولهذا كان رفيقا

【译文】

“先王是那样努力而恭谨地培养他的品德，能够和上帝的要求相吻合。现在，王啊！你有美好的传统，要时时参照这传统行事！

“若升高，必自下，若陟遐，必自迩。无轻民事，惟难；无安厥位，惟危。慎终于始。

【译文】

“譬如登高，一定要从下面开始；譬如行远，一定要从近处开始。对民众的事情不要轻忽，要想到治理百姓是艰难的；不要安逸，要想到你的权位是不稳的。谨慎对待结尾，要像谨慎对待开始那样。

“有言逆于汝心，必求诸道；有言逊于汝志，必求诸非道。

【译文】

“有人说话违背了你的心愿，一定要研求他的话是否合于正道；有人说话顺从了你的心愿，一定要研求他的话是否不合乎正道。

“呜呼！弗虑胡获？弗为胡成？一人元良，万邦以贞。君罔以辩言乱旧政，臣罔以宠利居成功，邦其永孚于休。”

【译文】

“唉！不思考怎么会有收获？不努力怎么会有成功？君主非常贤良，无数诸侯国便会尊奉你为君主。君主不以能言善辩而搞乱了先王成汤的理政之法；臣下不以君主的宠信而在获得成功之后，仍以安居官位为利。这样，相信国家将永远美好。”

للرب. الآن، أيها الملك وقد دخلت في توارث خطه الحصيف؛ ركز مراقبتك عليه.

«مسارك ينبغي أن يكون عندما تصعد عاليا فإنك تبدأ من المنخفض، وعندما تسافر بعيدا تبدأ من القريب. لا تستخف بمهن الناس؛ فكر في صعوباتهم. لا تقتنع بالشعور بالراحة على عرشك؛ فكر في مخاطره. كن منتبها للنهاية منذ البداية.

«عندما تسمع كلمات غير مرضية لعقلك، لابد أن تتحرى ما إذا كانت غير صائبة؛ عندما تسمع كلمات تتفق مع وجهات نظرك، يجب أن تتحرى ما إذا كانت متناقضة مع ما هو صواب.

«ما الذي يمكن تحقيقه من دون فكر متلهف. ما الإنجاز الذي يمكن تحقيقه من دون جهد كدود؟ دع الرجل الواحد يكون طيبا عظيما، وسوف يتم إصلاح جميع المناطق بواسطته. عندما لا يجعل الملك قواعد الحكم في ارتباك بفعل كلمات مثيرة للجدل، وعندما لا يستمر الوزراء لمصلحة أو لمكسب، في منصب تمت تأدية عمله، فإن البلاد سوف تتمتع دائما وبالتأكيد بالسعادة.»

咸有一德

伊尹既复政厥辟，将告归，乃陈戒于德。

【译文】

伊尹已经将政权交还给他的君主太甲，将要告老还乡，于是条陈德的重要，向王提出告诫。

曰："呜呼！天难谌，命靡常。常厥德，保厥位；厥德匪常，九有以亡。夏王弗克庸德，慢神虐民，皇天弗保。监于万方，启迪有命，眷求一德，俾作神主。惟尹躬暨汤，咸有一德，克享天心，受天明命，以有九有之师，爰革夏正。非天私我有商，惟天佑于一德；非商求于下民，惟民归于一德。德惟一，动罔不吉；德二三，动罔不凶。惟吉凶不僭在人，惟天降灾祥在德。

【译文】

伊尹说："唉！上天是难以相信的，天命并不固定。经常保持你的品德，就能够保持住你的权位；不能够经常保持你的品德，就会丧失天下。夏桀不能施行德政，轻慢地对待神灵，虐待百姓，伟大的上帝便不再保护他。对普天之下进行考察，开导那可以承受天命并殷切寻求保持

الحيازة المشتركة للفضيلة النقية

يي ين، وقد أعاد الحكم في يد ملكه تاي جيا، وعلى وشك أن يعلن تقاعده، وضع نصائح حول موضوع الفضيلة.

قال: «أوه، إنه لمن الصعب الاعتماد على السماء؛ فتنصيبها ليس ثابتا. ولكن إذا رأى الملك أن فضيلته ثابتة، فسوف يحتفظ بعرشه؛ وإذا كانت فضيلته غير ثابتة، فإنه سوف يفقد الولايات التسع. لم يستطع ملك شيا الحفاظ على فضيلة أسلافه من دون تغيير، وإنما احتقر الأرواح وظلم الشعب. إن السماء العظيمة لم تمد لأجل طويل حمايتها له. لقد نظرت حولها بين جميع المناطق لتهب إرشادها للمرء الذي يتسلم تنصيبها المفضل، وتسعى بولع إلى حائز الفضيلة النقية؛ والتي يمكنها أن تجعله ملكا لكل الأرواح. وهكذا وُجِدت أنا، يي ين، وتانغ، وكلانا يحوز الفضيلة النقية، وقادر على إرضاء عقل السماء. وقد تسلم على التوالي التفضيل الساطع للسماء، وذلك لكي يكون الحائز لجموع الولايات التسع، ومضى إلى تغيير بداية السنة في شيا. السماء ليست لديها أي تحيز خاص لملك شانغ؛ وإنما ببساطة وهبت تفضيلها لأصحاب الفضيلة النقية. إن ملك تشانغ لم يسع إلى ولاء الناس الأدنى؛ وإنما ببساطة قصد الناس إلى الفضيلة. حيثما تكون فضيلة الملك نقية، يكون عمله محظوظا؛ وحيثما تكون فضيلته

纯正之德的人，使他作为百神之主。只有我伊尹和汤王，都具有这纯正之德，能够符合上天的旨意，接受上天圣明的命令，率领九州的军队，于是推翻夏朝，改革了夏代的历法。不是上帝偏爱我商国，而是因为上天对纯德之人加以保护；不是我商国要下民服从，而是因为民众归顺那纯德之人。只要品德纯正，无论如何行动没有不吉的；品德混杂不纯，无论如何行动都会凶险。吉利或凶险不会有差错，全在人为，上天降下灾祸或吉祥在于人的德行。

“今嗣王新服厥命，惟新厥德。终始惟一，时乃日新。任官惟贤材，左右惟其人。臣为上为德，为下为民。其难其慎，惟和惟一。德无常师，主善为师。善无常主，协于克一。俾万姓咸曰：‘大哉王言。’又曰：‘一哉王心。’克绥先王之禄，永厎烝民之生。

【译文】

“现在，王刚刚受命继承王位，只有更新你的品德。要始终保持品德的纯正，也只有天天更新。任用官吏，只能任用贤能之人，左右的大臣只有这样的人才可以。官吏们为君主推行德政，顺从民愿，教导民众。这是艰难之事，可要慎重啊！要和衷共济，要始终如一。培养品德，没有固定的老师，只要是注重善行的，便可以作为老师。善行不固定于某一个人身上，能够始终如一合乎纯正之德的，才能保持住善行。使百姓都说：‘伟大啊！王的言论。’又说：‘纯正啊！王的思想。’这样才能安保先王给予我们的幸福，永远使百姓获致美好的生活。

“呜呼！七世之庙，可以观德。万夫之长，可以观政。后非民罔使，民非后罔事？无自广以狭人。匹夫匹妇，不获自尽，民

متذبذبة وغير مؤكدة، يكون كل عمله تعيسا، والشر يصيبه، وإنما السماء ترسل التعاسة أو السرور، حسب سلوكهم.

«الآن، أيها الملك الشاب، وأنت تدخل حديثا في تنصيبك العظيم، عليك أن تسعى لعمل فضيلة جديدة. في النهاية، وفي البداية، اتخذ ذلك كشأن واحد لك، ومن ثم فإنك ستصنع تجديدا يوميا. دع المسؤولين الذين توظفهم يكونون رجالا ذوي فضيلة وقدرة، ودع الوزراء من حولك مخلصين. إن الوزير في علاقته مع الملك الذي فوقه، عليه أن يطور فضيلته، وفي علاقته مع الشعب الذي تحته، عليه أن يسعى لخيرهم. ياله من أمر صعب أن تكون أن تجد الرجل المناسب! ياله من انتباه حذر يجب أن يكون مطلوبا! بعد ذلك لا بد أن يوجد تناغم مغروس فيه، وتطابق في الثقة الموضوعة فيه. ليس هناك نموذج ثابت للفضيلة؛ إن الاحترام العالي لما هو جيد يعطي نموذجا لها. ليس ثمة سمات ثابتة لما هو جيد والذي يمكن احترامه احتراما عاليا؛ إنه يوجد حيثما يكون هناك الوعي الموحد في احترام ما هو جيد. مثل تلك الفضيلة تجعل الناس بأسمائهم التي لا تعد ولا تحصى يقولون جميعا: يا لها من عظيمة كلمات الملك! وأيضا: يا له من فريد ونقي قلب الملك! وسينفع ذلك في طمأنة رباطة جأش الملك السابق، وضمان الحياة السعيدة للأبد لجموع الناس.

«حيازة مكان في المعابد المقدسة للأسلاف، شاهد كاف على الفضيلة. أن يُعترف بك كزعيم لأفراد لا تعد ولا تحصى من العائلات دليل كاف لحكم المرء. الملك من دون

主罔与成厥功？”

【译文】

“唉！天子的宗庙，七代不毁，便可以看出天子德泽深厚。从君主的作为上，可以看到政治的得失。君主如果不依靠百姓，他还能使用谁呢？百姓如果不依靠君主，他们还尊奉谁呢？不要自高自大而轻视别人。平民百姓不能尽力，那么，君主和谁一起去成就他的功业？”

الشعب لا يكون لديه من يوظفهم، والشعب من دون الملك لا يكون لديهم من يخدمونه. لا تظن أنك ضخم وتعتبر الآخرين صغارا. إذا لم يجد الرجال والنساء الفرصة لتطوير قدراتهم تماما، لن يجد ملك الشعب المساعدين المناسبين لإكمال جدارته.»

说 命 上

王宅忧，亮阴三祀。既免丧，其惟弗言。群臣咸谏于王曰：“呜呼！知之曰明哲，明哲实作则。天子惟君万邦，百官承式。王言惟作命，不言，臣下罔攸禀令。”

【译文】

殷高宗武丁居其父小乙之丧，三年不说话。服丧已满，他还是不说话。众大臣都向王进谏说：“唉！通晓国家政务叫作圣明睿智之人，圣明睿智之人才可以制定法规。天子是众多诸侯国的君主，百官都要按照天子所制定的法规行事。天子的话便是命令，不说话，臣下便不能按照命令行事了。”

王庸作书以诰曰：“以台正于四方，惟恐德弗类，兹故弗言。恭默思道，梦帝赉予良弼，其代予言。”乃审厥象，俾以形旁求于天下。说筑傅岩之野，惟肖。爰立作相，王置诸其左右。

【译文】

王因而写下文告，用以告诫百官说：“以我作为四方臣民的准则，恐怕我的德行尚未达到先王的高度，因此我不敢说话。我恭敬沉默地在

تكليف فو يويه (١)

أمضى الملك موسم الأحزان في سقيفة الحِداد لمدة ثلاث سنوات، وعندما انتهت فترة الحداد، ظل لا يتكلم ليعطي أي توجيهات. احتج الوزراء وقالوا: «إنه هو أول من أدرك ذكاءنا، والرجل الذكي يكون نموذجا للآخرين. ابن السماء يحكم المناطق التي لا تعد ولا تحصى، وكل المسؤولين يتطلعون إليه ويوقرونه. إن كلمات الملك هي التي تشكل التوجيهات لهم. إذا لم تتكلم، فلا مجال للوزراء لتَلقِي أوامرهم.»

إزاء ذلك، أصدر الملك مكتوبا، فحواه ما يلي: «حيث إنني ينبغي أن أكون الموجه للاتجاهات الأربعة للدويلة، فإنني أخشى أن لا تكون فضيلتي مساوية لفضيلة أسلافي، ولهذا لا أتكلم. ولكن بينما كنت أفكر صامتا بوقار في الطريق الصائب، حلمت بأن الرب وهبني مساعدا جيدا يتحدث لي.» بعد ذلك، طلب على الفور حضور الشخص الذي رآه، وطلب البحث عنه في كل مكان بطريقة الصورة. فو يويه، باني مدينة فويان البرية، وُجِد مشابها للصورة. لذلك، نهض الملك وجعل فو يويه كبير وزرائه. وجعله أيضا إلى جواره.

思考治国之道，梦见上帝赐给我贤能的助手，让他代我说话。”王仔细地回忆梦中之人的形象，把他绘成图形，在四方广泛地寻求。说在傅岩这块地方从事版筑工作，和图形相似。于是将傅说立为相，王将他安置在自己左右。

命之曰：“朝夕纳诲，以辅台德。若金，用汝作砺；若济巨川，用汝作舟楫；若岁大旱，用汝作霖雨。启乃心，沃朕心。若药弗瞑眩，厥疾弗瘳；若跣弗视地，厥足用伤。惟暨乃僚，罔不同心，以匡乃辟，俾率先王，迪我高后，以康兆民。呜呼！钦予时命，其惟有终。”

【译文】

文告说：“早晨晚上都要对我加以教导，以帮助我提高品德。如果是金属器物，就用你做琢磨金属的砺石；如果要渡过大河，就用你做船只；如果年岁大旱，就用你做滋润禾苗的甘雨。打开你的思想，培养我的智力。如果你的药剂不够分量，这疾病就治不好；如果你赤着脚，不仔细地看着地面行走，这脚就会受伤。你和你的同僚，无不同心同德来扶助你的君主，从而使他遵循先王的道路，按照先祖的治国方法治理国家，使亿万百姓得以安居乐业。唉！恭敬地对待我的文告，我们的事业便会有好的结果。”

说复于王曰：“惟木从绳则正，后从谏则圣。后克圣，臣不命其承，畴敢不祗若王之休命？”

【译文】

傅说回答王说：“木料只有按照绳墨才能取正，国王只有从谏如

كلفه الملك قائلا: «في الصباح وفي المساء، قدم توجيهاتك لمساعدة فضيلتي. لتفترض أنني سلاح من الفولاذ، فسوف أستخدمك مشحذا. لتفترض أنني أعبر مجرى ماء كبيرا، فسوف أستخدمك مثل قارب له مجاذيف؛ لتفترض أنني في عام قحط، فسوف أستخدمك مثل مطر غزير. افتح عقلك وأثر عقلي. كن مثل الدواء، الذي لابد وأن يوجع المريض لكي يعالج مرضه. فكر فينا كأننا شخص واحد يسير حافي القدمين، ومن المؤكد أن تُجرَح قدماه، إن لم ير الأرض. فلتكن أنت ومرافقوك جميعا تعتزون بنفس العقل لمعاونة الملك، كي أستطيع إتباع أسلافي الملكيين، وأسير على خطى جدي العالي، وأن أمنح الطمأنينة لملايين من الناس. احترم هذا التكليف مني، ومن ثم فإنك ستحقق لعملك نهاية طيبة.»

رد فو يويه على الملك قائلا: «إن الخشب باستخدام المسطرة يصير مستقيما، والملك الذي يتبع التوبيخ يكون حكيما. عندما يستطيع الملك هكذا جعل نفسه حكيما،

流，才能圣明。官吏不等到国王有所表示，便能根据国王的心愿提出谏正，谁敢不恭敬地顺从王的英明的命令？”

فإن وزراءه ومن دون أن يتم توجيههم على نحو خاص، يتوقعون مسبقا أوامره، من ذا الذي يجرؤ على عدم التصرف بانصياع مهيب لهذا التكليف الرائع من جلالتكم؟»

说　命　中

惟说命总百官，乃进于王曰："呜呼！明王奉若天道，建邦设都，树后王君公。承以大夫师长，不惟逸豫，惟以乱民。惟天聪明，惟圣时宪，惟臣钦若，惟民从乂。惟口起羞，惟甲胄起戎，惟衣裳在笥，惟干戈省厥躬。王惟戒兹，允兹克明，乃罔不休。惟治乱在庶官。官不及私昵，惟其能；爵罔及恶德，惟其贤。虑善以动，动惟厥时。有其善，丧厥善；矜其能，丧厥功。惟事事，乃其有备，有备无患。无启宠纳侮，无耻过作非。惟厥攸居，政事惟醇。黩予祭祀，时谓弗钦。礼烦则乱，事神则难。"

【译文】

傅说受命统领百官，于是向王进谏说："唉！英明的王啊！你尊奉顺从天道，建立国家，设置国都，设立天子、诸侯。大夫官吏作为辅佐统率百姓秉承天子的意旨行事，不是为了天子的安逸和快乐，而是为了治理百姓。只有上帝是聪明的，只有圣明的天子才能制定这些法规，臣吏们恭敬地顺从这些法规，百姓才能因治理而安定。言论会招致耻辱，兵甲会导致战祸，标志爵位的礼服放在衣箱之中，礼服用于赏赐，干戈用于讨伐，对于赏罚你一定要考虑清楚。王啊！你一定要谨慎地对待这些事情，如此，便能够达到圣明，也就无不美好了。大治还是大乱，在

تكليف فو يويه (٢)

فو يُويه، وقد تسلم مهمته، وتولى رئاسة كافة المكاتب، قدم نفسه أمام الملك، وقال: «الملوك الأذكياء يتصرفون بوقار وفقا لطرق السماء. إن تأسيس الدول وإقامة العواصم وتنصيب الملوك ذوي السيادة والأمراء والنبلاء الآخرين، مع مسؤوليهم الكبار ورؤساء الإدارات، لم يكن مصمما ليخدم الكسل والملذات لفرد، وإنما من أجل حكومة جيدة للشعب. إن السماء، والتي هي ذات الذكاء التام والانتباه الكامل، تدع الملك يتخذها نموذجا له. وهكذا، فإن وزراءه سوف يتوافقون بوقار معه، وبالتالي فإن الشعب سوف يُحْكَم حكما جيدا. إن الفم هو الذي يعطي الفرصة لحدوث العار، وإن الدرع والخوذة هما اللتان تعطيان الفرصة لوقوع الحرب. الثياب العلوية والملبوسات السفلية للمكافأة لا ينبغي ألا تؤخذ من صندوقها؛ قبل استخدام الرماح والواقيات، على المرء أن يختبر نفسه. إذن، يجب أن تصبح جلالتك حذرا تجاه هذه الأمور، وتصدق ذلك بشأنها، حقق الاستخدام الذكي لها، وسوف يصبح حكمك رائعا في كل شيء. إن الحكم الجيد والحكم السيء يعتمد على المسؤولين العديدين. لا ينبغي أن تمنح المناصب للرجال لأنهم من المقتربين، وإنما فقط للرجال ذوي القدرة. لا ينبغي أن تُسبغ الكرامات على الرجال ذوي الممارسات الشريرة، وإنما فقط على الرجال أصحاب الجدارة. إن التفكير القلق حول ما هو الأفضل ينبغي أن يسبق تحركاتك، وينبغي أيضا أن تُتَخذ التحركات في الوقت المناسب لها. إن الانغماس في الشعور بأنك صالح هو السبيل إلى فقدان ذلك الصلاح. بالنسبة لكافة الأمور، اجعل هناك ترتيبات دقيقة؛ فبالترتيبات

于百官的好坏。对于官吏不是任命那些和自己亲近的人，而是那些贤能之人；爵位不是赏赐给那些不良无德之人，而是那些有德有才之人。措施一定要考虑成熟才可以付诸行动，行动一定要合乎时宜。自己满足于已有的好品德，那你就会丧失这些品德；自己夸耀自己的能力，那你就会丧失功业成就。做每件事情，你都要事先有所准备，有了准备便不会产生祸患。不要宠信小人而招致轻侮，不要羞于认错而文过饰非，以致铸成大错。你要居于正道，政务才能纯正不杂。按照私欲举行祭祀，这就叫作不恭敬。祭祀礼仪过于烦琐，就会紊乱，这样去礼拜神灵，就难于达到目的了。”

王曰：“旨哉！说，乃言惟服。乃不良于言，予罔闻于行。”说拜稽首曰：“非知之艰，行之惟艰。王忱不艰，允协于先王成德，惟说不言有厥咎。”

【译文】

王说：“好啊！傅说，你的这些话都是可以实行的。如果你不能说出这些美好的话来，我也就无法听到并付诸实施了。”傅说行跪拜之礼，说：“懂得道理并不困难，付诸实行才是困难的。王只要相信这些道理，就不会感到艰难了，相信这些话是合乎先王已经形成的美好传统的，如果我不将这些道理说出来，就是我的过错。”

لن تكون هناك مسألة كارثية. لا تفتح الباب للمفضلين الذين ستلقَى منهم الازدراء. لا تخجل من الأخطاء، وتجعلها جرائم. دع عقلك يستقر على الموضوعات الصائبة، وسوف يكون حكمك نقيا طاهرا. الاستخفاف بتقديم القرابين يعتبر عدم الاحترام؛ وتكرار المراسم يقود إلى الفوضى، وخدمة الأرواح على نحو مقبول بهذه الطريقة صعبة.»

قال الملك: «رائعة هي كلماتك يا فو يُويه، وينبغي أن توضع موضع التنفيذ من جانبي حقا. لو لم تكن جيدا في المشورة، ما كنت سمعت تلك القواعد لتصرفي.» أبدى فو يُويه انحناءة برأسه نحو الأرض، وقال: إن الصعب ليس أن تعرف، وإنما أن تفعل. ولكن طالما أن جلالتك تعرف حقا ذلك، لن تكون هناك صعوبة، وسوف تصبح فعلا مكافئا في الفضيلة التامة مع ملكنا الأول. وإذا أمتنع أنا، فو يُويه، عن قول ما ينبغي أن أقول، فإن العار سيقع عليّ.»

说 命 下

王曰："来！汝说。台小子旧学于甘盘，既乃遁于荒野，入宅于河。自河徂亳，暨厥终罔显。尔惟训于朕志，若作酒醴，尔惟麴糵；若作和羹，尔惟盐梅。尔交修予，罔予弃，予惟克迈乃训。"

【译文】

王说："来吧，你这傅说呀！我以前曾向甘盘这位贤臣学习过，但不久我就退隐荒野，居住在河洲。又从河洲到了亳都，几经迁徙，到最终在学业上没有任何明显的长进。你要对我加以训导，满足我的求知愿望，好比做甜酒，你就是那酒曲；又好比做五味调和的羹汤，你就是那盐和梅。你要多方面培养我，不要抛弃我，我一定能按你的教导去做。"

说曰："王，人求多闻，时惟建事，学于古训乃有获。事不师古，以克永世，匪说攸闻。惟学，逊志务时敏，厥修乃来。允怀于兹，道积于厥躬。惟斅学半，念终始典于学，厥德修罔觉。监于先王成宪，其永无愆。惟说式克钦承，旁招俊乂，列于庶位。"

تكليف فو يُويه (٣)

قال الملك: «تعال يا فو يُويه. إنني أنا، تعلمت أولا على يد قان بان. بعد ذلك، عشت متخفيا بين ريفيين أفظاظ، ثم ذهبت إلى بلاد ختشو، وعشت هناك. من ختشو، ذهبت إلى بوه، وكانت النتيجة أنني غير متنور. يجب أن تعلمني ماذا ينبغي أن تكون أهدافي. كن بالنسبة لي مثل الخميرة في صنع المشروبات الروحية الحلوة، ومثل الملح والخوخ المجفف في صنع الحساء اللذيذ. استخدم سبلا عديدة لتهذيبي وتعليمي؛ لا تنبذني، وسوف أحقق في الممارسة تعليماتك.»

قال فو يويه: «أيها الملك، إن الحاكم عليه أن يسعى للتعلم كثيرا من وزرائه، برؤية أن يؤسس شؤونه، بيد أن تعلم الدروس من القدامى هو السبيل لتحقيق ذلك. إن تدبر المرء لشؤونه، وليس جعل القدامى معلميه، يمكن أن يخلد لأجيال، هو ما لم أسمعه. في التعلم ينبغي أن يكون هناك عقل متواضع، والمحافظة على جدية مستديمة؛ في مثل هذه الحالة سيأتي تحسن المتعلم بالتأكيد. إن المرء الذي يعتز بتلك الأشياء سوف يجد

【译文】

傅说说："王啊！人们增长知识，是希望成就一番事业，学习古人的遗训，才会真正有所收获。成就事业不效法古人，而能使事业兴旺长存，我傅说耳所未闻。学习态度要谦逊，必须时时努力，这样学业才能有长进。相信并记住这些，知识就会在自身不断积累。教人所获是学习所得的一半，始终专心于学习，品德就会在不知不觉中臻于完美。借鉴先王的成法，将永远不会有过失。我傅说因此能敬奉你的意旨，广泛招揽贤能之人，把他们安排在各种恰当的职位上。"

王曰："呜呼！说，四海之内，咸仰朕德，时乃风。股肱惟人，良臣惟圣。昔先正保衡作我先王，乃曰：'予弗克俾厥后惟尧舜，其心愧耻，若挞于市。'一夫不获，则曰'时予之辜'。佑我烈祖，格于皇天。尔尚明保予，罔俾阿衡专美有商。惟后非贤不乂，惟贤非后不食。其尔克绍乃辟于先王，永绥民。"

【译文】

王说："啊！傅说，天下的人都敬仰我的德行，这都是因为你的教化所致。手足齐全就是成人，有良臣辅佐才能成为圣君。从前先贤伊尹使我的先王兴起，他曾这样说：'我如果不能使我的君主成为尧、舜那样的圣君，我的内心会感到惭愧和耻辱，如同在闹市受到鞭打一样。'只要有一个人未得其所，他就说'这是我的罪过'。他辅助我的烈祖成汤，他的功劳达到天一样伟大，无人可及。你要努力辅佐我，不要使伊尹在我商国独享这一美誉。君主没有贤人辅助，就治理不好天下；贤人没有圣君赏识，就不会被重用。希望你能让你的君主继承先王的传统，永久地安定百姓。"

الحقيقة تتراكم في شخصه. التدريس هو نصف التعلم؛ وعندما تكون أفكار الرجل من البداية إلى النهاية مثبتة على التعلم، يأتي تهذيبه وتعلمه بشكل غير محسوس. افحص النموذج الرائع لملكنا الأول؛ وسوف تكون إلى الأبد محفوظا من الخطأ. ومن ثم سأكون أنا قادرا بوقار على تلبية رؤاك، وفي كل جانب تبحث عن الرجال ذوي الرفعة لتضعهم في المناصب العديدة.»

قال الملك: «يا فو يويه. إن كل ما بداخل البحار الأربعة يتطلع إلى فضيلتي، والتي أنا مدين لك بها. إن الوزير الجيد بالنسبة للملك الحكيم بمثابة ساقيه وذراعيه. في السابق، كان هناك أول كبير الوزراء لدويلتنا، يي ين، والذي ربى وشكل مؤسسها الملكي. لقد قال: إذا لم أستطع جعل ملكنا مثل الإمبراطورين ياو و شون، سوف أشعر بالعار في قلبي، وكأنني ضُرِبت في سوق. وقال: إذا لم يستطع أي رجل عادي الحصول على كل ما يرغبه، فإن ذلك بسبب خطأ مني. وهكذا ساعد جدي ذا الجدارة، ومن ثم صار مكافئا للسماء العظيمة. ألا تقدم لي ذكاءك ومساعدتك الحافظة، ولا تدع يِي ين يشغل كل الخدمات الجيدة لأسرة شانغ. إن الملك لا ينبغي أن يشاطر حكمه إلا مع المسؤولين ذوي الجدارة. وينبغي للمسؤولين ذوي الجدارة أن لا يقبلوا الدعم من أحد غير الملك القويم. ألا تستمر في جعل ملكك خلفا لمؤسس ملكه، وفي ضمان السعادة الدائمة للشعب!»

说拜稽首曰："敢对扬天子之休命。"

【译文】

傅说跪拜叩头，说："请让我报答并宣扬天子的美好教导。"

أبدى فو يويه انحناءة برأسه نحو الأرض، وقال: «سوف أغامر بالاستجابة، وأعرض في كل الاتجاهات التكليف الرائع من جلالتك.»

周 书

泰 誓 上

惟十有三年春，大会于孟津。

【译文】

周武王十三年春天，诸侯在孟津大会师。

王曰："嗟！我友邦冢君越我御事庶士，明听誓。惟天地万物父母，惟人万物之灵。亶聪明，作元后，元后作民父母。今商王受，弗敬上天，降灾下民。沉湎冒色，敢行暴虐，罪人以族，官人以世。惟宫室、台榭、陂池、侈服，以残害于尔万姓。焚炙忠良，刳剔孕妇。皇天震怒，命我文考，肃将天威，大勋未集。肆予小子发，以尔友邦冢君，观政于商。惟受罔有悛心，乃夷居，弗事上帝神祇，遗厥先宗庙弗祀。牺牲粢盛，既于凶盗。乃曰：'吾有民有命！'罔惩其侮。

【译文】

武王说："啊！我的友邦大君和我的治事大臣，你们努力听着我的誓言。天和地是万物的父母，人是万物中的灵长。真正聪明的人能做大君，大君要做民众的父母。现在商王纣不尊敬上天，给民众降下灾祸。他沉湎于饮酒，贪于女色，胆敢施行暴虐的刑律，用灭族的酷刑惩

كتب تشو ((سجلات تشو))

البيان العظيم (١)

في ربيع السنة الثالثة عشرة، كان هناك تجمع كبير في منغجين. قال الملك: «أيها الحكام الذين ورثتم عروش الدويلات الصديقة، ويا كلّ مسؤولينا ومديرو شؤوننا، أنصتوا جيدا لبياني.

«إن السماء والأرض هما الوالدان لكل المخلوقات؛ ومن بين كل المخلوقات، الإنسان هو الأعلى تكريما. والمخلص الفطن من بين البشر يصبح السيد العظيم، والسيد العظيم هو بمثابة الأبوين لكل الشعب. ولكن الآن، فإن شوه، ملك شانغ، لا يوقر السماء في الأعالي، ويلحق المصائب بالناس في الأسفل. إنه، وقد تفرغ للسُكْر وتهور في الشهوات، يجرؤ على ممارسة القمع الوحشي. إنه يوسع عقوبة الجناة إلى أقاربهم. إنه يضع الرجال في المناصب على أساس مبدأ التوارث. لقد جعل مسعاه هو الحصول على القصور والأبراج والمقصورات والسدود والبحيرات، وكل أشكال البذخ، وهذا أكثر ما يجرحكم، أيها الجموع من الشعب. إنه يستهزي بالمخلص والطيب. إنه يمزق النسوة الحوامل. لقد حركت السماء بسخط، وكلفت والدي المتوفى ون ليبدي أهوالها؛ ولكنه مات قبل أن يكتمل العمل. وعلى هذا، فإنني أنا، جي فا، الشاب الصغير، وبمددكم أنتم أيها الحكام الذين ورثتم عروش الدويلات الصديقة، أفكر في حكم شانغ، غير أن شوه ليس له قلب تائب. إنه يجلس جاثما على عقبيه، لا يخدم الرب ولا أرواح السماء والأرض، ويهمل أيضا معبد أسلافه، ولا يقدم القرابين فيه. إن الضحايا وأوعية الدُخن

罚人，用世袭的方法任用人。为了建造宫室、台榭、陂池，制作奢侈的服装，他残害你们万姓民众，烧杀忠良之人，解剖妊娠妇女。于是皇天发怒，命令我的父亲文王严肃执行上天的惩罚之命，可惜这大功没有完成。从前我这小子姬发曾和你们友邦大君到商国考察过政情。看到商王纣没有悔改之意，竟然傲慢不恭，不祭祀上帝及天地百神，遗弃他的祖先宗庙而不祭祀。牛羊和黍稷等祭品竟被凶恶的盗贼盗尽了。他却说：‘我有下界百姓，有上天赐予的大命！’仍然不改变他傲慢的行为。

“天佑下民，作之君，作之师，惟其克相上帝，宠绥四方。有罪无罪，予曷敢有越厥志？同力，度德；同德，度义。受有臣亿万，惟亿万心；予有臣三千，惟一心。商罪贯盈，天命诛之。予弗顺天，厥罪惟钧。予小子夙夜祗惧，受命文考，类于上帝，宜于冢土，以尔有众，底天之罚。天矜于民，民之所欲，天必从之。尔尚弼予一人，永清四海。时哉弗可失！”

【译文】

“上天帮助下民，为下民设立君主，设立师长，就是希望他们辅助上帝，爱护和安定天下百姓。有罪当讨，无罪当赦，我怎敢违背上天的意志呢？战争双方力量相同，就以德相较量；德相同，就以义相较量。商纣有臣亿万人，是亿万条心；我有臣三千人，却是一条心。商纣恶贯盈天，上天命令我讨伐他。我如果不顺从天命，我就和商纣同等罪过了。我小子早晚敬慎忧惧，在父亲文王的宗庙接受了伐商的命令，又祭告上帝，祭祀地神，因而率领你们众位奉行上天的意旨使商获得惩罚。上天怜悯众民，众民的愿望上天一定会依从的，希望你们辅助我，使四海永远安宁。时机啊，不可丧失呀！”

صارت كلها فريسة للصوص الأشرار، ومازال هو يقول: الشعب شعبي؛ والتنصيب السماوي خاص بي. ولا يحاول أبدا تصويب عقله المزدري.

«إن السماء، ومن أجل مصلحة الناس الأدنى، جعلت لهم حكاما، وجعلت لهم تعاليم، والتي قد تكون مُعينة للرب، وتضمن الهدوء في الاتجاهات الأربعة للبلاد. فيما يخص من هم المجرمون ومن هم غير المجرمين، كيف أجرؤ على أن أعطي أي سماح لنفسي؟ عندما تكون القوة هي ذاتها، قِس فضيلة الأطراف، عندما تكون الفضيلة هي ذاتها، قِس استقامتها. شوه لديه مئات الآلاف من المسؤولين، ولكن لديهم مئات الآلاف من العقول، أما أنا فلدي ثلاثة آلاف مسؤول، ولكن لديهم عقل واحد. إن الظلم في شانغ كامل. وقد أعطت السماء توجيها بتدميرها. إذا لا أطيع السماء، سيصبح الظلم كبيرا. إنني، أنا الشاب الصغير، ممتلئ في البداية والنهاية بالقلق. لقد تلقيت توجيهات أبي المتوفى ون؛ وقدمت قربانا خاصا للرب؛ وقمت بالصلوات المطلوبة للأرض العظيمة، وقدت الجموع منكم لتنفيذ العقوبة المحددة من السماء. إن السماء رحيمة بالناس. إن السماء ستكون هناك لتعطي ما يرغب فيه الناس. هل تساعدونني، أنا الرجل الواحد، لأطهر إلى الأبد كل ما في البحار الأربعة. لقد حان الوقت! لا ينبغي أن يضيع.»

泰誓 中

惟戊午，王次于河朔，群后以师毕会。王乃徇师而誓曰：“呜呼！西土有众，咸听朕言。我闻吉人为善，惟日不足；凶人为不善，亦惟日不足。今商王受，力行无度，播弃犁老，昵比罪人，淫酗肆虐。臣下化之，朋家作仇，胁权相灭。无辜吁天，秽德彰闻。

【译文】

戊午日，周武王驻兵在黄河的北面，西方诸侯率领他们的军队，都会合在这里。武王于是巡视军队并告诫众位将士。武王说：“呵！西方各国的将士们，都听着我的话。我听说好人做好事，天天做还是做不够；坏人做坏事，也是天天做而做不够。现在商王纣疯狂地做不合法度的事情，抛弃年老的大臣，亲近勾结有罪的人，过度酗酒，肆意暴虐。臣下受其影响，便结成朋党，互为仇敌，挟持权柄，相互残杀。无罪的人呼天告冤，商纣秽恶的行为清楚明显，为上天所闻所知。

“惟天惠民，惟辟奉天。有夏桀弗克若天，流毒下国。天乃佑命成汤，降黜夏命。惟受罪浮于桀，剥丧元良，贼虐谏辅。谓己有天命，谓敬不足行，谓祭无益，谓暴无伤。厥鉴惟不远，在彼夏王。天其以予乂民，朕梦协朕卜，袭于休祥，戎商必克。受

البيان العظيم (٢)

في يوم وو- وو، انتصب الملك عند شمال النهر الأصفر. عندما تجمع كل الأمراء مع كل جماهيرهم، استعرض الملك الجماهير، وأدلى بالبيان التالي: «لقد سمعت أن الرجل الصالح الذي يعمل صالحا يجد الوقت غير كاف، وأن الرجل الشرير الذي يعمل الشر، يجد أيضا الوقت غير كاف. الآن، شوه، ملك شانغ، يسعى بقوة على طريقه الفوضوي. إنه يبعد المخلصين القدامى ويرعى المقربين من الرجال الأشرار. إن وزراءه، الفجار المسرفين والمتهورين الظالمين صاروا مشابهين له؛ ويشكلون زمرا ويعقدون العداوات، ويعتمدون على سلطاتهم ليزيح كل منهم الآخر. الأبرياء يبكون للسماء. إن أثر حالة كهذه محسوس عاليا.

«السماء تحب الناس، وينبغي للملك أن ينفذ بوقار آراء السماء. إن جيه، ملك شيا، لا يتبع مثال السماء، وإنما أرسل مصائبه السامة إلى الدويلات؛ ومن ثم منحت السماء عونها إلى تانغ الناجح، وكلفته بوضع نهاية لتنصيب شيا. بيد أن جرائم شوه

有亿兆夷人，离心离德；予有乱臣十人，同心同德。虽有周亲，不如仁人。

【译文】

“上天惠爱下民，君主尊奉上天。夏桀不能顺从上天，流毒于天下。上天便佑助并命令成汤，降下废黜夏桀的大命。商纣的罪恶超过了夏桀，他伤害善良的大臣，残杀谏诤的辅臣。他竟然说自己有天命，说敬天不足为，说祭祀没有益处，说暴虐没有害处。他的鉴戒并不远，就在夏桀身上。上天将要让我治理百姓，我的梦和我的卜兆相合，前景是美好吉祥的，讨伐商国一定能胜利。商纣有亿万平民，不同心不同德；我有治国大臣十人，却同心同德。商纣虽有至亲的臣子，比不上我周家的仁贤之人。

“天视自我民视，天听自我民听。百姓有过，在予一人，今朕必往。我武维扬，侵于之疆，取彼凶残。我伐用张，于汤有光。勖哉夫子！罔或无畏，宁执非敌。百姓懔懔，若崩厥角。呜呼！乃一德一心，立定厥功，惟克永世。”

【译文】

“上天的看法来自我们众民的看法，上天的听闻来自我们众民的听闻。老百姓有所责备，只因我未伐商纣，现在我一定要顺从民心，前去讨伐商国了。我们的武力要施行，要攻到商国的疆土上，捉获那些凶残的人。我们讨伐商国的行动，取得辉煌战果，对成汤而言将会增加荣耀啊！努力吧，将士们！不要有不威武的表现，希望你们保持战无敌手的思想。老百姓恐惧不宁，叩头求救于我们，竟然叩得额头如山崩一样响。唉！你们要同心同德地建立战功，这样才能长久安定。”

قد جاوزت جرائم جيه. لقد جرد الناس العظماء من المناصب؛ إنه يتصرف بطغيان وحشي مع من يلومه ويساعده. إنه يقول إن تنصيب السماء خاص به. إنه يقول إن العناية الموقرة لسلوكه لا تستحق المراقبة؛ إنه يقول إن القرابين عديمة الفائدة؛ إنه يقول إن الطغيان ليس ضارا. إن المنارة التي ينظر منها ليست بعيدة؛ إنها كانت ملك شيا. يبدو أن السماء سوف تحكم الناس بواسطتي. إن أحلامي تتوافق مع العرافة؛ الحظ الميمون مضاعف. إن هجومي على شانغ لابد أن ينجح. شوه لديه مئات الآلاف وملايين من الناس العاديين، قلوبهم متفرقة وممارستهم مشتتة؛ وأنا لدي من الوزراء القادرين على الحكم عشرة رجال، قلبهم واحد وممارستهم واحدة. على الرغم من أن لديه أقرباءه الحميمين معه، فإنهم ليسوا مثل رجالي الأفاضل.

«السماء ترى كما يرى شعبي؛ السماء تسمع كما يسمع شعبي. الناس يلومونني، أنا الرجل الواحد، لتأخري؛ ينبغي لي الآن أن أتقدم. إن قوتي العسكرية ظاهرة، وقد دخلت أراضيه لأخذ الطاغية الشرير. إن عقابي للشرير سيكون عظيما، وأكثر مهابة من العقاب الذي نفذه تانغ. انهضوا يا أبطالي! لا تظنوا أنه لا يُخشى منه؛ من الأفضل أن تفكروا أنه لا يمكن أن يكون صامدا. إن أبناء شعبه سيقفون مرتجفين رعبا منه، وكأن القرون تتساقط فوق رؤوسهم. وحدوا طاقاتكم، وحدوا قلوبكم؛ حتى تنجزوا العمل حتى نهاية الزمن.»

泰誓 下

时厥明，王乃大巡六师，明誓众士。

【译文】

时间在己未日，周武王大规模巡视六军，明确告诫众将士。

王曰："呜呼！我西土君子。天有显道，厥类惟彰。今商王受，狎侮五常，荒怠弗敬。自绝于天，结怨于民。斫朝涉之胫，剖贤人之心，作威杀戮，毒痡四海。崇信奸回，放黜师保，屏弃典刑，囚奴正士。郊社不修，宗庙不享，作奇技淫巧以悦妇人。上帝弗顺，祝降时丧。尔其孜孜，奉予一人，恭行天罚。古人有言曰：'抚我则后，虐我则仇。'独夫受洪惟作威，乃汝世仇。树德务滋，除恶务本，肆予小子诞以尔众士，殄歼乃仇。尔众士其尚迪果毅，以登乃辟。功多有厚赏，不迪有显戮。

【译文】

武王说："唉！我们西方诸侯的将士们。上天有显明的典常之理，这些典常之理应当显扬。现在商王纣轻侮五常，荒废怠慢无所敬畏。自绝于上天，自结冤仇于下民。砍掉冬天早晨趟水过河人的小腿，解剖贤能之人的心脏，作威作福，残杀无罪的人，毒害天下百姓。崇信奸邪的

البيان العظيم (٣)

في اليوم التالي، دار الملك حول حشوده الستة في الدولة وأعلن بيانا واضحا لكل مسؤوليه.

قال: «يا رجالي البواسل في الغرب، من السماء تأتي المسارات المعروفة للواجب، والتي منها تكون العديد من المتطلبات صريحة تماما. والآن، فإن تشوه، ملك شانغ، يتعامل بازدراء مع الفضائل الخمس العادية، ويسلم نفسه للكسل والاستخفاف. لقد بتر نفسه عن السماء وجلب العداوة بينه وبين الشعب. لقد قطع حتى النهاية عظام الساق لأولئك الذين كانوا يتقدمون بصعوبة، في الصباح؛ وخلع قلوب الرجال أهل الجدارة. باستخدام سلطته، قتل واغتال، وسمم وأمرض كل من داخل البحار الأربعة. لقد أُعطي كل شرفه وثقته إلى الأنذال والأشرار. لقد أبعد عن نفسه المرشدين والحماة. ألقى التشريعات وقوانين الجزاء في الرياح. سجن واستعبد المسؤول المستقيم. إنه يهمل قرابين السماء والأرض. قطع القرابين في معبد الأسلاف. وهو يقوم باختراعات لجهاز رائع وبدهاء من أجل إسعاد زوجته، إن الرب لن يتساهل معه بعد ذلك، ولكنه سيُدمَر بلعنة تحل عليه. ألا تؤيدونني بدعم حماسي لا يكل، أنا الرجل الواحد، لأنفذ بمهابة العقوبة المقررة من السماء! لقد قال الأقدمون: من يريحنا هو مَلِكنا، ومن يظلمنا هو عدونا. إن هذا التابع المهجور، تشوه، الذي يمارس الطغيان هو عدوكم الأبدي. وقد قيل

人，放逐太师太保，废除常法，囚禁和奴役正直中正之士。祭祀天地的大礼不举行，连宗庙也不享祀，却制作奇异怪巧的东西来取悦女人。上帝不依顺，断然降下这丧亡的大祸。你们要努力辅助我，恭敬奉行上天对商的惩罚。古人有言说：‘抚爱我的就是我的君主，虐待我的就是我的仇敌。’商纣大行威虐，是你们世世代代的仇人。培养美德务求滋长，去掉邪恶务求除根，因此，我这小子要率领你们众将士，去歼灭你们的仇人。你们众将士一定要用果敢坚毅的精神来成就你们君主的大业啊！功劳多的将有重赏，不遵循命令将遭到公开惩罚！

“呜呼！惟我文考若日月之照临，光于四方，显于西土。惟我有周诞受多方。予克受，非予武，惟朕文考无罪；受克予，非朕文考有罪，惟予小子无良。”

【译文】

“啊！我父亲文王的德行，像日月照耀一样，普照到四方，显耀于西土。因此我们周国广泛受到各方诸侯的亲近。如果我战胜了商纣，不是因为我勇武，而是因为我的父亲文王没有过失；如果商纣战胜了我，不是因为我的父亲文王有过失，而是因为我小子不好。”

أيضا في غرس فضيلة المرء، اجتهد لتجعلها عظيمة؛ وفي إبعاد شرور المرء، اجتهد لتقطعها من الجذور. ها أنا، الشاب الصغير، بعونكم القوي، سوف يبيد كل ضباطي عدوكم. يا كل ضباطي، ألا تتقدمون بشجاعة صارمة لتساندوا أميركم! عندما تكون هناك جدارة كبيرة، ستكون هناك مكافأة كبيرة، وإن لا تفعلوا ذلك سيكون هناك عار جلي.

«إن فضيلة أبي المتوفى ون كانت مثل الشمس المشرقة والقمر الساطع. امتد إشراقه إلى الاتجاهات الأربعة للأرض، وقد سطع بوضوح في المنطقة الغربية. وهكذا فإن دولتنا تشو، تلقت ولاء العديد من الدويلات. إذا أنا قهرت تشوه، لن يكون ذلك من قوتي، وإنما من الفضيلة غير المنقوصة لأبي المتوفى ون. إذا قهرني تشوه، لن يكون ذلك من أي خطأ لأبي المتوفى ون، وإنما لأنني أنا، الشاب الصغير، لست جيدا.»

武成

惟一月壬辰，旁死魄。越翼日，癸巳，王朝步自周，于征伐商。厥四月，哉生明，王来自商，至于丰。乃偃武修文，归马于华山之阳，放牛于桃林之野，示天下弗服。丁未，祀于周庙，邦甸、侯卫，骏奔走，执豆、笾。越三日，庚戌，柴、望，大告武成。

【译文】

一月壬辰日，月亮大部分无光。到了第二天，也就是癸巳日，武王早晨从周都镐京出发，前去征伐商国。四月初，新月开始露出光辉，武王从商国回来，到了丰邑。于是停止战备，施行文教，把战马放归到华山的南面，把牛放回到桃林的旷野，以此向天下人表示不再使用它们而兴兵了。四月丁未日，武王在周庙举行祭礼，远近的诸侯都忙于奔走，陈设木豆、竹笾等祭器。到了第三天，也就是庚戌日，举行柴祭和望祭的大礼，大力宣告伐商武功的成就。

既生魄，庶邦冢君暨百工，受命于周。

【译文】

十五日之后，各国诸侯和百官都到镐京接受王命。

الإتمام الناجح للحرب

في الشهر الأول، جاء يوم رن- تشن على الفور بعد انتهاء خفوت القمر. اليوم التالي كان يوم قوي- سي، سار الملك في الصباح من تشو لمهاجمة ومعاقبة شانغ. في الشهر الرابع، مع أول ظهور للقمر، جاء الملك من شانغ إلى فنغ، حيث أسكت كل حركات الحرب، وباشر في غرس فنون السلام. أعاد قواته إلى جنوب جبل هواشان، وأطلق خيوله العسكرية في شعاب تاولين المفتوحة، مبينا لكل من تحت السماء أنه لن يستخدمها مرة أخرى. في يوم دينغ- وي، قدم القرابين في معبد تشو للأسلاف، حيث هرع إليه كل من أمراء الدويلات، ودويلات ديان، هُوْه، وي، حاملين الأطباق وغيرها من أوعية تقديم القرابين. اليوم الثالث بعد الحرب كان يوم قنغ- شو، حيث قدم قربان حرق البخور للسماء، وتعبد باتجاه التلال والأنهار، معلنا بمهابة الإتمام الناجح للحرب.

بعد أن أصبح القمر ساطعا، تلقى الأمراء الوارثون للعروش العديدون وكل المسؤولين، تنصيباتهم من تشو.

王若曰："呜呼，群后！惟先王建邦启土，公刘克笃前烈，至于大王肇基王迹，王季其勤王家。我文考文王克成厥勋，诞膺天命，以抚方夏。大邦畏其力，小邦怀其德。惟九年，大统未集，予小子其承厥志。厎商之罪，告于皇天、后土、所过名山、大川，曰：'惟有道曾孙周王发，将有大正于商。今商王受无道，暴殄天物，害虐烝民，为天下逋逃主，萃渊薮。予小子既获仁人，敢祗承上帝，以遏乱略。华夏蛮貊，罔不率俾。恭天成命，肆予东征，绥厥士女。惟其士女，篚厥玄黄，昭我周王。天休震动，用附我大邑周。惟尔有神，尚克相予以济兆民，无作神羞!既戊午，师逾孟津。癸亥，陈于商郊，俟天休命。甲子昧爽，受率其旅若林，会于牧野。罔有敌于我师，前途倒戈，攻于后以北，血流漂杵。一戎衣，天下大定。乃反商政，政由旧。释箕子囚，封比干墓，式商容闾。散鹿台之财，发钜桥之粟，大赉于四海，而万姓悦服。"

【译文】

武王这样说："唉！众位诸侯啊！我的先王建立了国家，开辟疆土，公刘能够专心修治前人的功业，到了太王，开创了王室的基业，王季勤劳地经营王家事业。我的父亲文王能够成就巨大的功勋，因而能够接受上天赐予的大命，安抚四方和中夏的百姓。大国畏惧他的威力，小国怀念他的恩德。他在诸侯归附九年后去世，大业还没有完成。我小子将继承他的意志。我曾把商纣的罪恶向皇天、后土，以及所经过的名山大川禀告说：'有道的曾孙周王姬发，将要讨伐商国。现在商王纣没有人道，残暴地灭绝天下万物，虐待众民，是天下逃亡罪人的魁首和罪恶聚集的渊泽。我这小子得到仁人志士后，冒昧敬承上帝意旨，来制止乱谋。中原各国和边远少数民族的民众无不遵从。我奉既成的天命，所以

تحدث الملك قائلا: «أيها الجموع من الأمراء، لقد أسس هذه الدولة أول ملوكنا، وشرع في توسيع أرضها. كان قونغ ليو قادراعلى تعضيد خدمات سابقيه، ولكن الملك تاي كان هو الذي وضع أسس التوارث الملكي. كان الملك جي مجتهدا للعائلة الملكية؛ وقد استكمل والدي المتوفى، الملك ون، جدارته، وتلقى بشكل رائع تنصيب السماء كي يهدئ مناطق أرضنا العظيمة. وقد خشيت الدول العظمى قوته، واحترمت الدول الصغرى باعتزاز فضيلته. ولكن، في تسع سنوات، لم تتوحد الدولة كلها تحت حكمه، وآلت لي، أنا الشاب الصغير، كي أنفذ إرادته. إنني، كارها لجرائم شانغ، أعلنتُ للسماء العظيمة والأرض صاحبة السيادة، وتلك الجبال والأنهار العظيمة التي اجتزتها، قائلا: أنا، جي فا، صاحب المبادئ، ملك تشو من سلالة عريقة، فإنني على وشك أن أنفذ تصحيح عظيم في شانغ. إن تشوه، الملك الحالي لشانغ، ليس له مبدأ، وحشي ومدمر لمخلوقات السماء، ومؤذ ومستبد لجموع الشعب، وهو سيد كل المجرمين المتشردين تحت السماء، الذين يتجمعون حوله مثل السمكة في الأعماق، ومثل البهائم في البرية. أنا، الشاب الصغير، وقد نلت معونة الرجال الأفاضل، من المفترض أن أمتثل باحترام لمشيئة الرب، وأضع نهاية لأساليبه المضطربة. إن أرضنا المزدهرة العظيمة، وقبائل الجنوب والشمال، تتبعني وتتوافق معي. إنني، ممتثلا بوقار للمشورة الحاسمة، أتابع عملي العقابي إلى الشرق لأمنح رجاله ونساءه السكينة. لقد استقبلوني بسلالهم ممتلئة بالحرير الداكن والأصفر، ومن ثم إظهار فضائلنا، أنا ملك تشو. إن نعم السماء تحركهم، ومن ثم فقد أتوا ليقدموا ولاءهم لدولتنا العظيمة تشو. والآن، فإن معنوياتكم تمنحني عونكم بأنني سوف أنقذ ملايين الناس، وليس ثمة شيء يصبح عارا لكم. في يوم وو-وو، اجتاز الجيش مخاضة منغ، وفي يوم قُوِي- هاي، تم وضعه في صفوف عند حدود شانغ، انتظارا للقرار الكريم من السماء. في يوم جيا- تسي، وفي وقت مبكر من الفجر، قاد تشوه، ملك دويلة شانغ، قواته إلى الأمام كأنها غابة، وجمعها في براري مويه. ولكنهم لم يبدوا معارضة لجيشنا. الذين كانوا في المقدمة عكسوا رماحهم، وهاجموا من خلفهم حتى فروا؛ وسالت الدماء حتى غمرت مدقات المدافع. هنا، ارتدى الملك

我向东方征讨，安定那里的士女。那里的士女送来用竹筐盛着的彩色的丝绸，显示对我周王为之除害的感戴。他们被上天的美意震动了，因而归附了我大周国呀！希望你们有神灵辅佑我去救助亿万百姓，不要使神明羞辱的事情发生！不久，到了戊午日，军队渡过孟津。癸亥日，在商郊布好军阵，等待着上天圣明的命令。甲子日黎明，商纣率领他那如密林般的军队，来到牧野与我军会战。他的士卒不抵抗我军，在前面的士卒随即投降反戈攻击其后面的士卒，因而商纣的军队大败，鲜血流得可以漂起形似棒槌的武器。我们一穿上军装就灭了殷纣，天下便大为安定了。于是我改变商纣的恶政，采用过去殷商先王的善政。解除对箕子的囚禁，修复比干的坟墓，过商容的里门时俯凭车轼，表示敬意。散发鹿台的财货，发放钜桥的粮食，在四海百姓中施行大赏，天下万民都心悦诚服。”

列爵惟五，分土惟三。建官惟贤，位事惟能。重民五教，惟食、丧、祭。惇信明义，崇德报功。垂拱而天下治。

【译文】

武王将爵位列为五等，区分封地为三等。依据贤良设立官长，依据才能安置众吏。注重百姓的五常之教，以及衣食、丧葬和祭祀。重视诚信，显扬道义；尊重有德的人，回报有功的人。于是武王垂衣拱手而天下大治了。

وو درعه، واستقرت الدولة استقرارا عظيما. وقد أسقط حكم شانغ القائم، وجعل الحكم يستعيد مساره القديم، وحرر النبيل تشي تسي من سجنه، وأقام رابية فوق قبر بي قان، ثم انحنى أمام عارضة عربته عند بوابة بيت شانغ رونغ. وبعثر كنوز برج الأيل، ووزع حبوب جيويتشياو، وهكذا منح عطايا عظيمة لكل من بداخل البحار الأربعة، ومن ثم خضع الناس له بسعادة.»

رتب النبلاء في خمس فئات، وعين الأرض لكل منهم وفقا لنطاق ثلاثي. منح المناصب لأصحاب الجدارة فقط، والوظائف لذوي القدرة فقط. أولى أهمية عظيمة لتعليم الناس واجبات العلاقات الخمس للمجتمع، وللإجراءات التي تضمن الإمدادات الكافية من الطعام، وأولى الاهتمام لطقوس الجنازة، والقرابين. لقد أظهر حقيقة صدقه، وأثبت بجلاء استقامته. احترم الفضيلة، وكافأ الجدارة. وهكذا فإنه أرخى ثيابه وطوى يديه، وحُكِمت بلاده بنظام.

旅 獒

惟克商，遂通道于九夷八蛮。西旅厎贡厥獒，太保乃作《旅獒》，用训于王。

【译文】

武王战胜商以后，与众多民族国家之间的道路便自然开通了。西方的旅国来贡献他们那里名贵的犬，太保召公于是写了《旅獒》，用来劝谏武王。

曰："呜呼！明王慎德，西夷咸宾。无有远迩，毕献方物，惟服食器用。王乃昭德之致于异姓之邦，无替厥服；分宝玉于伯叔之国，时庸展亲。人不易物，惟德其物！

【译文】

公说："啊！圣明的王能够敬慎德行，所以西方各族都来归顺。无论远近，都来贡献各地的物产，贡品只是衣食器用一类的东西。明王于是昭示这些贡品给异姓的国家，使他们不要荒废职事；分赐宝玉给同姓的国家，用来表示亲爱之意。人们都不敢轻视那些物品，而是以德来看待那些物品！

كلاب ليوي

بعد غزو شانغ، صار الطريق مفتوحا للقبائل البعيدة. أرسلت القبيلة الغربية في ليوي بعض كلاب ليوي منها كجزية، فكتب النبيل تشاو قونغ مقالة «كلاب ليوي» والتي شكل منها الوصي الكبير للملك وو وانغ.

قال النبيل تشاو قونغ: «كان الملوك الأذكياء يولون عناية فائقة بفضيلتهم، واعترفت كل القبائل البرية في كل جانب بالخضوع لهم. من هم على مقربة ومن أكثر بعدا كانوا يقدمون كل إنتاج بلادهم؛ من ثياب وطعام وأواني للاستخدام. بعد ذلك كان الملوك يظهرون الأشياء المدفوعة بفضيلتهم، ويوزعونها على أمراء البلدان من مختلف أسماء العائلات تشجيعا لهم حتى لا يهملوا واجباتهم. الأشياء الثمينة أكثر وقطع اليشم كانوا يوزعونها على أعمامهم المسؤولين عن الدويلات، ومن ثم زيادة ارتباطهم بالعرش. لم يكن المتلقون يحتقرون الأشياء، وإنما يرون فيها قوة الفضيلة.

“德盛不狎侮。狎侮君子，罔以尽人心；狎侮小人，罔以尽其力。不役耳目，百度惟贞。玩人丧德，玩物丧志。志以道宁，言以道接。不作无益害有益，功乃成；不贵异物贱用物，民乃足。犬马非其土性不畜，珍禽奇兽不育于国。不宝远物，则远人格；所宝惟贤，则迩人安。

【译文】

“德高的人不轻视侮慢他人。如果轻视侮慢高贵的官长，就不可能使他们尽心从政；如果轻视侮慢平民百姓，就不可能使他们尽力而为。不被耳目所好而不由自主为其役使，各种政务的处理就会正确妥善。戏弄人就会丧失品德，玩弄物就会丧失意志。自己的意志要靠道来坚定，他人的言论要靠道来接受。不做无益的事情妨碍有益的事情，事业才能成功；不重视珍贵奇巧的物品轻视实用的物品，百姓才能丰衣足食。犬马不是本土生长的不畜养，珍禽异兽不要饲养在本国之内。不珍爱远方的物品，远方的人就会来归顺；只珍爱贤才，远近之人才能安宁。

“呜呼！夙夜罔或不勤！不矜细行，终累大德。为山九仞，功亏一篑。允迪兹，生民保厥居，惟乃世王。”

【译文】

“啊！早晚不可有片刻不勤勉！不注重细节，最终会损害大德。比如筑九仞高的土山，工程未完成，只因缺一筐土。如果你能真正按以上的告诫来做，百姓就能安居乐业，周家就可以世代为王于天下了。”

«الفضيلة الكاملة لا تسمح بألفة فيها ازدراء. عندما يعامل الحاكم الرجال الفائقين بهذه الألفة لا يمكنه أن يجعلهم يعطونه قلوبهم كلها؛ وعندما يعامل الرجال الأدنى لا يمكنه أن يجعلهم يقدمون له كل قوتهم. دعه لا يكون في عبودية حتى أذنيه وعينيه، واجتهد ليتكون صائبا في كل تدابيره. من خلال الاتصالات التافهة مع الرجال، هو يخرب فضيلته؛ إنه بعثوره على تسليته في أشياء لمجرد المتعة، يخرب أهدافه. ينبغي أن تستند أهدافه إلى ما هو حق، وينبغي أن ينصت إلى كلمات أيضا في علاقتها مع ما هو حق. عندما لا يفعل ما هو عديم الجدوى وما يضر ما فيه جدوى، يمكن أن تكتمل جدارته. عندما لا يُقدِّر الأشياء الغريبة ولا يزدري الأشياء المفيدة، سيكون شعبه قادرا على توفير كل ما يحتاجه. حتى الكلاب والخيول التي ليست من أصل بلاده، لن يحتفظ بها. الطيور الجميلة والحيوانات الغريبة لن تتغذى في دولته. عندما لا ينظر إلى الأشياء الأجنبية على أنها ثمينة، سيأتي الأجانب إليه، وعندما يكون الشيء جديرا بأن يكون ثمينا بالنسبة له، فإن شعبه القريب منه سوف يكون في حالة من الطمأنينة.

«لم يكن الأولون والآخرون إلا مخلصين. إذا لم تدخل الغيرة في أعمالك الصغيرة، فإن النتيجة سوف تؤثر على فضيلتك في الأمور العظيمة؛ إن إقامة ربوة بارتفاع تسع قامات، قد لا يتم العمل فيها بسبب الحاجة إلى سلة واحدة من التراب. إذا تتبع حقا مساره الذي أشرت إليه، سوف يحتفظ الناس بممتلكاتهم، وسوف يتم اعتلاء العرش من جيل إلى جيل.»

微子之命

王若曰："猷！殷王元子。惟稽古，崇德象贤。统承先王，修其礼物，作宾于王家，与国咸休，永世无穷。

【译文】

成王这样说："唉！殷王的长子啊！考察古代，有崇尚盛德，效法先贤的后人可以主祀的制度。你能继承殷先王的传统，修治先王的礼制文物，可以主祀，做王家的贵宾，与王室同样美好，世世代代没有穷尽。

"呜呼！乃祖成汤克齐圣广渊，皇天眷佑，诞受厥命。抚民以宽，除其邪虐，功加于时，德垂后裔。

【译文】

"啊！你的先祖成汤能够严肃恭敬、圣明、广大、深远，伟大的上帝眷顾佑助他，于是他接受了上天赐予的大命。他用宽政安治民众，除掉邪妄暴虐之徒，功勋施益于当时，德泽流传于后代。

"尔惟践修厥猷，旧有令闻。恪慎克孝，肃恭神人。予嘉乃德，曰笃不忘。上帝时歆，下民祗协，庸建尔于上公，尹兹

تكليف النبيل وي تسي

تحدث الملك تشنغ قائلا: «يا أيها الابن الأكبر لملك ين، إنني بالفحص في التاريخ القديم، وجدت أن تكريم الأفاضل ينتمي إلى ذرياتهم الذين يشبهونهم في جدارتهم، وأنا أعينك لتواصل مسار الملوك أسلافك، تراعي المراسم وترعى أثرهم المقدس. تعال كضيف إلى بيتنا الملكي، وتمتع برخاء بلادنا إلى الأبد من دون نهاية.

«إن سلفك، تانغ الناجح، كان مبجلا وحكيما، ذا فضيلة واسعة وعميقة. أشرقت عليه نعمة ومعونة السماء العظيمة، وتلقى بعظمة نصيبها، ليخفف آلام الناس بلطفه، ويزيح الجور الشرير الذي كانوا يعانون منه. وقد أثرت إنجازاته في عصره، وانتقلت فضيلته إلى ذريته.

«وأنت الشخص الذي يتابع ويغرس خططه؛ هذا المديح يخصك لزمن طويل. إنك بوقار وبحرص أطلقت واجبات الأبناء، وتتصرف برزانة واحترام مع الأرواح ومع

东夏。

【译文】

“你遵行成汤的治国之道，已早有美名。你恭敬谨慎能行孝道，恭敬地对待神和人。我赞美你的盛德，认为你的美德纯厚而不可忘记。上帝能按时享受你的祭祀，下民对你尊敬，与你关系和睦，因此我立你为上公，治理这东方华夏之国。

“钦哉！往敷乃训，慎乃服命，率由典常，以蕃王室。弘乃烈祖，律乃有民，永绥厥位，毗予一人。世世享德，万邦作式，俾我有周无斁。呜呼！往哉惟休，无替朕命。”

【译文】

“要敬慎啊！前去发布你的政令，谨慎对待你的职位和使命，遵循常法，来保卫周王室。弘扬你烈祖成汤的治国之道，用法度规范你的民众，长久安居于上公之位，辅助我一人。只有这样，你的世代子孙才能享受你的恩德，万国诸侯才会以你为榜样，服从我周王室而不厌倦。啊！前往吧，要好好治理你的国家，不要废弃我的诰命！”

الرجال. إنني معجب بفضيلتك، وأجهر بذلك ولا أنسى. إن الرب سوف يستمتع دائما بقرابينك؛ وسوف يكون الناس متناغمين بمهابة تحت حكمك. ومن ثم فإنني أرفعك إلى مكانة النبيل الرفيع، لتحكم ذلك الجزء الشرقي من أرضنا العظيمة.

«كن وقورا. اذهب وانشر تعاليمك على نطاق واسع. كن شديد الانتباه بحرص لثيابك ولمرافقيك الآخرين من الذين تُعَيِّنهم؛ عليك أن تتبع وترعى القوانين؛ حتى تثبت أنك حصن للعائلة الملكية. وسِّع شهرة سلفك صاحب الجدارة؛ كن قانونا لشعبك؛ وهكذا فإنك تحافظ على كرامتك إلى الأبد. عليك أيضا أن تكون عونا لي، أنا الرجل الواحد، وسوف تستمتع أجيال المستقبل بنفع فضيلتك، وسوف تتخذك كافة الدويلات نموذجا، وهكذا فإنك سوف تجعل دويلة تشو لا تضجر منك أبدا. اذهب وكن مزدهرا رابحا. اذهب ولا تهمل تكليفي.»

蔡仲之命

惟周公位冢宰，正百工，群叔流言。乃致辟管叔于商；囚蔡叔于郭邻，以车七乘；降霍叔于庶人，三年不齿。蔡仲克庸祗德，周公以为卿士。叔卒，乃命诸王邦之蔡。

【译文】

周公当大宰，统率百官的时候，几个兄弟散布流言诽谤他。于是周公到达商地，杀死了管叔；用七辆车把蔡叔送到边远的郭邻，囚禁在那里；把霍叔降为庶人，三年之内不予录用。蔡仲能够经常敬重德行，周公任命他为卿士。蔡叔死后，周公便让成王把蔡仲封在蔡国。

王若曰："小子胡，惟尔率德改行，克慎厥猷，肆予命尔侯于东土。往即乃封，敬哉！尔尚盖前人之愆，惟忠惟孝；尔乃迈迹自身，克勤无怠，以垂宪乃后；率乃祖文王之彝训，无若尔考之违王命。

【译文】

成王这样说："年轻的姬胡！由于你遵循先祖文王的美德，改变你父亲蔡叔的过错，能够谨守为臣之道，因此我任命你在东土做诸侯。你前往你的封地就任，要谨慎呀！你要免于你父亲的过错，要思忠思孝；

تكليف تشونغ من تساي

عندما كان النبيل تشو في منصب رئيس الوزراء ليقود كل المسؤولين، قام أشقاؤه الصغار بنشر الشائعات ضده. فذهب النبيل تشو إلى منطقة شانغ، وأعدم العم قوان الذي كان رئيس التمرد وفقا للقانون؛ وسجن العم تساي الذي كان يشجع على التمرد في قولين، وقدم له فقط خدما تسعهم سبع عربات؛ وخفض مكانة العم هو إلى أحد الرعية، ولم يسمح له بالعمل لمدة ثلاث سنوات. وعين تساي تشونغ، ابن العم تساي، والذي يهتم دائما بالفضيلة، في منصب الوزير. بعد وفاة العم تساي، قدم النبيل تشو للملك تشنغ اقتراحا لمنح لقب أمير تساي لتساي تشونغ.

قال الملك تشنغ: «يا جي هو الشاب! أنت تتبع فضائل أجدادك لتغيير سلوك والدك وتكون قادرا على الحفاظ على سلوك حاشية الملك، ولذا فإنني أعينك في منصب أمير الشرق. يجب أن تذهب إلى إقطاعيتك، وكن حذرا! ويجب عليك أن تستر على خطايا أسلافك، وتذكر الوفاء والبر. يجب أن تجعل نفسك تتقدم للأمام، وتكون قادرا على العمل بجد، وأن تترك دورا نموذجيا لأبنائك وأحفادك. يجب أن تتبع تعاليم جدك، ولا تعمل ضد إرادة السماء!

希望你迈出新的步伐，能够勤劳不懈怠，从而成为你的子孙后代仿效的榜样；要遵循你祖父文王的教导，不要像你的父亲那样违背王命！

“皇天无亲，惟德是辅；民心无常，惟惠之怀。为善不同，同归于治；为恶不同，同归于乱。尔其戒哉！慎厥初，惟厥终，终以不困；不惟厥终，终以困穷。懋乃攸绩，睦乃四邻，以蕃王室，以和兄弟，康济小民。率自中，无作聪明乱旧章；详乃视听，罔以侧言改厥度。则予一人汝嘉。”王曰：“呜呼！小子胡，汝往哉！无荒弃朕命！”

【译文】

“皇天对于人没有亲疏之别，只辅助有德的人；人们心中没有常主，只怀念仁爱的君主。做善事的方式虽各不相同，但都同样会达到安治；做恶事的手段虽各不相同，但都同样会导致动乱。你要警戒啊！谨慎对待事情的开始，对它的结局也要考虑，这样最终才不会困窘；若不考虑它的结局，最终一定会很困窘。努力做你所要做的事情，与你四邻的各国和睦相处，来保卫周王室，并使同姓兄弟国家之间亲密和谐，从而使百姓安居乐业。要遵循正道，不要自作聪明扰乱先王的成法；要审慎你的视听，不要因片面之言改变正常的法度。这样我就会嘉奖你！”王说：“唉！年轻的姬胡啊。你去吧！不要废弃我的教导！”

«السماء لا تقرب بعض الناس وتبعد بعضهم الآخر، هي فقط تساعد أولئك الذين لديهم أخلاق؛ الناس ليس في قلوبهم سيد ثابت، لكنهم يشتاقون فقط إلى سيد الرحمة والخير. على الرغم من أن الأشياء الجيدة مختلفة، فإنها جميعا ستحقق الاستقرار والسلام. على الرغم من الأشياء الشريرة مختلفة، فإنها ستؤدي إلى الاضطراب. كن حذرا بشأن بداية الأشياء، وفكر في نهايتها، حتى لا تكون في موقف سلبي؛ بغض النظر عن وضعها النهائي، ستصبح في نهاية المطاف سيئة. ابذل أقصى جهودك في القيام بما تفعله، وعامل جيرانك خير معاملة، ودافع عن عائلة تشو الملكية، عامل الدول المجاورة بالوئام، واجعل عامة الشعب يعيشون باستقرار ويعملون براحة. يجب أن تتبع الطريق الوسطي، ولا تعتبر نفسك ذكيا فتغير الأسلوب القديم متسرعا. كن حذرا مما تسمع وتبصر، ولا تغير القانون من خلال الكلمات من جانب واحد. هكذا سأثني عليك.» قال الملك تشنغ: «آه! جي هو الشاب. اذهب! لا تهجر تعليماتي!»

周　官

惟周王抚万邦，巡侯、甸，四征弗庭，绥厥兆民；六服群辟，罔不承德。归于宗周，董正治官。

【译文】

周成王统治天下，视察各诸侯国家，征讨四方尚未宾服的诸侯，使亿万百姓得以安居乐业；从而使王畿之外的侯、甸、男、采、卫、蛮夷六等诸侯国的国君，无不服从天子的德教。成王回到京都，监督百官，严肃政纪。

王曰："若昔大猷，制治于未乱，保邦于未危。"

【译文】

成王说："古代那伟大的谋略，是在社会未乱之时，订立法制进行治理；在国家没有产生危险的时候，便采取保卫措施。"

曰："唐虞稽古，建官惟百，内有百揆四岳，外有州、牧、侯伯。庶政惟和，万国咸宁。夏商官倍，亦克用乂。明王立政，不惟其官，惟其人。

المسئولون الرسميون

من أجل استرضاء كل الدويلات، قام ملك تشو، الملك تشنغ بجولات تفقدية في هوديان وديانفو وغيرهما من مناطق الأمراء، وقام بحملات تأديبية للأمراء الذين رفضوا تقديم التحية للملك لطمأنة شعوب كل الأرجاء. قبل جميع الأمراء من الدرجات الست تعليمه الأخلاقي. ثم عاد الملك تشنغ إلى العاصمة فنغيي، ليشرف على المسؤولين الذين يديرون الشؤون.

قال الملك تشنغ: «يجب مواصلة تنفيذ نظام الأسلاف الجيد، وصياغة أسلوب الحكم المناسب حتى لا يحدث اضطراب، وتحقيق استقرار البلاد حتى لا تحدث أزمة.»

«كان الإمبراطوران ياو وشون استفادا من نظام الأسلاف فأنشأ مائة منصب رسمي. فيها مناصب لإدارة الأمراء في الاتجاهات الأربع، ومناصب المسؤولين عن مختلف الولايات. ولأن السياسات مناسبة، كانت الدويلات مستقرة. في فترتي أسرتي

【译文】

又说："考察远古唐尧虞舜时代，设立一百种官职，朝廷之内设有总理百官的百揆统率百官并统率四方诸侯，朝廷之外设有各州的行政长官以及侯伯之类的诸侯。各种政务都很和谐，众多诸侯国都太平安宁。到了夏代和商代，官职的设立增加了一倍，也能够把国家治理好。圣明的天子，建立官制，不在于官职的多少，而在于用人是否得当。

"今予小子，祗勤于德，夙夜不逮。仰惟前代时若，训迪厥官。

【译文】

"现在，我小子恭敬而勤勉地推行德政，不分昼夜唯恐做不到。渴望遵循前代的传统，教育开导这些官吏。

"立太师、太傅、太保，兹惟三公。论道经邦，燮理阴阳。官不必备，惟其人。

【译文】

"设立太师、太傅、太保，这是三公。他们负责阐明治国的大道，提出治理国家的谋略，具备调理天地化育的能力。这类官员不必凑数，一定要有具备这种才德之人方可担任。

"少师、少傅、少保，曰三孤。贰公弘化，寅亮天地，弼予一人。

شيا وشانغ، ازداد عدد المناصب ضعفا لحكم البلاد. كان الملك مينغ عيّن عددا كبيرا من المسؤولين باستخدام الأشخاص الطيبين ذوي الفضائل.

«والآن، أنا الملك الشاب، المجتهد في تنفيذ الحكم بالفضائل، أخشى أن لا أكون ممتازا مثلهم على الرغم من أنني أنهض من النوم مبكرا وأنام متأخرا. ما علينا أن نعمل هو التعلم من أسلافنا في كل وقت، وتشكيل نظام للمناصب.

«يجب إنشاء مناصب تايشي، وتايفو، وتايباو، التي تسمى بسانقونغ ليوضح أصحابها حقيقة الحكم، وحكم البلاد، وتنسيق قوى ين ويانغ. ليس ضروريا أن تكون المناصب الثلاثة مشغولة كاملة، ويجب اختيار المؤهلين لها.

«يجب إنشاء مناصب شاشي، وشافو، وشاباو، التي تسمى بسانقو ليساعد أصحابها في نشر وتعزيز التوعية، واحترام السماء والأرض، ومساعدتي وحدي.

【译文】

“设立少师、少傅、少保，这叫作三孤。作为三公的助手帮助弘扬教化，恭敬地信奉天地的教化，帮助我治理天下。

“冢宰掌邦治，统百官，均四海。

“司徒掌邦教，敷五典，扰兆民。

“宗伯掌邦礼，治神人，和上下。

“司马掌邦政，统六师，平邦国。

“司寇掌邦禁，诘奸慝，刑暴乱。

“司空掌邦土，居四民，时地利。”

【译文】

“大宰，执掌邦国大权，统率百官，使天下得以均平。

“司徒，掌握国家教育，传播五常之教，使亿万百姓和睦相处。

“宗伯，掌管国家礼乐制度，处理祭祀天地鬼神之事，以及国家各种礼仪，从而使上下和睦相处。

“司马，掌管国家的军政，统率六军，平衡诸侯之间的关系。

“司寇，掌管国家禁令，追究那些暗中为非作歹之人，惩罚那发动暴乱之人。

“司空，掌管国家的土地，顺天时，兴地利，使士、农、工、商各类百姓，各得其所。”

“六卿分职，各率其属，以倡九牧，阜成兆民。

【译文】

“上述六卿，分清职守，分别统率他们的下属，从而在九州之内倡

«إدارة تشونغتساي مسؤولة حوكمة البلاد، وقيادة المسؤولين في المناصب المختلفة، وتعديل الشؤون في البحار الأربعة. صاحب منصب سيتو مسؤول عن التعليم في البلاد، ونشر مبادئ السلوك الحميد الخمسة ليعيش الشعب في انسجام. صاحب منصب تسونغبوه مسؤول عن مراسم الدولة، والتعامل مع تقديم القرابين للسماء والأرض، والآلهة والشياطين، وتوفيق العلاقة بين المستوى الأعلى والمستوى الأدنى. وصاحب منصب سيما هو المسؤول عن الشؤون العسكرية ويقود الجيوش، وإخضاع دويلات الأمراء والقبائل. وصاحب منصب سيكوه هو المسؤول عن قانون الدولة، ويعاقب الأشرار، ويقمع المشاغبين. وسيكونغ هو المسؤول عن أرض البلاد، تنظيم أعمال المثقفين والمزارعين وممارسي الأعمال والتجار، والاستفادة من مزايا الأرض في الوقت المناسب.»

«ليوتشينغ هي الوزارات الست، يقود كل وزير موظفيه في إدارة شؤون وزارته، لتحقيق الاستقرار القوي للناس.

明政教，使亿万百姓丰衣足食而成就教化。

“六年，五服一朝。又六年，王乃时巡，考制度于四岳。诸侯各朝于方岳，大明黜陟。”

【译文】

“每六年，侯、甸、男、采、卫五类诸侯都要到京师朝会。再过六年，天子便按时视察四方，在四岳那里考订制度，诸侯各按统属分别朝见四岳。大张旗鼓地惩罚罢免坏的，奖励提拔好的。”

王曰：“呜呼！凡我有官君子，钦乃攸司，慎乃出令。令出惟行，弗惟反。以公灭私，民其允怀。学古入官，议事以制，政乃不迷。其尔典常作之师，无以利口乱厥官。蓄疑败谋，怠忽荒政。不学墙面，莅事惟烦。戒尔卿士，功崇惟志，业广惟勤。惟克果断，乃罔后艰。位不期骄，禄不期侈。恭俭惟德，无载尔伪。作德，心逸日休；作伪，心劳日拙。居宠思危，罔不惟畏，弗畏入畏。推贤让能，庶官乃和，不和政厖。举能其官，惟尔之能；称匪其人，惟尔不任。”

【译文】

王说：“唉！凡是我那些担任官职的君子，一定要恭谨地对待你们所负责的事务，谨慎地发布命令。命令发布了一定要推行，不要想违反。要出以公心，消灭私情，百姓就会相信并服从你了。学习古代的法典之后再做官，讨论政务的时候要按照国家的法制，这样，政治就不会走上歧途。你们应当把法典和常规当作学习的根据，不要以能言善辩扰乱公务。许多问题犹豫不决，将会破坏国家大计，懒惰和轻率必然会荒

«في غضون ست سنوات، جاء أمراء هوفو، وديانفو، ونانفو، وتسايفو، وويفو الخمسة لتقديم الاحترام للملك. بعد ذلك بست سنوات، قام الملك بالجولات التفقدية في مناطق الجبال الشرقية والغربية والجنوبية والشمالية الأربعة لتفقد أحوال تنفيذ النظام. وجاء رؤساء المناطق التابعة لدويلات الأمراء لتقديم الاحترام للملك، قام الملك بالترقية والتخفيض والمكافأة والعقاب للأمراء وفقا لإنجازاتهم السياسية بشكل عام.»

قال الملك تشنغ: «آه! يجب على جميع المسؤولين على جميع المستويات أن يأخذوا على محمل الجد الأعمال التي يديرونها. تعاملوا بعناية مع الأوامر التي أصدرتموها، ويجب تنفيذ الأوامر التي تم إصدارها، ولا تتحدوها. استخدموا العدالة للقضاء على المشاعر الخاصة، هكذا سيخضع الشعب لإدارتكم. تعلموا القانون القديم أولا، ثم مارسوا الشؤون السياسية، وناقشوا الشؤون السياسية وفقا للقانون، فلن تخطئوا في الشؤون السياسية. يجب عليكم استخدام القانون العام لأسرة تشو الملكية كقاعدة، ولا تتدخلوا في شؤون مسؤوليك بكلمات تبدو ذكية. التردد بدون اتخاذ القرار يفسد الخطط، والإهمال والتراخي يخرب الشؤون السياسية. وإذا لم تتعلم، ذلك كأنك تقف أمام الحائط مواجها له، فأنت لا تعرف شيئا وتصدم أمام كل عمل. يا جميع المسئولين الكبار: بالطموح يمكن تحقيق الفضيلة العظيمة، بالاجتهاد يمكن تحقيق العمل العظيم. إذا كان يمكنك اتخاذ قرار جريء، لن يكون هناك صعوبات في وقت لاحق. على الرغم من أن الناس الذين في المناصب الرسمية لا يريدون أن يكونوا متكبرين، غالبا ما يحدث الكبرياء بشكل طبيعي؛ على الرغم من أن الأشخاص الذين يتمتعون بالمناصب الرسمية لا يريدون الترف والبذخ، فغالبا ما يكون الترف

废政务。不学习犹如面对墙壁什么也看不清，处理政务就会杂乱。警惕啊！你们这些官吏。功劳要高，在于立志远大；事业要大，在于勤奋。能够当机立断，就没有以后的艰难。地位高了不要骄横，俸禄多了不要奢侈。谦虚节俭才是美德，在培养品德时不要虚假。培养的是美德，不必煞费苦心，声誉将日趋美好；做出的是诈伪，即使费尽心机，处境也会越来越艰难。居于被宠信的地位，能够感到危惧，就不会陷于可怕的境地；相反，不感到危惧，就会陷于可怕的境地。人人谦让，举荐贤能，众官便能和谐相处。众官不能协理政务，必定杂乱。举荐之人能够称职，这是你的能力；举荐之人不能称职，这说明你不能胜任。”

王曰：“呜呼！三事暨大夫，敬尔有官，乱尔有政，以佑乃辟，永康兆民，万邦惟无斁。”

【译文】

王说：“唉！三公以下的官吏，要恭敬地对待你们的职责，处理好你们的政务，以辅佐你们的君主，使亿万百姓永远安康，天下万国就不会厌弃我们了。”

والبذخ لا مفر منهما، الاحترام والاقتصاد من الأخلاق الحميدة! لا تمارسوا الاحتيال، بالأخلاق الحميدة يكون القلب مرتاحا والحياة سعيدة، وإذا كنت كاذبا، يكون قلبك متعبا وحياتك صعبة. عندما تكون في وضع محترم ومؤات، يجب أن تفكر في الأخطار والإهانات، إذا لم تعرف الاحترام والخوف، ستدخل حالة رهيبة. إذا كنت ترشح حكماء وتتنازل عن منصب عال لمتفوقين، سيكون المسؤولون العامون متناغمين، وإذا لم يكن المسؤولون متناغمين، ستكون الشؤون السياسية معقدة، ترشيح الأكفاء في مناصب مناسبة، يظهر فضائلكم؛ وإذا كان المرشحون منكم ليسوا من أصحاب الفضائل، يدل ذلك على ضعفكم.»

قال الملك تشنغ: «آه! رؤساء رنرن، وتشونفو، وموفو الثلاثة ومسؤولو دافو الكبار، خذوا واجباتك الرسمية على محمل الجد، وتحكموا في الشؤون السياسية الخاصة بكم، لمساعدة ملككم، وجعل الشعب في استقرار وسلام على المدى الطويل، ولا تمقتنا البلدان في العالم.»

君 陈

王若曰："君陈，惟尔令德孝恭。惟孝友于兄弟，克施有政。命汝尹兹东郊，敬哉！昔周公师保万民，民怀其德。往慎乃司，兹率厥常，懋昭周公之训，惟民其乂。

【译文】

王说："君陈，你有美好的品德——对父母孝敬，对君主恭敬。孝敬父母，友爱兄弟，便能够发号施令了。命令你管理东都，你可要恭谨啊！过去，周公教育爱护亿万百姓，百姓怀念他的恩德。你前往东都要谨慎地对待你所管辖的政务，要遵守那周公所建立的常规，努力光大周公的遗训，把百姓治理好。

"我闻曰：'至治馨香，感于神明。黍稷非馨，明德惟馨尔。'尚式时周公之猷训，惟日孜孜，无敢逸豫。凡人未见圣，若不克见；既见圣，亦不克由圣。尔其戒哉！尔惟风，下民惟草。图厥政，莫或不艰。有废有兴，出入自尔师虞，庶言同则绎。尔有嘉谋嘉猷，则入告尔后于内，尔乃顺之于外，曰：'斯谋斯猷，惟我后之德。'呜呼！臣人咸若时，惟良显哉！"

جيون تشن

وقال الملك تشنغ: «جيون تشن! لديك فضيلة البر والاحترام. لأنك بار بوالديك، وتحب أشقاءك، يمكنك استخدام بر الوالدين في ممارسة الشؤون السياسية. أنا أوصيك أن تحكم تشنغتشو بالضواحي الشرقية، يجب أن تعمل بجد وحذر! كان النبيل تشو معلما لكل أبناء الشعب، والناس يتشوقون إلى فضائله. وعندما تذهب إلى هناك، يجب عليك أن تتعامل مع منصبك بحذر! اتبع الطريقة المعتادة للنبيل تشو، وشجع وانشر تعاليم النبيل تشو، فسوف يستقر الشعب.

«سمعت: الرائحة العطرة التي تفوح من الفترة التي يسودها القانون، تؤثر على الآلهة؛ ورائحة الدخن العاطرة ليست رائحة عاطرة تشم من بعد، والفضيلة هي رائحة عاطرة تنتشر بعيدا. يجب عليك أن تلتزم بتعليمات النبيل تشو، وتعمل بلا كلل كل يوم، لا تغرم بالمتعة والراحة! عندما لا يرى إنسان عادي طريق الحكيم، يخشى ألا يستطيع رؤيته؛ عندما يرى طريق الحكيم، لا يستطيع أن يتبع تعاليم الحكيم. يجب أن تحذر! أنت ريح، والشعب عشب، العشب يتحرك مع الريح! إن إدارة شؤون أبناء ين صعبة، فثمة أشياء قديمة غير مناسبة يجب أن تُلغى وثمة أشياء جديدة صالحة يجب أن تُقام،

【译文】

“我听说：‘最好的政治会发出香气，感动神灵。不是祭祀的谷物发出香气，而是圣明的德政发出香气。’希望你尊奉这周公的谋略遗训，天天勤奋做事，而不要贪图安逸和快乐。人们没有认识到圣人之道，就不会看到成功之日；虽然已经认识圣人之道而不按圣人之道去做，也不能成功。你可要警惕啊！你是风，百姓是顺风而动的草。谋划你的施政措施，无论哪一点都要从艰难处考虑。什么要废弃，什么要兴办，先布告你所管辖的百姓，然后把百姓的考虑收集上来。对众人一致同意的，再拿来经过解析决定是否可行。你有好的谋略，就到朝内告诉给你的君主，然后在朝廷之外加以实施，说：‘这些好的谋略都出自我们有德的君主。’唉！官吏能够这样做，就可以显示出君主的圣明来了。”

王曰：“君陈，尔惟弘周公丕训，无依势作威，无倚法以削，宽而有制，从容以和。殷民在辟，予曰辟，尔惟勿辟；予曰宥，尔惟勿宥，惟厥中。有弗若于汝政，弗化于汝训，辟以止辟，乃辟。狃于奸宄，败常乱俗，三细不宥。

【译文】

王说：“君陈，你要弘扬周公伟大的遗训，而不要凭借自己的势力去作福作威，不要依靠法制而行苛政，要做到宽和而有法度，举措要恰到好处。殷民中有触犯刑法应予惩办的，我说要给以某种惩罚，你不要只按我的意见便给予惩罚；我说要加以宽恕，你不要只按我的意见便予以宽恕，而应当看看这些意见合不合乎法律规定。有些人不顺从你的政令，不接受你的教育，如果惩罚了可以达到制止犯法的目的，就加以惩罚。习惯于做坏事，违反法制，伤风败俗，这三方面，即使犯罪很小，

ويجب المناقشة مع الناس مرارا وتكرارا، وتنفيذ ما توصل الجميع إلى الاتفاق حوله. وإذا كانت لديك أفكار واقتراحات جيدة، فيجب عليك أن تدخل بلاط الملك لتخبره، وتقول خارج البلاط: هذا النوع من الأفكار الجيدة والاقتراحات الجيدة، من فضائل ملكنا. آه! الوزراء من هذا النوع، هم وزراء جيدون!»

قال الملك تشنغ: «جيون تشن! يجب أن تنشر تعاليم النبيل تشو! لا تدخل الرعب في قلوب الناس وتقوم بالشر معتمدا على سلطتك، ولا تعتد على مصالح الشعب منتهكا القانون. يجب أن تكون متسامحا وملتزما بالقانون، وتعمل بهدوء وتخلق الانسجام. إذا خالف البعض من أبناء ين القانون الجنائي، وأمرتُ أنا بمعاقبتهم، يجب ألا تعاقبهم حسب رأيي، وإن طلبت أنا العفو عنهم، يجب ألا تعفو عنهم حسب رأيي؛ بل عليك أن تنظر في استخدام القانون الجنائي. وبعض الناس لا يطيعون لقانونك، ولا يقبلون تعليماتك، فيمكنك أن تعاقبهم إذا كان العقاب يمنعهم من انتهاك القانون. ولا تتسامح وتتساهل مع ثلاث خطايا وهي، انتهاك القانون دائما، إفساد القانون العام، الإساءة للعادات والتقاليد الحميدة.

也不能宽宥。

“尔无忿疾于顽，无求备于一夫。必有忍，其乃有济；有容，德乃大。简厥修，亦简其或不修。进厥良，以率其或不良。惟民生厚，因物有迁。违上所命，从厥攸好。尔克敬典在德，时乃罔不变，允升于大猷。惟予一人膺受多福，其尔之休，终有辞于永世。”

【译文】

“你不要愤恨那些愚蠢的人，对于普通百姓不要求全责备。一定要忍耐，这样，你才能成功；能够宽容，德行才能光大。要区别出那些德行好的，也要区别出那些德行不好的。提拔贤良之人，以带动影响那些不良之人。百姓的本性是淳朴敦厚的，因外界的影响而有所变化，违反上面的政令，根据自己的喜好行事。你能够恭谨地对待法制，掌握法制的道理，这样就不会使你的政教产生大的变化，并使你的政教提高到大道的水平。这样，不但我能够获得许多幸福，你的美名也将永为后世之人所称颂。”

«لا تغضب من الناس البائسين والجاهلين، لا تطلب أن يكون الشخص حسنا وكاملا. يجب أن يكون زعماء الناس صبورين، فهم سينجحون في أعمالهم؛ أعظم نوع للتسامح، هو الفضيلة. يجب تمييز الطيبين من بين الناس، ويجب تمييز غير الطيبين من الناس أيضا؛ استخدام وتشجيع الطيبين لتعليم غير الطيبين جميعا. إن طبيعة الناس أنهم صادقون، ويتغيرون بسبب التأثيرات الخارجية؛ حيث يخالفون تعاليم رؤسائهم، لكنهم في بعض الأحيان يتبعون تفضيلات رؤسائهم. يمكنك أن تحترم القانون العام وتفحص سلوكك، فشعبك سيتأثر منك ويصبح طيبا. إذا كانت شؤونك السياسية تدخل الطريق الصائب فعليا، سأستمتع بالسعادة الكبيرة، ويذكر الناس سمعتك دوما.»

毕命

惟十有二年，六月庚午，朏。越三日壬申，王朝步自宗周，至于丰。以成周之众，命毕公保釐东郊。

【译文】

康王十二年六月庚午日，新月露出光辉。又过了三日，到壬申这一天，王早晨从镐京出发到了丰邑。将成周的民众，交给毕公，命令毕公加以治理以保卫洛邑。

王若曰："呜呼！父师，惟文王、武王敷大德于天下，用克受殷命。惟周公左右先王，绥定厥家。毖殷顽民，迁于洛邑，密迩王室，式化厥训。既历三纪，世变风移，四方无虞，予一人以宁。道有升降，政由俗革，不臧厥臧，民罔攸劝。惟公懋德，克勤小物，弼亮四世，正色率下，罔不祗师言。嘉绩多于先王，予小子垂拱仰成。"

【译文】

王说："唉！太师毕公啊！只有文王和武王将伟大的德政普遍地推行于天下，因而能够从殷商那里接受大命。周公辅佐文王、武王、成王，安定了我们周国。谨慎地对待殷的遗民，将他们迁到洛邑，靠近王

تكليف النبيل بي

في يوم قنغ- وو من الشهر السادس للعام الثاني عشر لفترة حكم الملك كانغ، تلألأ القمر بألوان زاهية. في اليوم الثالث، يوم رن- شن، سافر الملك كانغ صباحا من قاوجينغ إلى فنغيي، وطلب من تايشي وهو النبيل بي أن يرعي الشعب في تشنغتشو، ويكون مسؤولا عن الضواحي الشرقية.

قال الملك كانغ: «آه! معلمي. نشر الملكان ون ووو فضائلهما في البلاد كلها، فتمكنا من قبول تنصيب السماء بدلا من أسرة ين. ساعد النبيل تشو الملك السابق لتحقيق استقرار البلاد، ونصح أبناء ين، ليهاجروا إلى لوه، حتى يقتربوا من البلاط الملكي، فتأثروا من تعليمات النبيل تشو. لقد مضت ستة وثلاثون عاما على تلك الهجرة. تغيرت أخلاق الناس وتحسنت العادات، ولا يوجد قلق، فشعرت بالراحة. لم تتعامل مع كل الأمور حتى الصغيرة جيدا فقط، بل ساعدت أربعة أجيال من الحكماء، وقدت المرؤوسين بصرامة، ولا يوجد أحد لا يحترم المعلم، فمزاياك جديرة بثناء الملك السابق، ولا يمكنني، أنا الشاب الصغير إلا أن أتمتع بنجاحك من دون تعب.»

室，以便用天子的法制德教教育他们。大约已经历了三十六年，社会变革，风气转移，四方已无可虑之事，我因而得以安宁。世道有升有降，从政者要变革的是殷的民俗，不表彰那善的，百姓就不会勤勉从事了。你不仅把德政发扬光大，又能够从小处做起，辅助四代君主，公正的风采成为天下的表率，没有不敬重你的言论的。美好的政绩应比先王还要多，我小子无所作为，坐享其成。”

王曰：“呜呼！父师，今予祗命公以周公之事，往哉！旌别淑慝，表厥宅里，彰善瘅恶，树之风声。弗率训典，殊厥井疆，俾克畏慕。申画郊圻，慎固封守，以康四海。政贵有恒，辞尚体要，不惟好异。商俗靡靡，利口惟贤，余风未殄，公其念哉！我闻曰：‘世禄之家，鲜克由礼。’以荡陵德，实悖天道。敝化奢丽，万世同流。兹殷庶士，席宠惟旧，怙侈灭义，服美于人。骄淫矜侉，将由恶终。虽收放心，闲之惟艰。资富能训，惟以永年。惟德惟义，时乃大训。不由古训，于何其训。”

【译文】

王说：“唉！太师毕公啊！现在我恭敬地命令你担任周公担任过的职务，去吧！在你所管辖的区域之内识别出好人、坏人，表彰好人，憎恨坏人，树立起良好的风气。不遵守教令的，要为他们单独划定不同的区域疆界，以便使他们能够知道畏惧和向慕。并申明旧有的区划，谨慎固守封界，从而使四海安康。政令贵在持之以恒，发布政令的言辞，贵在简明扼要，不要喜好立异。殷商的风俗是无原则地顺从，并以能言善辩为贤，余风至今未断，你可要好好考虑啊！我听说：‘世代享受俸禄之家，很少能够遵从礼的。’骄傲放肆，轻侮有德之人，这实际上已违背了天道。奢侈的作风演化而为风气，后代的弊端发源于此。那殷商的

قال الملك كانغ: «آه! معلمي. الآن سوف أضع المسؤولية الثقيلة للنبيل تشو على عاتقك، فاذهب أنت! عندما تصل إلى هناك، يجب أن تتعرف على الخير والشر من أبناء ين، وتعرف أين يقيم الطيبون، وتشجع الخير، وتمقت الشر، وتتبن الأساليب الحميدة. إذا كان هناك أحد لا يتبع التعليمات والقانون العام، غيّر مكان إقامته ومساحة حقله، ليشعر بالخوف والرهبة. ويجب تحديد حدود الضواحي الأربع من جديد، وتمتين حمايتها، لتحقيق الاستقرار داخل البحار الأربعة. يجب ألا تنسى المسؤولية في الشؤون السياسية، ويجب أن تكون كلماتك مناسبة وموجزة، ولا تخالف التقاليد. فالعادات القديمة في أماكن أسرة شانغ مثل البذخ والإسراف، واتخاذ البلاغة والبراعة في الكلام فضيلة، لم تتغير هذه العادات حتى الآن، فينبغي أن تهتم بها! لقد سمعت: الناس من الأسر التي تتمتع بالمناصب الحكومية جيلا بعد جيل، نادرا ما يلتزمون بمراسم الطقوس والقانون. إنهم ماجنون مبذرون ومحتقرون لأصحاب الفضائل، الأمر حقا يخالف قانون السماء. عادات الفساد تتمثل في الترف والبذخ، متشابهة في كل الفترات. لقد عاش أبناء ين في الترف والبذخ منذ وقت طويل، هم يعتمدون على القوة ويهملون الأخلاق الحميدة، ويرتدون الأزياء الفاخرة، فهم متغطرسون، ومتباهون، سينتهون بالشر. على الرغم من أنهم أخفوا رغبتهم في الغطرسة والتباهي اليوم، من الصعب تغيير طبيعتهم. إذا كان الشخص أسرته ثرية، لكن يمكنه أن يأخذ الدروس، يمكن لأسرته أن تدوم. من التعليمات العظيمة تحت السماء ممارسة الفضائل؛ إذا لم

众多官吏，凭借着以往的恩宠，放纵奢欲，因而失掉了义，以服饰的华美夸示于人。骄纵放荡自傲自大，一定会走向坏的结局。虽然已经收敛了他们放肆的思想，但防止他们走上邪路还是很艰难的。拥有财富而又能遵守古训，这样才可以长久。只有德和义才是伟大的古训，不依照古训，依照什么训诫呢？”

王曰：“呜呼！父师，邦之安危，惟兹殷士。不刚不柔，厥德允修。惟周公克慎厥始，惟君陈克和厥中，惟公克成厥终。三后协心，同厎于道，道洽政治，泽润生民，四夷左衽，罔不咸赖。予小子永膺多福。公其惟时成周，建无穷之基，亦有无穷之闻。子孙训其成式，惟乂。呜呼！罔曰弗克，惟既厥心；罔曰民寡，惟慎厥事。钦若先王成烈，以休于前政。”

【译文】

王说：“唉！太师毕公啊！国家的安危，就在于能否治理好这些殷商遗民。施政既不要过于刚猛，也不要过于柔弱，这样他们的品德便可以培养好了。周公能够谨慎对待治理殷民的开始，君陈能够接着治理殷民使之趋于和谐而符合于大道，毕公将能够取得治理殷民最后的成功。三人同心协力，共同达到大道，使政治符合于大道，恩泽及于百姓，四方边远民族无不宾服，无不视为靠山。我小子永远承受这许多幸福。毕公啊！你要在这洛邑，建立无穷的基业，同时也拥有无穷的令闻美誉。后代子孙遵循你的成法将国家治理好。唉！不要说你做不到，而应当尽心竭力；不要说被管辖的民众太少，而应当谨慎地对待你的政务。恭敬地推进先王伟大的事业，从而取得比以前更加美好的政绩。”

نؤدبهم بالتعليمات القديمة، فمتى يطيعون؟»

قال الملك كانغ: «آه! معلمي. سلامة بلادنا تكمن في هؤلاء الناس من أسرة ين. التعليم بالأسلوب غير الصلب وغير اللين جيد جدا. في البداية، كان النبيل تشو يتعامل معهم بحذر؛ بعده مكن النبيل جيون تشن من تحقيق الانسجام بينهم؛ وفي النهاية، يجب أن تكون ناجحا. بالعمل المشترك منكم أنتم الثلاثة لتعليمهم، وبانتشار التعليم، تكون إدارة الشؤون السياسية سلسة، وسيحقق ذلك الخيرات للشعب. حتى أبناء الأقليات العرقية ذوي الشعر الطويل والثوب المفتوح من اليسار من مختلف القبائل، يمكنهم أن يتمتعوا بهذه الخيرات، وأنا، الشاب الصغير، يمكنني أن أتمتع بالنعمة دائما. يجب عليك أن تحكم تشنغتشو جيدا، وتنشئ أساس قضيتنا غير المحدودة، بذلك ستصنع سمعة طيبة لا نهاية لها. سوف يتبع أبناؤنا وأحفادنا من الأجيال القادمة تعليماتك، وسيصبح العالم بذلك مستقرا. آه، لا تقل إنك لا تقدر، افعل ذلك بكل عقلك؛ لا تقل إن عدد الناس قليل، كن حذرا في الأمور الإدارية. فعليك أن تدقق في إدارة القضية العظيمة للملك السابق، لتصبح أعظم من إنجازات أسلافه!»

君　牙

王若曰："呜呼！君牙，惟乃祖乃父，世笃忠贞，服劳王家，厥有成绩，纪于太常。惟予小子嗣守文、武、成、康遗绪，亦惟先正之臣，克左右乱四方。心之忧危，若蹈虎尾，涉于春冰。今命尔予翼，作股肱心膂，缵乃旧服。无忝祖考，弘敷五典，式和民则。尔身克正，罔敢弗正，民心罔中，惟尔之中。夏暑雨，小民惟曰怨咨；冬祁寒，小民亦惟曰怨咨。厥惟艰哉！思其艰以图其易，民乃宁。呜呼！丕显哉，文王谟！丕承哉，武王烈！启佑我后人，咸以正罔缺。尔惟敬明乃训，用奉若于先王，对扬文、武之光命，追配于前人。"

【译文】

穆王说："唉！君牙，你的祖父、父亲，世世代代确实忠诚纯正，为王室勤劳服务，这些成绩记录在天子的太常旗上。我小子继承文王、武王、成王、康王的传统，希望先王的老臣能够辅佐我治理四方。我心怀忧惧，就像踏着老虎的尾巴，在春天将要融化的冰上行走一样。现在，我命令你辅佐我，做我的膀臂和心腹，继承你们祖先的职务。要无愧于你们的祖先，广泛地弘扬五常的教育，使民众和谐而遵守法纪。你自己端正，就没有敢不端正的了，老百姓心中缺乏正确的准则，你则是正确的准则。夏天酷热而多雨，百姓发出怨声与哀叹；冬天天气酷寒，

جيون يا

قال الملك مو: «آه! جون يا. كان جدك ووالدك وفيين ومخلصين يخدمان الأسرة الملكية، وحققا إنجازات عظيمة، مسجلة في علم الملك السابق المرسوم عليه أشكال الشمس والقمر. ورثت أنا، الشاب الصغير، قضية الملوك ون ووو وتشنغ وكانغ، وأتمنى أن يساعدني الوزراء مثل ما ساعد الوزراء الملوك السابقين في حكم الاتجاهات الأربع. مهمتي ثقيلة وطريقي طويل، في قلبي قلق وخوف، حالتي مثل من يطأ ذيل النمر أو يمشي على الجليد الربيعي. الآن، أنا آمرك أن تساعدني وأن تكون وزيرا هاما تابعا أمينا لي. يجب أن تواصل سلوكك كما في الأيام الماضية، وتكون جديرا بأعمال أسلافك! وأن تنشر التعليم حول الثوابت الخمسة لتحقيق الانسجام بين الناس. عندما تكون على الاستقامة والصواب، لا يجرؤ الناس على عدم الاستقامة والصواب؛ لا توجد معايير في قلوب الناس، فهم يعملون حسب معاييرك فقط. الجو في الصيف حار وكثير المطر، لا يعرف عامة الناس إلا الشكوى والتأوه؛ والجو في الشتاء بارد جدا، لا يعرف عامة الناس إلا الشكوى والتأوه. حكم الشعب صعب! عليك أن تفكر في مصاعبهم، وبالتالي ابحث عن أساليب الحكم، بذلك سيعيش الشعب في سلام واستقرار. كم كانت خطط الملك ون مشرقة! لنتوارث قضايا وإنجازات الملك وو. إذ يمكنها أن تلهمنا وتساعدنا، حتى نتبع جميعنا الطريق الصحيح بدون عيوب. يجب عليك أن تنشر تعليماتك بلا هوادة وأن تكون محترِما للملوك السابقين. يجب عليك أن ترد جميل تعليمات الملكين ون ووو، ساعيا وراء أن تكون أفضل من السابقين.»

百姓也发出怨声与哀叹。老百姓的处境真是艰难啊！想到老百姓的艰难，想办法改善他们的环境，老百姓就安宁了。唉！要大力发扬的，是文王的宏图！要努力继承的，是武王的事业！开导启发我们后来人，使他们都归于正道，而不要有所疏漏。你要尊敬并努力奉行这些训诫，好像遵循先王的遗训一样，颂扬文王、武王的伟大的遗命，努力赶上你的祖先。”

王若曰：“君牙，乃惟由先正旧典时式，民之治乱在兹。率乃祖考之攸行，昭乃辟之有乂。”

【译文】

王说：“君牙！你要继承你祖先的职务，遵守先王老臣的法制，以这些旧有的法制作为准则加以推行，百姓或治或乱，都看你是否能够这样做。遵循你祖先的做法，光大你君主的治道。”

قال الملك مو: «جيون يا! يجب أن تتبع القانون الجيد القديم للملك السابق. فيه مفتاح لإخماد فوضى الشعب. يجب أن تتبع أعمال جدك وتساعد ملكك في حكم البلاد».

冏 命

王若曰："伯冏，惟予弗克于德，嗣先人宅丕后，怵惕惟厉。中夜以兴，思免厥愆。昔在文、武、聪明齐圣，小大之臣，咸怀忠良，其侍御仆从，罔匪正人。以旦夕承弼厥辟，出入起居，罔有不钦；发号施令，罔有不臧。下民祗若，万邦咸休。

【译文】

穆王说："伯冏，我未能培养好我的品德，继承先人的事业登上天子的大位，心中忧惧警惕，像是处于危险的境地。常常思考到半夜，考虑怎样才能使我避免过错。过去文王和武王是高瞻远瞩、明察万里的圣人，大小官吏都心怀忠良，他那左右近臣，没有一个不是正人君子。无论早晨和晚上都在辅佐他的君主，无论进出作息，无不恭敬从事；发布的政令，没有不正确的。百姓尊敬他，大小国家无不美好。

"惟予一人无良，实赖左右前后有位之士，匡其不及，绳愆纠缪，格其非心，俾克绍先烈。今予命汝作大正，正于群仆侍御之臣，懋乃后德，交修不逮。慎简乃僚，无以巧言令色，便辟侧媚，其惟吉士。仆臣正，厥后克正；仆臣谀，厥后自圣。后德惟臣，不德惟臣。尔无昵于憸人，充耳目之官，迪上以非先王之典。非人其吉，惟货其吉，若时，瘝厥官。惟尔大弗克祗厥辟，

تكليف بوه تشونغ

قال الملك مو: «بوه تشونغ! ليس لدي الفضائل العظيمة. أنا ورثت قضية الأسلاف وأصبحت في موقع الملك، فنشأ في قلبي الخوف من أن أواجه الخطر، حتى عندما أستيقظ من النوم في منتصف الليل، أفكر في كيفية تجنب الإهمال. كان الملكان ون ووو، ذكيين، وحكيمين، وفاهمين، لذلك أصبح في قلوب الوزراء والمسؤولين الصغار الولاء لهما. فكان كل المقربين والخدم لهما، من الأشخاص الصالحين، يخدمونهما ويساعدونهما صباحا ومساء، لذلك كان الملكان حذرين في الحياة اليومية؛ وأصدرا الأوامر المناسبة. كان الشعب يحترم ويطيع أوامر الملكين، كما كانت بلدان العالم تحبهما كذلك.

«ليست لدي فضائل عظيمة، فلابد أن أعتمد على كل المسؤولين من حولي، في تصحيح أخطائي وتصحيح تفكيري غير الصحيح، حتى يمكنني وراثة إنجازات الملوك السابقين. اليوم أعيّنك في منصب رئاسة تايبو، لتقود كل الخدم،. يجب أن تشجع الملك على إضافة الفضائل وإصلاح عيوبي، يجب أن تختار بعناية مرؤوسيك، ولا تستخدم أصحاب الكلمات المعسولة والمتملقين والمتزلفين، ويجب أن تستخدم الجيدين

惟予汝辜。”王曰：“呜呼，钦哉！永弼乃后于彝宪。”

【译文】

“我不具备良好的品德，确实要依赖左右前后有地位的官吏，匡正我做不到的地方，按照准则纠正我的过错，除去我的那些错误的思想，使我能够继承先祖伟大的事业。现在，我命令你担任大正之官，匡正左右近臣，努力培养提高你的君主的品德，帮助我提高尚未达到的品德。谨慎地选拔你的官吏，不要任用那些花言巧语，伪装和善，逢迎谄媚，奸诈邪恶之人；任用的都应该是贤良之人。左右近臣都是正直之人，他的君主才能端正；左右近臣都善于谄媚逢迎，他的君主就会自以为圣明。君主的品德高尚在于近臣；君主的品德不高尚也在于近臣。你不要亲近小人，让这些小人充当你的耳目近臣，这些小人会引导君主违背先王的法规。不是因为这个人良善，而是由于财物便认为他良善，这样便会败坏官职。由于你对君主如此大不恭，我就要惩罚你。”王说：“唉！可要恭敬啊！要永远辅助你的君主按照常法办事。”

والصادقين، فالخدام والوزراء جيدون وصادقون، يكون ملكهم مستقيما وصادقا؛ وإذا كان الخدام والوزراء متملقين، فسوف يعتقد ملكهم أنه حكيم. يكون الملك ذا فضائل، لأن وزراءه أفاضل؛ وإذا كانت أخلاق الملك سيئة، فذلك أيضا لأن وزراءه ليسوا أفاضل. لا تقترب من اللئيم الذي يشوش سمعي وبصري، ولا تقد الملك لانتهاك قانون الملوك السابقين. إذا لم تعتبر الطيبين حكماء، وتهتم بالثروة المادية والمال، فذلك سيدمر مناصبنا الرسمية، ويعني ذلك أنك لا تقدر على أن تحترم الملك كثيرا. سأعاقبك.» قال الملك مو: «آه! كن جادا! يجب أن تساعد ملكك بالقانون العام دائما.»

图书在版编目（CIP）数据

尚书：汉阿对照 / 王世舜，王翠叶今译；王复,(埃及）侯赛因·伊斯梅尔阿译. -- 北京：华文出版社，2021.11
（大中华文库）
ISBN 978-7-5075-5507-3

Ⅰ. ①尚… Ⅱ. ①王… ②王… ③王… ④侯… Ⅲ. ①阿拉伯语 - 汉语 - 对照读物 ②中国历史 - 商周时代
Ⅳ. ①H379.4：K

中国版本图书馆CIP数据核字(2021)第215663号

责任编辑：杨艳丽　郭俊萍
阿文审定：王　浩

大中华文库

尚　书

王世舜　王翠叶　今译；
王　复　【埃及】侯赛因·伊斯梅尔　阿译

出版发行：
华文出版社有限公司
（中国北京西城区广安门外大街305号8区2号楼）
邮政编码：100055
网址：http://www.hwcbs.com.cn
电话：08610-58336239（总编室）
　　　08610-58336267（发行部）
　　　08610-58336254（编辑部）

印　刷：
深圳市碧兰星印务有限公司
开本：960mm×640mm　1/16　印张：32.75
2021年11月第1版第1次印刷
（汉阿）
ISBN 978-7-5075-5507-3
（精装）
定价：198.00元